누구나 쉽게 할 수 있는 소프트웨어 설계와 파이썬

누구나 쉽게 할 수 있는 소프트웨어 설계와 파이썬

정화경 지음

자유아카데미

머리말

4차 산업혁명의 용어가 익숙해지고 인공지능, 로봇, 빅데이터, 사물인터넷 등의 기술이 친숙해지면서 그동안 컴퓨터 관련 전공자들의 전유물처럼 인식되었던 프로그래밍이라는 개념이 누구나 알아야 하는 기초 소양 과목처럼 우리에게 다가왔다. 사회에서 비전공자들에게 요구하는 소프트웨어 코딩 수준은 전문적인 프로그램 제작 능력이 아닌 소프트웨어 프로세스의 구성이나 기본 작성 방법을 이해하는 것이다. 물론 더 전문적인 소프트웨어 개발 능력을 갖춘다면 날로 발전해 가는 IT 기술에 뒤처지지 않는 보다 나은 전문 인재로서 인정될 수 있다. 소프트웨어 코딩 능력은 관심 영역과 관계없이 초등학생부터 익혀야 하는 기본 소양 과목으로 알려져 있다. 그러나 막상 프로그램을 배우다 보면 복잡한 문법이나 사용 방법으로 인하여 중도에 포기하는 경우가 많다.

파이썬은 간단한 문법 구조와 사용환경, 인공지능(딥러닝)과 빅데이터 등의 많은 장점을 가진 언어이다. 컴퓨터 관련 비전공자 또는 코딩을 배우고자 하는 학습자들이 쉽게 이해할 수 있는 구성을 갖추었기에 프로그램 코딩을 시작하거나 응용하고자 한다면 매우 좋은 선택이 된다. 그러다 보니 파이썬 강좌나 교재는 어떤 교재를 통해 학습할 것인지, 어떤 강의를 들어서 파이썬을 이해할 것인지 선택하기도 어려울 정도로 관련 내용들이 홍수처럼 넘친다. 많은 교재나 강의에서는 파이썬 문법을 소개하고 간단한 예제를 반복 실습하면서 학습을 유도하지만, 이러한 학습구성은 주어진 예제를 문법을 통해 이해할 수는 있으나 응용력은 학습되지 않는다. 즉, 파이썬의 문법을 이해했더라도 새로운 프로젝트나 자신의 아이디어를 파이썬으로 프로그래밍할 때 어디서부터 어떻게 시작해야 할지 막막하거나 프로그램의 구성을 만들지 못하는 경우가 나타나게 된다.

본 교재의 특징은 단순히 파이썬의 문법을 소개하고 예제를 반복하여 학습하는 방법이 아니라 프로그램의 구성을 어떻게 만드는지 이해하고 파이썬으로 어떻게 코딩과 연관하여 작성하는지를 학습한다. 코딩을 위한 문법이 우선이 아니라 프로그램 구성 방법이 먼저이며, 이것을 이해하면 자신이 만들고자 하는 아이디어를 구상하고 프로그램을 설계한 후 파이썬으로 코딩하여 결과를 나타낼 수 있게 된다. 소프트웨어 설계를 이해하기 위해 순서도(flowchart)를 설명하고 각 기호들을 파이썬과 연계하여 코딩할 수 있도록 관계를 학습한다. 물론 문법을 소홀히 할 수는 없으니 예제들을 통해 문법을 학습하지만, 교재의 중반부로 갈수록 더 큰 크기의 프로그램을 순서도와 함께 설계하고 코딩할 수 있도록 학습한다. 객체지향 프로그래밍에 대해서도 상세히 설명하고, 객체지향 프로그래밍 설계 방법인 UML(Unified Modeling Language)에 대해서도 자세히 알아본다. 교재의 후반부에는 수강 신청 시스템을 UML로 설계하고 파이썬으로 코딩 및 실행하는 프로젝트를 진행함으로써 중규모 단위의 프로그램 구성 능력도 배양할 수 있도록 설명한다.

본 교재는 프로그램에 전혀 문외한이거나 코딩을 처음 배우는 학습자들이 아주 기초적인 부분부터 하나씩 쉽게 익힐 수 있도록 집필하였다. 또한 다양한 예제를 통해 설계와 코딩이 반복되는 동안 중규모 이상의 프로그램 작성 방법을 숙지할 수 있도록 구성하였다. 이를 통해 독자 여러분들의 코딩 능력이 크게 향상되기를 기대하며, 책에 대한 애정 어린 충고와 지속적인 지도편달 역시 바라는 바이다. 미흡한 부분은 계속 보완해 나갈 것이며, 책의 소스코드 및 데이터파일과 출간 후 나올 수 있는 수정사항 등은 자유아카데미 홈페이지(www.freeaca.com) 자료실에 제공할 예정이니 참고하기를 바란다.

끝으로 본 교재가 나오기까지 세심히 도와주신 자유아카데미 여러분께 감사드리고, 늘 힘이 되어준 가족들에게 고마움을 전한다.

2023.11

정화영

차례

제1장 >>>>

소프트웨어의 개요

1. 소프트웨어의 개요

2. 소프트웨어와 프로그래밍 언어

3. 소프트웨어 개발 과정

4. 소프트웨어 개발 기획

5. 순서도와 의사코드

6. 순서도와 의사코드를 이용한 프로그램 설계

1. 소프트웨어의 개요

소프트웨어는 컴퓨터 또는 기타 전자 장치에 수행할 작업을 지시하는 프로그램, 데이터 및 지침을 말한다. 즉, 컴퓨터 시스템이나 다른 하드웨어에서 특정 작업이나 작업을 수행하도록 설계된 명령어 집합을 의미한다. 소프트웨어는 크게 시스템 소프트웨어와 응용 소프트웨어의 두 가지 주요 범주로 나눌 수 있다. 시스템 소프트웨어는 컴퓨터 하드웨어를 관리하고 제어하는 역할을 하지만, 응용 소프트웨어는 워드 프로세싱, 비디오 편집 또는 게임과 같은 특정 작업을 수행한다.

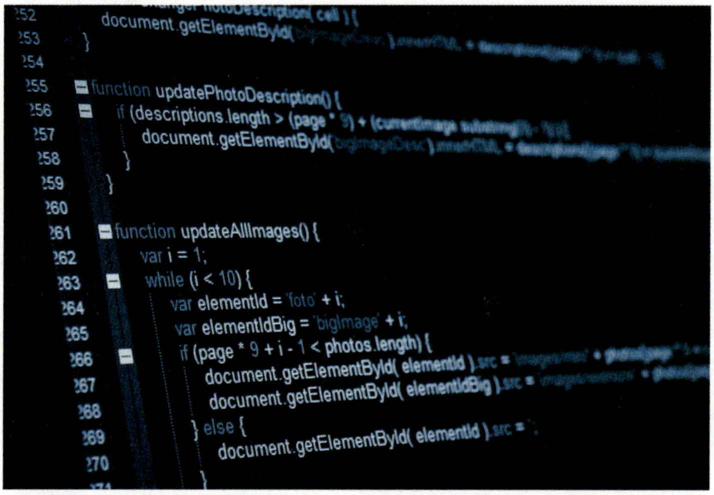

그림 1 소프트웨어 (출처: Shutterstock, REDPIXEL.PL)

소프트웨어는 C++, 자바, 파이썬 등 다양한 프로그래밍 언어로 작성될 수 있다. 소프트웨어가 작성되면 이를 컴퓨터가 실행하는 데는 2가지로 나뉠 수 있다.

- **컴파일**

컴파일은 프로그래밍 언어로 기술된 코딩 소스를 번역하여 컴퓨터가 실행할 수 있는 기계 코드로 변환하는 과정을 말한다. 번역 과정을 수행하는 프로그램을 컴파일러라고 한다. 컴파일 프로세스에는 다음과 같은 단계를 실행한다.

파이썬과 같은 고급 언어로 작성된 프로그램의 소스 코드는 컴파일러를 통해 프로그램 문법을 해석하고 구문에 문제가 없는지 확인하여 오류 없이 실행될 수 있는지 확인한다. 이때 소스 코드에 명령어를 잘못 기술하였거나 구문에 문제가 있을 경우는 SyntaxError 또는 invalid syntax를 나타내고 번역을 멈춘다. 만일 문제가 없다면 컴파일러는 컴퓨터가 이해할 수 있는 기계 코드로 변환을 하며 이를 실행파일에 저장한다. 컴파일된 프로그램은 종종 인터프리터에 의해 한 줄씩 실행되는 인터프리터 프로그램보다 빠르고 효율적이다. 또한 기계 코드는 원본 소스 코드보다 읽기와 수정이 더 어렵기 때문에 더 나은 보안을 제공한다.

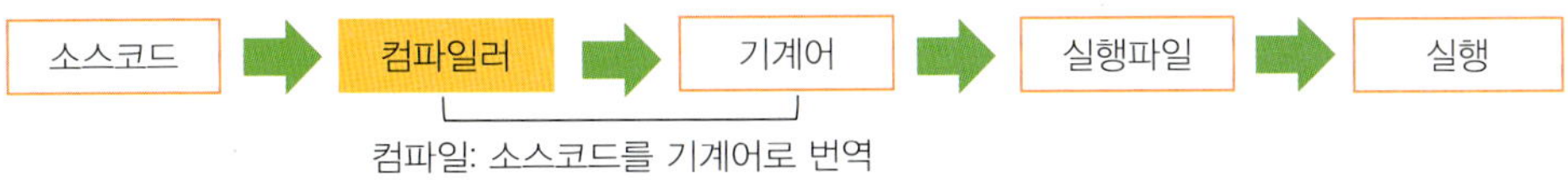

그림 2 컴파일

- **인터프리터**

인터프리터(interpreter)는 컴파일 없이 코드를 한 줄씩 번역하고 실행한다. 즉, 프로그램의 소스 코드를 읽고 컴퓨터의 프로세서가 실행할 수 있는 기계 코드로 변환하는 것이다. 프로그램을 해석하는 과정은 몇 가지 단계를 거치는데, 먼저, 소스 코드는 인터프리터에 의해 읽혀지고, 인터프리터는 그것을 컴퓨터에 의해 실행될 수 있는 중간 코드로 변환한다. 그 후 인터프리터는 각 코드 행을 차례로 실행하게 된다. 실행 중 발생한 오류는 즉시 실행이 멈추고 오류 메시지를 나타낸다. 컴파일할 필요 없이 코드 변경을 즉시 수행하고 테스트할 수 있기 때문에 빠른 확인과 수정을 할 수 있으나 프로그램이 실행될 때마다 각 코드 행을 실행해야 하기 때문에 해석된 프로그램은 컴파일된 프로그램보다 느리고 효율성이 떨어질 수 있다. 또한 소스 코드는 누구나 읽고 수정할 수 있어서 보안이 떨어질 수 있다. 따라서 인터프리터는 컴파일된 코드의 속도와 효율성을 요구하지 않는 소규모 프로그램뿐만 아니라 신속한 프로토타이핑, 테스트 및 개발에 사용된다.

그림 3 인터프리터

2. 소프트웨어와 프로그래밍 언어

프로그램이 특정 유형의 소프트웨어이기 때문에 소프트웨어와 프로그램은 관련된 용어라 할 수 있다.

소프트웨어는 컴퓨터 또는 기타 전자 장치에 수행할 작업을 지시하는 프로그램, 데이터 및 명령 모음을 의미하며, 응용 프로그램, 운영 체제 및 유틸리티를 포함한 모든 유형의 컴퓨터 프로그램을 포괄하는 광범위한 용어이다. 반면, 프로그램은 특정 작업이나 기능을 수행하도록 설계된 특정 유형의 소프트웨어이며, C++, 자바, 파이썬 등 다양한 프로그래밍 언어로 작성할 수 있는 명령어 집합이다.

즉, 소프트웨어는 컴퓨터 시스템을 구성하는 모든 유형의 프로그램 및 기타 구성 요소를 가리키는 더 넓은 용어인 반면, 프로그램은 특정 작업이나 기능을 수행하도록 설계된 특정 유형의 소프트웨어인 것이다. 예를 들어, Microsoft Windows는 운영 체제 소프트웨어이지만 Microsoft Word는 프로그램 소프트웨어이다. Windows(윈도우)에는 파일 관리자, 웹 브라우저 및 미디어 플레이어를 비롯한 여러 프로그램이 포함되어 있다. 이러한 각 프로그램은 특정 작업을 수행하도록 설계되었으며 함께 Windows(윈도우) 소프트웨어 패키지를 구성한다. 결국, 소프트웨어와 프로그램은 컴퓨터 프로그램과 구성 요소들의 더 넓은 집합을 가리키는 소프트웨어와 관련된 용어인 반면, 프로그램은 특정한 기능이나 작업을 수행하는 특정 유형의 소프트웨어이다.

3. 소프트웨어 개발 과정

3.1 소프트웨어 개발 과정의 단계

소프트웨어 개발 과정은 소프트웨어가 효율적으로 개발되고 사용자의 요구 사항을 충족하도록 설계된 몇 가지 단계를 포함한다. 소프트웨어 개발의 일반적인 단계는 다음과 같다.

- **요구사항 수집**: 이 단계에서는 사용자로부터 소프트웨어 요구사항에 대한 정보를 수집한다. 여기에는 소프트웨어가 갖춰야 할 기능뿐만 아니라 고려해야 하는 제약 조건, 제한 사항 등을 식별하는 작업이 포함된다.
- **계획**: 개발팀은 일정, 예산 및 자원 할당 등을 포함하여 소프트웨어 프로젝트에 대한 전반적인 계획을 세운다. 프로젝트의 목표를 결정하고 사용할 개발 방법을 결정한다.
- **설계**: 개발팀은 첫 번째 단계에서 수집한 요구 사항을 기반으로 소프트웨어 설계를 작성한다. 이때 소프트웨어의 특징, 기능에 대한 상세한 사양 및 소프트웨어 구현 방법에 대한 계획도 작성하여야 한다.
- **구현**: 소프트웨어는 실제로 만드는 단계이다. 따라서 사용할 프로그램 언어를 기반으로 설계에 따라 코드를 작성하고 컴파일을 통해 실행파일을 만든다.
- **테스트**: 소프트웨어가 구현되면, 소프트웨어가 의도한 대로 작동하고 설계 단계에

여기서 잠깐

소프트웨어 개발 모델에는 다음과 같은 유형이 있다.

- **폭포수 모델**(Waterfall model): 소프트웨어 개발 과정의 각 단계가 이전 단계를 따르는 선형 순차 모델이다.
- **에자일 모델**(Agile model): 반복적이고 점진적인 소프트웨어 개발 모델로 프로젝트가 작은 청크로 나뉘고 각 청크는 개별적으로 개발되고 테스트된다.
- **스파이럴 모델**(Spiral model): 이 모델은 애자일 모델의 반복적 특성과 워터폴 모델의 구조화된 접근 방식을 결합한 형태이다. 이는 계획, 리스크 분석, 개발 및 테스트의 여러 사이클을 수행한다.
- **V-모델**(V-model): 각각의 개발 프로세스의 단계에 테스트 단계가 있는 Waterfall 모델의 확장 형태이다.
- **프로토타입 모델**(Prototype model): 이 모델은 최종 제품이 개발되기 전에 실험적으로 소프트웨어의 작동 모델을 만든다. 프로토타입은 피드백을 수집하고 소프트웨어를 빠르게 테스트하여 완전한 소프트웨어를 개발하기 전에 수정이 필요한 경우 빠르게 대처할 수 있도록 한 것이다.
- **증분 모형**(Incremental model): 이 모델은 소프트웨어를 조금씩 개발하며, 각각의 단계마다 새로운 기능을 추가한다. 이로써 개발 프로세스 전반에 걸쳐 유연성과 적응성을 제공한다.
- RAD(Rapid Application Development) **모델**: 이 모델은 사용자 피드백과 빠른 처리 시간에 중점을 두고 신속한 프로토타이핑과 반복 개발을 수행한다.

명시된 대로 구현되었는지, 요구사항을 충족하고 있는지 확인하기 위해 광범위한 시험을 거친다. 테스트에는 장치 테스트, 통합 테스트 및 시스템 테스트 등이 있다.

- **배포**: 소프트웨어가 테스트되고 승인되면 사용자 또는 고객에게 배포된다. 또한 대상 시스템에 소프트웨어를 설치하고 필요에 따라 구성하는 작업이 추가될 수 있다.
- **유지보수**: 소프트웨어가 배포된 후에는 소프트웨어가 계속 올바르게 작동하고 사용자의 요구를 충족할 수 있도록 지속적인 유지보수와 지원을 한다. 이 작업에는 버그 수정, 업데이트 및 사용자의 피드백에 기반한 업그레이드 등이 있다.

3.2 폭포수 모델

폭포수 모델(Waterfall model)은 매우 고전적인 소프트웨어 개발 방법이지만, 소프트웨어 개발에 대해 매우 체계적이고 예측 가능한 접근 방식이라는 점에서 널리 사용되고 있다. 소프트웨어 개발에 대한 선형적이고 순차적인 접근 방식을 강조하는 소프트웨어 개발 방법론이다. 요구사항이 잘 정의되어 있고 개발 과정에서 크게 변경될 가능성이 없는 대규모의 복잡한 프로젝트에 사용된다. 폭포수 모델의 각 단계는 다음 단계를 시작하기 전에 완료되어야 하며 단계 간에 중복이 거의 없다.

폭포수 모델의 수행 단계는 다음과 같다.

- **요구사항 수집**: 프로젝트팀은 소프트웨어를 실제로 사용하여야 하는 이용자와 협력하여 소프트웨어에 대한 요구사항을 수집하고 문서화한다.
- **설계**: 이 단계에서 프로젝트팀은 아키텍처, 사용자 인터페이스 및 데이터 모델을 포함한 소프트웨어의 상세 설계를 만든다.
- **구현**: 이 단계에서 프로젝트팀은 실제로 이전 단계에서 생성된 설계를 기반으로 소프트웨어에 대한 코드를 작성한다.
- **테스트**: 이 단계에서 프로젝트팀은 소프트웨어가 첫 번째 단계에서 수집된 요구 사항을 충족하는지 확인하기 위해 소프트웨어를 테스트한다.
- **배포**: 이 단계에서는 소프트웨어가 프로덕션 환경에 배포되고 사용자가 사용할 수 있게 된다.
- **유지보수**: 이 단계에서 프로젝트팀은 소프트웨어를 유지 관리하고 필요에 따라 버

그를 수정하고 업데이트를 수행한다.

폭포수 모델은 각 단계가 명확히 나뉘어 있고, 단계별로 수행이 되기 때문에 설계와 같은 문제가 있을 경우 후반에서 알 수 있다는 단점이 있다. 그러나 각 단계 수행 시에 문제 발생 시에는 전 단계로 피드백이 된다. 따라서 단계별로 진행되는 소프트웨어 설계 시에 해당 단계의 문제가 있는 경우 빠르게 전 단계로 되돌아가 재확인 및 수정할 수 있다.

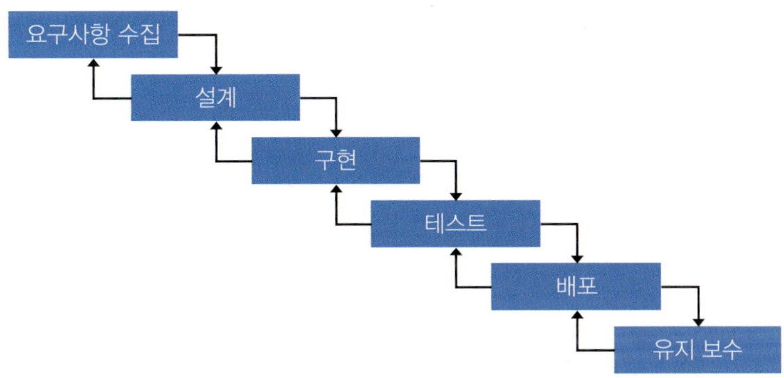

그림 4 폭포수 모델

4. 소프트웨어 개발 기획

4.1 잘 정의된 소프트웨어 개발 계획

소프트웨어 개발을 잘 이루기 위해서는 잘 정의된 계획을 만드는 것이 매우 중요하다. 잘 정의된 소프트웨어 계획은 소프트웨어 개발 프로젝트의 목표, 범위, 일정, 리소스, 성과물, 통신 및 품질 보증 등의 전반의 과정에 대해 포괄적이고 상세한 문서로 계획안을 설정하는 것이다. 이것은 프로젝트 전반에 걸쳐 소프트웨어 개발팀을 가이드하고, 개발 프로세스가 얼마나 체계적이고 효율적인지, 또는 효과적인지를 확인하는 데 필요한 로드맵 역할을 한다. 잘 정의된 소프트웨어 계획에는 다음과 같은 구성 요소를 포함한다.

- **프로젝트 범위**: 특징, 기능 및 의도된 사용자를 포함하여 소프트웨어 프로젝트의 목표 및 요구 사항을 명확하게 정의한다.
- **타임라인 및 마일스톤**: 마일스톤은 프로젝트의 시작, 각 단계별 목표 및 진행 작업, 단계별 마감일 등을 계획하여 소프트웨어 프로젝트의 개발 타임라인을 설정하는 것이다. 소프트웨어 개발의 각 단계에 대한 예상 소요 기간을 개략적으로 나타냄으로써 소프트웨어 개발 프로젝트의 진행 과정을 전체적으로 구성하고 확인할 수 있다. [그림 5]는 프로그램 개발에 대한 간략한 마일스톤을 나타낸다.
- **리소스**: 인력, 예산, 인프라 및 도구와 같은 소프트웨어 개발 프로젝트에 필요한 자원들을 말하며, 개발기간에 맞게 리소스를 적절히 고려하거나 할당하는 것이 필요하다.
- **결과물**: 설계에 의한 프로토타입, 코딩 실행을 통한 성과물 및 최종 소프트웨어 릴리스와 같이 소프트웨어 개발 프로세스의 단계에서 얻어지는 결과물들의 범위나 형태를 명확히 정의하여야 한다. 또한 개발하려는 소프트웨어의 품질, 기능 및 성능에 대한 기대치등도 설정한다.
- **커뮤니케이션 계획**: 팀 협업 및 커뮤니케이션 채널등을 설정한다. 프로젝트 전반에

그림 5 마일스톤

걸쳐 개발 팀원과 기업의 경우 소프트웨어 발주자들과의 의사소통을 어떻게 진행할 지를 고려한다.

- **리스크 관리**: 소프트웨어 개발 프로세스에 영향을 미칠 수 있는 잠재적 위험을 식별하고, 이러한 위험을 회피하거나 대처하기 위한 전략을 세운다.
- **품질 보증 및 테스트**: 개발되는 소프트웨어를 테스트할 단계 및 종류, 품질 평가 기준, 테스트에 필요한 자원 등을 어떻게 할지 설정한다.
- **검토 및 피드백**: 기업의 경우 소프트웨어 발주자, 소프트웨어 개발 팀원 및 최종 사용자의 정기적인 검토 및 피드백을 위한 처리 과정을 설정한다.
- **설명서**: 소프트웨어 개발 전반에 걸친 설계, 개발, 테스트 및 배포 단계에 대한 매뉴얼을 포함하여 소프트웨어 프로젝트에 대한 요구 사항 등을 문서화한다.

4.2 좋은 소프트웨어 기획과 나쁜 소프트웨어 기획

잘 설계된 소프트웨어 개발 계획은 성공적인 소프트웨어 개발 기획으로 이어진다. 그렇다면 좋은 소프트웨어 기획과 나쁜 소프트웨어 기획은 어떠한 차이가 있을까?

좋은 소프트웨어 개발 기획은 다양한 요소를 신중하게 고려하고 성공적인 개발 모범 사례를 적용하는 반면, 나쁜 소프트웨어 개발 기획은 이러한 요소들이 부족하다. 이러한 차이점은 다음과 같은 항목에서 설명될 수 있다.

- **목표 및 목표 명확성**: 좋은 소프트웨어 개발 기획은 소프트웨어 프로젝트의 목표를 명확하게 정의하여, 해결해야 할 문제가 무엇인지, 소프트웨어 프로젝트의 범위는 어디까지 설정할지를 포함하여 현실적이고 달성 가능한 목표를 설정한다. 그러나 나쁜 소프트웨어 개발 기획은 목표가 모호하며, 프로젝트의 범위가 제대로 설정되지 않으면서도 프로젝트가 성공할 때에 대한 비현실적인 기대가 많다.
- **요구사항 분석**: 좋은 소프트웨어 개발 기획은 철저한 요구사항 분석을 포함하며, 소프트웨어의 기능적 및 비기능적 요구사항을 개발팀뿐만 아니라 소프트웨어 발주자, 사용자 등과 함께 충분한 커뮤니케이션 후에 설정하고 이를 문서화하고 검증한다. 나쁜 소프트웨어 개발 기획은 요구사항 분석을 건너뛰거나 간과하여 사용자 요구사

항을 충분히 반영하지 못하거나 부정확한 이해를 초래하여 소프트웨어 개발 방향을 잘 못 설정하는 경우이다.

- **리소스 할당**: 좋은 소프트웨어 개발 기획에는 인력, 시간 및 예산 등이 적절하게 배치되어 있어서 개발기간 안에 가용할 수 있는 자원들이 잘 나타나 있다. 그러나 나쁜 소프트웨어 개발 기획은 부적절한 리소스 할당으로 인한 소프트웨어 개발 지연, 예산 초과 및 품질 문제 등을 초래한다.
- **리스크 관리**: 좋은 소프트웨어 개발 기획은 소프트웨어 프로젝트 진행 시의 리스크의 식별, 평가 및 리스크의 회피 전략 등이 설정된다. 잠재적 위험을 식별하고 미리 문제점에 대한 대처방안과 위험 요소가 소프트웨어 프로젝트에 미치는 영향을 최소화하기 위한 사전 조치가 충분히 고려된다. 그러나, 나쁜 소프트웨어 개발 기획은 프로젝트의 적절한 위험 관리가 부족하고 소프트웨어 개발 또는 배치 중에 나타날 수 있는 예상치 못한 문제를 충분히 고려하지 않아 전체적인 소프트웨어 개발 기간의 지연 및 실패를 야기하게 된다.
- **프로젝트 일정**: 좋은 소프트웨어 개발 기획은 의존성, 프로젝트 개발의 중요 경로 분석 등을 고려하여 현실적이고 타당하며 달성 가능한 개발 일정을 작성한다. 이러한 일정은 개발에 필요한 시간을 효율적으로 관리하고, 프로젝트가 계획대로 진행될 수 있도록 관리할 수 있다. 나쁜 소프트웨어 개발 기획은 비현실적이거나 제대로 관리되지 않는 프로젝트 일정을 초래하여 프로젝트 개발 시한을 지키지 못하여 프로젝트 개발팀 및 성과물에 신뢰성을 주지 못한다.
- **품질 보증**: 좋은 소프트웨어 개발 기획은 테스트, 코드 검토 및 품질 검사 등을 포함하여 소프트웨어 개발 라이프사이클 전반에 걸쳐 품질 보증 활동을 통합하여 설정한다. 그러나 나쁜 소프트웨어 개발 기획은 적절한 품질 보증 조치가 부족하고 소프트웨어에 버그가 있거나 보안 취약성 또는 성능 저하 등이 나타날 수 있다.
- **커뮤니케이션 및 협업**: 좋은 소프트웨어 개발 기획은 소프트웨어 개발 팀원, 소프트웨어 발주자, 사용자 간의 효과적인 커뮤니케이션을 중요한 요소로 인식한다. 이를 위해 정기적인 진행 상황 보고, 피드백 루프 및 서로 다른 개발팀 또는 부서 간의 조정이 이루어질 수 있다. 그러나 나쁜 소프트웨어 개발 기획은 개발 팀원과 소프트웨어 발주자, 사용자 간의 의사소통 부족, 협의의에 의한 조정의 부족, 개발 완료

시의 잘못된 기대 등을 초래하여 서로 간의 오해와 함께 소프트웨어 프로젝트 지연을 초래할 수 있다.

- **유연성과 적응성**: 좋은 소프트웨어 개발 기획은 소프트웨어 프로젝트가 동적이며 그 과정에서 조정이나 변경이 필요할 수 있다는 것을 인식한다. 이는 개발기간에 변경될 수 있는 요구사항, 우선순위 및 제약사항 등을 적용할 수 있는 유연성과 적응성을 있음을 고려한다. 반대로, 나쁜 소프트웨어 개발 기획은 엄격하거나 융통성이 없어 소프트웨어 프로젝트 변화에 적응하는 데 어렵고, 개발 범위 변경, 지연 및 품질 문제로 이어질 수 있다.

5. 순서도와 의사코드

5.1 순서도의 역사

순서도의 개념을 구상한 시기는 프로세스나 시스템을 묘사하기 위해 시각적 표현이 사용되었던 고대 시대부터라고 할 수 있다. 그러나 오늘날 사용되는 현대적인 형태의 순서도는 컴퓨터 공학, 산업 공학 및 공정 개선 방법론 등에 많이 사용된다.

20세기 초 미국의 공학자이자 과학의 선구자 중 한 명인 프랭크 길브레스(Frank Bunker Gilbreth)는 순서도 개발에 가장 먼저 기여한 사람 중 한 명이다. 길브레스는 아내 릴리언 길브레스와 함께 운동 연구에서 "공정도"라는 그래픽 표현을 사용했는데, 여기서 그들은 제조업과 건설업 같은 산업에서 효율성을 향상시키기 위해 작업 공정을 분석하고 최적화했다.

1920년대에 앨런 모겐슨(Allan H. Mogensen)이라는 미국인 엔지니어는 공정도의 개념을 더욱 발전시켰고 산업 공정에서 재료와 정보의 흐름을 시각화하는 방법으로 "흐름 공정도"를 도입했다. 모겐센의 작업은 현대 순서도 개발의 기초를 닦았다.

제2차 세계 대전 동안, 순서도는 군사 작전과 물류의 효율성을 향상시키는 도구로서 많이 사용되었는데, 주로 공급망 관리, 운송 및 통신과 같은 분야의 복잡한 프로세스를 묘사하는 데 순서도와 같은 그림을 이용하였다.

1940년대부터 1950년대까지 순서도는 비즈니스와 산업, 특히 관리와 과학 분야에서 더 널리 사용되었는데, 특히 생산, 재고 관리 및 품질 관리와 같은 영역에서 프로세스를 모델링한 후 문서화하는 데 순서도를 사용하였다.

20세기 중반에 컴퓨터 프로그래밍의 등장과 함께 순서도는 알고리즘과 프로그램 논리를 시각적으로 표현하는 방법으로 소프트웨어 개발 모델링을 문서화하는 작업에서 사용되었다. 이후 순서도는 컴퓨터 프로그램을 설계, 문서화 및 통신하기 위한 일반적인 도구가 되었으며, 오늘날에도 소프트웨어 공학 분야에서 널리 사용되고 있다.

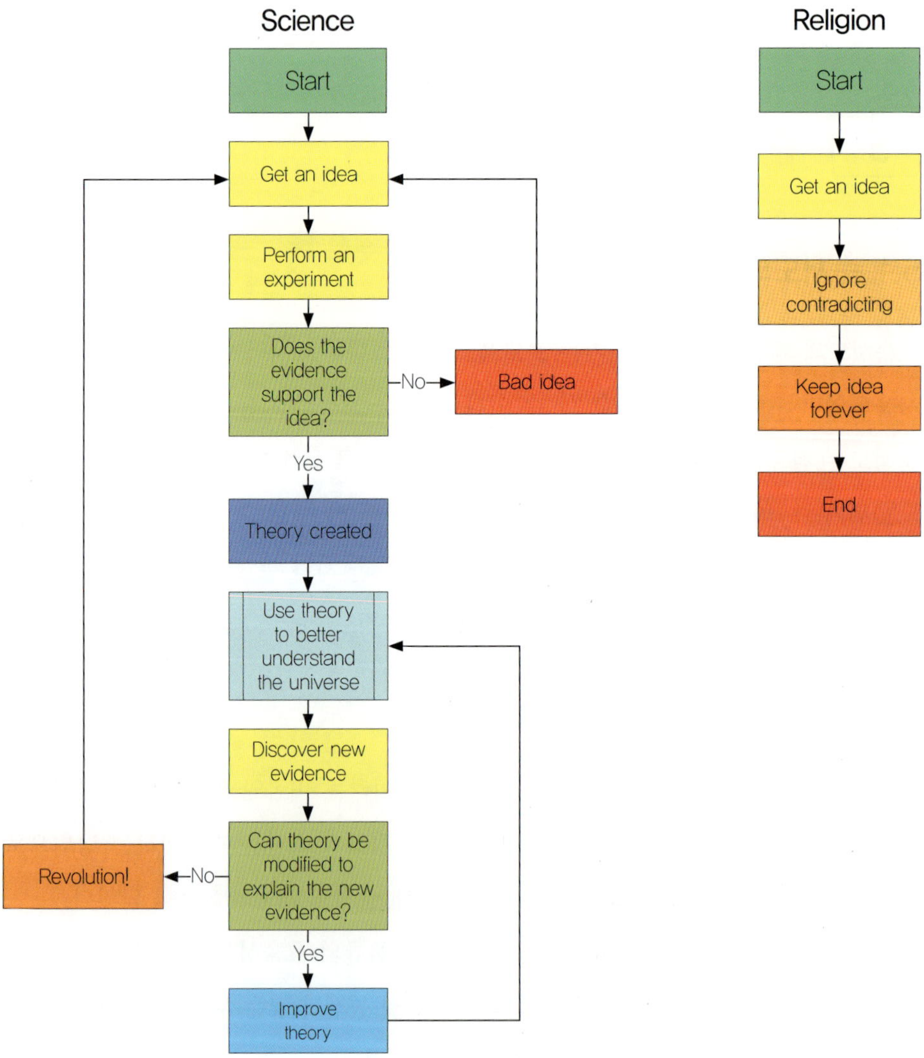

그림 6 순서도의 예시 (출처: flickr, Silly Deity)

5.2 순서도의 개요

순서도는 정보와 작업의 흐름을 묘사하기 위해 기호와 화살표를 사용하여 프로세스를 나타내는 도식화 작업이다. 즉, 프로세스나 시스템이 작동하는 방식에 대해 명확하고 간결한 개요를 제공하는 그래픽 표현이라 할 수 있다. 순서도는 복잡한 프로세스나 시스템을 단계별로 각 처리 과정을 시각적으로 표현할 수 있어서 매우 오래전에 제시된 방법임에도 불구하고 비즈니스, 엔지니어링, 컴퓨터 프로그래밍, 프로젝트 관리 등 다양한 분야에서 일반적으로 사용되고 있다.

순서도는 일반적으로 다양한 유형의 작업 또는 결정을 나타낼 때, 다양한 도형 또는 기호 등과 함께 프로세스의 흐름이나 방향을 나타내는 화살표로 구성된다. 즉, 프로그램의 흐름이나 구성을 그림을 나타냄으로써 개발자가 쉽게 프로그램을 파악할 수 있다는 장점을 준다. 특히 순서도는 office 제품에도 포함되어 있을 정도로 널리 사용되고 있다.

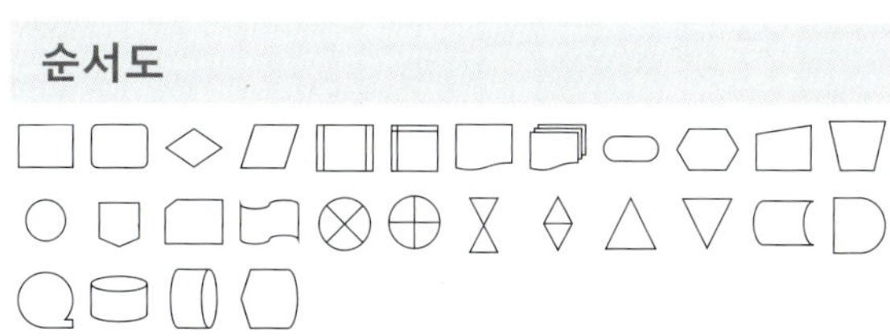

그림 7 MS-OFFICE에 있는 순서도 도구 (메뉴 → 삽입 → 도형)

일반적으로 순서도에서 사용되는 기호는 다음과 같다.

명칭	기호	내용
터미널 (시작/종료)		프로세스의 시작 또는 끝을 나타낸다.
프로세스		프로세스의 작업을 나타낸다. 프로그램에서 실제로 수행되는 작업들을 표현한다.
조건	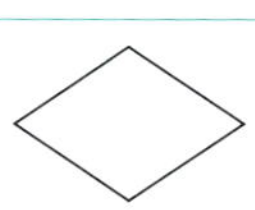	어떠한 조건에 따라서 프로세스의 실행이 나뉘거나 다른 경로로 프로세스의 흐름이 바뀔 때 사용한다.

명칭	기호	내용
커넥터	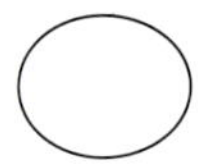	프로세스의 흐름을 표현할 때, 하나의 페이지 내에서 다른 곳으로 흐름을 이동할 때 사용한다. 일반적으로 작은 원안에 프로세스의 분기되는 번호나 알파벳을 기입하고, 다시 시작되는 부분에서 같은 기호와 번호를 가진 커넥터 기호를 사용함으로써 프로세스가 계속 이어지고 있음을 나타낸다.
페이지 커넥터	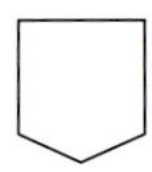	프로세스의 흐름을 표현할 때, 한 페이지에서 모두 표현하기 어려워 다른 페이지의 영역에서 다시 시작될 때 현재의 프로세스가 계속 이어진다는 의미를 가지고 있다. 일반적으로 기호 안에 숫자나 알파벳으로 기입하여 분기되는 해당 프로세스를 구분한다.
입/출력	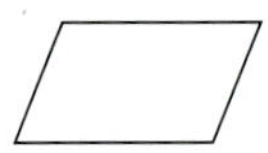	사용자가 키보드나 마우스를 이용하여 데이터의 입력이나 모니터, 프린터 등으로 정보를 나타내는 출력을 포함한다. 파일의 읽기, 쓰기도 입/출력에 해당된다.
입력	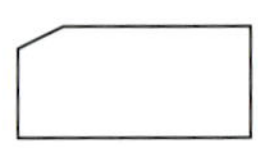	외부로부터 입력을 뜻한다. 이 기호는 옛날에 카드로 입력장치를 사용하던 시절에서 기인한 것으로 키보드, 마우스 등의 사용자 입력을 모두 통칭한다. 이 기호를 입력으로 사용해도 되지만 일반적으로 위 입출력 기호로도 입력을 대체해서 사용할 수 있다.
서브프로세스	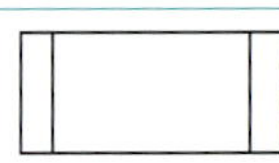	프로그램 모듈과 같이 다른 곳에 프로그램의 일부를 저장하여 사용하는 형태를 표현한다. 라이브러리도 이에 해당된다.
흐름선		기호를 연결하고 프로세스의 흐름 또는 방향을 나타낸다.
데이터베이스	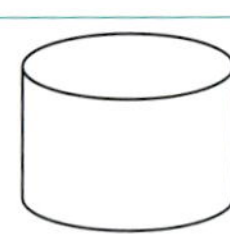	대용량의 데이터를 저장하는 데이터베이스를 나타낸다.

순서도의 이러한 기호들은 1965년 10월 국제 표준화 기구 SC7 총회에서 표준안으로 결의된 기호를 사용하는 것으로, 현재에도 표준화된 개발 계획 문서 양식으로 활용되고 있다. 순서도의 기호 사용 시에는 아래와 같은 사용 규칙을 권장한다.

- 기호의 내부에는 처리해야 할 내용이나 분기 번호(또는 알파벳)가 들어가야 한다.
- 순서는 위에서 아래로, 왼쪽에서 오른쪽으로 진행하는 것을 원칙으로 하며 화살표의 방향에 따라 처리의 흐름을 명시하게 된다.
- 흐름선은 서로 교차해도 무관하며 서로 영향을 주지 않는다.
- 흐름선은 여러 개가 모여 하나로 합쳐질 수도 있다.
- 기호의 모형은 가로, 세로의 비율은 정하지 않으나 잘 구분할 수 있어야 한다.

다음 [그림 8]은 성적입력 순서도의 예시를 나타낸다. 즉, 성적입력 프로그램은 성적입력을 시작으로, 입력된 성적과 80점을 비교하여 이상이면 "참 잘했어요!"를 출력하고, 아니면 "조금 더 열심히!"를 출력하는 내용이다. 이렇게 기호로 나타냄으로써 성적입력에 대한 전체 프로세스를 간결하고 단순하게 표현할 수 있고 전체 프로그램의 처리 과정을 쉽게 알 수 있게 된다.

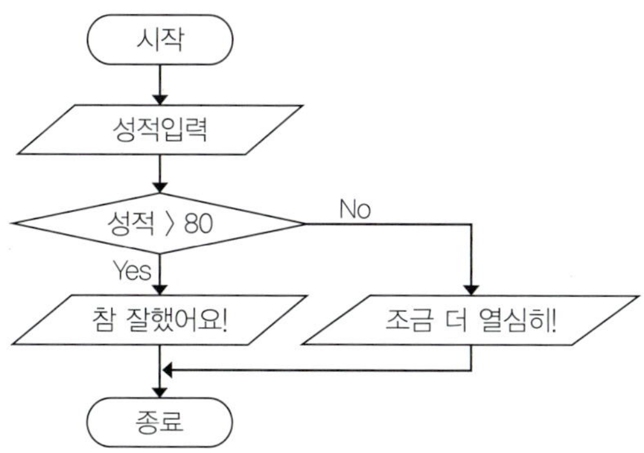

그림 8 성적입력 순서도 예시

5.3 의사코드

의사코드(Pseudocode)는 알고리즘이나 프로그램 로직을 표현할 때, 기호로 표현하는 순서도와는 다르게 프로그램과 가깝게 표현하는 방법이다. 즉, 프로그램은 아니지만 프로그램 코딩처럼 유사하게 표현함으로써 프로그램의 프로세스를 명세화한다. 의사코드를 나타내는 방법으로는 자연어를 사용하며, 직관적이고 추상적인 방법으로 알고리즘을 표현한다.

유명한 컴퓨터 과학자이자 수학자인 도널드 어빈 커누스(Donald Ervin Knuth)는 1968년에 처음 출판된 그의 책, 『컴퓨터 프로그래밍의 기술(The Art of Computer Programming)』에서 알고리즘을 인간이 쉽게 읽을 수 있고 구조화된 방식으로 나타내는 방법으로 "구조화된 영어"라는 유사 코드의 형태를 소개했다. 이것이 현재 의사코드의 시작이라고 할 수 있으며, 컴퓨터 과학과 프로그래밍 알고리즘을 표현하는 방법으로 널리 채택될 수 있는 기반을 마련했다고 할 수 있다.

그림 9 도널드 어빈 커누스(Donald Ervin Knuth)
(출처: Wikipedia, Flickr user Jacob Appelbaum)

의사코드는 알고리즘과 프로그램의 논리를 설계하고, 분석 및 전달하는 방법으로 널리 사용되어 왔다. 의사코드의 장점은 특정 프로그래밍 언어의 엄격한 구문이나 규칙 없이 복잡한 알고리즘을 표현할 수 있는 유연하고 추상적인 방법을 제공하며, 프로그래머가 프로그램 언어 구문의 세부사항보다는 알고리즘의 논리와 흐름에 집중할 수 있게 한다는 것이다.

의사코드로 기술하는 방식으로는 지켜야 하는 일련의 규칙이나 방식이 제한된 것이 아니라 자유롭게 알고리즘의 구성이나 흐름을 나타내면 된다. 즉, 의사코드는 특정 프로그래밍 언어의 구문이나 규칙에 제한받지 않으며, 간단한 자연어를 사용하여 알고리즘이나 프로그램 논리를 표현하는 방식이다. 따라서 형식적인 프로그래밍 언어가 아니라 컴퓨터 프로그램의 단계나 논리를 이해하고 해석하기 쉬운 방식으로 기술한다. 프로그램을 설계할 때 알고리즘을 나타내는 방법으로 순서도를 사용해야 하는가 또는 의사코드로 나타내어야 하는가? 이러한 질문에는 프로그램 작성자가 판단하고 선택하여야 하는 일이다. 즉, 순서도와 의사코드를 모두 사용할 수도 있고, 순서도나 의사코드 하나만 사용할 수도 있다. 그렇다면 의사코드를 사용하는 목적은 무엇인가? 순서도는 알고리즘을 기호로 나타내지만 의사코드는 프로그램 언어에서 사용하는 일부분(예를 들어 if, else와 같은 명령어)과 자연어를 섞어서 알고리즘의 처리 과정을 나타낸다. 따라서 만일 프로그램 작성자가 알고리즘을 구상할 때 프로그램 코딩 소스와 같이 처리 과정을 명세하고자 할 때 의사코드를 사용한다면 각 프로그램 언어의 특성이나 서로 다른 문법 체계를 고민하지 않고 오로지 알고리즘의 과정들만을 집중해서 처리 과정을 묘사할 수 있다. 다음은 [그림 8]의 성적처리 순서도를 의사코드로 나타낸 것이다.

```
Begin
        Input: 성적

        성적 = 성적입력
        if 성적 > 80
                print("참 잘했어요!")
        else
                print("조금 더 열심히!")
End
```

if, else, print는 프로그램 언어에서 일반적으로 사용하는 명령어로서, C, C++, C#, Java, 파이썬 등 대부분의 언어에서 공통으로 사용하므로 의사코드에서는 일반적으로 사용되는 프로그램 명령어들과 자연어를 섞어서 알고리즘의 흐름이나 처리 과정을 표현한다.

Begin 다음에 기술하는 Input은 해당 프로세스의 입력 정보를 나타내며, 프로세스에 따라 생략될 수 있다. 참고로 출력 정보는 Output으로 명세한다. 여기서는 Input, Output을 기술하는 것은 데이터에 한정하도록 하자. print("참 잘했어요!")의 명령은 화면에 메시지를 출력하는 것이니 Output에 해당되지만, print로 화면에 출력하는 모든 메시지를 Output에 명세하게 되면 Output에 기술해야 하는 내용이 너무 많아지게 되고, 이는 의사코드를 더욱 복잡하게 만들 수 있기 때문에 Output의 내용은 데이터베이스나 파일 등에 저장되는 것으로 한정하도록 하겠다. 다만 Input과 Output의 내용은 반드시 어떤 내용으로 해야 한다는 규칙은 없으므로 프로그램 설계자가 판단하여 적절히 작성하면 된다.

6. 순서도와 의사코드를 이용한 프로그램 설계

6.1 영화표 예약 프로그램 순서도

영화표 티켓 발권을 위해 고려해야 하는 사항

A는 영화관 관리직원이다. 이번에 영화관에서 사용할 영화표 티켓 발권을 위한 홈페이지 개편 작업을 진행할 예정이며, A가 프로그램 설계 담당자이다. A는 영화표 티켓 발권 처리를 설계하기 위해 아래와 같은 사항을 우선 고려하여야 한다.

- 티켓 발권 홈페이지에서 사용자 인증을 위해 받아야 하는 정보는 무엇이고, 인증 과정은 어떻게 처리해야 하는가?
- 사용자 인증 후 영화표 티켓 발권을 위해 입력받아야 하는 데이터는 무엇인가?
- 티켓 발권을 위해 영화표 티켓 현황 파악은 어떻게 하여야 하는가?
- 티켓 발권 처리 과정은 어떠한 방법으로 진행하여야 하는가?

위 내용에 따라 필요한 데이터는 아래와 같이 정리될 수 있다.

- 필요 데이터
  - ▸ 사용자 ID와 Password
  - ▸ 데이터베이스에 있는 사용자 정보(ID, Password)
  - ▸ 발권 요청한 티켓 수
  - ▸ 남은 영화 티켓 수(발권 가능한 티켓 수)
  - ▸ 예매한 영화 티켓 수

데이터와 처리 과정이 정리되었으니 순서도를 그려보도록 하자.

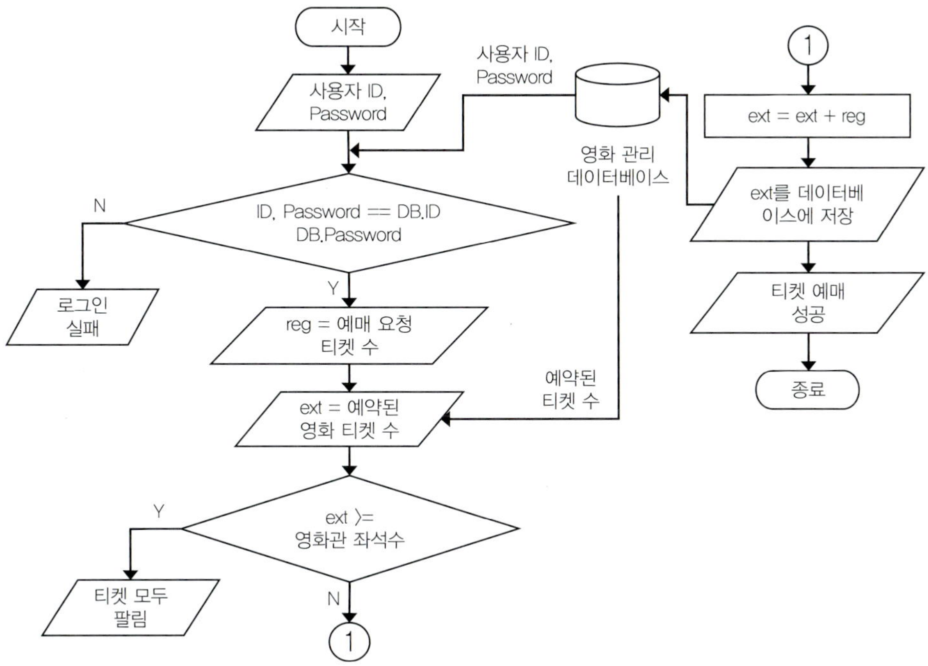

그림 10 영화표 예매 순서도

작성된 순서도가 매우 복잡하게 보일 수 있다. 그러나 하나씩 단계마다 살펴보면 내용이 어렵지 않다.

프로세스가 시작되면,

을 통해 사용자의 ID와 Password를 입력받는다. 그 후 영화관의 데이터베이스에 저장된 사용자의 등록정보 중에서 ID와 Password를 가져온다.

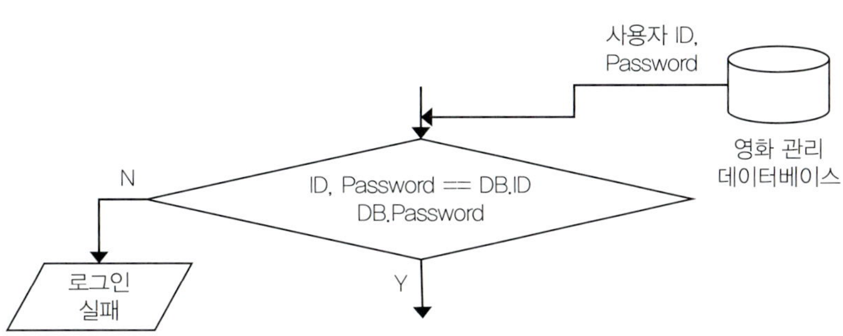

데이터베이스에는 사용자가 영화관 사이트에 이전에 회원가입과 같은 과정을 거쳐 정보를 등록해 놓았을 것이다. 여기서 사용자가 설정했던 ID와 Password 정보는 영화관 사이트의 로그인 할 때 매우 중요한 역할을 한다. 즉, 티켓을 예매하기 위하여 사이트에 접속할 때 입력한 ID, Password와 데이터베이스에 저장된 사용자의 ID, Password가 일치하는지 확인하여 만일 정보가 일치한다면 로그인이 성공한 것이고, 그렇지 않다면 로그인 실패로 나타난다.

로그인 성공 이후에는 비로소 사용자가 영화 티켓을 예매할 수 있다. 따라서 사용자로부터 예매를 하고자 하는 티켓 수량을 입력받는다. 이때 입력받은 수량은 reg의 이름으로 저장하도록 한다. (reg는 변수 이름이므로 프로그램 설계자에 의해 다른 이름으로 변경 가능하며, 여기에서는 reg라고 명명한다.)

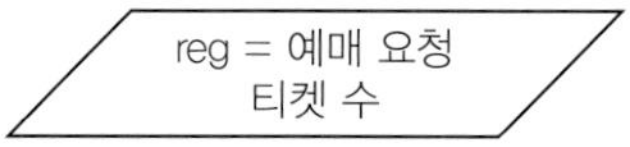

그 후 영화 관리 데이터베이스에 저장된 정보 중에서 이미 예약을 완료한 영화 티켓 수량을 가져온다. 데이터베이스로부터 가져온 티켓 정보는 ext 이름으로 저장한다.

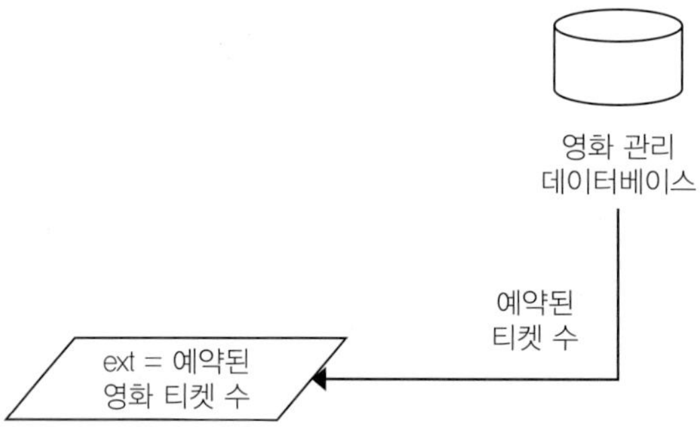

그 후 영화관 좌석 수와 예약된 영화 티켓 수를 비교함으로써 현재 예매가 가능한 잔여 좌석이 있는지 확인한다. 만일 기존에 예매한 티켓 수가 좌석 수보다 크거나 같을 경우는 이미 좌석수 만큼 티켓 예약이 이루어진 것이고 더는 티켓을 팔 수 없는 매진(Sold out) 상태이므로 사용자에게 티켓이 모두 팔렸다는 메시지를 출력한다. 그렇지 않다면 아직 팔 수 있는 티켓이 있다는 이야기이므로 티켓 예매 처리를 수행하면

된다. 이때 순서도에는 ①을 사용했다. 이는 커넥터의 의미로서 같은 페이지 내에서 프로세스의 연결을 의미하는 것으로, 순서도를 그리다가 맨 하단의 페이지를 넘어가게 될 경우 커넥터를 사용해서 다른 방향에서 계속 순서도를 그릴 수 있도록 한다.

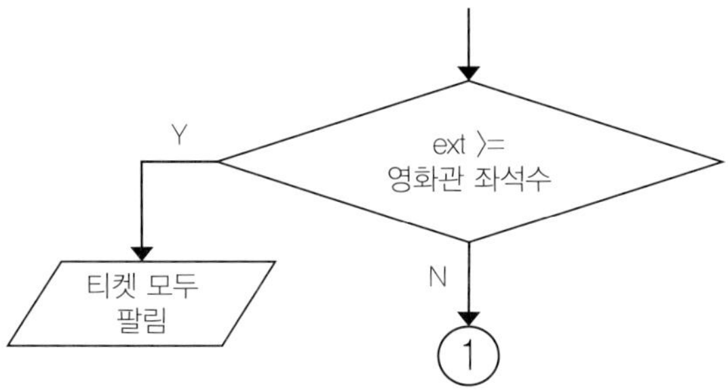

예매의 처리는 의외로 단순하다. 기존의 예매 티켓 수가 저장된 ext에 새로이 예매하고자 하는 티켓 수인 reg를 더하여 ext에 누적한 후 데이터베이스에 저장하면 된다.

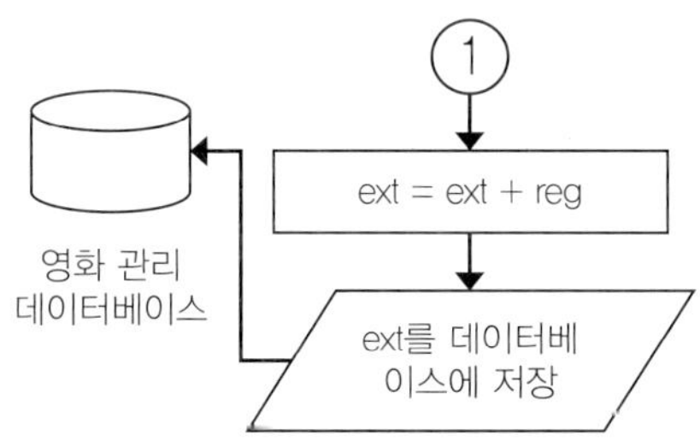

이제 예매 처리가 모두 종료되었다. 그러면 사용자에게 예매가 완료되었음을 알리는 메시지를 나타내주고 예매 프로그램을 종료하면 된다.

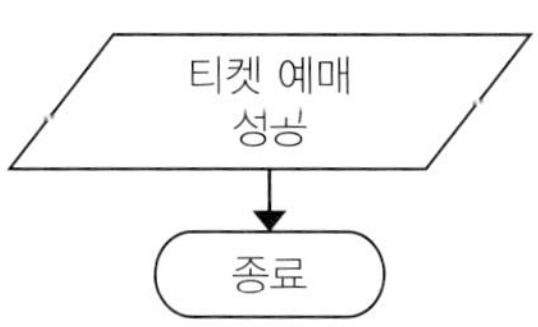

6.2 영화표 예약 프로그램 의사코드

순서도가 그려졌으니 각 과정에 맞는 의사코드를 나타낸다.

```
Begin
        Input: ID, Password, reg
        Output: ext

        id = 화면에서 ID 입력
        password = 화면에서 Password 입력
        db.ID = 영화관리 데이터베이스에서 ID 가져옴
        db.Password = 영화관리 데이터베이스에서 Password 가져옴
        if ID != db.ID and  password != db.Password
                print("로그인 실패")
        else
                reg = 화면에서 예매 요청 티켓 수 입력
                ext = 영화관리 데이터베이스에서 예약된 영화 티켓 수 가져옴
                if ext >= 영화관 좌석수
                        print("매진되었습니다.")
                else
                        ext = ext + reg
                        ext → 영화관리 데이터베이스에 저장
                        print("영화 예약이 완료되었습니다.")
End
```

```
Input: ID, Password, reg
Output: ext
```

입/출력의 명세는 사용자로부터 화면을 통해 입력받는 데이터(ID, Password, reg)나 데이터베이스의 내용을 갱신하기 위해 예매 정보(ext)를 저장하는 내용으로 한정하였다.

```
id = 화면에서 ID 입력
password = 화면에서 Password 입력
```

사용자가 영화관 홈페이지에 접속하기 위해 id와 password를 입력하면 각각 id,

password 이름으로 저장한다.

```
db.ID = 영화관리 데이터베이스에서 ID 가져옴
db.Password = 영화관리 데이터베이스에서 Password 가져옴
```

영화관리 데이터베이스에서 사용자가 홈페이지에 등록한 id와 password를 가져온다.

```
if ID != db.ID and  password != db.Password
        print("로그인 실패")
```

만일 홈페이지에 접속하기 위해 입력한 id와 password를 데이터베이스에 저장된 사용자의 id와 password와 비교하여 서로 다르면 "로그인 실패" 메시지를 사용자에게 보여준다.

```
else
        reg = 화면에서 예매 요청 티켓 수 입력
```

아니면 id와 password가 일치한 것이므로 정상적인 사용자 접속으로 본다. 따라서 사용자에게 티켓 예매 페이지를 보여주고 예매 티켓수를 입력받아 reg의 이름으로 저장한다.

```
        ext = 영화관리 데이터베이스에서 예약된 영화 티켓 수 가져옴
```

사용자가 원하는 예매 티켓 수량을 알았으니 다음에는 티켓의 잔여 수량을 확인하여 티켓 예매 진행이 가능한지 확인하여야 한다. 이를 위해서는 영화관리 데이터베이스에 저장된 기존의 예약 티켓 수를 가져와야 하는데 이것은 ext에 저장한다.

```
        if ext >= 영화관 좌석수
                print("매진되었습니다.")
```

만일 ext가 영화관 좌석 수보다 크거나 같으면 "매진되었습니다."를 사용자에게 나타낸다.

```
else
        ext = ext + reg
        ext → 영화관리 데이터베이스에 저장
        print("영화 예약이 완료되었습니다.")
```

아니면 아직 티켓 예매 좌석이 있는 것이므로 예매 티켓 수(ext)에 현재 예매하고자 하는 티켓(reg)을 누적하여 영화관리 데이터베이스에 저장한다. 모든 처리가 완료되었으므로 사용자에게는 "영화 예약이 완료되었습니다."라는 메시지를 나타내고 종료한다.

연습문제

01. 프로그래밍 언어로 기술된 코딩 소스를 번역하여 컴퓨터가 실행할 수 있는 기계 코드로 변환하는 과정을 무엇이라 하는가?

① 컴파일 ② 기계어
③ 인터프리터 ④ 실행파일

02. 소스 코드에 명령어를 잘못 기술하였거나 구문에 문제가 있을 경우 나타나는 에러는?

① SyntaxError ② ValueError
③ IndexError ④ TypeError

03. 프로그램의 소스 코드를 읽고 컴퓨터의 프로세서가 실행할 수 있는 기계 코드로 변환하여 한 줄씩 번역하고 실행하는 방식은?

① 링커 ② 컴파일러
③ 인터프리터 ④ 오브젝트

04. 소프트웨어 개발 과정에 속하지 않은 것은?

① 요구사항 수집 ② 배포
③ 계획 ④ 마케팅

05. 소프트웨어가 배포된 후에도 소프트웨어가 계속 올바르게 작동하고 사용자의 요구를 충족할 수 있도록 지속적인 지원을 하는 과정은?

① 테스트 ② 구현
③ 계획 ④ 유지보수

06. 소프트웨어 개발 과정의 각 단계가 이전 단계를 따르는 선형 순차 모델은?

① V-모델 ② 폭포수 모델
③ 프로토타입 모델 ④ 에자일 모델

07. **마일스톤에 대한 설명으로 옳은 것은?**

① 프로젝트의 시작, 각 단계별 목표 및 진행 작업, 단계별 마감일 등을 계획하여 소프트웨어 프로젝트의 개발 타임라인을 설정하는 것이다.

② 특징, 기능 및 의도된 사용자를 포함하여 소프트웨어 프로젝트의 목표 및 요구 사항을 명확하게 정의하는 것이다.

③ 팀 협업 및 커뮤니케이션 채널 등을 설정한다. 프로젝트 전반에 걸쳐 개발 팀원과 기업의 경우 소프트웨어 발주자들과의 의사소통을 어떻게 진행할지를 고려하는 것이다.

④ 소프트웨어 개발 프로세스에 영향을 미칠 수 있는 잠재적 위험을 식별하고, 이러한 위험을 회피하거나 대처하기 위한 전략을 세우는 것이다.

08. **좋은 소프트웨어와 나쁜 소프트웨어 사이에서 리스크 관리의 차이점에 대한 설명으로 옳은 것은?**

① 우수한 소프트웨어 개발 기획은 철저한 요구사항 분석을 포함하며, 소프트웨어의 기능적 및 비기능적 요구사항을 충분한 커뮤니케이션 후에 설정하고 검증하지만, 잘못된 소프트웨어 개발 기획은 사용자 요구사항을 충분히 반영하지 못하거나 부정확한 이해를 초래하여 소프트웨어 개발 방향을 잘 못 설정하는 경우이다.

② 우수한 소프트웨어 개발 기획에는 인력, 시간 및 예산 등이 적절하게 배치되어 있어서 개발 기간 안에 가용할 수 있는 자원들이 잘 나타나 있다. 그러나 잘못된 소프트웨어 개발 기획은 부적절한 리소스 할당으로 인한 소프트웨어 개발 지연, 예산 초과 및 품질 문제 등을 초래한다.

③ 우수한 소프트웨어 개발 기획은 잠재적 위험을 식별하고 미리 문제점에 대한 대처방안과 위험 요소가 소프트웨어 프로젝트에 미치는 영향을 최소화하기 위한 사전 조치가 충분히 고려된다. 나쁜 소프트웨어 개발 기획은 프로젝트의 적절한 위험 관리가 부족하고 소프트웨어 개발 또는 배치 중에 나타날 수 있는 예상치 못한 문제를 충분히 고려하지 않아 전체적인 소프트웨어 개발 기간의 지연 및 실패를 야기하게 된다.

④ 좋은 소프트웨어 개발 기획은 소프트웨어 개발 팀원, 소프트웨어 발주자, 사용자 간의 효과적인 커뮤니케이션을 중요한 요소로 인식한다. 잘못된 소프트웨어 개발 기획은 개발 팀원과 소프트웨어 발주자, 사용자 간의 의사소통 부족, 협의의에 의한 조정의 부족, 개발 완료 시의 잘못된 기대 등을 초래하여 서로 간의 오해와 함께 소프트웨어 프로젝트 지연을 초래할 수 있다.

09. **순서도의 기호와 이름이 잘못된 것은?**

① 입력: 

② 프로세스: 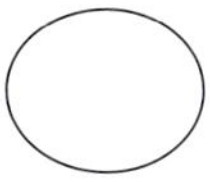

③ 터미널 (시작/종료): 

④ 입/출력: 

10. **알고리즘이나 프로그램 로직을 표현할 때, 기호로 표현하는 순서도와는 다르게 프로그램과 가깝게 표현하는 방법은?**

① 의사코드(Pseudocode)
② 의사코드(Doctorcode)
③ 소스코드(Sourcecode)
④ 기본코드(Basiccode)

11. **의사코드에 관한 설명으로 틀린 것은?**

① 프로그램은 아니지만 프로그램 코딩처럼 유사하게 표현함으로서 프로그램의 프로세스를 명세화한다.
② 특정 프로그래밍 언어의 엄격한 구문이나 규칙 없이 복잡한 알고리즘을 표현할 수 있는 유연하고 추상적인 방법을 제공하며, 프로그래머가 프로그램 언어 구문의 세부사항보다는 알고리즘의 논리와 흐름에 집중할 수 있게 한다.
③ 의사코드로 기술하는 방식으로는 지켜야 하는 일련의 규칙이나 방식이 정해져 있고 국제표준 규약으로 내용이 설정되어 있어서 정확한 문법이나 체계를 따라야 한다.
④ 형식적인 프로그래밍 언어가 아니라 컴퓨터 프로그램의 단계나 논리를 이해하고 해석하기 쉬운 방식으로 기술한다.

12. **A는 영화관 관리직원이다. 이번에 영화관에서 사용할 영화표 티켓 발권을 위한 홈페이지 개편 작업을 진행할 예정이며, A가 프로그램 설계 담당자이다. A는 영화표 티켓 발권 처리를 설계하기 위해 아래와 같은 사항을 우선 고려하여야 사항이 아닌 것은?**

① 티켓 발권 홈페이지에서 사용자 인증을 위해 받아야 하는 정보는 무엇이고, 인증 과정은 어떻게 처리해야 하는가?
② 티켓 발권을 위해 영화표 티켓 현황 파악은 어떻게 하여야 하는가?
③ 사용자 인증 후 영화표 티켓 발권을 위해 입력받아야 하는 데이터는 무엇인가?
④ 티켓 발권 처리 과정은 누가 진행하여야 하는가?

13. **아래는 순서도의 일부인 기호이다. 이에 맞는 처리는?**

① 사용자의 ID와 Password를 입력받는다.

② 사용자의 ID와 Password가 맞는지 인증한다.

③ 사용자의 ID와 Password를 데이터베이스에 저장한다.

④ 사용자의 ID와 Password를 데이터베이스에서 가져온다.

14. **아래는 순서도의 일부인 기호이다. 이에 맞는 처리는?**

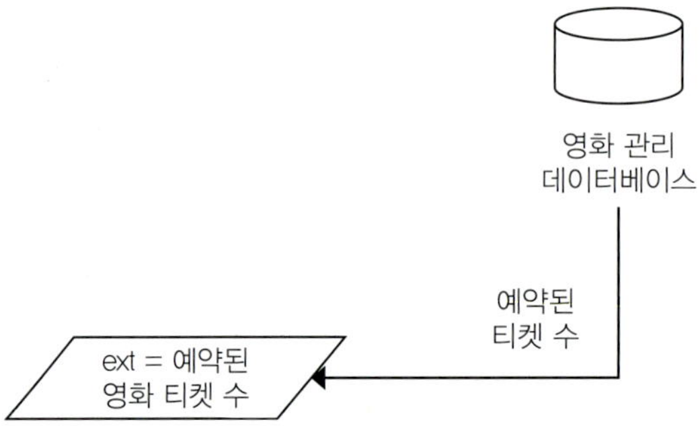

① 영화관리 데이터베이스에 영화 티켓 수량을 가져와서 ext와 같은지 비교한다.

② 영화관리 데이터베이스에 저장된 정보 중에서 이미 예약을 완료한 영화 티켓 수량을 가져온다. 데이터베이스로부터 가져온 티켓 정보는 ext 이름으로 저장한다.

③ ext 값을 영화관리 데이터베이스에 저장한다.

④ ext 값을 예약된 티켓 수로 변경하여 영화관리 데이터베이스에 저장한다.

15. **A는 영화관 관리직원이다. 이번에 영화관에서 사용할 영화표 티켓 발권을 위한 홈페이지 개편 작업을 진행할 예정이며, A가 프로그램 설계 담당자이다. A는 영화표 티켓 발권 처리를 설계하기 위해 필요한 데이터가 아닌 것은?**

① 사용자 ID와 Password

② 발권 요청한 티켓 수

③ 티켓에 찍힌 이벤트 쿠폰

④ 남은 영화 티켓 수

10101
01010

제2장 >>>>

변수

1. 파이썬과 변수
2. 파이썬 실습하기
3. 데이터와 변수
4. 변수의 입출력

1. 파이썬과 변수

1.1 파이썬의 개요

파이썬은 네덜란드 출신의 컴퓨터 과학자 귀도 반 로섬(Guido van Rossum)이 1989년에 개발한 고급 프로그래밍 언어이다. 그래서 파이썬을 귀도 (GvR)라는 별명으로도 알려져 있다. 파이썬은 ABC 언어의 후속으로 개발되었으며, 초기에는 Amoeba 운영 체제에서 사용하기 위해 설계되었다. 그러나 후에 다양한 운영 체제에서 사용할 수 있도록 개발되었고, 오픈 소스 프로젝트로 공개되었다.

여기서 잠깐

ABC 언어는 1980년대 초에 개발된 프로그래밍 언어로서, 사용자가 자연어에 가까운 형태로 프로그래밍할 수 있도록 하는 것이 목표였다. ABC 언어는 교육용 언어로 개발되었으며, 사용자 친화적인 문법과 간결한 코드 작성이 특징이었다.

ABC 언어의 가장 주목할 만한 기능 중 하나는 들여쓰기를 사용한 블록 구조를 사용한다는 것이다. 기존의 C언어와 같이 중괄호나 키워드를 사용하지 않고, 들여쓰기를 통해 블록의 시작과 끝을 나타내는 것으로 코드의 구조를 명확하게 표현하였다. 또한, 변수의 자료형을 명시적으로 선언하지 않고, 변수에 할당되는 값에 따라 자동으로 형을 추론하는 동적 타이핑을 지원했다. 이를 통해 개발자는 변수를 더욱 유연하게 사용할 수 있었다.

즉, 교육용 언어 답게 ABC 언어는 간결하고 가독성이 높은 문법을 제공하여 프로그래밍을 처음 접하는 사람들도 쉽게 학습할 수 있도록 했다. 그러나 ABC 언어는 상대적으로 작은 커뮤니티와 제한된 사용 환경을 가졌기 때문에 상용화되지는 못했다.

파이썬의 이름은 네덜란드의 코미디 프로그램인 "Monty Python's Flying Circus"에서 따온 것이다. 그래서 파이썬은 "파충류"와는 전혀 관련 없는 이름이지만 파이썬의 로고나 공식 문서에서 종종 파이썬과 관련된 도마뱀 모양의 그림이 사용되곤 한다.

파이썬은 간결하고 가독성이 높은 문법을 갖추고 있어 입문자들이 쉽게 접근할 수 있다. 이러한 특성으로 인해 파이썬은 교육부터 과학 연구, 웹 개발, 인공지능 등 다양한 분야에서 널리 사용되고 있다. 파이썬의 개발은 오픈 소스 커뮤니티에 의해 주도되며, 파이썬의 개발자들은 파이썬 소스 코드와 함께 C 언어로 작성된 CPython 인터프리터를 제공하고 있다. CPython이 가장 널리 사용되는 파이썬 인터프리터이며, 파이썬의 공식 배포판이라 할 수 있다.

파이썬의 버전은 지속적으로 발전해왔다. 파이썬 0.9.x 버전을 시작으로 1.x, 2.x, 3.x 등의 버전들이 지속적으로 개발되었다. 2008년에 파이썬 3.0 버전이 출시되었는데, 이는 기존 파이썬 2.x 시리즈와 호환되지 않는 변경 사항을 포함하고 있어 일부 사용자들에게는 호환성 문제가 불거졌었다. 파이썬 3.x 버전 이후부터는 지속적인 개발이 이루어지고 있으며, 파이썬 2.x는 2020년 1월을 기점으로 공식적으로 지원이 종료되었다. 파이썬은 개발자들에게 많은 장점을 제공하며, 다양한 라이브러리와 쉬운 문법 구조, 프로그램 코딩의 편리함 등을 제공하고 있어서 프로그램 언어를 배우고자 하는 사람들에게 가장 쉽게 접근할 수 있는 언어로 알려져 있다.

그림 1 귀도 반 로섬
(출처: Wikipedia, Daniel Stroud)

1.2 파이썬의 특성

파이썬은 다음과 같은 특징을 가지고 있다.

- **쉬운 문법과 가독성**: 파이썬은 간결하고 가독성이 높은 문법을 갖추고 있어 프로그래밍을 처음 접하는 사람들에게 매우 적합하다. 들여쓰기를 통한 블록 구조와 영어 문장과 유사한 문법을 사용함으로써 쉽게 문법을 익힐 수 있으며, 코딩을 쉽게 할 수 있다.
- **동적 타이핑**: 파이썬은 변수의 자료형을 명시적으로 선언하지 않고, 할당되는 값에 따라 자동으로 자료형을 추론하는 동적 타이핑을 지원한다. 이는 개발자에게 유연성을 제공하며, 코드 작성 속도를 높이고 복잡성을 줄여준다.

- **인터프리터 언어**: 파이썬은 컴파일과 인터프리터 방식을 모두 제공한다. 특히 인터프리터는 프로그램의 코드를 한 줄씩 해석하고 바로 실행하기 때문에 프로그램의 한 줄마다 실행 결과를 알 수 있다. 이는 코드 수정이 간편하고 즉시 결과를 확인할 수 있다는 장점을 준다.
- **풍부한 라이브러리와 생태계**: 파이썬은 많은 표준 라이브러리와 다양한 외부 라이브러리를 포함하고 있어 개발을 빠르고 효율적으로 할 수 있다. 빅 데이터 분석, 웹 개발, 인공지능 등 다양한 분야에서 사용되는 라이브러리와 프레임워크가 풍부하게 제공하고 있다.
- **플랫폼 독립성**: 파이썬은 다양한 운영 체제에서 동작할 수 있으며, 이식성이 뛰어나다. 한 번 작성한 코드는 윈도우, macOS, 리눅스 등 여러 플랫폼에서 동일하게 실행될 수 있다.
- **객체 지향 프로그래밍**: 파이썬은 객체 지향 프로그래밍(OOP: Object Oriented Programming)을 지원한다. 클래스와 객체를 사용하여 코드를 구성하고, 상속, 캡슐화, 다형성 등의 OOP 개념을 적용할 수 있다.
- **확장성과 재사용성**: C나 C++과의 호환성이 우수한 파이썬은 C 확장 모듈을 작성할 수 있는 기능을 제공하여 시스템 성능에 민감한 부분을 다른 언어로 작성하고 파이썬과 통합할 수 있다. 또한, 다른 언어로 작성된 코드를 호출하고 연동하는 기능도 제공한다.
- **커뮤니티와 지원**: 파이썬은 활발한 개발자 커뮤니티와 다양한 온라인 자료, 튜토리얼, 문서 등의 지원을 받을 수 있다. 이러한 커뮤니티와 자료들은 학습과 문제 해결에 큰 도움을 준다.

이들 특징 이외에 파이썬은 자체적으로 통합 개발 환경(IDLE, Integrated Development and Learning Environment)을 제공한다. IDLE은 파이썬 프로그래밍을 위한 공식 개발 환경으로서 기본적인 코드 편집, 실행, 디버깅 기능을 제공한다. IDLE의 기능과 특징은 다음과 같다.

- **코드 편집기**: IDLE에는 파이썬 프로그램 코드를 편집할 수 있는 편집기가 포함되어 있다. 편집기는 코드의 문법 강조 기능을 제공하며, 들여쓰기를 자동으로 조정해

주어 가독성을 높여준다.

- **대화형 인터프리터**: IDLE은 대화형 인터프리터(파이썬 셸)를 제공하여 코드를 한 줄씩 실행하고 결과를 즉시 확인할 수 있다. 대화형 모드에서 코드를 직접 입력하고 실행하면 실행 결과와 함께 출력을 확인할 수 있다.
- **디버거**: IDLE은 코드 디버깅을 위한 기능을 제공한다. 디버거를 사용하면 코드의 실행 중에 변수 값, 스택 추적 등을 확인하고 버그를 찾아 수정할 수 있다.
- **파일 관리**: IDLE을 사용하여 프로젝트를 관리할 수 있다. 파일을 열고 저장하며, 프로젝트 파일을 구조화하여 관리할 수 있다.
- **도움말 기능**: IDLE에는 내장된 도움말 기능이 있어 파이썬 문법과 모듈, 함수 등에 대한 설명을 찾을 수 있다. 이를 통해 필요한 정보를 빠르게 찾을 수 있다.

1.3 파이썬 설치하기

공식적인 파이썬 제공 홈페이지(https://www.python.org)에 접속하면 아래와 같은 화면을 볼 수 있다(단, 홈페이지 게시 시점에 따라 콘텐츠가 상이할 수 있다).

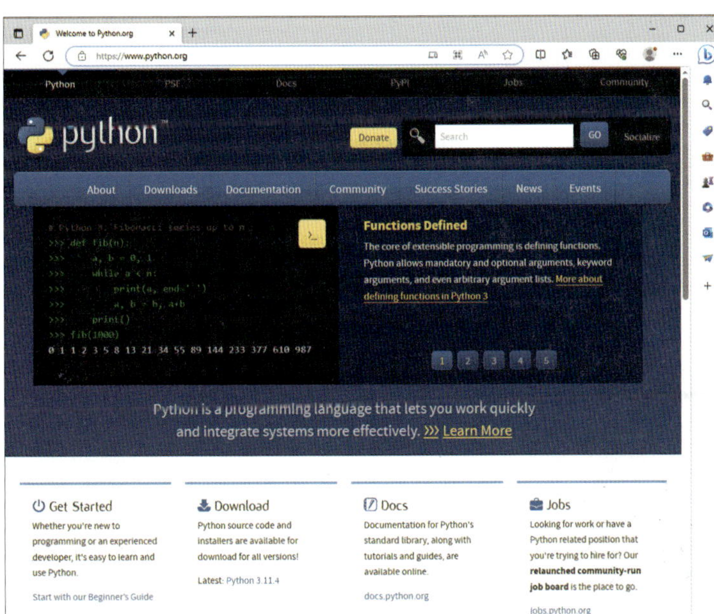

그림 2 파이썬 홈페이지

상단의 메뉴에서 Downloads에 마우스를 움직이면 “Download for Windows” 아래에 파이썬 프로그램이 나타난다. 물론 macOS를 위한 파이썬 설치도 선택할 수 있다. 여기에서는 Python 3.11.4가 있는데 이 버튼을 클릭하자.

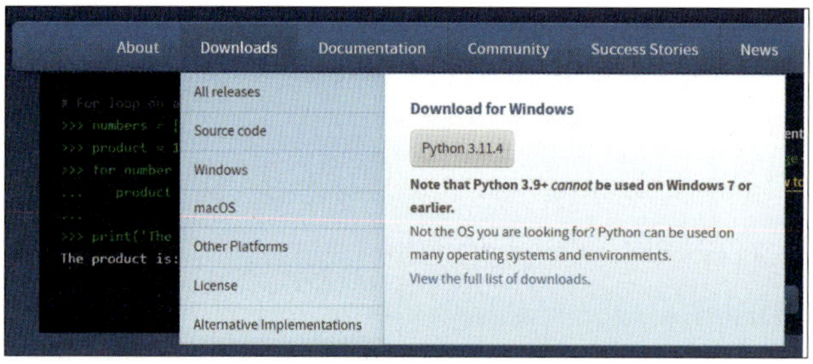

그림 3 파이썬 다운로드 페이지

클릭과 동시에 아래 그림과 같이 파이썬 프로그램이 다운로드되는 것을 확인할 수 있다.

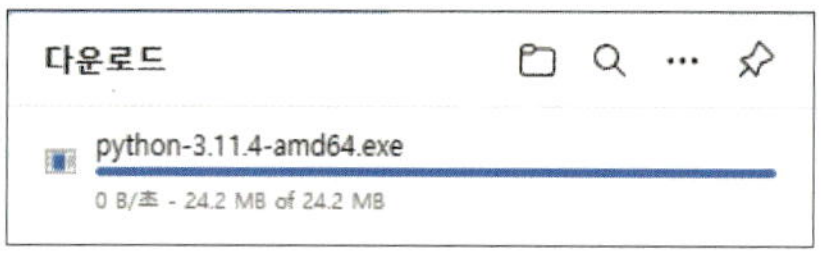

그림 4 파이썬 다운로드 진행

여기서 잠깐

이전 버전의 파이썬을 다운로드받으려면, Downloads -> All releases를 클릭하면 된다.

그림 5 파이썬 이전 버전의 다운로드 선택

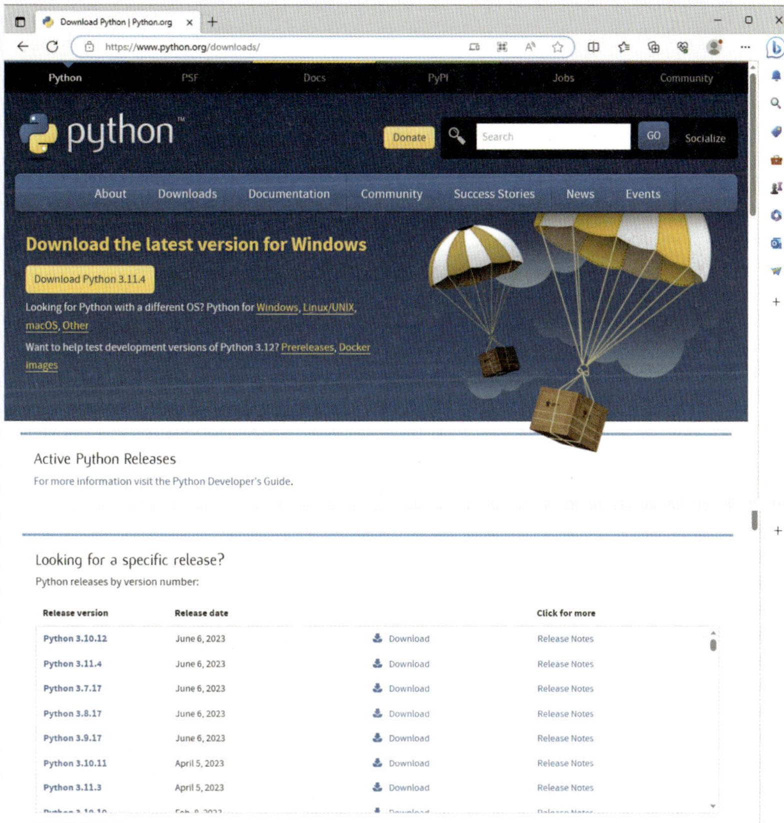

그림 6 파이썬 이전 버전의 다운로드 리스트

macOS를 선택하면 아래와 같이 다양한 맥용 파이썬을 버전에 따라 선택하여 다운로드할 수 있다.

그림 7 맥용 파이썬 다운로드 리스트

이제 다운로드가 완료된 파이썬을 실행해 보자. 이때 "Install Now"를 클릭하면 된다.

그림 8 파이썬 설치 실행

파이썬이 설치되는 동안 설치 진행 상태를 나타내는 진행바(Progress Bar)가 나타나서 어느 정도 설치가 되고 있는지 알려준다.

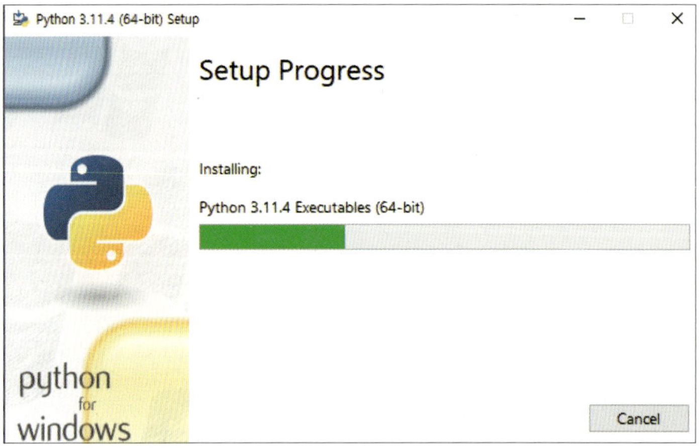

그림 9 파이썬 설치 진행

잠시 후 파이썬 설치가 완료되면 다음과 같이 Setup was successful 메시지가 나타나며, 파이썬 온라인 튜토리얼(online tutorial)과 도큐먼트(documentation) 등의 안내가 나타난다. 이제 하단의 Close 버튼을 클릭한다.

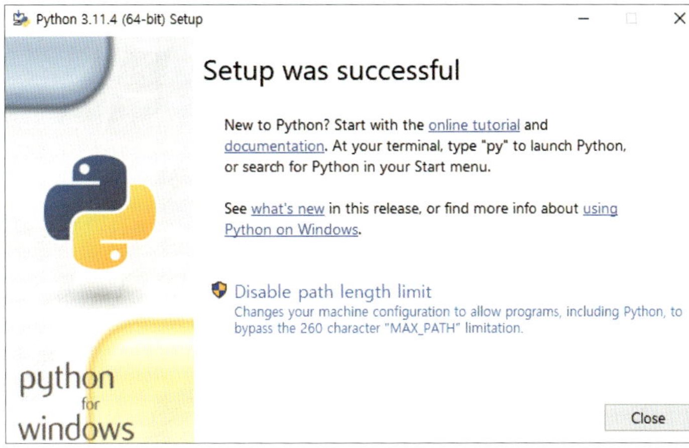

그림 10 파이썬 설치 완료

파이썬 설치가 완료되면 윈도우의 "최근 추가한 앱" 리스트에 현재 설치된 파이썬 아이콘들이 나타난다.

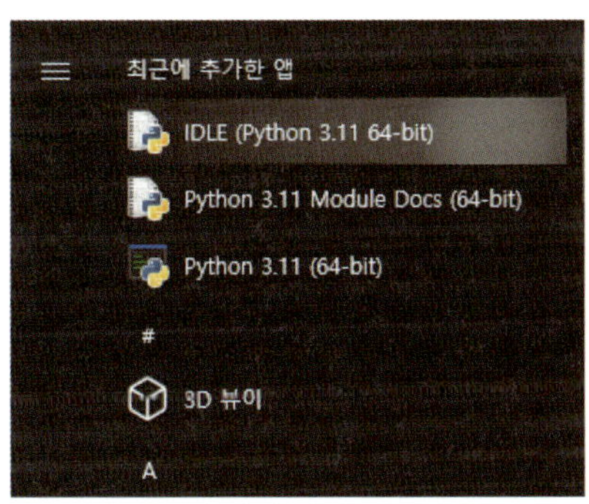

그림 11 설치된 파이썬 프로그램의 아이콘

1.4 인터프리터와 컴파일

• 인터프리터

파이썬의 인터프리터는 DOS 모드에서 실행하는 command mode와 윈도우의 IDLE 환경에서 실행되는 Shell에서 사용할 수 있다. 윈도우에 설치된 파이썬 프로그램을 살펴보면 아래와 같이 "Python 3.11 (64-bit)"를 찾을 수 있다(단, 사용자가 선택하여 설치한 파이썬 버전에 따라 다음 그림과 같이 나타나는 버전이 다를 수 있다).

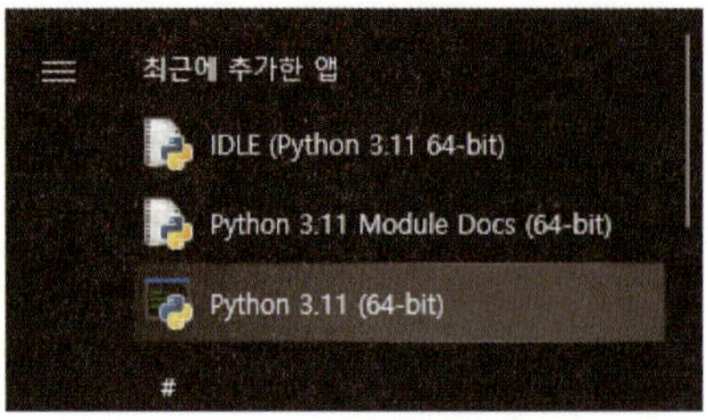

그림 12 Python 3.11 (64-bit) 실행

"Python 3.11 (64-bit)"을 클릭하면 아래와 같은 화면이 나타나며, 이 환경은 전통적인 DOS의 command mode이다.

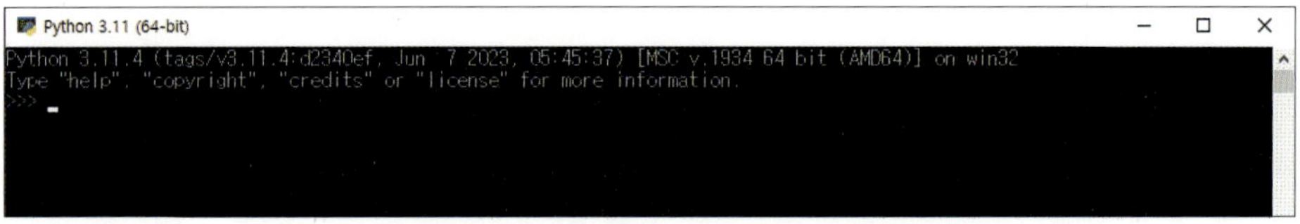

그림 13 인터프리터를 지원하는 파이썬의 command mode

다음과 같이 간략한 명령어를 실행해보면 한 줄 단위로 바로 실행되는 것을 알 수 있다. 즉, 인터프리터는 프로그램의 전체 묶음을 한꺼번에 실행하는 것이 아니라 한 줄마다 입력 후 Enter 키를 누르는 순간 실행된 결과값을 나타낸다. 이때 커서 앞에 >>> 기호가 붙어있는데, 이것은 인터프리터 환경을 의미한다. 즉, name = '홍길동'을 코딩하고 엔터를 누르면 name에 문자 '홍길동' 값이 바로 저장된다(값을 변수에 저장하는 명령이기 때문에 화면에는 아무것도 나타나지 않는다).

```
>>> name = '홍길동'
```

name에 저장된 값을 확인하려면 변수이름인 name만 쓰고 엔터를 하자마자 name에 있던 값을 화면에 나타낸다.

```
>>> name
'홍길동'
```

그런데 DOS 환경이다 보니 파이썬 사용 환경이 좋다고 하기 어렵다.

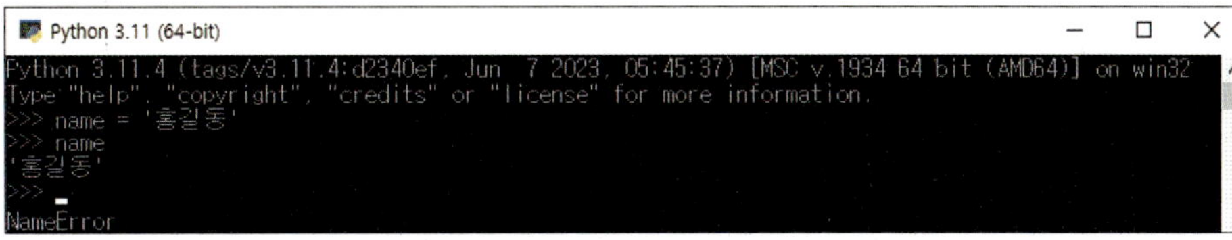

그림 14 command mode에서 명령어 실행

그렇다면 윈도우에서 파이썬 통합개발환경인 IDLE (Python 3.11 64-bit)를 실행해 보자.

그림 15 IDLE (Python 3.11 64-bit) 실행

윈도우 환경의 인터프리터를 지원하는 Shell은 DOS의 환경과 사용 방법이 같지만 더 편리한 기능을 제공해 준다.

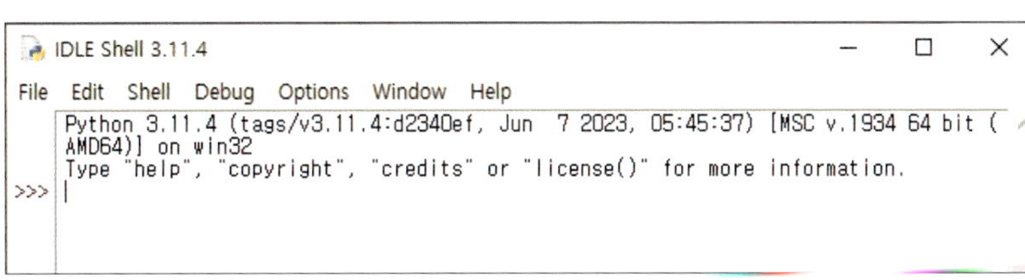

그림 16 인터프리터를 지원하는 파이썬의 Shell 모드

>>> name = '홍길동'을 입력한 후 엔터를 치면 name에 '홍길동' 문자가 저장되고, name 입력 후 엔터를 하면 name에 저장되었던 '홍길동'을 나타낸다.

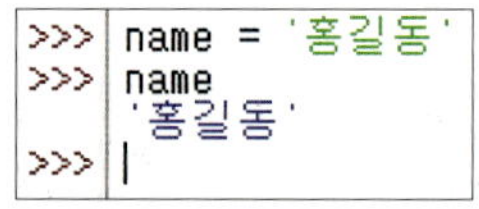

그림 17 인터프리터를 지원하는 파이썬의 Shell 모드

- **컴파일**

컴파일 형식은 인터프리터와는 다소 다르다. 아래의 그림과 같이 Shell 모드에서 File - New File을 클릭하면 새로운 창이 나타난다.

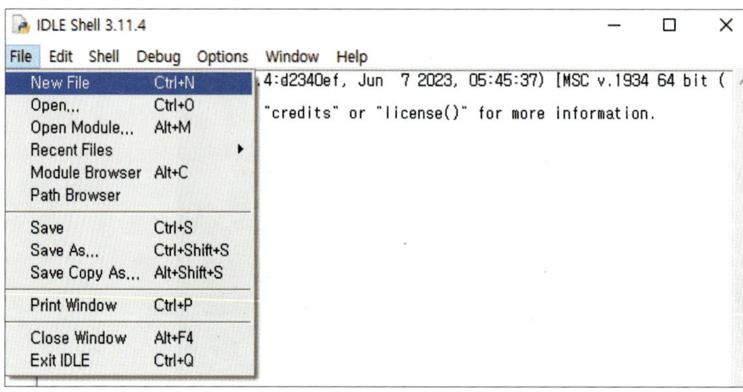

그림 18 파이썬의 Shell에서 New File 선택

그러면 파이썬에서 사용하는 코드 편집기가 나타나는데, 이곳에서는 프로그램을 작성한 후 실행할 때 인터프리터와 같이 한 줄씩 바로바로 실행되는 것이 아니라 전체 프로그램을 컴파일한 후 한꺼번에 실행된다.

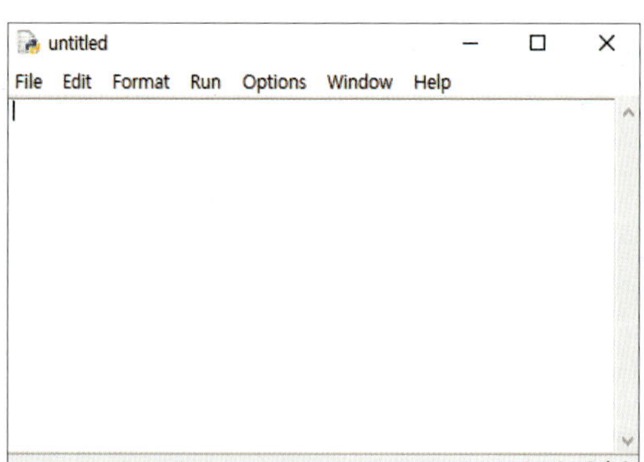

그림 19 파이썬의 코드 편집기

이제 아래와 같이 코딩해 보자.

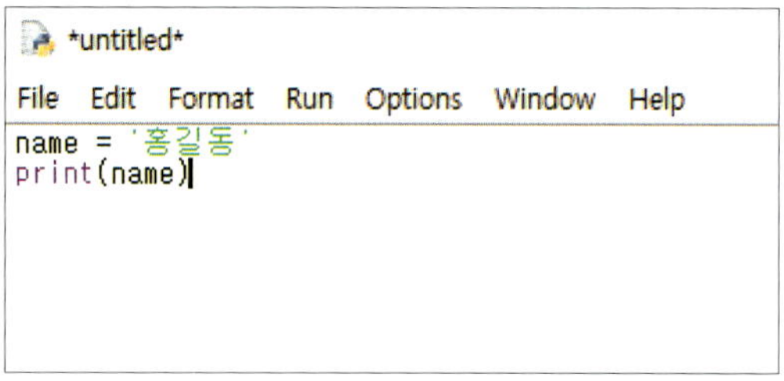

그림 20 파이썬의 코드 편집기에서의 프로그래밍

실행(F5)을 누르거나 Run - Run Module을 클릭하면 프로그램을 실행할 수 있다.

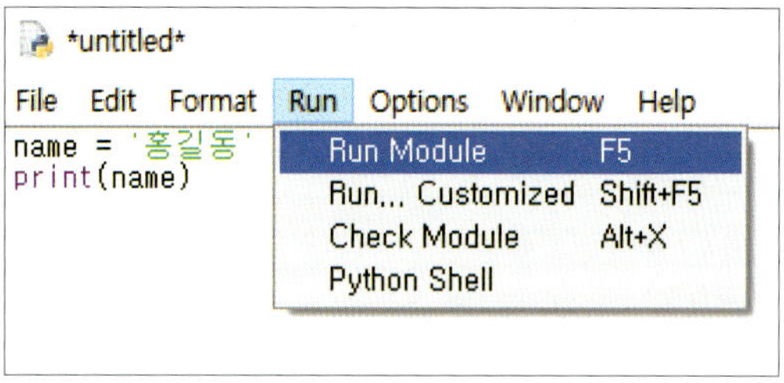

그림 21 파이썬의 코드 편집기에서의 프로그래밍

이때 프로그램을 실행하기 전에 저장 메시지가 나타나는데, 파이썬은 프로그램을 실행하기 전에 저장을 먼저 한 후에 컴파일을 수행하고 오류가 없으면 프로그램이 실행된다.

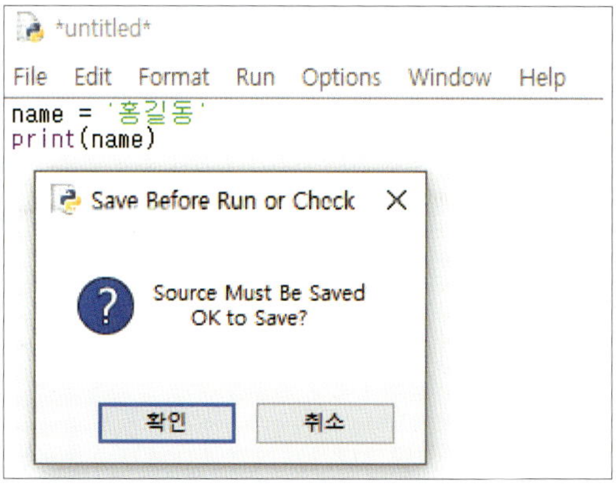

그림 22 파이썬의 코드 편집기에서의 프로그래밍

파일 이름으로 name을 입력한다.

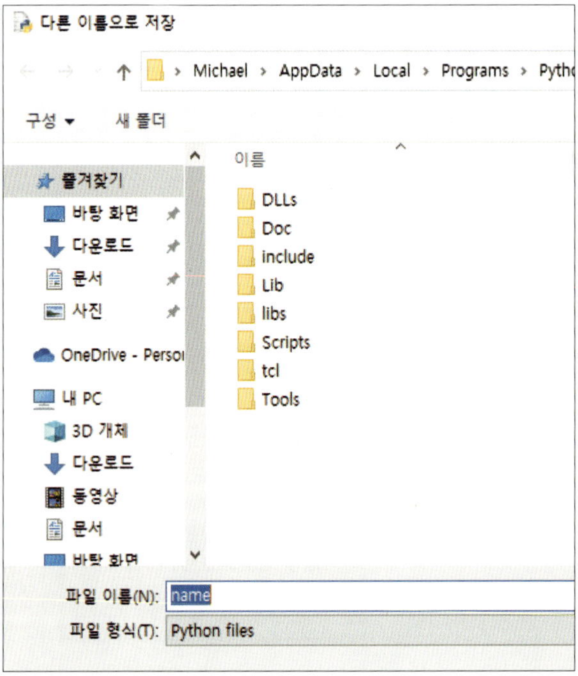

그림 23 프로그램 파일 저장

주목할 것은 파이썬 프로그램 실행은 IDLE Shell에 실행 결과가 나타난다는 것이다. 또한, 인터프리터에서는 name의 값을 확인하기 위해서

```
>>> name
```

와 같이 변수이름만 써도 저장된 값을 나타냈지만, 프로그램에서 name만 쓰게 되면 오류가 난다. 즉, 변수값을 확인하고자 한다면 print( )를 이용해야 한다. print( )에 대한 내용은 뒤에 자세히 설명한다.

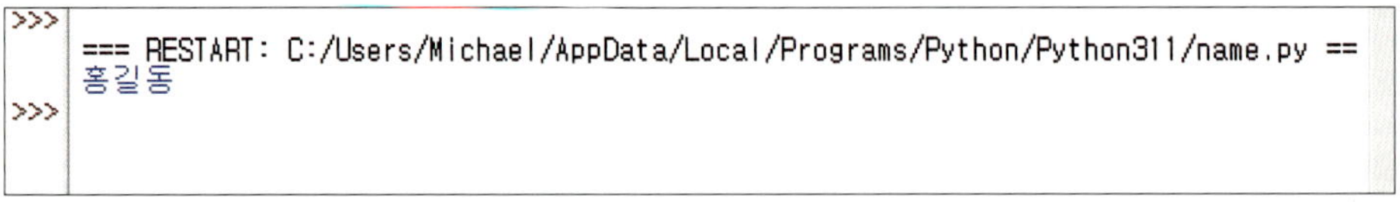

그림 24 컴파일 후 실행 결과는 Shell에 나타남

• 컴파일과 인터프리터 실행의 차이

아래의 명령을 코드 편집기에서 코딩하고 저장해 본다.

```
print('친구야 안녕!')
print('나도 안녕!')
print('그럼 안녕!')
```

같은 명령을 Shell에서는 한 줄씩 명령을 입력 후 엔터를 누른다. 그러면 아래와 같이 실행에 대한 차이가 나타난다.

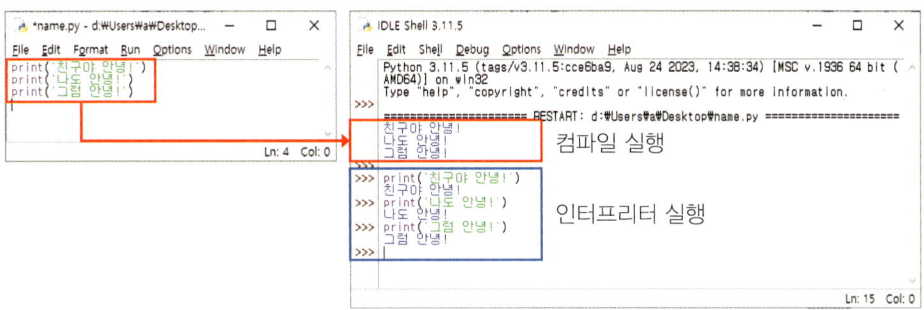

그림 25 컴파일 후 실행 결과는 Shell에 나타남

즉, Shell에서는 한 줄씩 바로 실행 결과를 확인할 수 있으나 코드 편집기에서 프로그래밍한 소스코드는 코딩 중에 한 줄씩 빠른 확인이 어렵다.

인터프리터는 간단한 명령의 경우 빠른 확인이 필요한 코드일 때 사용하면 좋지만 많은 명령어들로 이루어진 프로그램의 경우는 코드 편집기를 이용하여 구현하는 것이 더 좋다. 이는 명령어들을 나중에 수정, 삭제, 추가할 경우 인터프리터 형식으로 프로그램하는 것이 매우 비효율적이고 어려운 일이기 때문이다.

여기서 잠깐

프로그램을 작성하는 코드 편집기에서는 처음에 아무것도 없는 빈 공백이 나타나지만, 인터프리터를 지원하는 Shell에서는 커서 앞에 '>>>'가 있다.
따라서 화면에 '>>>'가 있으면 Shell 환경에서 작업하는 것이고, 아무것도 없으면 코드 편집기에서 프로그램을 작성하는 환경이라는 것을 단순히 구분할 수 있다.

2. 파이썬 실습하기

파이썬 Shell에서 간단한 실습을 해 보도록 한다.

▶ 숫자와 문자 입력해 보기

```
>>> score = 95
>>> score
95
>>> print(score)
95
>>> score + 3
98
>>> print(score + 3)
98
>>> greeting = 'Hello'
>>> greeting
'Hello'
>>> print(greeting)
Hello
>>>
```

Shell에서는 명령어를 한 줄 입력하여 엔터를 치면 바로 실행되기 때문에 한 줄로 된 단순한 명령어의 실행을 확인하기에 아주 좋다.

score = 95를 입력한 후 score 엔터를 치면 score 값이 바로 나타난다. 유사한 방법이지만 코드 편집기에서 수행하는 프로그램처럼 print( ) 함수를 사용할 수 있다. 이때는 확인하고자 하는 score를 print(score)와 같이 실행하면 같은 결과를 나타낸다.

그렇다면 이 둘에는 어떤 차이가 있을까? 현재 실습하고 있는 환경이 인터프리터 기반의 Shell에서 실습하는 것이라서 결과만을 가지고는 차이를 이야기하기 어렵지만, 코드 편집기를 이용하여 프로그램한 후 실행할 때는 반드시 print( )와 같은 함수를 이용하여 저장된 값을 확인해야 한다. 뒤에서 설명하겠으나 print( ) 함수는 저장된 값을 불러와서 출력하는 기능을 수행한다. score만을 사용하여 엔터를 눌러 결과를 보는 것은 Shell에서 인터프리터가 작동되어 사용자 편의상 그 값을 바로 나타내는 것일 뿐 프로그램에서는 score만 입력하면 에러가 난다.

score + 3과 같이 score에 저장된 값에 연산도 가능하다. 98이라는 결과가 바로 확인된다. 또한 print(score + 3) 입력 후 엔터를 치면 같은 결과를 나타낸다.

문자의 경우도 같다. greeting = 'Hello'와 같이 문자를 저장한 후에 greeting을 입력 후 엔터를 치면 저장된 문자, 'Hello'를 나타낸다. print(greeting)도 Hello를 나타낸다. 그런데 차이점이 있다. greeting = 'Hello' 후의 결과는 'Hello'였는데, print( ) 함수를 사용한 출력에는 앞뒤 따옴표(')가 없이 문자 Hello만 나타났다. 이것은 숫자와 다르게 문자는 문자임을 나타내는 기호를 붙이게 되는데, Shell에서 greeting만을 입력 후 바로 결과를 확인하는 방법으로 저장된 값을 그대로 불러오다 보니 문자임을 나타내는 'Hello'와 같이 값을 그대로 나타낸 것이고, print( ) 함수를 사용하여 출력된 경우는 함수를 이용하여 출력함으로써 print( ) 함수의 기능에 의해 문자만 출력된 경우이다. 값을 저장하는 변수는 뒤에 설명할 것이며, 함수와 같은 개념은 7장에서 자세히 설명할 것이다.

▶ 산술연산 해 보기

```
>>> 100
100
>>> 213 + 457
670
>>> 542 / 24
22.583333333333332
>>> 3256 + 452 * 42 / 36
3783.3333333333335
>>> a = 25
>>> b = 36
>>> a + b
61
>>> a - b
-11
>>> a / b
0.6944444444444444
>>> a * b
900
>>> 4215 + a + b
4276
>>> c = a + b
>>> c
61
```

산술연산의 경우 산술식을 입력하고 엔터를 치면 인터프리터 실행으로 인해 바로 연산 결과를 나타낸다. 542 / 24와 같은 계산식도 소수점을 포함한 계산결과를 22.583333333333332처럼 나타내고, 복잡한 계산식인 3256 + 452 * 42 / 36도 3783.3333333333335와 같이 결과를 나타낸다. a = 25, b = 36, a + b와 같이 값을 저장하여 계산하는 방식도 빠르게 계산 결과를 나타낸다.

3. 데이터와 변수

3.1. 데이터와 변수의 개요

프로그램에서 데이터는 무엇인가? 일반적으로 데이터는 값을 의미한다. 이러한 값들을 처리하여 의미 있는 내용을 담는 것이 정보이다. 변수는 값을 가지는 데이터를 저장할 수 있는 공간의 이름이다. 아래의 그림은 데이터와 변수를 나타낸다. 문자 '홍길동', 숫자 92는 데이터가 되고, name, score가 변수이다. 변수는 값을 저장할 수 있는 메모리 공간을 차지하며, 주소를 가지는 메모리 공간에서 주소 대신 이름으로 데이터 값을 저장하거나 불러오는 기능을 한다. 즉, name에 문자 '홍길동'을 저장하면 메모리 공간에서 name이 가리키는 공간에 문자 '홍길동'이 저장된다. 추후 name을 불러오면 메모리 공간에서 name이 가리키는 공간에 저장되었던 문자 '홍길동'을 불러올 수 있는 것이다.

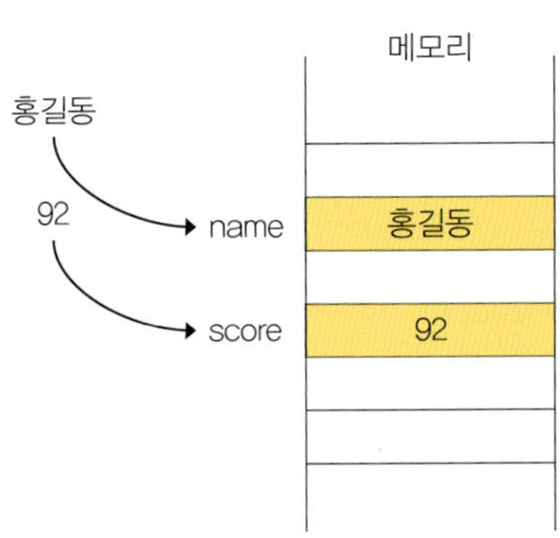

그림 26 데이터와 변수

변수의 사용은 다음과 같다.

```
name = '홍길동'
score = 92
```

변수에는 문자, 문자열, 숫자, 실수, 참/거짓을 나타내는 bool 등이 올 수 있다. 또한 여러 개의 값을 가지는 변수, 즉 리스트, 딕셔너리, 튜플 등도 있으며 이는 3장에서 자세히 설명하도록 한다. 변수이름은 사용자가 마음대로 정해서 사용할 수 있지만 프로그램에서 사용하는 함수 이름과는 구별하여야 하는데, 이를 식별자(identifier)라고 한다. 즉, 같은 이름으로 여러 개의 변수이름을 사용해서는 안 되며, 다른 메모리에 값을 저장하거나 불러올 때는 서로 다른 이름으로 사용하여야 한다.

그럼 변수를 이용하여 간단한 성적처리 프로그램을 작성해 보자.

예제 1 **변수를 이용한 성적처리 프로그램**

```
middle = 28
final = 38
report = 10
absence = 20
total = middle + final + report + absence
print('총점 =', total)
```

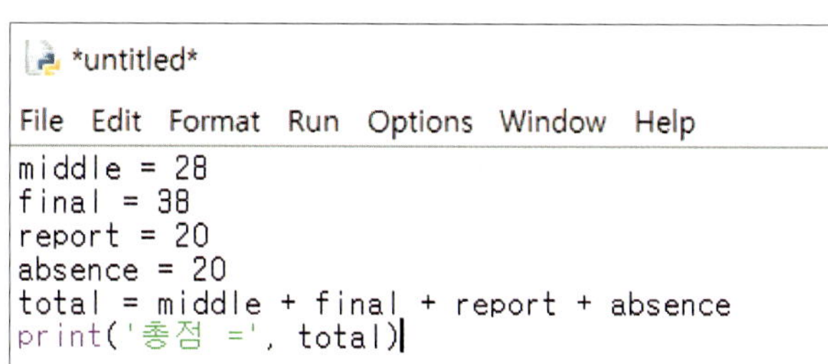

그림 27 코드 편집기에서 총점 계산 프로그램 코딩

코드 편집기를 이용하여 위와 같이 프로그래밍한다. 위의 프로그램에서는 중간고사는 middle = 28, 기말고사는 final = 38, 과제 report = 10, 출석 absence = 20으로 하여 총점을 구하는 것이다.

total = middle + final + report + absence는 각 변수에 저장된 값들을 불러와서 모두 합하여 total에 저장한다. 마지막으로 print( ) 함수를 통해 total 값을 나타낸다.

실행을 위해 F5 키를 누르거나 메뉴 Run - Run Module을 클릭하면 프로그램 소스를 저장하라는 메시지가 나타난다. "확인"을 클릭하여 프로그램을 저장한다. 프로그램 이름은 마음대로 설정할 수 있으며, 여기서는 "2.1.py"라고 하겠다. 뒤의 py라는 확장자는 파이썬 프로그램 파일을 나타낸 것으로, 코드 편집기에서 프로그램을 저장하면 자동으로 붙는 명칭이다.

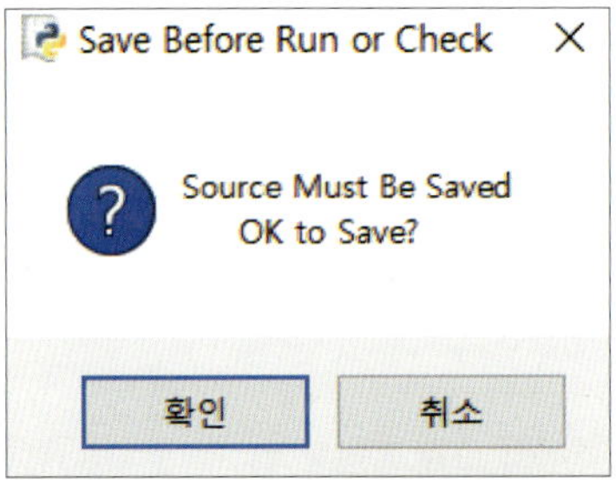

그림 28 프로그램 저장 화면

저장을 하면 바로 프로그램이 실행되어 결과화면은 Shell에 아래와 같이 나타난다.

```
>>> 총점 = 96
```

3.2 변수명의 규칙

변수명은 사용자가 마음대로 설정할 수 있으나 아래와 같은 규칙을 따라야 한다.

변수명 규칙

1. 반드시 영문자, 한글 또는 _(언더바)로 시작해야 한다. 특히 특수문자의 경우 _(언더바) 이외의 다른 문자는 사용할 수 없다.
2. 공백문자(스페이스 바)는 사용할 수 없다.
3. 숫자는 첫 글자를 제외하면 사용할 수 있다.
4. 키워드는 사용할 수 없다.
5. 대소문자는 구별된다.
6. 두 개 이상의 단어가 조합된 경우는 _(언더바)를 사용한다.

한글도 변수이름으로 사용할 수 있는데 이는 유니코드 문자를 통해 가능해 졌다.

키워드란, 파이썬 문법에서 사용하는 이름을 말한다. 키워드는 Shell에서 확인할 수 있으며, 뒤에서 문법을 진행할 때 해당 키워드들을 이해할 수 있다.

▶ **파이썬의 키워드**

```
>>> import keyword
>>> keyword.kwlist
['False', 'None', 'True', '__peg_parser__', 'and', 'as', 'assert', 'async',
'await', 'break', 'class', 'continue', 'def', 'del', 'elif', 'else', 'except',
'finally', 'for', 'from', 'global', 'if', 'import', 'in', 'is', 'lambda',
'nonlocal', 'not', 'or', 'pass', 'raise', 'return', 'try', 'while', 'with',
'yield']
>>>
```

이러한 규칙에 따라 아래와 같은 이름은 변수로 사용할 수 있다.

변수이름으로 사용 가능한 예

- age
- Scocre (단, 가급적 대문자로 변수이름을 시작하는 것은 권고되지 않는다)
- vision2023
- sub_score
- 홍길동

이러한 규칙 이외에 변수명을 설정할 때는 데이터가 사용되는 의미를 쉽게 파악할 수 있도록 이름을 구상하는 것을 권한다.

```
a = 10
b = 20
total = a + b
```

변수 a와 b에 각각 10, 20을 저장한 다음 합을 구하는 코딩에서, a, b가 무엇을 뜻하는 변수인지 확인할 수 없다. 실행에는 문제가 없으나 사이즈가 큰 프로그램을 만들거나 변수가 많이 사용되는 프로그램의 경우 a, b와 같은 변수 사용은 피해야 한다.

아래의 이름은 변수로 사용할 수 없다.

표 1 변수이름으로 사용 불가능한 예

변수이름	사용 불가능한 이유
total number	total과 number 사이에 공백문자가 있다.
if	키워드는 사용할 수 없다.
22age	숫자로 시작할 수 없다. 변수이름은 반드시 영문자 또는 _(언더바)로 시작하여야 한다.
sub#total	특수문자 #을 사용할 수 없다. (_(언더바) 이외의 다른 특수문자는 사용할 수 없다.)
version1.0	특수문자 .을 사용할 수 없다.

Shell에서 다음과 같이 변수를 사용해 보면, 사용 가능/불가능에 대한 부분을 확인할 수 있다.

```
>>> 홍길동 = 20
>>> 홍길동
20
>>> vision2023 = 홍길동 + 30
>>> vision2023
50
>>> Score = vision2023 + 홍길동
>>> Score
70
>>> sub_score = Score - vision2023
>>> sub_score
20
>>> age = 홍길동
>>> age
20
>>> a1.0 = 90
SyntaxError: invalid syntax
>>> 22age = 10
SyntaxError: invalid syntax
```

```
>>> if = 20
SyntaxError: invalid syntax
>>> total number = 20
SyntaxError: invalid syntax
>>> sub#total = 10
Traceback (most recent call last):
  File "<pyshell#23>", line 1, in <module>
    sub#total = 10
NameError: name 'sub' is not defined
>>>
```

4. 변수의 입출력

4.1 변수의 입력(input( ))

변수에 값을 저장하는 방식은

```
a = 10
```

과 같이 직접 설정하는 방식이 있으며, 외부로부터 값을 입력받아서 변수에 지정하는 방식이 있다. 현재까지는 직접 설정하는 방식으로 하였으니 이제 외부에서 값을 입력받는 함수를 알아본다. 외부로부터 값을 입력받는 것은 input( )을 사용할 수 있다.

변수이름 = input(입력 설명문)

변수이름은 사용자가 임의로 만들면 된다. "입력 설명문"은 입력을 받을 때 어떤 내용의 입력을 받을 것인지 설명하는 내용으로, 생략해도 무방하다. 그럼 다음과 같이 실습해 보자.

```
>>> a = input()
20
>>> a
'20'
>>> a = input('아무 값이나 입력해 보세요 ')
아무 값이나 입력해 보세요 2
>>> a
'2'
>>> b = input('아무 값이나 입력해 보세요 ')
아무 값이나 입력해 보세요 Hohoho
>>> b
'Hohoho'
```

```
a = input()
```

키보드를 통해 값을 입력받아 변수 a에 저장하라는 의미이다. 이때 입력 설명문을 생략하였기 때문에 실행하면 아무것도 나타나지 않는다. 여기에 20을 입력하고 엔터 키를 누른다. 그 후 a 값을 확인해 보면 '20'이 저장된 것을 볼 수 있다.

```
>>> a = input()
20
>>> a
'20'
```

여기서 잠깐

위 실행 결과 20이 어떻게 문자인지 알 수 있을까? 결과를 보면 숫자 앞뒤로 ' '로 묶여있다. 일반적으로 문자는 ' '이나 " "으로 묶여있다. 만일 값 a가 숫자 20이라면 20 앞뒤로 ' '이 없어야 한다. 그렇다면 숫자 20을 입력했는데 왜 문자 20이 변수값 a로 저장된 것일까?
단순하게는, 키보드를 통해 입력받는 값은 프로그램 측면에서 볼 때 숫자 입력을 원하는지 문자 입력을 원하는지 알 수 없다. 또한 키보드를 통해 입력받는 것은 숫자뿐만 아니라 문자의 경우도 많다. 따라서 키보드를 통해 입력받는 값들은 모두 문자로 처리되며, 만일 숫자(정수형 또는 실수형)의 형태로 입력받고 싶을 때는 input 앞에 변환하고자 하는 자료형을 사용하면 된다. 아래의 명령은 입력받는 내용을 숫자(정수형)으로 변환해서a에 저장하라는 의미이다. 자료형에 대한 부분은 다음 장에서 자세히 설명한다.

```
a = int(input())
```

```
a = input('아무 값이나 입력해 보세요 ')
```

입력 설명문에 '아무 값이나 입력해 보세요 '를 명시해 놓았기 때문에 실행하면 "아무 값이나 입력해 보세요 "가 나타나며 그 옆에 커서가 깜박인다. 이제 2를 입력해 보자. 그러면 변수 a에는 문자 2의 값이 저장된다.

```
>>> a = input('아무 값이나 입력해 보세요 ')
아무 값이나 입력해 보세요 2
>>> a
'2'
```

```
b = input('아무 값이나 입력해 보세요 ')
```

input 입력을 통해 받을 수 있는 것은 숫자만이 아니라 문자도 가능하다. 이 명령을 실행 후 Hohoho를 입력했더니 b의 값이 'Hohoho'가 되었다.

```
>>> b = input('아무 값이나 입력해 보세요 ')
아무 값이나 입력해 보세요 Hohoho
>>> b
'Hohoho'
```

4.2 변수의 출력(print( ))

변수값을 출력할 때, 또는 문자나 값을 출력할 때 일반적으로 print( )를 사용한다. 사용 형식은 아래와 같다.

print(value, ..., sep=' ', end='\n')

value: 변수, 문자열, 숫자(정수형, 실수형)등이 모두 가능하다.

sep: 출력할 때 value와 value 사이의 구분자이다. 기본값으로 있는 ' '은 한 칸 띄운다는 의미이다. sep를 생략하면 기본값이 적용된다.

end: print( )에 의해 value값이 모두 출력된 후 맨 마지막에 붙여서 출력되는 문자이다. 기본값으로 있는 '\n'은 new line, 즉 내용을 출력 후 Enter↵를 한 것 같은 줄바꿈을 나타낸다. end를 생략하면 기본값이 적용된다.

이제 print( )를 사용하여 몇 가지 실습해 보자.

```
>>> print()

>>> a = 'Hi'
>>> name = '홍길동'
>>> print(a)
Hi
>>> print(a, end='\n')
Hi
>>> print(a, 'My name is', name)
Hi My name is 홍길동
>>> print(a, 'My name is', name, sep = ',')
Hi,My name is,홍길동
>>> print(a, 'My name is', name, sep = ',', end = ' and you?')
Hi,My name is,홍길동 and you?
```

```
>>> print()
```

출력하는 내용 없이 print( )만 사용해 봤다. 출력 내용이 없으므로 실행은 되지만 내용이 없다.

```
>>> a = 'Hi'
>>> name = '홍길동'
```

이제 a와 name 변수에 문자열을 저장한다. a와 name 변수를 이용하여 출력해 보자.

```
>>> print(a)
Hi
```

a 변수값만 화면에 나타난다. 이때는 print(value...)에서 value가 하나만 있는 형태이다.

```
>>>print(a, end='\n')
Hi
```

a 변수값 뒤에 마지막 옵션인 end를 설정해 보았다. 설정된 옵션은 기본값이기 때문에 end를 생략해도 '\n'이 출력 후에 자동으로 붙긴 하다. 의미는 출력 후 줄바꿈을 하라는 의미이다. 그런데 실행 결과는 값 a를 출력한 후 줄바꿈이 되지 않은 듯하다.

이것은 인터프리터 방식의 Shell 형태(지금과 같이 명령 앞에 >>>가 붙어있는 화면)에서는 한 줄 입력하고 엔터키를 누르자마자 바로 실행되어서 그 차이를 알기 어렵다. 나중에 프로그램으로 작성한 후 한꺼번에 실행할 때는 print( )를 연달아 작성했을 때 줄바꿈이 있는 것을 확인할 수 있다. 다음의 예시를 보면 처음 'hello'를 출력한 후 다음의 'This'가 'hello' 출력 후 줄바꿈되어 그 아래에 출력되는 것을 확인할 수 있다.

그렇다면 만일 줄바꿈이 이루어지지 않은 경우는 어떻게 출력될까?

```
hello This is a test.
```

와 같이 모두 옆으로 붙어서 출력될 것이다.

```
>>> print(a, 'My name is', name)
Hi My name is 홍길동
```

print(value...)에서 value가 여러 개 있는 형태로서 a 변수값, 'My name is'과 같은 문자열, name 변수값 등이 혼합된 형태이다. a = 'Hi', name = '홍길동'이 있으므로 각 변수값을 대입하면 'Hi My name is 홍길동'이라는 문장이 만들어지며 화면에 나타난다.

```
>>> print(a, 'My name is', name, sep = ',')
Hi,My name is,홍길동
```

구분자 sep을 추가해 본다. 기본값은 ' '(공백)이었지만 ,(콤마)로 바꾸었다. 그랬더니 a 변수값, 'My name is', name 변수값 각각의 사이에 ,가 삽입된 것을 알 수 있다. 즉, 출력하는 변수값이나 문자열 사이에 ,로 구분하는 것을 알 수 있다.

```
>>> print(a, 'My name is', name, sep = ',', end = ' and you?')
Hi,My name is,홍길동 and you?
```

여기에 end 옵션값을 추가해 본다. end는 print( ) 안의 내용을 모두 출력한 후 마지막에 붙여지는 문자(열)를 의미한다. 실행 결과 end에 설정된 ' and you?'가 맨 마지막에 붙어서 출력되는 것을 알 수 있다.

다음으로 print( ) 함수에서 sep와 end를 사용하는 방법을 조금 더 실습해 보자.

예제 2 print( )

```
print('a', 'b', 'c', 'd')
print('a', 'b', 'c', 'd', sep=', ')
print('e', 'f', 'g', 'h', sep=' ')
print('i', 'j', 'k', sep='\n')
print('e', 'f', 'g', 'h', end=' ')
print('i', 'j', 'k')
print('o', 'p', 'q', 'r', end=' and ')
print('s', 't', 'u')
```

```
print('a', 'b', 'c', 'd')
```

를 실행하면 a b c d만을 출력한다.

```
print('a', 'b', 'c', 'd', sep=', ')
```

print( ) 함수에 sep를 설정하면 지정된 기호를 출력하는 데이터 사이에 아래와 같이 추가해서 출력한다.

```
a, b, c, d
```

```
print('e', 'f', 'g', 'h', sep=' ')
```

sep를 공백(' ')으로 설정하면 출력하는 데이터 사이에 공백 ' '을 추가한다.

```
e f g h
```

```
print('i', 'j', 'k', sep='\n')
```

sep='\n'은 개행문자(줄바꿈)를 나타낸다. 따라서 출력하는 데이터 'i'를 출력하고 줄 바꾸고, 'j'를 출력하고 줄 바꾸는 형식으로 출력한다.

```
i
j
k
```

```
print('e', 'f', 'g', 'h', end=' ')
print('i', 'j', 'k')
```

end 옵션은 출력 끝에 오는 문자를 나타내므로 end = ' '은 출력 후 한 칸 띄우는 명령이다. 그러나 이때 주의사항은 출력 후에 자동으로 줄 바꿈을 실행하지 않는다. 따라서 다음 명령인 print('i', 'j', 'k')가 실행되면 'e', 'f', 'g', 'h' 출력 후 줄 바꿈이 실행되지 않았으니 다음의 출력 명령인 print('i', 'j', 'k')가 실행될 때 뒤에 붙여서 출력한다.

```
print('o', 'p', 'q', 'r', end=' and ')
print('s', 't', 'u')
```

sep는 print( ) 함수에서 출력할 때 데이터의 구분자로 활용된다면 end 옵션은 출력 끝에 나오는 문자를 줄바꿈 하지 않고 지정할 수 있다. 따라서 'o', 'p', 'q', 'r'를 출력하고 end 옵션에 따라 i j k를 뒤에 붙인다.

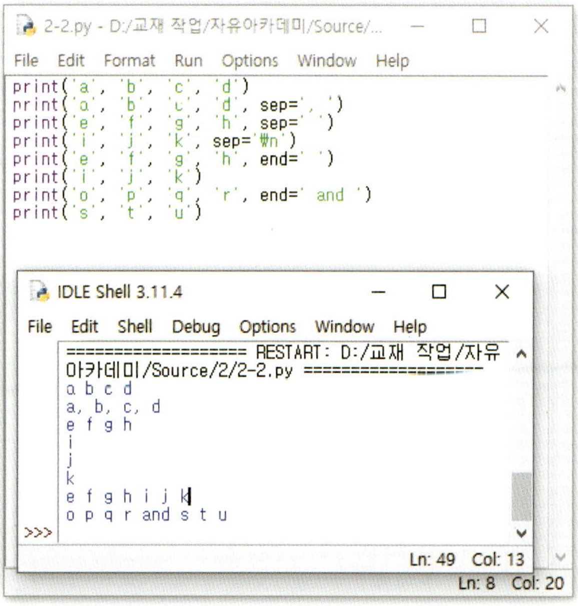

그림 29 print( ) 함수에서 sep과 end의 사용

이제 앞에서 학습했던 input과 함께 이용해 보자.

```
>>> name = input('너는 누구? ')
너는 누구? 홍길동
>>> print('나는', name)
나는 홍길동
>>> print('나는', input('너는 누구? '))
너는 누구? 김길동
나는 김길동
```

```
>>> name = input('너는 누구? ')
너는 누구? 홍길동
>>> print('나는', name)
나는 홍길동
```

input( )으로 입력받은 문자열을 name에 저장한다. 이 name 변수는 print( )에서 사용하면, name에 저장된 이름으로 나는 홍길동과 같이 자신을 소개할 것이다. input( )으로 입력받은 문자열을 name에 저장해 놓았기 때문에 print( )가 아니더라도 나중에 name이 필요할 경우 사용이 가능하다.

```
>>> print('나는', input('너는 누구? '))
너는 누구? 김길동
나는 김길동
```

앞의 두 명령은 서로 유사해 보이는데, 실행하는 내용도 동일하다. 두 명령의 차이점은 input( )을 통해 입력받은 값이 저장되지 않는다는 것이다. 즉, print( ) 안에 있는 name 변수 자리에 input( )을 직접 사용함으로써 입력과 출력을 한꺼번에 사용하여 결과를 나타내었지만, 값을 저장하지 않았기 때문에 일시적인 출력 예시가 되며, 나중에 name이 필요할 때는 input( )을 다시 실행하여 값을 받아야 한다.

따라서 아래와 같이 print( ) 안에서 input( )의 내용을 name으로 받으면 되지? 라고 생각할 수 있지만,

```
>>> print('나는', name=input('너는 누구? '))
너는 누구? 홍길똥
Traceback (most recent call last):
  File "<pyshell#969>", line 1, in <module>
    print('나는', name=input('너는 누구? '))
TypeError: 'name' is an invalid keyword argument for print()
```

실행 결과에서처럼 print( ) 안에서 input( )으로 name을 받지 못해 에러가 발생한다.

연습문제

01. **파이썬에 대한 설명으로 옳지 않은 것은?**

① 귀도 반 로섬이 1989년에 개발한 고급 프로그래밍 언어이다.

② 파이썬은 ABC 언어의 후속으로 개발되었으며, 초기에는 Amoeba 운영 체제에서 사용하기 위해 설계되었다.

③ 현재는 마이크로소프트사가 인수하여 파이썬 프로젝트를 운영 중이다.

④ 파이썬은 다양한 운영 체제에서 사용할 수 있도록 개발되었다.

02. **파이썬의 특징으로 거리가 먼 것은?**

① 파이썬은 구조적으로 절차지향 언어에 속한다.

② 파이썬은 간결하고 가독성이 높은 문법을 갖추고 있어 프로그래밍을 처음 접하는 사람들에게 매우 적합하다.

③ 파이썬은 할당되는 값에 따라 자동으로 자료형을 추론하는 동적 타이핑을 지원한다.

④ 파이썬은 컴파일과 인터프리터 방식을 모두 제공한다.

03. **다양한 운영 체제에서 동작할 수 있으며, 이식성이 뛰어나서 한 번 작성한 코드는 윈도우, macOS, 리눅스 등 여러 플랫폼에서 동일하게 실행될 수 있는 파이썬의 특징은?**

① 풍부한 라이브러리와 생태계

② 확장성과 재사용성

③ 객체 지향 프로그래밍

④ 플랫폼 독립성

04. **IDLE의 기능과 특징의 설명으로 옳지 않은 것은?**

① IDLE의 편집기는 코드의 문법 강조 기능을 제공하며, 들여쓰기를 자동으로 조정해주어 가독성을 높여준다.

② 대화형 인터프리터(파이썬 셸)를 제공하여 코드를 한 줄씩 실행하고 결과를 즉시 확인할 수 있다.

③ IDLE는 매우 높은 편리성과 확장성을 주지만 코드 디버깅을 위해서는 별도의 디버거 툴을 사용하여야 한다.

④ IDLE을 사용하여 프로젝트를 관리할 수 있다. 파일을 열고 저장하며, 프로젝트 파일을 구조화하여 관리할 수 있다.

05. 파이썬이 설치되기 어려운 환경은?

① 윈도우 ② 아두이노
③ macOS ④ 리눅스

06. 파이썬의 인터프리터에 대한 설명으로 틀린 것은?

① IDLE를 지원하기 때문에 DOS 모드에서는 실행되지 않는다.
② 코드의 한 줄 단위로 바로 실행되어 결과를 확인할 수 있다.
③ 커서 앞에 >>> 기호가 붙는다.
④ IDLE의 Shell에서 사용한다.

07. 파이썬에서 컴파일 형식으로 사용하는 형태의 설명과 거리가 먼 것은?

① IDLE의 Shell에서 나타나는 >>> 뒤에 프로그램을 작성한 후 실행하면 코드 전체를 한 번에 실행하여 결과를 나타낸다.
② IDLE의 Shell에서 File - New File을 선택한 후 코드 편집기에서 코딩한다.
③ 프로그램을 작성 후 전체 프로그램을 컴파일 후 한꺼번에 실행된다.
④ 코드 편집기에서 작성한 파이썬 코드를 실행 (F5)를 눌러 실행할 때 반드시 저장부터 한 후에 진행한다.

08. 아래의 코드를 실행하였을 때의 결과로 옳은 것은?

```
>>> greeting = 'Hello'
>>> greeting
```

① Hello ② 'Hello'
③ H e l l o ④ 'H' 'e' 'l' 'l' 'o'

09. 아래의 코드를 실행하였을 때의 결과로 (A)에 옳은 것은?

```
>>> score = 95
>>> score + 3
98
>>> print(score + 3)
(   A   )
```

① score + 3 ② 'score + 3'
③ 98 ④ '98'

10. 아래의 코드를 실행하였을 때의 결과로 (A)에 옳은 것은?

```
>>> a = 25
>>> b = 36
>>> a / b
(   A   )
```

① 0
② 0.7
③ 0.69
④ 0.6944444444444444

11. 값을 가지는 데이터를 저장할 수 있는 공간의 이름을 무엇이라 하는가?

① 변수
② 주소
③ 위치
④ 공간

12. 변수이름은 사용자가 마음대로 정해서 사용할 수 있지만 프로그램에서 사용하는 함수 이름과는 구별하여야 하는데 이것을 무엇이라 하는가?

① 구분자
② 식별자
③ 파이썬 문법
④ 네임스페이스

13. 변수명의 규칙에서 옳지 않은 설명은?

① 반드시 영문자, 한글 또는 _(언더바)로 시작하여야 한다.
② 의미 있는 이름을 만들기 위해 공백문자(스페이스 바)를 사용할 수 있다.
③ 키워드는 사용할 수 없다.
④ 대소문자는 구별된다.

14. 변수이름을 사용할 때 틀린 설명은?

① 영문 이름만 사용할 수 있다.
② 숫자는 첫 글자를 제외하면 사용할 수 있다.
③ 두 개 이상의 단어가 조합된 경우는 _(언더바)를 사용한다.
④ 변수명은 규칙을 지킨다면 사용자가 마음대로 설정할 수 있다.

15. 파이썬의 키워드에 해당하지 않는 것은?

① return
② break
③ del
④ Truly

16. 변수이름으로 사용할 수 없는 것은?

① age ② Scocre
③ vision3.0 ④ 홍길동

17. 변수의 입력 코드로 옳은 것은?

① a = input( ) ② a = insert( )
③ a <– input( ) ④ a == input( )

18. 아래의 코드를 실행하였을 때의 결과로 (A)에 옳은 것은?

```
>>> a = 'Hi'
>>> name = '홍길동'
>>> print(a, 'My name is', name)
```

① a, 'My name is', name ② Hi My name is 홍길동
③ 'Hi' 'My name is' '홍길동' ④ 'Hi My name is 홍길동'

19. 아래 코드의 설명으로 옳은 것은?

```
>>> a = 'Hi'
>>> print(a, end='\n')
```

① 'Hi \n' 이 출력된다.
② 'Hi' '\n' 이 출력된다.
③ 'Hi' 만 출력되고 바로 옆에 커서가 위치한다.
④ 'Hi'를 출력하고 줄바꿈하라는 의미이다.

20. 아래의 코드를 실행하였을 때의 결과로 (A)에 옳은 것은?

```
>>> print('나는', name=input('너는 누구? '))
너는 누구? 홍길동
(    A    )
```

① 나는 홍길동
② 나는 홍길동 너는 누구? 홍길동
③ 나는 너는 누구? 홍길동
④ 에러

제3장

데이터 타입
: 자료형과 리스트

1. 자료형

2. 리스트

1. 자료형

자료형(데이터 타입, data type)이란 변수에 값을 저장하거나 불러와서 이용할 수 있는 실제 값을 의미한다. 즉 변수에 저장이 가능한 값들을 의미하며, 정수형, 실수형, 문자형, 논리형, 리스트, 튜플, 딕셔너리, 세트로 나뉠 수 있다.

1.1 정수형

정수형(integer)은 숫자형을 말하며, 범위는 다음과 같다.

코드 편집기를 통해 아래와 같이 프로그램을 작성한 후 실행해 보자.

예제 1 점수에 가산점 적용하기

```
score = 87
add_value = 12
total = score + add_value
print('최종 점수(점수 + 가산점) =', total)
```

score = 87은 정수 87을 score에 저장하고, add_value = 12는 정수 12를 가산점(add_value)에 저장한 후 최종 점수 total = score + add_value를 산출하는 프로그램이다.

실행 결과

```
최종 점수(점수 + 가산점) = 99
>>>
```

예제 2 정수 사칙연산 하기

```
n1 = 53
n2 = 37
print(n1, '+', n2, '=', n1 + n2)
print(n1, '-', n2, '=', n1 - n2)
print(n1, '*', n2, '=', n1 * n2)
print(n1, '/', n2, '=', n1 / n2)
```

두 개의 변수 n1, n2 에 정수를 저장한 후 사칙연산(+, -, *, /)를 수행하는 프로그램을 작성한다. 사칙연산의 명령은 print( ) 함수 안에 직접 사용해도 관계없다. 이때 주의할 것은 정수 / 정수 연산은 소수점으로 나타나며, 소수점은 정수가 아닌 실수이다.

실행 결과

```
53 + 37 = 90
53 - 37 = 16
53 * 37 = 1961
53 / 37 = 1.4324324324324325
>>>
```

1.2 실수형

실수형(double, float)은 범위가 큰 숫자나 소수점을 포함한 숫자형을 의미한다.

예제 3 **실수 사칙연산 하기**

```
n1 = 53.14
n2 = 37.86
print(n1, '+', n2, '=', n1 + n2)
print(n1, '-', n2, '=', n1 - n2)
print(n1, '*', n2, '=', n1 * n2)
print(n1, '/', n2, '=', n1 / n2)
```

정수형 예제와 비슷하게 실수형에서도 적용해 보았다. 두 개의 변수 n1, n2 에 실수를 저장한 후 사칙연산(+, -, *, /)를 수행하는 프로그램을 실행해보면 결과가 모두 실수형으로 나타나는 것을 알 수 있다.

실행 결과

```
53.14 + 37.86 = 91.0
53.14 - 37.86 = 15.280000000000001
53.14 * 37.86 = 2011.8804
53.14 / 37.86 = 1.4035921817221342
>>>
```

숫자형인 정수형과 실수형에서 주의할 사항은 0의 존재이다. 특히 나눗셈 연산에서 분모가 0인 경우는 분자가 어떤 값이든 에러(division by zero)를 나타낸다. 그러나 분자가 0인 경우는 분모의 값과 관계없이 0.0의 값을 출력한다. Shell에서 확인해 보자.

실습	설명
>>> 0/0.12566 0.0	분자가 0인 경우 결과는 0.0
>>> 0/126655856 0.0	분자가 0인 경우 결과는 0.0

>>> 10000000/0
Traceback (most recent call last):
  File "<pyshell#26>", line 1, in <module>
    10000000/0
ZeroDivisionError: division by zero
	분모가 0인 경우 결과는 에러

>>> 0.121212/0
Traceback (most recent call last):
  File "<pyshell#27>", line 1, in <module>
    0.121212/0
ZeroDivisionError: float division by zero
	분모가 0인 경우 결과는 에러

여기서 잠깐

파이썬의 실수형 계산 오류는 소수점 계산에서 종종 나타난다. 이것은 파이썬에서 소수점 계산 시에 미세한 오차가 발생하는 것으로 소수점 계산 시에 주의가 필요하다.

Shell에서의 실습	설명

>>> 0.5 + 0.5 + 0.5 + 0.5 + 0.5
2.5
>>> 0.2 + 0.2 + 0.2 + 0.2 + 0.2
1.0
>>> 0.2 + 0.2 + 0.2 + 0.2 + 0.2 + 0.2
1.2
	정상적으로 계산됨.

>>> 0.2 + 0.2 + 0.2 + 0.2 + 0.2 + 0.2 + 0.2 + 0.2 1.5999999999999999	1.6을 예상하였으나 결과는 차이가 있음.
>>> 0.2 + 0.2 + 0.2 0.6000000000000001	0.6의 결과가 아닌 소수점 맨 뒷자리가 차이가 있음.

1.3 문자형(string)

Java, C와 같은 언어에서는 문자 한 개만 있는 문자형(char)과 문자들로 이루어진 문자열형(string)을 구분해서 사용하지만 파이썬은 모두 동일하게 처리하고 있다. 따라서 문자인지 문자열인지 고민하지 않고 사용해도 무방하다. 문자형을 사용할 때의 규칙은 다음과 같다.

- 문자 앞뒤로 반드시 따옴표(') 또는 쌍따옴표(")로 묶어야 한다.
- 따옴표(') 또는 쌍따옴표(")로 묶을 경우 앞뒤가 모두 같아야 한다. 즉 따옴표(')로 시작했으면 따옴표(')로 끝나야 하며, 쌍따옴표(")로 시작한 경우 반드시 쌍따옴표(")로 끝나야 한다.

Shell에서 위 규칙을 지키지 않았을 때 에러가 나타나는 것을 확인할 수 있다.

```
>>> today = "Good day today'
SyntaxError: EOL while scanning string literal
>>> print('Good day today")

SyntaxError: EOL while scanning string literal
>>>
```

이제 변수에 문자형을 저장하여 실습해 보자. Shell에서 print( ) 함수를 사용하여 문자열을 출력해 본다.

```
>>> print('간장 공장 공장장은 강공장장이고 된장 공장 공장장은 공공장장이다.')
간장 공장 공장장은 강공장장이고 된장 공장 공장장은 공공장장이다.
>>>
```

그런데 반복되는 문장이 있다. 이것을 변수에 저장한 후에 변수를 이용하여 출력해 본다.

예제 4 **문자형 실습하기**

```
n1 = "공장"
n2 = '공장장'
print('간장',n1,n2,'은 강',n2,'이고 된장',n1,n2,'은 공',n2,'이다.')
```

두 개의 변수 n1, n2에 반복되는 문자, '공장', '공장장'을 각각 저장한 후에 출력하는 예제이다. 이때 n1은 (")를 이용해서 문자를 묶었고, n2는 (')를 이용해서 묶었다. 어느 것을 사용하든 하나로 통일하면 된다.

실행 결과

```
간장 공장 공장장 은 강 공장장 이고 된장 공장 공장장 은 공 공장장 이다.
>>>
```

그런데 출력 결과를 보면 "~~공장장 은 ~~공장장 이다."에서 문장이 띄워져 있는 것을 알 수 있다. 이것은 print( ) 함수에서 (~~n2,'은 강',~~)와 같이 변수와 문자를 (,)로 구분하였기 때문이다. 이제 아래와 같이 수정해 보자.

예제 5 **문자형 연결 실습하기**

```
n1 = "공장"
n2 = '공장장'
print('간장',n1,n2+'은 강'+n2+'이고 된장',n1,n2+'은 공'+n2+'이다.')
```

이때 print( ) 함수 안에 변수 n1, n2와 연결되어야 하는 문자는 (,)로 구분하지 않고 (+) 연산자를 사용하면 문자와 변수를 붙이게 된다.

실행 결과

```
간장 공장 공장장은 강공장장이고 된장 공장 공장장은 공공장장이다.
>>>
```

문자형의 연산은 (+), (*)을 사용할 수 있다. Shell에서 다음과 같이 작성해 보자.

실습	설명
>>> "hello! "+"Nice to meet you" 'hello! Nice to meet you'	(+) 연산자를 이용해서 문자형의 연결
>>> "hello! "+'Nice to meet you' 'hello! Nice to meet you'	" "와 ' '를 혼용해서 사용 가능
>>> "hello "*3 'hello hello hello '	문자열을 (*)이후 횟수만큼 반복 출력
>>> print("hello! "+"Nice to meet you") hello! Nice to meet you	print( )함수 사용
>>> print("hello "*3) hello hello hello	print( )함수에서도 (*) 사용 가능
>>> "hello"*-5 ''	문자열형 * 음수 도 가능. 그러나 반복 횟수가 음수이가 때문에 데이터값이 없는 NULL이 출력됨(에러가 나는 것은 아님).
>>> 5 * " Good " + "day " * 3 ' Good Good Good Good Good day day day '	정수형 * 문자형 + 문자형 * 정수형과 같이 혼합 형태도 가능

그러나 문자열에서 (-), (/) 연산을 사용할 수 없다. Shell에서 다음과 같이 확인할 수 있다.

실습	에러 원인

>>> "hello"-"he"
Traceback (most recent call last):
  File "<pyshell#33>", line 1, in <module>
    "hello"-"he"
TypeError: unsupported operand type(s) for -: 'str' and 'str'
	문자열 – 문자열

>>> "hello"/"he"
Traceback (most recent call last):
  File "<pyshell#34>", line 1, in <module>
    "hello"/"he"
TypeError: unsupported operand type(s) for /: 'str' and 'str'
	문자열 / 문자열

실습	에러 원인
>>> "hello"-3 Traceback (most recent call last): File "<pyshell#43>", line 1, in <module> "hello"-3 TypeError: unsupported operand type(s) for -: 'str' and 'int'	문자열 - 정수형
>>> "hello"/3 Traceback (most recent call last): File "<pyshell#45>", line 1, in <module> "hello"/3 TypeError: unsupported operand type(s) for /: 'str' and 'int'	문자열 / 정수형

또한 문자열형에서 (+)연산은 다른 자료형과는 사용할 수 없으며, 같은 문자열형일 때만 가능하다. 문자열형에서 (*)연산의 의미는 반복의 횟수를 나타내므로 (문자열 * 정수형 숫자)의 형태만 가능하다. 이는 문자열형에서 (*)연산은 반복의 횟수를 지정하는데 소수점인 실수인 경우 반복을 수행할 수 없기 때문이다. 또한 (문자열 * 문자열)은 안된다.

실습	에러 원인
>>> "hello" + 3 Traceback (most recent call last): File "<pyshell#41>", line 1, in <module> "hello" + 3 TypeError: can only concatenate str (not "int") to str	문자 + 숫자
>>> "hello"*"hi" Traceback (most recent call last): File "<pyshell#42>", line 1, in <module> "hello"*"hi" TypeError: can't multiply sequence by non-int of type 'str'	문자 * 문자
>>> 'hello'*3.14 Traceback (most recent call last): File "<pyshell#44>", line 1, in <module> 'hello'*3.14 TypeError: can't multiply sequence by non-int of type 'float'	문자열 * 실수형

여기서 잠깐

문자열에서 특수문자 사용하기는 다음과 같다.

특수문자	의미
\'	문자열에 따옴표(') 삽입
\n	행 바꾸기(new line)
\t	문자열에 Tab 삽입(칸 띄우기)
\"	문자열에 쌍따옴표(") 삽입
\0	NULL 삽입

이러한 특수문자 사용은 Shell에서 간단히 확인할 수 있는데 아래와 같이 실습해 보자.

문자형에서 특수문자 사용하기 실습	설명
`>>> print('hello\' Nice to meet you')` `hello' Nice to meet you`	hello 뒤에 (')이 붙음.

`>>> print('hello\n Nice to meet you')`
`hello`
` Nice to meet you`
	hello 다음에 행 바꿔서 출력.

`>>> print('hello\t Nice to meet you')` `hello Nice to meet you`	hello 다음에 Tab 삽입한 것처럼 띄워서 출력.
`>>> print('hello\" Nice to meet you')` `hello" Nice to meet you`	hello 뒤에 (")이 붙음.
`>>> print('hello\0 Nice to meet you')` `hello`	hello 뒤에 NULL을 추가함으로써 뒤의 글자가 모두 잘림.

`>>> print('"hello"\n \'Nice to meet you\'')`
`"hello"`
` 'Nice to meet you'`
	처음 시작을 (')로 하였으니 마지막 단어인 you 다음의 (')를 문자열의 끝으로 인식함. 즉, print('hello ~~~ ')까지 모두 문자열이므로 "hello"~~은 문자열 "hello"로 인식하고 그대로 화면에 출력함. 그다음 \n으로 인해 다음 행을 바꾸고(줄 바꾸기), \'으로 인해 Nice 앞에 (')추가함. ~~you\' 에서도 \'으로 인해 you 다음에 (')을 붙여서 출력함.
	"hello"를 붙이듯이 'hello'로 하면 안 되는데, 처음 문자열의 시작을 (')으로 하였기 때문에 문자열 안에 (')을 붙이기 위해서는 특수문자인 \'을 사용하여야 함.

문자형에서 특수문자 사용하기 실습	설명
`>>> print("'hello' 'Nice to meet you'")` `'hello' 'Nice to meet you'`	처음 (")로 시작했으므로 (")으로 시작해서 (")까지가 모두 문자열로 인식함. 즉 print("'hello' 'Nice to meet you'")에서 'hello ~~~~ you'까지 모두 문자열임.

`>>> print("'hello' "Nice to meet you'")`
`SyntaxError: invalid syntax`
`>>>`
	print("'hello' "Nice to meet you'")와 같이 Nice 앞에 (")을 사용하게 되면 문자열은 'hello'까지로 인식하게 되고 Nice의 N부터 에러가 됨.

여기서 잠깐 | fstring

문자열을 나타낼 때는 " " 또는 ' '로 표현하였다. 그런데 문자열 앞에 f만 추가하면 f-string이 된다. 아래의 내용을 살펴보자.

```
>>> f"hello"
'hello'
```

문자열 "hello"를 나타냈다. 이것은 당연한 결과일지 모르나 f-string은 변수로 대입도 가능하다. 아래와 같이 실습해 보자.

```
>>> a = 10
>>> b = 20
>>> f"{a} + {b} = {a + b}이다."
'10 + 20 = 30이다.'
```

a = 10, b = 20이며, "{a} + {b} = {a + b}이다. " 앞에 f를 붙임으로써 전체가 문자열로 취급되는 것이 아니라 {a}, {b}, {a + b} 각각의 자리에 실제 내용이 할당되어 계산을 진행한다. 이렇듯 f-string은 단순히 문자열만 나타낸 것이 아니라 할당된 변수의 값을 계산할 수도 있다.

1.4 논리형(bool)

논리형(bool 또는 boolean)은 참/거짓(True/False)의 값만을 가지는 자료형이다. 실생활에서 쉽게 접할 수 있는 0과 1, On과 Off, 동작과 정지 등과 같이 둘 중 하나의 값을 가지는 형태가 논리형에 속한다. 프로그램에서는 일반적으로 참/거짓(True/False)의 값으로 사용한다. 단 True/False에서 맨 앞의 글자만 대문자이다. 대소문자를 구분하기 때문에 이를 지키지 않으면 오류가 발생한다.

특히 논리형은 4장에서 설명할 연산자에서 논리연산자와 5장의 조건문에서 많이 사용된다. 이제 Shell에서 변수를 지정하여 논리형 값을 저장해 보자

실습	설명

`>>> decision = True`
`>>> decision`
`True`
	변수 decision에 참의 값인 True를 저장함.

`>>> decision2 = False`
`>>> decision2`
`False`
	변수 decision에 거짓의 값인 False를 저장함.

`>>> decision = true`
`Traceback (most recent call last):`
`  File "<pyshell#70>", line 1, in <module>`
`    decision = true`
`NameError: name 'true' is not defined`
	대소문자를 구분하기 때문에 true는 에러가 됨.

`>>> decision2 = false`
`Traceback (most recent call last):`
`  File "<pyshell#67>", line 1, in <module>`
`    decision2 = false`
`NameError: name 'false' is not defined`
	대소문자를 구분하기 때문에 false는 에러가 됨.

- **컬렉션 자료형(Collection Data Type)**

변수는 하나의 자료형(데이터 타입)을 저장하는 형태였다. 그러나 파이썬에서는 여러 개의 동일한 자료형 또는 서로 다른 자료형을 묶어 저장하는 형태도 제공한다. 즉, 여러 개의 자료형을 하나의 이름으로 저장하여 관리할 수 있는데, 리스트, 딕셔너리, 튜플, 세트(집합)가 있다.

2. 리스트

2.1 리스트의 사용

리스트는 같은 변수 이름으로 많은 데이터를 저장 및 관리할 때 사용된다. Java나 C 계열 언어에서는 배열이라고도 한다. 예를 들어 다음의 프로그램을 생각해 보자.

프로그램	변수 및 처리
`middle = 28`	중간고사
`final = 38`	기말고사
`report = 10`	과제
`absence = 20`	출석
`total = middle + final + report + absence`	총점 계산
`print('총점 =', total)`	총점 출력

그런데 성적을 처리해야 할 학생들이 많기 때문에 성적처리에 사용되는 변수 이름들이 모두 다르면 점수 저장과 관리가 어렵게 된다. 즉, 아래와 같은 상황을 고려해야 한다.

표 1 성적처리 테이블(각각의 변수 사용)

이름	중간고사	기말고사	과제	출석	총점
변수이름	middle	final	report	absence	total
홍길동	28	38	10	20	96
김길동	26	37	8	20	91
:	:	:	:	:	:
:	:	:	:	:	:
이길동	12	32	5	15	64

이를 다음과 같이 변수로 대체한다. 즉, 점수를 저장하는 변수들을 모두 score라는 변수 이름으로 통일하고 score의 첫 번째는 중간고사, 두 번째 변수는 기말고사 등의 형식으로 처리하면 더욱 효율적으로 관리할 수 있다. 이때 score 변수의 첫 번째, 두

번째 등과 같이 몇 번째 변숫값인가를 나타내는 것을 인덱스(index)라고 하며, 순서는 0부터 시작하고 변수이름 뒤에 대괄호 [ ]를 붙인다. 이렇게 만든 변수 score가 리스트 자료형이 된다. 또한, 리스트에 저장되는 각각의 데이터, 예를 들면 28, 38, 10, 20 등이 아이템(item) 또는 요소(element)가 된다.

표 2 성적처리 테이블(리스트 사용)

이름	중간고사	기말고사	과제	출석	총점
변수이름	score[0]	score[1]	score[2]	score[3]	score[4]
홍길동	28	38	10	20	96
김길동	26	37	8	20	91
:	:	:	:	:	:
:	:	:	:	:	:
이길동	12	32	5	15	64

리스트의 구성은 다음과 같다.

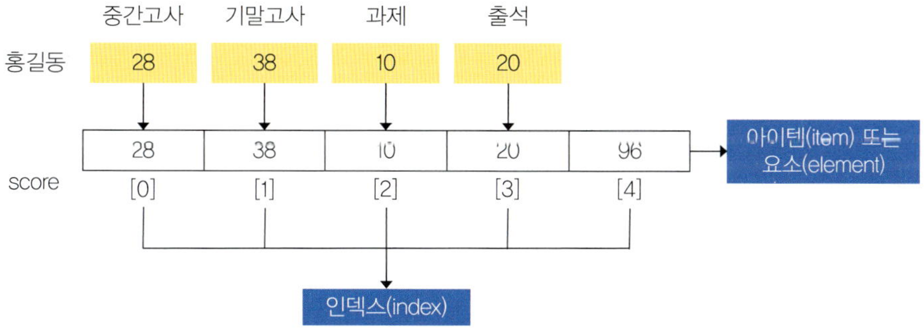

그림 1 리스트의 구성

score로 리스트로 만들어 총점을 계산하면 6장에서 설명할 반복문을 사용하여 더 효율적으로 계산할 수 있다. [그림 2]의 Flow Chart를 보면 총점을 나타내는 score[4]에 score[0]부터 score[3]까지 모두 합산 및 누적하여 합계를 구하는 것을 알 수 있다. 지금은 조건문을 다루지 않았기에 5장의 조건문에서 코딩하도록 한다.

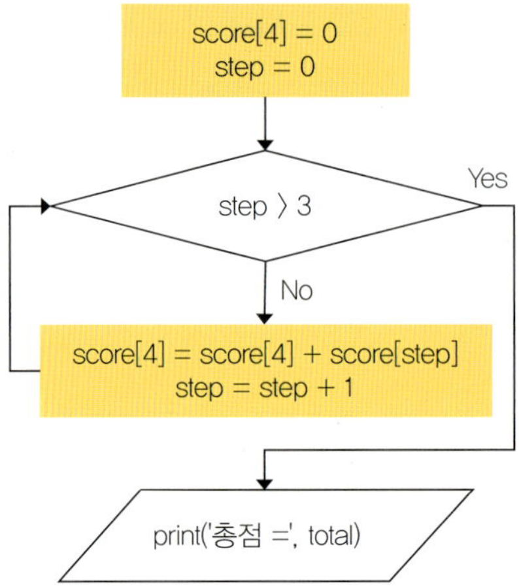

그림 2 리스트를 이용하여 총점 계산하는 Flow Chart

홍길동의 성적을 Shell에서 저장해 보자.

[표 1]과 같이 각각의 변수 사용	[표 2]와 같이 리스트 사용

>>> middle = 28
>>> final = 38
>>> report = 10
>>> absence = 20
>>> print(middle, final, report, absence)
28 38 10 20
	>>> score = [28, 38, 10, 20]
	>>>
	print(score[0],score[1],score[2],score[3])
	28 38 10 20

	>>> score = [28, 38, 10, 20]
	>>> print(score)
	[28, 38, 10, 20]

각각의 변수를 사용하여 성적을 저장하는 방법보다 리스트를 이용하는 방식이 더 효율적임을 알 수 있다. 예시에서는 리스트를 사용하는 두 가지 방법을 나타냈다.

```
>>> score = [28, 38, 10, 20]
```

와 같이 리스트로 성적 데이터를 저장하였다.

첫 번째 방법은 score에 대해 각각의 인덱스를 명시하여 나타냈다.

```
>>> print(score[0],score[1],score[2],score[3])
```

두 번째 방법은 리스트인 score만 명시하여 출력하였다.

```
>>> print(score)
```

이때 첫 번째 방법과 두 번째 방법은 출력 결과가 다르게 나타났다. 첫 번째 방법은 score의 인덱스를 각각 지정하여 출력하였으므로 저장된 값만을 표시된 반면, 두 번째 방법은 인덱스를 명시하지 않고 score만 출력하였기에 score의 값이 리스트이므로, 알려주는 대괄호 [ ] 안에 값을 나타낸 것이다.

```
>>> print(score)
[28, 38, 10, 20]
```

리스트의 아이템에는 문자형, 숫자형, 논리형이 모두 가능하다. 다음의 예시를 보자.

```
>>> menu = ["Americano", 6500, 'Cafe rate', 7500, True, False]
>>> menu
['Americano', 6500, 'Cafe rate', 7500, True, False]
>>> menu[2]
'Cafe rate'
>>> menu[0]
'Americano'
>>> menu[1]
6500
>>> menu[4]
True
>>> menu[6]
Traceback (most recent call last):
  File "<pyshell#95>", line 1, in <module>
    menu[6]
IndexError: list index out of range
```

리스트는 인덱스가 0부터 시작하기 때문임을 기억하자. 즉, menu[1]은 'Americano'가 아니라 6500이 된다. 또한 menu[4]는 논리형인 True이다.

menu[6]은 에러가 발생했다. 이유는 menu 리스트는 아이템이 6개, 즉 menu[0] ~ menu[5]까지여서 menu[6]은 리스트의 범위를 벗어났기 때문이다.

	"Americano"	6500	'Cafe rate'	7500	True	False
menu	[0]	[1]	[2]	[3]	[4]	[5]
	[−6]	[−5]	[−4]	[−3]	[−2]	[−1]

그림 3 menu 리스트의 구성

리스트의 인덱스에는 양수만 있는 것이 아니라 음수도 존재한다. 즉, 양수 인덱스의 경우는 처음 아이템부터 차례로 인덱스를 증감하면서 위치를 찾을 수 있으나, 음수 인덱스는 맨 뒤의 아이템부터 [−1]로 시작하여 처음의 아이템까지 감소시킨다. menu 리스트의 경우는 양수 인덱스는 menu[0] ~ [4]로 사용하지만, 음수 인덱스의 경우는 menu[−6] ~ menu[−1]로 사용할 수 있다. Shell에서 아래와 같이 실습해 보자.

실습	설명

`>>> step = 2`
`>>> menu[step]`
`'Cafe rate'`
	step변수에서 값을 저장한후 인덱스 값을 설정할 때 이용할 수 있다.
	step = 2이기 때문에 menu[2]를 출력하면 문자형 'Cafe rate'가 된다.

`>>> menu[step + 2]` `True`	menu[step + 2]는 menu[2 + 2], 즉 menu[4]를 나타내는것이고 값은 논리형 True가 된다.
`>>> menu[step - 2]` `'Americano'`	menu[step - 2]는 menu[2 - 2], 즉 menu[0]이 되어 문자형 'Americano'를 나타낸다.
`>>> menu[step - 3]` `False`	menu[step - 3]은 menu[2 - 3], 즉 menu[−1]이 되어 음수 인덱스에 따라 논리형 False가 된다.
`>>> menu[step - 5]` `7500`	menu[step - 5]은 menu[2 - 5], 즉 menu[−3]이 되어 음수 인덱스에 따라 논리형 7500이 된다.

2.2 리스트 아이템의 추가, 삭제

리스트의 원하는 아이템은 추가, 삭제가 가능하다. 이때는 리스트에서의 특정 메소드를 사용해야 하는데, 추가일 경우에는 append( )를, 삭제일 경우는 remove( ), pop( ) 메소드, 키워드 del을 사용한다. 아이템을 리스트에 추가하는 append( ) 메소드는 기

존의 리스트 아이템 맨 뒤에 추가한다. 특히 메소드를 이용할 때는

```
리스트 이름.메소드( )
```

와 같은 형식으로 사용한다. 즉, menu.append( )와 같은 형식이다. 리스트 아이템의 추가, 삭제 방법은 [표 3]과 같다.

표 3 리스트 아이템의 추가, 삭제 방법

분류	메소드/키워드 사용	설명
추가	리스트.append(x) (x: 추가할 아이템 또는 리스트)	리스트 아이템의 맨 뒤부터 x 아이템 또는 리스트를 추가한다.
	리스트.extend(x) (x: 추가할 아이템 또는 리스트)	리스트 아이템의 맨 뒤부터 x 아이템 또는 리스트를 추가한다.
	리스트.insert(인덱스, x) (x: 추가할 아이템)	리스트의 인덱스 위치에 아이템 x를 추가한다.
삭제	리스트.remove(x) (x: 삭제할 아이템)	리스트 아이템에서 x 아이템을 찾아 삭제한다. 이때 리스트에 x 아이템이 없으면 에러가 발생한다.
	리스트.pop( )	pop( )을 한번 수행할 때마다 리스트에서 맨 뒤의 아이템부터 삭제한다.
	del menu[y] (y: 삭제하고자 하는 아이템이 있는 인덱스)	키워드 del은 리스트에서 삭제하고자 하는 인덱스를 찾아 해당 값을 삭제한다.

Shell에서 menu 리스트를 사용하여 실습해 보자.

<table>
<tr><th colspan="2">분류</th><th>실습</th><th>설명</th></tr>
<tr><td colspan="2">리스트 확인</td><td>>>> menu
['Americano', 6500, 'Cafe rate', 7500, True, False]</td><td>menu 리스트 아이템 확인.</td></tr>
<tr><td>추가</td><td>append</td><td>>>> menu.append('Today\'s Coffee')
>>> menu
['Americano', 6500, 'Cafe rate', 7500, True, False, "Today's Coffee"]</td><td>append( ) 메소드를 이용하여 "Today\'s Coffee" 추가.
이때 Today's를 나타내기 위해 특수기호 \'를 사용.
또한, 'Today's Coffee'를 표현할 때 (')가 연속적으로 나타나서 문자열 앞 뒤에 (")로 묶인 것을 확인할 수 있음.</td></tr>
</table>

분류		실습	설명

추가	append	>>> menu.append(3000)
		>>> menu
		['Americano', 6500, 'Cafe rate', 7500, True, False, "Today's Coffee", 3000]
			append( )메소드를 이용하여 3000을 추가.

	extend	>>> menu.extend('D')
		>>> menu
		['Americano', 6500, 'Cafe rate', 7500, True, False, "Today's Coffee", 3000, 'D']
			menu 리스트 아이템의 맨 뒤에 저장하고자 하는 문자 'D'를 추가.

		>>> sub = [1, 2, 3]
		>>> menu.extend([sub])
		>>> menu
		['Americano', 6500, 'Cafe rate', 7500, True, False, "Today's Coffee", 3000, 'D', [1, 2, 3]]
			sub = [1, 2, 3]을 하여 sub 리스트를 생성. 그리고 menu.extend([sub])를 통해 menu 리스트의 아이템 뒤에 sub 리스트 아이템을 리스트로 추가. 이때 추가된 sub 리스트 아이템은 하나로 묶임. 즉, menu[9]의 아이템은 리스트 [1, 2, 3]이 됨.

	insert	>>> sub.insert(1, 5)
		>>> sub
		[1, 5, 2, 3]
			위에서 만든 sub 리스트를 활용. sub.insert(1, 5)의 의미는 sub 리스트 아이템에 인덱스 1의 위치에 아이템 5를 추가하는 명령. 따라서 실행 결과는 [1, 5, 2, 3]이 됨.

		>>> sub.insert(4, 7)
		>>> sub
		[1, 5, 2, 3, 7]
			sub.insert(4, 7)의 의미는 sub 리스트 아이템에 인덱스 4의 위치에 아이템 7을 추가하는 명령.

		>>> sub.insert(10, 7)
		>>> sub
		[1, 5, 2, 3, 7, 7]
			범위 밖의 인덱스를 지정하여 아이템을 추가하면 어떻게 될까? sub.insert(10, 7)은 인덱스 10의 위치에 아이템 7를 추가하는 명령이지만, sub 리스트에는 sub[0] ~ sub[4]까지만 존재. 이렇게 범위 밖의 인덱스를 지정했을 때는 리스트 맨 뒤의 아이템에 추가.

		>>> sub.insert(10, 1)
		>>> menu
		['Americano', 6500, 'Cafe rate', 7500, True, False, "Today's Coffee", 3000, 'D', [1, 5, 2, 3, 7, 7, 1]]
		>>> menu[9]
		[1, 5, 2, 3, 7, 7, 1]
			sub.insert( ) 메소드는 sub 리스트 아이템에 추가할 인덱스에 새로운 아이템을 추가. 그런데 sub.insert( )를 통해 sub 리스트 아이템만을 추가하는 것이 아니라 연결된 menu 리스트에서도 같이 실행되는 결과가 나옴. 위에서 실행한 menu.extend([sub])를 통해 menu 리스트와 sub 리스트가 연결된 것을 알 수 있음. 또한 menu[9]는 추가되었던 sub 리스트 전체가 됨.

분류		실습	설명

삭제	remove	>>> menu.remove([1, 5, 2, 3, 7, 7, 1])
		>>> menu
		['Americano', 6500, 'Cafe rate', 7500, True, False, "Today's Coffee", 3000, 'D']
			del( ) 메소드를 이용하여 리스트의 리스트 [1, 5, 2, 3, 7, 7, 1]을 삭제. del( ) 메소드를 이용할 때는 삭제하고자 하는 아이템을 메소드의 괄호( ) 안에 입력.

		>>> menu.remove('D')
		>>> menu
		['Americano', 6500, 'Cafe rate', 7500, True, False, "Today's Coffee", 3000]
			del( ) 메소드를 이용하여 리스트의 아이템에서 문자 'D'를 삭제.

		>>> menu.remove(7500)
		>>> menu
		['Americano', 6500, 'Cafe rate', True, False, "Today's Coffee", 3000]
			del( ) 메소드를 이용하여 리스트의 아이템 7500을 삭제.

		>>> menu
		['Americano', 6500, 'Cafe rate', True, False, "Today's Coffee", 3000]
		>>> menu.remove(3500)
		Traceback (most recent call last):
		File "<pyshell#110>", line 1, in <module>
		menu.remove(3500)
		ValueError: list.remove(x): x not in list
			del( ) 메소드를 이용하여 리스트 내에 없는 아이템을 삭제하고자 할 때는 삭제하고자 하는 아이템이 없다는 에러가 발생.

	pop	>>> menu.pop( )
		3000
		>>> menu
		['Americano', 6500, 'Cafe rate', True, False, "Today's Coffee"]
			리스트에 pop( ) 메소드를 사용하면 리스트의 맨 뒤의 아이템, 3000을 나타내서 확인하고 삭제. pop( ) 후에 menu를 확인하면 맨 뒤의 아이템이 삭제된 것을 확인.

		>>> menu.pop( )
		"Today's Coffee"
		>>> menu
		['Americano', 6500, 'Cafe rate', True, False]
			리스트의 맨 뒤의 아이템, "Today's Coffee"을 나타내서 확인하고 삭제.

		>>> menu.pop(3)
		True
		>>> menu
		['Americano', 6500, 'Cafe rate', False]
			menu 리스트의 인덱스 3에 해당되는 True 아이템을 나타내고 리스트에서 삭제.

분류		실습	설명

삭제	del	`>>> del menu[1]`
		`>>> menu`
		`['Americano', 'Cafe rate', True, False]`
			menu의 인덱스 1에 해당하는 아이템, 즉 6500을 삭제.

		`>>> del menu[3]`
		`>>> menu`
		`['Americano', 'Cafe rate', True]`
			menu[3], 즉 False 아이템 삭제.

여기서 잠깐 | append와 extend의 차이는?

1. **리스트의 아이템**: 리스트.append([리스트])의 경우는 추가하는 리스트를 묶어서 하나의 리스트로 간주하지만, 리스트.extend(리스트)의 경우는 추가하는 리스트 아이템을 풀어서 각각의 아이템으로 붙인다.
2. **숫자형 추가**: append 메소드는 숫자 하나일 경우 아이템 추가가 가능하지만 extend 메소드는 불가능하다. 즉, 리스트.append(숫자)는 가능하지만 리스트.extend(숫자)는 에러를 발생한다. 단, 여러 개의 숫자 아이템은 append, extend 모두 안 된다.
3. **문자형 추가**: 리스트.append(문자형)는 추가할 문자형 아이템을 리스트 마지막에 추가한다. 리스트.extend(문자형)는 1개의 문자인 경우는 리스트 아이템 뒤에 문자를 추가하지만, 추가할 문자형이 문자열인 경우 이를 각 문자 단위로 분해한 뒤 아이템으로 저장한다. 즉, 리스트.extend(문자형)는 문자 단위로 아이템을 추가한다.

실습	설명

`>>> sub`
`[1, 5, 2, 3, 7, 7, 1]`
`>>> sub.append([0,1,2])`
`>>> sub`
`[1, 5, 2, 3, 7, 7, 1, [0, 1, 2]]`
	sub 리스트 아이템의 맨 뒤에 리스트 [0,1,2]을 하나의 아이템처럼 추가.

`>>> sub.extend([0,1,2])`
`>>> sub`
`[1, 5, 2, 3, 7, 7, 1, [0, 1, 2], 0, 1, 2]`
	sub리스트 아이템의 맨 뒤에 리스트 [0,1,2]을 아이템으로 풀어서 추가.

`>>> sub.append(5)`
`>>> sub`
`[1, 5, 2, 3, 7, 7, 1, [0, 1, 2], 0, 1, 2, 5]`
	sub.append(5)는 sub 리스트 아이템의 맨 뒤에 숫자 5를 추가.

<table>
<tr><th>실습</th><th>설명</th></tr>
<tr><td><pre>>>> sub.extend(5)
Traceback (most recent call last):
  File "<pyshell#178>", line 1, in <module>
    sub.extend(5)
TypeError: 'int' object is not iterable</pre></td><td>sub.extend( ) 메소드에서는 숫자 하나만 사용해도 에러가 발생.</td></tr>
<tr><td><pre>>>> sub.append(5,6,7)
Traceback (most recent call last):
  File "<pyshell#173>", line 1, in <module>
    sub.append(5,6,7)
TypeError: list.append() takes exactly one
argument (3 given)
>>> sub.extend(5,6,7)
Traceback (most recent call last):
  File "<pyshell#174>", line 1, in <module>
    sub.extend(5,6,7)
TypeError: list.extend() takes exactly one
argument (3 given)</pre></td><td>숫자 여러 개는 append, extend 모두 에러가 발생.</td></tr>
<tr><td><pre>>>> sub.append("Hello")
>>> sub
[1, 5, 2, 3, 7, 7, 1, [0, 1, 2], 0, 1, 2, 5,
'Hello']</pre></td><td>sub.append("Hello")를 통해 문자열 'Hello'가 하나의 아이템으로 추가.</td></tr>
<tr><td><pre>>>> sub.extend("Hello")
>>> sub
[1, 5, 2, 3, 7, 7, 1, [0, 1, 2], 0, 1, 2, 5,
'Hello', 'H', 'e', 'l', 'l', 'o']</pre></td><td>sub.extend("Hello")는 문자열 "Hello"를 각 문자 단위로 풀어서 아이템으로 추가.</td></tr>
</table>

2.3 연산

둘 이상의 리스트는 서로 + 연산이 가능하며, 리스트의 반복 횟수를 나타내는 * 연산도 가능하다. 아래의 형식을 살펴보자.

형식	설명
리스트 = 리스트 01 + 리스트 02	리스트 01 뒤에 리스트 02를 붙여서 리스트에 저장.
리스트 = 리스트 01 * 2	리스트 01의 아이템을 2번씩 반복하여 리스트에 저장.

즉, 리스트의 + 연산은 리스트 + 리스트만 해당되며, 리스트의 반복을 나타내는

* 연산은 리스트 * 정수형만 가능하다. 따라서 아래의 형식은 옳지 않은 사용 방법이다.

형식	설명
리스트 = 리스트 01 + 2	리스트 01 + 2를 실행할 수 없어 에러를 발생.
리스트 = 리스트 01 * 리스트 02	리스트 01 * 리스트 02를 실행할 수 없어 에러를 발생.

Shell에서 아래와 같이 실습해 보자.

실습	설명

>>> menu
['Americano', 'Cafe rate', True]
>>> sub_menu = ["Cake", 23500, 'Jam', 5500]
	menu와 sub_menu 리스트 생성.

>>> menu_list = menu + sub_menu
>>> menu_list
['Americano', 'Cafe rate', True, 'Cake', 23500, 'Jam', 5500]
	menu 리스트와 sub_menu 리스트를 합하여 menu_list에 저장.
	menu_list를 확인하면 두 개의 리스트 값이 합해진 것을 알 수 있음.

>>> score = [2800, 3800, 10000, 20000]
>>> menu_list = menu + sub_menu + score
>>> menu_list
['Americano', 'Cafe rate', True, 'Cake', 23500, 'Jam', 5500, 2800, 3800, 10000, 20000]
	menu 리스트 아이템 뒤에 sub_menu 리스트 아이템을 붙이고, 그 뒤에 score 리스트 아이템을 붙여서 menu_list 리스트에 저장.

>>> menu_list = menu + 2
Traceback (most recent call last):
  File "<pyshell#130>", line 1, in <module>
    menu_list = menu + 2
TypeError: can only concatenate list (not "int") to list
	menu 리스트 + 정수형은 에러를 발생.

>>> menu = menu * 2
>>> menu
['Americano', 'Cafe rate', True, 'Americano', 'Cafe rate', True]
	menu 리스트 아이템을 2번 반복하여 menu 리스트에 저장.

>>> menu_list = menu * sub_menu
Traceback (most recent call last):
  File "<pyshell#132>", line 1, in <module>
    menu_list = menu * sub_menu
TypeError: can't multiply sequence by non-int of type 'list'
	리스트와 리스트는 * 연산을 사용할 수 없음.

리스트와 리스트 사이에는 비교연산자의 사용할 수 있다. 이때 연산 수행 후의 결과는 참/거짓을 나타내는 논리형이 된다. 연산자는 뒤에서 자세히 다룰 예정이지만 간략히 알아보면 다음과 같다.

실습	설명

`>>> menu`
`['Americano', 'Cafe rate', True]`
`>>> sub_menu`
`['Cake', 23500, 'Jam', 5500]`
`>>> menu > sub_menu`
`False`
	menu 리스트의 아이템이 sub_menu 리스트의 아이템보다 큰지를 비교하여 참/거짓의 결과로 나타냄. 이때 리스트의 아이템 비교는 각 리스트의 첫 번째 아이템을 가져와서 문자의 경우는 알파벳 순서, 숫자의 경우는 크기 순서에 따라 비교를 수행.

`>>> menu == sub_menu` `False`	menu 리스트의 아이템과 sub_menu 리스트의 아이템이 같은지를 비교한 후 참/거짓을 나타냄. menu 리스트의 아이템과 sub_menu 리스트의 아이템이 같지 않기 때문에 False를 나타냄.

2.4 리스트의 내장함수와 메소드

리스트의 파이썬 내장함수는 아래와 같다.

함수명	내용
min( )	리스트 내의 가장 작은 값(최솟값)을 구한다.
max( )	리스트 내의 가장 큰 값(최댓값)을 구한다.
sum( )	리스트 내의 모든 값의 합을 구한다.

이를 활용하여 아래와 같이 실습해 보자.

```
>>> sample = [10, 20, 30, 40]
>>> min(sample)
10
>>> max(sample)
40
>>> sum(sample)
100
```

리스트 변수 sample에 10, 20, 30, 40을 저장하였다.

min(sample)을 실행하면 sample 리스트에 있는 값 중 최솟값을 나타내므로 10을 출력한다. max(sample)는 sample 리스트에 있는 값 중 최댓값을 나타내므로 40을 출력한다. sum(sample)은 sample 리스트에 있는 각각의 값들을 모두 합한 값인 100을 출력한다. 그렇다면 문자는 어떨까?

```
>>> sample_text = ['Hello', 'Good', 'Great', 'Nice']
>>> min(sample_text)
'Good'
>>> max(sample_text)
'Nice'
>>> sum(sample_text)
Traceback (most recent call last):
  File "<pyshell#58>", line 1, in <module>
    sum(sample_text)
TypeError: unsupported operand type(s) for +: 'int' and 'str'
```

리스트 변수 sample_text에 문자열 'Hello', 'Good', 'Great', 'Nice'를 저장하였다. min(sample_text)을 실행하면 sample_text의 각 원소들에 대해 알파벳 순서에서 가장 먼저 나오는 문자를 출력하기 때문에 'Good'을 나타낸다. 당연한 이야기지만 'Good', 'Great' 중에서는 첫 글자인 'G'가 같기 때문에 다음 글자인 'o'와 'r'을 비교함으로써 'Good'이 먼저가 된다.

max(sample_text)를 실행하면 sample_text의 각 원소에서 가장 늦게 나타나는 문자열을 출력하게 된다. 따라서 결과는 'Nice'를 나타낸다. 그런데 sum(sample_text)에서는 에러가 나타나는 것을 알 수 있다. 이것은 왜 그럴까? 문자는 숫자처럼 합산을 수행할 수 없기 때문이다.

아래의 실습은 문자열과 숫자가 혼합된 형태이다. 이때는 어떻게 처리될까?

```
>>> mix = sample + sample_text
>>> mix
[10, 20, 30, 40, 'Hello', 'Good', 'Great', 'Nice']
```

```
>>> min(mix)
Traceback (most recent call last):
  File "<pyshell#63>", line 1, in <module>
    min(mix)
TypeError: '<' not supported between instances of 'str' and 'int'
>>> max(mix)
Traceback (most recent call last):
  File "<pyshell#64>", line 1, in <module>
    max(mix)
TypeError: '>' not supported between instances of 'str' and 'int'
>>> sum(mix)
Traceback (most recent call last):
  File "<pyshell#65>", line 1, in <module>
    sum(mix)
TypeError: unsupported operand type(s) for +: 'int' and 'str'
```

숫자로만 구성된 리스트 변수(sample)와 문자열로 구성된 리스트 변수(sample_text)를 합하여 mix 변수를 만들었다. mix 변수의 내용은 아래와 같이 나타났다.

```
[10, 20, 30, 40, 'Hello', 'Good', 'Great', 'Nice']
```

그런데 mix 변수에서는 min( ), max( ), sum( ) 함수가 모두 에러를 출력했다. 이것은 숫자와 문자가 섞인 변수에서 최솟값이나 최댓값을 구할 수 없으며, 합을 구할 수 없기 때문이다.

다음은 한글과 영문이 혼합된 리스트 변수의 경우이다.

```
>>> major = ['경영', '영문', '국문', '호텔경영', 'Medical', 'Computer',
'Machine']
>>> min(major)
'Computer'
>>> max(major)
'호텔경영'
```

한글과 영문이 혼합된 경우에는 모두 문자열이기 때문에 문제가 되지 않는다. 따라서 min( ), max( ) 함수가 정상적으로 처리된다. 다만 그 순서는 영문 다음 한글 순이다. 즉, min(major)을 하면 영문, 한글 순서에서 최솟값을 구하기 때문에 'Computer'가 제일 먼저 나타난다.

max(major)에서는 영문, 한글 순서에서 한글이 뒤에 나타나기 때문에 '호텔경영'이 제일 늦게 나타난다. 참고로 리스트 변수 major를 오름차순 순서대로 나열하면 아래와 같이 나타난다.

```
>>> major.sort()
>>> major
['Computer', 'Machine', 'Medical', '경영', '국문', '영문', '호텔경영']
```

- **리스트에서 사용하는 메소드**

파이썬에서는 리스트에서 사용할 수 있는 다양한 메소드를 제공함으로써 리스트 내의 항목들을 쉽게 처리할 수 있도록 도와주고 있다.

메소드	매개변수	기능
contains(self, key)	self, key	리스트 안에 key가 있으면 True, 없으면 False
delitem(self, key)	self, key	리스트에서 key를 삭제.
eq(self, value)	self, value	리스트에서 self == value 값 반환.
ge(self, value)	self, value	self >=value 값 반환.
gt(self, value)	self, value	self > value 값 반환.
iadd(self, value)	self, value	self+=value
imul(self, value)	self, value	self*=value
le(self, value)	self, value	self<=value
len()		리스트의 크기, 즉 리스트 내의 항목 수를 반환.
lt(self, value)	self, value	self < value
mul(self, value)	self, value	self*value
ne(self, value)	self, value	self!=value
reverse()		리스트의 항목값들의 순서를 거꾸로 나열.
rmul(self, value)	self, value	value*self

메소드	매개변수	기능
setitem(self, key, value)	self, key, value)	self[key] to value
append(object)	object	리스트맨 뒤에 object 추가(object는 숫자, 문자, 변수 등이 될 수 있음).
clear()		리스트를 비움.
copy()		리스트를 다른 리스트에 복사.
count(value)	value	리스트의 항목에서 value와 같은 항목이 몇 개 있는지 카운트.
extend(iterable)	iterable	iterable로부터 요소를 추가하여 리스트를 확장.
index(value)	value	리스트에서 처음 나오는 value의 인덱스를 얻음.
insert(index, object)		리스트의 인덱스(index) 자리에 object를 삽입.
pop()		리스트 맨 뒤의 항목값을 리스트에서 삭제.
remove(value)	value	리스트에서 처음에 나오는 value를 삭제.
sort(reverse=False/True)	reverse	리스트의 항목들을 오름차순/내림차순으로 정렬.

append( ), extend( ) 등과 같이 앞에서 사용한 메소드를 제외하고 이들 중 많이 사용하는 몇 가지 메소드를 실습해 본다.

- len( )

```
>>> sample
[10, 20, 30, 40]
>>> avr = sum(sample) / len(sample)
>>> avr
25.0
```

len(sample)은 리스트 변수 sample의 항목 수를 반환하며, sample 변수의 항목 개수는 4개이므로 4를 반환한다. 따라서 avr = sum(sample) / len(sample)의 명령은 avr = sample의 합/sample의 개수가 되기 때문에 sample 리스트에 있는 항목값들의 평균값을 구하여 avr에 저장하는 명령이 된다. 따라서 avr에는 10, 20, 30, 40 값들의 평균값이 저장된다.

• reverse( )

```
>>> sample
[10, 20, 30, 40]
>>> sample.reverse()
>>> sample
[40, 30, 20, 10]
```

sample 리스트의 값은 10, 20, 30, 40이다. reverse( )는 리스트 항목값들의 순서를 거꾸로 나열한다. 따라서 sample.reverse( )는 sample 리스트의 항목들에 대한 순서를 거꾸로 재배치한다. 그 결과 sample의 값은 40, 30, 20, 10이 된다.

• clear( )

```
>>> sample
[40, 30, 20, 10]
>>> sample.clear()
>>> sample
[]
```

clear( ) 메소드는 리스트의 내용을 모두 지우는 기능을 수행한다. 즉, sample의 값은 [40, 30, 20, 10]이었는데, sample.clear( ) 이후의 sample 값은 [ ]와 같이 아무것도 없는 빈 리스트를 나타낸다.

• copy( )

```
>>> a = [10, 20, 30, 40]
>>> a
[10, 20, 30, 40]
>>> sample = a.copy()
>>> sample
[10, 20, 30, 40]
```

copy( )는 리스트의 항목들을 다른 리스트에 복사하는 기능을 수행한다. 즉, 리스트 a에는 10, 20, 30, 40의 값이 있다. 이때 sample = a.copy( )을 수행하면 sample에는 리스트 a의 값들이 복사되어 sample 리스트에 저장된다. 따라서 리스트 a와 sample은 동일한 값을 가지게 된다. 물론 copy 메소드를 사용하지 않고 a = sample로 해도 같은 결과를 가진다.

- count(value)

```
>>> sample.append(10)
>>> sample
[10, 20, 30, 40, 10]
>>> sample.count(10)
2
```

count(value)는 리스트 내에 value와 같은 값이 몇 개 있는지 확인해준다. sample 리스트에 append( )를 사용하여 10을 추가하였다. 이로써 sample 리스트에는 10이 두 개가 존재한다. 이후 sample.count(10)을 수행하면 sample에 10이 몇 개가 있는지 알려주는데, 2가 나타나는 것을 알 수 있다.

- index(value)

```
>>> sample.index(10)
0
```

index(10)은 리스트에서 처음 나오는 10의 인덱스 값을 나타낸다. 즉, 위의 내용으로부터 sample은 [10, 20, 30, 40, 10]의 값을 가지는데 리스트 내에는 10의 값이 두 개 있다. 이때 처음 나오는 10의 인덱스 값은 0이 된다.

- sort(reverse=False/True)

```
>>> sample.sort()
>>> sample
[10, 10, 20, 30, 40]
>>> sample.sort(reverse=True)
>>> sample
[40, 30, 20, 10, 10]
```

sort( ) 메소드는 reverse의 값에 따라 리스트의 항목들을 오름차순 또는 내림차순으로 정렬하는 기능을 수행한다. sample.sort( )와 같이 reverse의 값을 설정하지 않으면 기본값으로 False가 적용되며, 리스트 내의 항목값들은 오름차순으로 정렬된다.

```
>>> sample.sort()
>>> sample
[10, 10, 20, 30, 40]
```

reverse=True로 설정하면 내림차순으로 리스트의 항목들을 정렬한다.

```
>>> sample.sort(reverse=True)
>>> sample
[40, 30, 20, 10, 10]
```

2.5 슬라이싱

리스트에서 슬라이싱은 리스트 내의 항목들에 대해 구간을 설정하여 일부분만을 추출할 수 있는 기능을 수행한다. 실습을 위해 리스트 내의 항목이 많았던 major 리스트를 활용하도록 한다.

```
>>> major
['Computer', 'Machine', 'Medical', '경영', '국문', '영문', '호텔경영']
```

major	'Computer'	'Machine'	'Medical'	'경영'	'국문'	'영문'	'호텔경영'
index	[0]	[1]	[2]	[3]	[4]	[5]	[6]

그림 4 리스트와 인덱스

표 4 문법

문법	기능
`major[begine:end]`	major 리스트에서 인덱스 begine이 가리키는 값부터 end가 가리키는 값 전까지 잘라서 나타낸다.
`major[begine:end:step]`	major 리스트에서 인덱스 begine이 가리키는 값부터 end가 가리키는 값 전까지 step 값만큼 건너뛰면서 나타낸다.

즉, 슬라이싱은 설정된 값에 의해 시작 인덱스에서부터 마지막 인덱스 전까지 잘라서 해당 항목값들을 나타낸다. 또한 시작 인덱스를 나타내는 begine이나 마지막 인덱스를 나타내는 end 값은 생략도 가능하며, begine, end, step은 음수도 설정할 수 있다. 주의할 것은 슬라이싱을 하더라도 실제 리스트값이 변경되는 것이 아니라 잘린 항목들만 나타낸다는 것으로, 리스트 값은 변경이 없다. 다음의 예시들을 살펴본다.

```
>>> major
['Computer', 'Machine', 'Medical', '경영', '국문', '영문', '호텔경영']
>>> major[:]
['Computer', 'Machine', 'Medical', '경영', '국문', '영문', '호텔경영']
>>> major[1:2]
['Machine']
>>> major
['Computer', 'Machine', 'Medical', '경영', '국문', '영문', '호텔경영']
>>> major[:3]
['Computer', 'Machine', 'Medical']
>>> major[2:]
['Medical', '경영', '국문', '영문', '호텔경영']
>>> major[2::2]
['Medical', '국문', '호텔경영']
>>> major[:5:2]
['Computer', 'Medical', '국문']
>>> major[-3:]
['국문', '영문', '호텔경영']
>>> major[-5::2]
['Medical', '국문', '호텔경영']
>>> major[-5::-2]
['Medical', 'Computer']
```

- major[:]

major[:]는 begine과 end를 모두 생략한 것으로 리스트 major를 모두 나타낸다.

- major[1:2]

begine 인덱스값이 1이고 end 인덱스값이 2이므로, 리스트 내의 항목은 다음과 같이 설정된다.

major	'Computer'	'Machine'	'Medical'	'경영'	'국문'	'영문'	'호텔경영'
index	[0]	[1]	[2]	[3]	[4]	[5]	[6]
		↑	↑				
		begine	end				

그림 5 major[1:2] 슬라이싱

이때 end 인덱스값 전까지 구간이 적용되므로(즉, end가 가리키는 값은 구간에 속하지 않음) major[1:2]에 의해 설정된 구간의 항목 값은 major[1]만 해당되어, 'Machine'만 나타난다.

```
>>> major[1:2]
['Machine']
```

major[1:2]에 의해 major 리스트의 항목값이 슬라이싱 되어 ['Machine']만 나타났으나 이는 설정된 구간의 항목값을 보여준 것으로, 실제 리스트의 값이 변경된 것은 아니다. major[1:2] 실행 후 major 값을 확인해 보면 리스트는 변경되지 않았다는 것을 알 수 있다.

```
>>> major
['Computer', 'Machine', 'Medical', '경영', '국문', '영문', '호텔경영']
```

- **major[:3]**

begine 인덱스값이 생략되어 있기 때문에 맨 처음의 인덱스인 0부터 시작되고, end 인덱스값이 3이므로, 리스트 내의 항목은 아래와 같이 설정된다.

major	'Computer'	'Machine'	'Medical'	'경영'	'국문'	'영문'	'호텔경영'
index	[0]	[1]	[2]	[3]	[4]	[5]	[6]
	↑			↑			
	begine			end			

그림 6 major[:3] 슬라이싱

begine 인덱스값인 0부터 end 인덱스값 전까지이므로 실제 구간은 major[0] ~ major[2]까지의 값이 나타난다.

```
>>> major[:3]
['Computer', 'Machine', 'Medical']
```

- major[2:]

begine 인덱스값이 2이므로 2부터 시작되고, end 인덱스값이 생략되어 있으므로 major 리스트의 맨 마지막까지 모두 구간에 해당된다. 이때 end 인덱스값이 생략되었다고 해서 end의 설정값이 6이 아니다. 즉, major[2:]이 major[2:6]과 동일하지 않다. 만일 major[2:6]과 같은 값이 된다면 실제 구간은 major[2:5]만 나타날 것이다. 생략되는 인덱스의 값은 맨 마지막 인덱스값으로 대치되는 것이 아니라 구간의 처음이나 끝을 나타내는데 이를 생략한 것일 뿐이다.

그림 7 major[2:] 슬라이싱

따라서 major[2:]는 index 2에서부터 끝까지의 구간을 나타낸다.

```
>>> major[2:]
['Medical', '경영', '국문', '영문', '호텔경영']
```

- major[2::2]

major 리스트에서 인덱스 2에서부터 끝까지의 구간을 나타내는데, step 값이 2이므로 2단계씩 건너뛰어서 나타낸다.

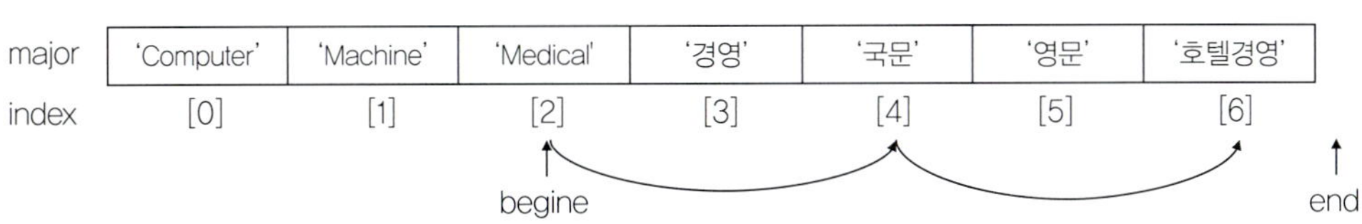

그림 8 major[2::2] 슬라이싱

따라서 슬라이싱되는 구간의 값은 major[2], major[4], major[6]의 값만 해당된다.

```
>>> major[2::2]
['Medical', '국문', '호텔경영']
```

- **major[:5:2]**

major 리스트의 처음부터 major[5] 전까지 2단계씩 건너뛰어서 구간이 설정되기 때문에 실제 구간은 major[0], major[2], major[4]가 해당된다.

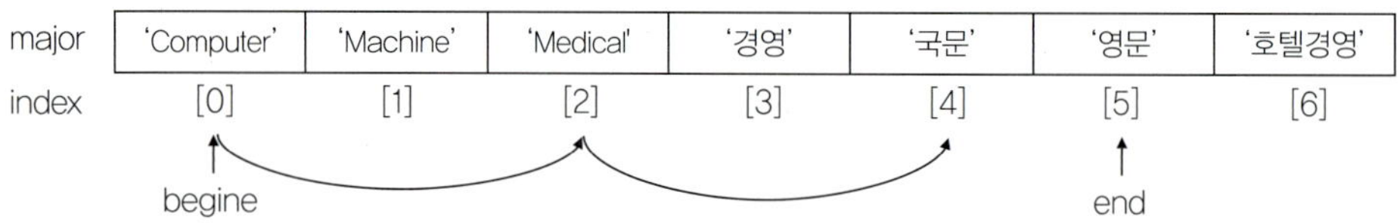

그림 9 major[:5:2] 슬라이싱

```
>>> major[:5:2]
['Computer', 'Medical', '국문']
```

- **major[-3:]**

이 경우는 begine 인덱스가 음수에서 출발하는 것이다. 인덱스가 음수라고 해서 구간 설정 방법이 달라지지는 않는다. 그 차이는 리스트의 인덱스가 양수일 경우 리스트의 맨 왼쪽부터 오른쪽으로 인덱스의 값이 증가되지만, 음수일 경우는 맨 오른쪽 인덱스가 -1의 값으로 가장 크고, 왼쪽으로 진행될수록 음수가 증가된다는 것이다. 슬라이싱에서 음수로 구간을 설정하는 경우의 인덱스는 다음과 같다.

major	'Computer'	'Machine'	'Medical'	'경영'	'국문'	'영문'	'호텔경영'
index	[-7]	[-6]	[-5]	[-4]	[-3]	[-2]	[-1]

그림 10 major[-3:] 슬라이싱을 위한 리스트

따라서 major[-3:]은 major[-3]부터 끝까지의 구간을 나타내며, major[-3], major[-2], major[-1]의 값이 해당된다.

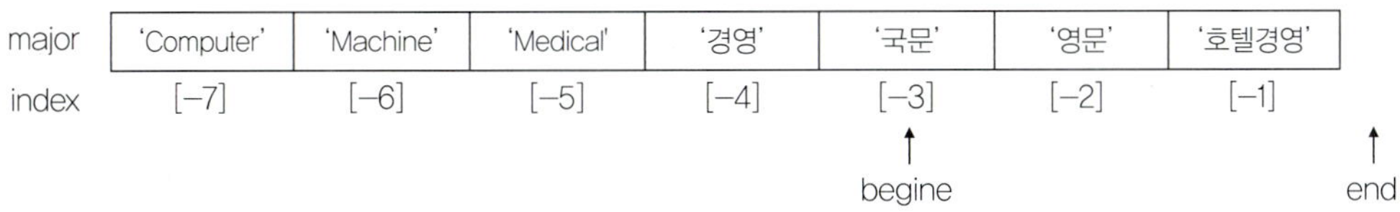

그림 11 major[-3:] 슬라이싱

```
>>> major[-3:]
['국문', '영문', '호텔경영']
```

- **major[-5::2]**

major[-5]에서부터 끝까지 step이 2이므로 2단계씩 건너뛰어서 구간이 설정된다.

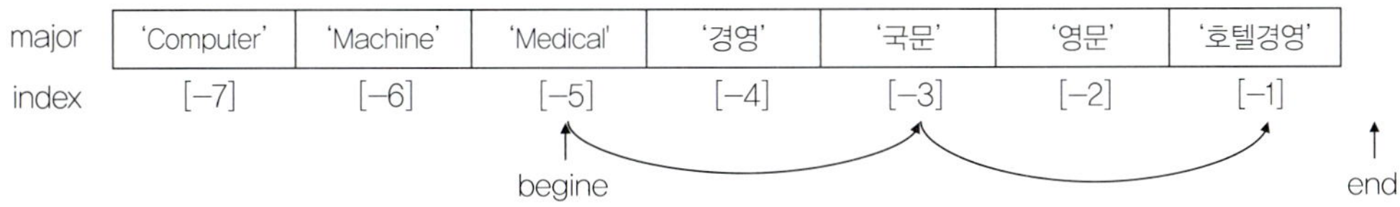

그림 12 major[-5::2] 슬라이싱

따라서 실제 구간은 major[-5], major[-3], major[-1]이 된다.

```
>>> major[-5::2]
['Medical', '국문', '호텔경영']
```

- **major[-5::-2]**

major[-5]에서부터 끝까지 step이 -2이므로 -2단계씩 건너뛰어서 구간이 설정된다. 이때 주의할 것은 end 인덱스이다. 즉, end 인덱스의 값을 생략하였으니 위 예시와 같이 major[-1]을 포함하는 리스트의 오른쪽 끝이라 생각할 수 있으나 end 인덱스가 생략되었을 때는 마지막 인덱스의 위치가 항상 리스트의 맨 오른쪽으로 고정되는 것이 아니라는 것이다. 현재의 예시처럼 step이 -2와 같이 음수가 되면 구간 설정의 방향이 반대가 되어, 리스트의 왼쪽부터 오른쪽으로 진행되는 것이 아니라 오른쪽에서 왼쪽으로 진행된다. 따라서 마지막 인덱스는 왼쪽 끝을 나타내게 된다.

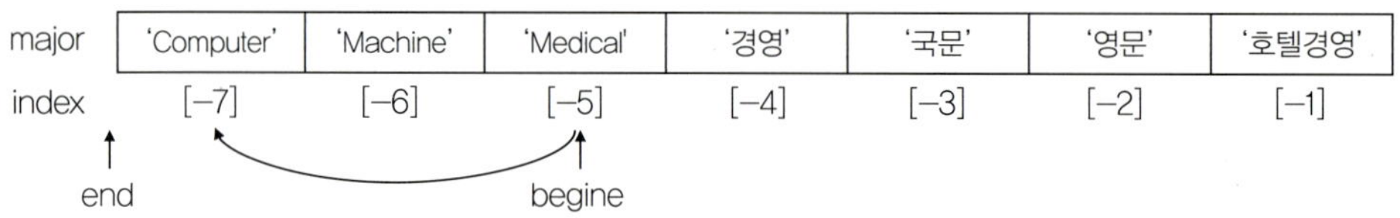

그림 13 major[−5::−2] 슬라이싱

즉, major[−5::−2]는 major[−5], major[−7]의 구간값을 나타낸다.

```
>>> major[-5::-2]
['Medical', 'Computer']
```

연습문제

01. 파이썬에서 정수 숫자형을 나타내는 자료형은?

① bool　　② integer
③ string　　④ float

02. 아래 코드의 실행 결과는?

```
n1 = 53
n2 = 37
print(n1, '+', n2, '=', n1 + n2)
```

① 53 + 37 = 90
② '53 + 37 = 90'
③ n1 + n2 = 90
④ n1 + n2 = n1 + n2

03. 범위가 큰 숫자나 소수점을 포함한 숫자형을 나타내는 자료형은?

① bool　　② string
③ double　　④ list

04. 아래 코드의 실행 결과는?

```
>>> 0/126655856
```

① 0　　② 0.0
③ 1　　④ 에러

05. 아래 코드의 실행 결과는?

```
>>> 10000000/0
```

① 0　　② 0.0
③ 1　　④ 에러

06. 아래의 코드는 에러를 발생한다. 이유로 옳은 것은?

```
>>> today = "Good day today'
```

① 쌍따옴표(")로 시작한 경우 반드시 쌍따옴표(")로 끝나야 한다.

② today는 문자를 저장할 수 없기 때문이다.

③ "Good day today' 사이 사이에 공백이 있어서 에러가 난다.

④ 문자열 Good day today만 써야 하는데 " '으로 묶어서 에러가 난다.

07. 아래 코드의 실행 결과는?

```
n1 = "공장"
n2 = '공장장'
print('간장',n1,n2,'은 강',n2,'이고 된장',n1,n2,'은 공',n2,'이다.')
```

① '간장 공장 공장장 은 강 공장장 이고 된장 공장 공장장 은 공 공장장 이다."

② 간장 공장 공장장 은 강 공장장 이고 된장 공장 공장장 은 공 공장장 이다.

③ '간장',n1,n2,'은 강',n2,'이고 된장',n1,n2,'은 공',n2,'이다.'

④ '간장','은 강','이고 된장','은 공','이다.'

08. 아래 코드의 실행 결과는?

```
>>> 5 * " Good " + "day " * 3
```

① ' Good Good Good Good Good day day day '

② GoodGoodGoodGoodGooddaydayday

③ 'GoodGoodGoodGoodGooddaydayday'

④ 5Good day3

09. 아래의 코드는 에러를 발생한다. 이유로 옳은 것은?

```
>>> "hello"-"he"
```

① "hello"와 "he"를 변수에 저장하지 않았기 때문에

② "hello"와 "he"에서 양쪽에 " "을 묶었기 때문에

③ "hello"와 "he"는 같은 문자열이 아니기 때문에

④ 문자열에서 (–), (/) 연산을 사용할 수 없기 때문에

10. 문자열에서 특수문자 사용하기의 내용에서 틀린 것은?

① \" : 행 바꾸기(new line)

② \': 문자열에 따옴표(') 삽입

③ \t: 문자열에 Tab 삽입(칸 띄우기)

④ \0: NULL 삽입

11. 참/거짓(True/False)의 값만을 가지는 자료형은?

① 정수형 ② 실수형

③ 논리형 ④ 리스트형

12. 다음 중 컬렉션 자료형이 아닌 것은?

① 리스트 ② 논리형

③ 딕셔너리 ④ 튜플

13. 리스트 score에 28, 38, 10, 20을 저장하려 한다. 옳은 명령은?

① score = 28, 38, 10, 20

② score = {28, 38, 10, 20}

③ score = (28, 38, 10, 20)

④ score = [28, 38, 10, 20]

14. 아래 명령의 실행 결과를 보고 (A)에 알맞은 것을 고르시오.

```
>>> score = [28, 38, 10, 20]
>>> print(          A          )
28 38 10 20
```

① score[0],score[1],score[2],score[3]

② score[1],score[2],score[3],score[4]

③ score.0, score.1, score.2, score.3

④ 'score.0', 'score.1', 'score.2', 'score.3'

15. 아래의 코드는 실행에 대한 내용으로 옳은 것은?

```
>>> menu = ["Americano", 6500, 'Cafe rate', 7500, True, False]
>>> menu[6]
```

① menu에 문자열과 숫자형을 섞어서 사용했기 때문에 에러가 발생한다.

② ["Americano", 6500, 'Cafe rate', 7500, True, False]와 같이 여러 개의 데이터를 넣어서 에러가 발생한다.

③ menu에서 6번째인 False를 출력한다.

④ 6번째 항목이 없어서 index out of range 관련 에러가 발생한다.

16. menu = ["Americano", 6500, 'Cafe rate', 7500, True, False]가 주어졌을 때 menu[-3]의 값은?

① "Americano" ② 'Cafe rate'

③ 7500 ④ True

17. 리스트의 원하는 아이템을 추가할 때 사용하는 메소드는?

① append( ) ② inserted( )

③ add( ) ④ upload( )

18. len(sample)에 대한 설명으로 옳은 것은?

① 리스트 변수 sample 내에 지정된 값과 같은 값이 몇 개 있는지 확인해 준다.

② 리스트 변수 sample 항목값들의 순서를 거꾸로 나열한다.

③ 리스트 변수 sample의 항목수를 반환한다.

④ 리스트 변수 sample에서 첫 번째 항목값의 길이를 반환한다.

19. 아래 명령의 실행 결과는?

```
>>> major
['Computer', 'Machine', 'Medical', '경영', '국문', '영문', '호텔경영']
>>> major[:5:2]
```

① ['Medical', '국문', '호텔경영'] ② ['국문', '영문', '호텔경영']

③ ['Computer', 'Medical', '국문'] ④ ['Medical', 'Computer']

20. 아래 명령의 실행 결과는?

```
>>> major
['Computer', 'Machine', 'Medical', '경영', '국문', '영문', '호텔경영']
>>> major[-5::-2]
```

① ['Medical', 'Computer']

② ['Medical', '국문', '호텔경영']

③ ['국문', '영문', '호텔경영']

④ ['Medical', '경영', '국문', '영문', '호텔경영']

제4장 >>>>

데이터 타입

: 튜플, 딕셔너리, 세트

1. 튜플
2. 딕셔너리
3. 세트
4. 순서도를 통한 성적처리 프로그램 설계
5. 작성된 순서도에 의한 성적처리 프로그램 코딩

1. 튜플

1.1 자료형

튜플은 리스트와 마찬가지로 여러 형태의 자료를 한꺼번에 저장할 수 있으며, 인덱스를 사용하여 튜플 내의 항목의 값을 가져온다. 다만 차이점은 리스트와는 다르게 직접 추가, 수정, 삭제 등의 변경이 안 된다. 이는 튜플 내의 항목의 값들을 보호하는 목적이라 할 수 있다. 또한 튜플의 원소를 나열하는 기호는 중괄호( )를 사용한다. 튜플을 이해하기 위해 간단한 실습을 해보도록 하자.

```
>>> a = ()
>>> a
()
>>> a = (10,)
>>> type(a)
<class 'tuple'>
>>> a = (10, 20, 30, 40, 50)
>>> min(a)
10
>>> max(a)
50
>>> sum(a)
150
>>> b = sum(a)
>>> type(b)
<class 'int'>
>>> len(a)
5
>>> a[1]
20
>>> b,c,d,e,f = a
>>> b
10
>>> c
20
>>> d
30
```

```
>>> e
40
>>> f
50
>>> a
(10, 20, 30, 40, 50)
```

```
>>> a = ()
```

항목이 없는 빈 튜플을 만드는 것이다. a를 확인해 보면 아무것도 없는 ( )만 나타나는 것 알 수 있다.

```
>>> a = (10,)
```

하나의 항목(요소)만을 가지는 튜플을 만드는 것이다. 이때 주의할 사항은 하나의 항목 값 후에 반드시 ,를 붙여주어야 한다는 것이다. ','을 붙이거나 안 붙이는 차이는 다음과 같다. 튜플 b를 만들어서 10을 저장하였다. b의 값을 확인하면 10이 출력되는 것도 확인하였다. 그런데 b는 type(b)로 확인해 보니 튜플이 아니라 정수형 변수(int)인 것을 알 수 있다. 즉, 튜플은 여러 개의 항목들의 값을 저장할 수 있는 형태이고, 이는 하나의 값만을 저장하였을 때 뒤에도 무언가의 값이 있을 것을 암시할 수 있다. 따라서 연속을 나타내는 ','없이 하나의 값만을 저장하게 되면 해당 값의 자료형으로 저장 및 사용된다.

```
>>> b = (10)
>>> b
10
>>> type(b)
<class 'int'>
>>> c = ('Hello')
>>> type(c)
<class 'str'>
>>> c = ('Hello',)
>>> type(c)
<class 'tuple'>
```

튜플 내의 항목값은 직접 변경할 수 없으나, 리스트와 같이 min( ), max( ), sum( ), len( )과 같은 내장함수의 사용이 가능하다. 그러나 그 결과값은 튜플이 아니라 해당 결과값의 자료형이다.

```
>>> a = (10, 20, 30, 40, 50)
>>> min(a)
10
```

min(a)는 튜플의 항목값들 중 최솟값을 반환하여, 정수 10을 나타낸다.

```
>>> max(a)
50
```

max(a)는 튜플의 항목값들 중 최댓값을 반환하여, 정수 50을 나타낸다.

```
>>> sum(a)
150
```

sum(a)는 튜플의 항목값들 모두를 합한 결과를 나타내므로, 정수 150을 출력한다.

이때 주의할 사항은 그 결과를 정수형으로 반환한다는 것이며, 튜플 자체의 값은 변경되지 않는다.

```
>>> b = sum(a)
>>> type(b)
<class 'int'>
>>> len(a)
```

튜플 a의 항목 개수를 나타내는 것으로 정수 5를 나타낸다. type(len(a))를 실행하면 결과값으로 <class 'int'>를 나타내는 것을 알 수 있다.

```
>>> a[1]
```

튜플의 조회는 리스트와 같다. 즉, a[1]은 튜플 a의 인덱스 1의 값을 나타내는 것으로 (10, 20, 30, 40, 50) 중에서 20의 값을 나타낸다.

여러 개의 값을 하나로 묶어 튜플로 저장하는 형태는 다음과 같다.

```
>>> a = (10, 20, 30, 40, 50)
```

이와 같이 여러 개의 자료형을 묶어서 하나의 튜플로 만드는 작업을 packing(패킹)이라고 한다. 이와 반대로 튜플로 묶여있는 각 항목들의 값을 분배할 수 있다.

```
>>> b, c, d, e, f = a
```

튜플 a의 각 항목들을 나눠서 각각 b, c, d, e, f에 분배하는 명령이다.

a	10	20	30	40	50
	b	c	d	e	f

이렇게 되면 b는 10, c는 20, d는 30, e는 40, f는 50의 값이 각각 분배된다. 단, 주의할 것은 튜플로부터 각각 분배된 b, c, d, e, f는 정수를 받았으므로 튜플이 아니라 모두 정수형이 된다.

```
>>> type(b)
<class 'int'>
```

또한 분배하는 변수들과 튜플의 항목 개수가 맞지 않으면 에러를 낸다.

```
>>> b, c, d, e = a
Traceback (most recent call last):
  File "<pyshell#205>", line 1, in <module>
    b, c, d, e = a
ValueError: too many values to unpack (expected 4)
```

이와 같이 여러 개의 자료형으로 묶인 튜플을 각각 분배하는 작업을 unpacking(언패킹)이라고 한다.

```
>>> a
(10, 20, 30, 40, 50)
>>> a[0] = 20
Traceback (most recent call last):
  File "<pyshell#160>", line 1, in <module>
    a[0] = 20
TypeError: 'tuple' object does not support item assignment
>>> a[5] = 10
Traceback (most recent call last):
  File "<pyshell#165>", line 1, in <module>
    a[5] = 10
TypeError: 'tuple' object does not support item assignment
>>> b = (1, 2, 3, 4)
>>> b
(1, 2, 3, 4)
>>> c = a + b
>>> c
(10, 20, 30, 40, 50, 1, 2, 3, 4)
>>> b = b + (5,)
>>> b
(1, 2, 3, 4, 5)
>>> d = a * 2
>>> d
(10, 20, 30, 40, 50, 10, 20, 30, 40, 50)
```

```
>>> a[0] = 20
```

튜플 선언 이후에 튜플 내의 항목값을 직접 변경할 수 없다. a[0] = 20의 명령은 인덱스 0번째의 값을 20으로 변경하려 하나 에러를 나타낸다.

```
>>> a[5] = 10
```

튜플 a의 마지막에 인덱스 5, 값 10을 튜플에 추가하려 하였으나 에러를 나타낸다.

```
>>> c = a + b
```

튜플과 튜플은 + 연산을 수행할 수 있으며, 실제 각 튜플 내의 항목값들을 + 연산하기보다는 튜플과 튜플을 단순히 뒤에 붙인다. 따라서 이 명령은 튜플 a 뒤에 튜플 b를 붙여서 튜플 c에 저장하라는 명령이다. 이때 + 연산을 하는 a, b 튜플의 각 항목의 개수가 일치해야 할 필요는 없다. 튜플 a는 5개의 항목값을 가지며, 튜플 b는 4개의 항목값을 가지지만 튜플 c를 만들어 저장한다. 따라서 튜플 c는 (10, 20, 30, 40, 50, 1, 2, 3, 4) 값을 저장한다.

만일 "튜플 + 튜플"의 형태가 아니라 "튜플 + 숫자"의 경우가 되면 어떻게 될까? 연산을 수행할 수 없어서 에러를 낸다.

```
>>> c = a + 2
Traceback (most recent call last):
  File "<pyshell#232>", line 1, in <module>
    c = a + 2
TypeError: can only concatenate tuple (not "int") to tuple
```

```
>>> b = b + (5,)
```

튜플 b에 한 개의 항목값을 가지는 튜플 (5,)를 붙여서 튜플 b에 저장하는 명령으로 튜플 b (1, 2, 3, 4)에 (5,)를 붙여 (1, 2, 3, 4, 5)을 만든다. 이것은 튜플 b에 5를 추가하는 명령으로 볼 수 있으나, b[4] = 5와 같이 직접 튜플에 추가하는 명령은 아니라 튜플과 튜플을 붙이는 명령으로 보아야 한다. 즉 원칙적으로 튜플은 직접 항목값을 변경할 수 없다.

```
>>> d = a * 2
```

튜플 a의 각 항목값에 2를 곱하라는 명령이 아니라 튜플 a의 항목값들을 2번 반복해서 붙여서 튜플 d에 저장하라는 명령이다. 따라서 튜플 d에는 튜플 a의 값을 두 번 반복한 (10, 20, 30, 40, 50, 10, 20, 30, 40, 50)의 값이 저장된다.

튜플에 문자형과 숫자형이 섞여 있는 형태도 가능하다. 다음과 같이 실습해 보자.

```
>>> a = (10, 20, 30, 40, 50, 'Hello', 'Good', 'Greate')
>>> a
(10, 20, 30, 40, 50, 'Hello', 'Good', 'Greate')
```

튜플 a에는 숫자형과 문자형을 섞어서 저장하였다. 단, 이 경우에는 min( ), max( ), sum( )과 같은 내장함수 사용은 문자형과 숫자형을 비교하거나 계산할 수 없기 때문에 실행이 안 된다.

1.2 튜플의 메소드

일반적으로 튜플에서 사용되는 메소드는 아래와 같다.

메소드	매개변수	기능
count(value)	value	튜플 내의 항목 값 중 value가 몇 개 있는지의 개수를 반환.
index (value, start, stop)	value, start, stop	튜플 내의 항목 값 중 value의 인덱스를 반환. 이때 매개변수 중 start는 value를 찾기 시작할 인덱스를 나타내며, stop은 마지막 항목의 인덱스를 나타냄. 일반적으로 생략하며, 생략 시에는 stop에는 0, stop에는 값 9223372036854775807이 설정되어 튜플의 항목 전체를 지정.

이제 다음과 같이 실습해 보자.

```
>>> a = (10, 20, 30, 40, 50, 10, 30, 10, 20, 40, 10)
>>> a
(10, 20, 30, 40, 50, 10, 30, 10, 20, 40, 10)
>>> a.count(10)
4
>>> a.count(20)
2
```

```
>>> a.count(100)
0
>>> a.index(10)
0
>>> a.index(10, 2)
5
>>> a.index(20, 5)
8
>>> a.index(200)
Traceback (most recent call last):
  File "<pyshell#257>", line 1, in <module>
    a.index(200)
ValueError: tuple.index(x): x not in tuple
>>> a.index(30, 7)
Traceback (most recent call last):
  File "<pyshell#259>", line 1, in <module>
    a.index(30, 7)
ValueError: tuple.index(x): x not in tuple
```

먼저 여러 개의 항목 값을 가지는 튜플 a를 a = (10, 20, 30, 40, 50, 10, 30, 10, 20, 40, 10)을 실행한다.

```
>>> a.count(10)
```

튜플 a에 10이 몇 개 있는지를 반환한다. 튜플 a에는 10의 개수가 4개 있으므로 4를 나타낸다.

```
>>>a.count(20)
```

튜플 a에 20이 2개 있으므로 2를 나타낸다.

```
>>> a.count(100)
```

튜플 a에 100은 없으므로 0을 나타낸다.

```
>>> a.index(10)
```

튜플 a에 10의 인덱스값을 반환하는데, 맨 처음 나타나는 10의 인덱스 값을 나타낸다. 따라서 10이 4개 있더라도 맨 처음 10의 인덱스는 0이므로 0을 나타낸다. 그렇다면 두 번째 10의 인덱스를 알고자 할 때는 어떻게 할까? 이때 생략된 start 값을 매개변수로 설정하면 된다.

```
>>> a.index(10, 2)
```

튜플 a에 10의 인덱스를 찾되 인덱스 2번째부터 10의 인덱스를 찾으라는 명령이다. 즉, 맨 처음 나오는 인덱스 0의 값 10을 건너뛰고 인덱스 2의 값부터 10을 찾기 때문에 두 번째 10의 인덱스값인 5를 나타낸다.

```
>>> a.index(20, 5)
```

튜플 a에서 20의 값을 인덱스 5부터 찾으라는 명령으로 첫 번째 나타나는 인덱스 1을 건너뛰고 두 번째 20의 값인 인덱스 8을 나타낸다.

```
>>> a.index(200)
```

만일 튜플 a에 없는 값을 찾아 인덱스를 알려달라는 명령의 경우는 어떻게 될까? a.index(200)은 튜플 a에서 200의 값을 찾아 인덱스값을 반환하라는 명령이지만 튜플 a에는 200이 없다. 따라서 에러를 나타낸다.

```
>>> a.index(30, 7)
```

찾는 범위에 항목값이 없는 경우도 마찬가지이다. 튜플 a에 30을 인덱스 7부터 찾으라는 명령이다. 그러나 인덱스 7부터는 30이 없으므로 에러를 나타낸다.

a	10	20	30	40	50	10	30	10	20	40	10
index	[0]	[1]	[2]	[3]	[4]	[5]	[6]	[7]	[8]	[9]	[10]

2. 딕셔너리

2.1 자료형

딕셔너리(Dictionary)는 리스트와 튜플처럼 여러 개의 자료형을 저장 및 관리할 수 있으며, 튜플처럼 서로 다른 자료형도 구성이 가능하다. 구조는 다음과 같다.

항목

Key(키)	Value(값)
'학과'	'한국학과'
'이름'	'홍길동'
'과목'	'파이썬'
'중간고사'	27
'기말고사'	38
'과제'	20
'출석'	20

그림 1 딕셔너리의 구조 (Student)

딕셔너리는 Key(키)와 Value(값)를 이용하여 항목의 값들을 가져올 수 있다. 이는 리스트와 튜플처럼 인덱스를 이용하여 항목의 값을 가져오는 구조와는 다소 다른데, 리스트와 튜플은 인덱스에 위치한 값이 하나이기 때문에 인덱스에 위치한 값을 가져오는 것이 문제가 되지 않았다. 그러나 딕셔너리는 그림에서와같이 각 항목의 값이 키와 값으로 구분되어 있어서 해당 위치의 값을 인덱스만으로 구분하기 어렵다.

그림에서 제시한 내용은 과목에 대한 성적 데이터 구성이다. '학과', '이름', '과목'은 문자로 저장되어야 하며, '중간고사', '기말고사', '과제', '출석'은 숫자로 저장되어야 성적처리가 가능하다. 이때 '학과', '이름', '과목', '중간고사', '기말고사', '과제', '출석'과 같이 각 항목의 데이터에 대한 이름은 키가 되고, '한국학과', '홍길동', '파이썬', 27, 38, 20, 20과 같은 실제 데이터는 값이 되어, 키와 값이 쌍을 이루는 구조를 가진다.

딕셔너리 전체는 { } 사이에 표시하고, 각 키와 값은 :(콜론)으로 구분하며, 항목 값들 사이는 ,(콤마)로 구분한다.

딕셔너리 이름 = { 키 $_1$: 값 $_1$, 키 $_2$: 값 $_2$, ... , 키 $_n$: 값 $_n$ }

위 그림의 구성을 아래와 같이 작성해 보자.

```
>>> Student = {'학과':'한국학과', '이름':'홍길동', '과목':'파이썬', '중간고사':27, '기말고사':38, '과제':20, '출석':20}
>>> Student
{'학과': '한국학과', '이름': '홍길동', '과목': '파이썬', '중간고사': 27, '기말고사': 38, '과제': 20, '출석': 20}
```

딕셔너리 Student에 성적 데이터를 모두 저장하였다. 이때 '과제'와 '출석'의 값이 20으로 같다. 키는 인덱스처럼 항목의 값을 추출하는 데 사용되므로 중복(동일한 데이터)이 불가능하지만 값은 동일해도 무관하다. 이제 저장된 딕셔너리를 추출해 본다.

딕셔너리 이름[키]

딕셔너리에 있는 값을 추출할 때는 딕셔너리 이름에 키만 지정해주면 키에 해당하는 값을 불러온다.

```
>>> Student['학과']
'한국학과'
>>> Student['과목']
'파이썬'
>>> Student['홍길동']
Traceback (most recent call last):
  File "<pyshell#264>", line 1, in <module>
    Student['홍길동']
KeyError: '홍길동'
```

```
>>> Student['학과']
```

딕셔너리 Student에서 '학과' 키에 맞는 값을 불러오는 것으로 '한국학과'를 나타낸다.

```
>>> Student['과목']
```

딕셔너리 Student에서 '과목' 키에 맞는 값을 불러오는 것으로 '파이썬'을 나타낸다.

```
>>> Student['홍길동']
```

그렇다면 딕셔너리 이름[값]을 사용하면 어떻게 될까? 딕셔너리 Student에서 '홍길동' 값에 맞는 키를 불러오는 명령을 하고 싶어서 키 대신 값을 사용했다. 실행은 당연히 에러가 나타난다. 즉, 딕셔너리는 키와 값을 쌍으로 저장하고, 키를 중심으로 값을 불러오는 구조를 가진다는 것을 알 수 있다.

그렇다면 키는 반드시 문자여야 할까? 위의 구조를 조금 변경해 보았다.

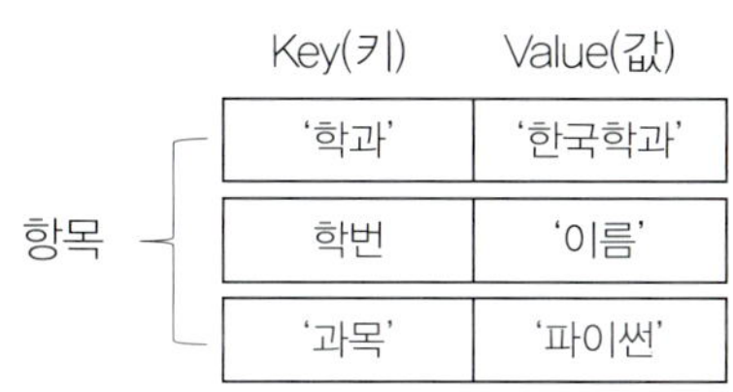

그림 2 숫자형 키를 가지는 딕셔너리의 구조 (Student2)

학번을 검색하면 이름을 불러올 수 있도록 하려고 한다.

```
>>> Student2 = {'학과':'한국학과', 23032145:'홍길동','과목':'파이썬'}
>>> Student2
{'학과': '한국학과', 23032145: '홍길동', '과목': '파이썬'}
>>> Student2[23032145]
'홍길동'
```

```
>>> Student2 = {'학과':'한국학과', 23032145:'홍길동','과목':'파이썬'}
```

키에 학번을 숫자형으로 지정하였다. 이제 Student2에서 '홍길동'을 불러올 때 숫자로 된 학번을 지정하면 될 것이다.

```
>>> Student2[23032145]
```

딕셔너리 Student2에서 키가 되는 학번 23032145에 해당되는 값(이름)을 불러오는 것으로, '홍길동'을 나타낸다.

그러면 값은 문자형이나 숫자형만 가능할까? 다음 구조는 다양한 자료형을 값으로 가지는 딕셔너리 구조를 나타낸다. 이 구조에서는 키나 값에는 어떠한 자료형도 올 수 있다는 것을 보여준다.

- 학과코드가 112065인 것은 '한국학과'이다. 이때 학과코드가 2자리마다 구분되어 생년월일(231026)과 같이 의미를 부여하는 것이라 가정하면 학과코드의 각 두 자리마다 의미가 부여되어 있을 것이다. 나중에 처리를 염두에 두어 학과코드를 두 자리마다 끊어서 튜플로 저장하였다.
- 과목에는 과목분류를 나타내는 과목코드가 있다고 가정하겠다. 그 코드는 2315400이다. 역시 각 두 자리마다 끊어서 튜플로 저장함으로서 다른 기능에서 사용할 수도 있고, 의미에 따라 구분되어 사용할 수 있도록 하였다.
- 과목 리스트는 계속 추가되거나 수정될 수 있기에 리스트로 저장하였다. 현재의 과목은 '파이썬', '인공지능', '4차 산업혁명'이다.

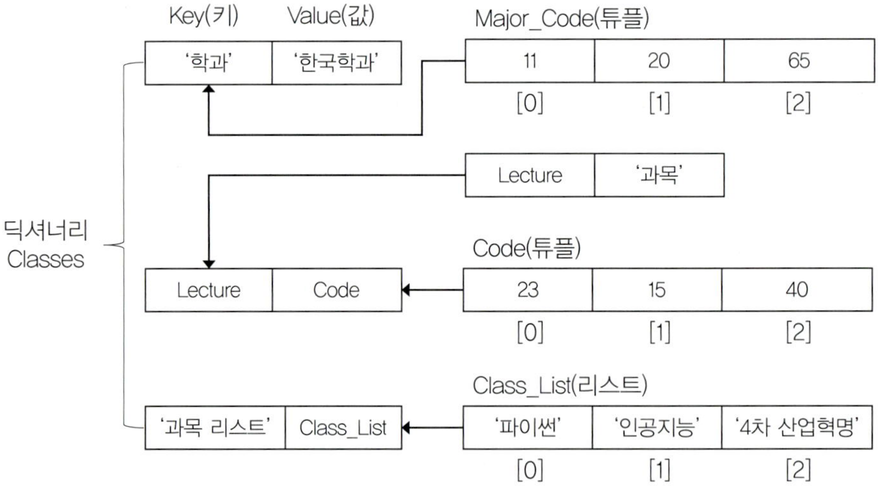

그림 3 리스트를 값으로 가지는 딕셔너리의 구조 (Student3)

이제 구성된 딕셔너리를 만들어 보자.

```
>>> Major = (11, 20, 65)
>>> Lecture = '과목'
>>> Code = (23, 15, 40)
>>> Class_List = ['파이썬', '인공지능', '4차 산업혁명']
>>> Classes = {Major:'한국학과', Lecture:Code, '과목 리스트':Class_List}
>>> Classes
{(11, 20, 65): '한국학과', '과목': (23, 15, 40), '과목 리스트': ['파이썬', '인
공지능', '4차 산업혁명']}
>>> Classes[Major]
'한국학과'
>>> Major
(11, 20, 65)
>>> Classes[(11,20,65)]
'한국학과'
>>> Classes[Lecture]
(23, 15, 40)
>>> Lecture
'과목'
>>> Classes['과목 리스트']
['파이썬', '인공지능', '4차 산업혁명']
>>> Class_List
['파이썬', '인공지능', '4차 산업혁명']
>>> Class_List[0]
'파이썬'
```

```
>>> Major = (11, 20, 65)
```

학과코드 112065를 두 자리마다 분류하여 튜플 Major에 저장하였다.

```
>>> Lecture = '과목'
```

Lecture에는 문자 자료형 '과목'을 저장하였다.

```
>>> Code = (23, 15, 40)
```

과목코드 231540을 두 자리마다 분류하여 튜플 Code에 저장하였다.

```
>>> Class_List = ['파이썬', '인공지능', '4차 산업혁명']
```

Class_List는 과목들이 생성, 추가, 삭제, 수정 등이 이루어질 수 있기 때문에 리스트로 저장하였다.

```
>>> Classes = {Major:'한국학과', Lecture:Code, '과목 리스트':Class_List}
```

Classes는 변수, 튜플, 리스트를 이용하여 구성된 딕셔너리이다. Classes를 확인하면 아래와 같이 각 항목들의 키와 값을 나타낸다.

```
>>> Classes
{(11, 20, 65): '한국학과', '과목': (23, 15, 40), '과목 리스트': ['파이썬', '인공지능', '4차 산업혁명']}
```

```
>>> Classes[Major]
```

튜플인 Major가 키로 저장되어 있다. Classes에 있는 Major에 해당된 값을 확인하기 위해서는 키에 튜플 이름을 사용하여 Classes[Major]를 실행하면 해당 값인 '한국학과'를 나타낸다. 물론 키가 튜플이므로 키의 자리에 Classes[(11,20,65)]와 같이 직접 튜플의 값을 써도 결과는 같다.

```
>>> Classes[Lecture]
```

Classes 딕셔너리에서 과목을 키로 불러서 해당 값이 되는 과목코드를 불러오는 명령이다. 이때 키가 되는 Lecture는 변수이며, '과목'이라는 문자 자료형이 저장되어 있다. 딕셔너리 Classes에서 변수 Lecture를 키로 하여 값을 불러오면 해당하는 값인 (23, 15, 40)을 나타낸다.

```
>>> Classes['과목 리스트']
```

'과목 리스트'를 키로 하여 Classes 딕셔너리의 값을 불러오면 값으로 저장된 리스트 자료형인 Class_List를 불러온다. 그래서 리스트에 있는 모든 자료인 ['파이썬', '인공지능', '4차 산업혁명']을 나타낸다. 당연한 이야기지만 Class_List는 딕셔너리에서 연결하여 저장 및 사용하는 것이기 때문에 딕셔너리 Classes에도 사용되지만 다른 곳에서도 리스트의 내용으로 사용이 가능하다. Class_List의 값을 확인하면 해당 리스트값을 나타낸다. 또한 인덱스를 주어 리스트의 내용을 추출할 수도 있다.

```
>>> Class_List
['파이썬', '인공지능', '4차 산업혁명']
>>> Class_List[0]
'파이썬'
```

지금까지 딕셔너리의 구조에 대해 알아보았다. 이를 정리하면 다음과 같이 딕셔너리 특징을 알 수 있다.

딕셔너리의 특징

- 키는 중복할 수 없다.
- 값은 중복이 가능하다.
- 키와 값은 숫자형, 문자형, 변수, 리스트형 등 모든 자료형이 가능하다.
- 딕셔너리의 추출은 반드시 키를 중심으로 값을 불러온다.
- 값은 수정이 가능하나 키는 수정할 수 없다. 이는 키를 통해 값을 찾기 때문에 키를 수정할 수 없다.

2.2 딕셔너리의 처리

리스트나 튜플은 인덱스를 이용하여 값을 불러오고 처리한다. 반면 딕셔너리는 키를 이용하여 값을 추가, 수정, 삭제 등의 처리를 수행한다. 이제 키를 통해 딕셔너리에서 사용하는 기능들을 더 알아보자.

```
>>> Classes['개설구분'] = '개설'
>>> Classes
{(11, 20, 65): '한국학과', '과목': (23, 15, 40), '과목 리스트': ['파이썬', '인공지능', '4차 산업혁명'], '개설구분': '개설'}
>>> Classes['과목'] = 231540
>>> Classes
{(11, 20, 65): '한국학과', '과목': 231540, '과목 리스트': ['파이썬', '인공지능', '4차 산업혁명'], '개설구분': '개설'}
```

```
>>> '과목' in Classes
True
>>> 231540 in Classes
False
>>> 11 in Classes
False
>>> (11, 20, 65) in Classes
True
>>> del Classes['개설구분']
>>> Classes
{(11, 20, 65): '한국학과', '과목': 231540, '과목 리스트': ['파이썬', '인공지
능', '4차 산업혁명']}
>>> Compare = {'국가':'한국'}
>>> Compare
{'국가': '한국'}
>>> Classes == Compare
False
>>> Classes != Compare
True
```

• 딕셔너리 항목의 추가

딕셔너리에 항목을 추가하고 싶을 때는 직접 키와 값을 사용하여 추가할 수 있다.

딕셔너리 이름[추가하고자 하는 키] = 추가하고자 하는 값

```
>>> Classes['개설구분'] = '개설'
```

Classes 딕셔너리에 키: '개설구분', 값: '개설'을 추가하는 명령이다. 명령 실행 후 Classes 항목 값들을 확인해 보면 맨 마지막에 '개설구분': '개설'이 추가된 것을 알 수 있다.

```
>>> Classes
{(11, 20, 65): '한국학과', '과목': (23, 15, 40), '과목 리스트': ['파이썬', '인공지
능', '4차 산업혁명'], '개설구분': '개설'}
```

- **딕셔너리 항목의 수정**

딕셔너리에서 기존의 항목 값을 변경하고 싶을 때는 키와 값을 사용하여 추가할 수 있다.

딕셔너리 이름[수정하기 위해 찾으려는 키] = 변경하고 싶은 값

```
>>> Classes['과목'] = 231540
```

Classes에서 '과목' 키에 해당되는 값은 튜플값인 (23, 15, 40)이다. 이것을 하나의 숫자로 합하여 변경하는 명령이다. 이 명령의 실행 후 딕셔너리를 확인하면 아래와 같이 변경된 것을 알 수 있다.

```
>>> Classes
{(11, 20, 65): '한국학과', '과목': 231540, '과목 리스트': ['파이썬', '인공지능', '4
차 산업혁명'], '개설구분': '개설'}
```

- **딕셔너리 항목에서 요소 값 존재 여부 확인**

딕셔너리는 키를 이용하여 값을 찾는 방식이다. 따라서 딕셔너리에 키가 있는지를 확인하는 경우가 있을 수 있다. 이때는 'in'을 사용하면 된다. 형식은 아래와 같다.

딕셔너리에서 찾고 싶은 키 in 딕셔너리 이름

```
>>> '과목' in Classes
True
```

딕셔너리의 키 중에서 '과목'이 있는지 확인하여 있으면 'True', 없으면 'False'를 반환하라는 명령이다. '과목'은 Classes의 키에 존재하므로 'True'를 나타낸다.

```
>>> 231540 in Classes
False
```

231540이 Classes에 있는지 확인하는 명령인데, 231540은 값에 있다. 즉, 키에는

231540이 존재하지 않기 때문에 결과는 False를 나타낸다.

그렇다면 튜플이 키로 있는 경우에는 어떻게 될까? Classes 딕셔너리의 맨 처음 항목 값을 생각해 보자.

```
(11, 20, 65): '한국학과'
```

```
>>> 11 in Classes
False
```

11이 Classes 딕셔너리에 있는지 확인하는 명령인데, 11은 첫 번째 키에서 튜플의 값으로 존재한다. 따라서 키에 11이 있으니 'True'로 나타낼 것으로 생각할 수 있지만 결과는 'False'가 나타났다.

```
>>> (11, 20, 65) in Classes
True
```

그렇다면 튜플의 값을 모두 사용하면 어떨까? (11, 20, 65)는 첫 번째 키와 동일하니 'True'를 나타낸다.

이것을 통해 'in'은 키의 존재를 확인하지만 튜플과 같이 하나로 묶인 자료형인 경우는 튜플의 원소값인 11만을 추출하여 확인하는 것이 아니라 튜플 값 전체가 키로 사용되었으니 키도 튜플의 전체를 하나의 값처럼 인식하여 찾는다는 것을 알 수 있다.

- **딕셔너리 항목 값 삭제**

딕셔너리에서 삭제하고 싶은 키 또는 값을 딕셔너리 항목에서 삭제하고 싶을 때는 아래와 같이 del을 사용할 수 있다.

del 딕셔너리 이름[키]

'개설구분' 키를 찾아 값과 함께 Classes 딕셔너리에서 삭제하라는 명령이다. 실행 후 결과를 보면 맨 뒤에 추가되었던 '개설구분': '개설'이 삭제되어 있음을 알 수 있다.

```
>>> del Classes['개설구분']
>>> Classes
{(11, 20, 65): '한국학과', '과목': 231540, '과목 리스트': ['파이썬', '인공지능', '4
차 산업혁명']}
```

- **딕셔너리의 비교**

이제 딕셔너리의 비교를 수행해 보자. 이를 위해 아래와 같이 Compare 딕셔너리를 만들었다.

```
>>> Compare = {'국가':'한국'}
>>> Compare
{'국가': '한국'}
```

딕셔너리의 비교는 ==(같은가), !=(같지 않은가)를 사용할 수 있다. 다만 >, < 등의 비교는 딕셔너리의 크기를 비교할 수 없기 때문에 사용이 안 된다.

```
>>> Classes == Compare
False
```

Classes 딕셔너리와 Compare 딕셔너리가 같은지를 확인하여, 같으면 'True', 다르면 'False'를 나타낸다. 실행 결과는 Classes와 Compare의 항목 값이 다르기 때문에 'False'를 나타낸다.

```
>>> Classes != Compare
True
```

위의 명령과 반대의 개념이다. 즉, Classes 딕셔너리와 Compare 딕셔너리가 다르면 'True', 같으면 'False'를 나타낸다. 실행 결과는 'True'이다.

2.3 딕셔너리의 메소드

파이썬에서는 딕셔너리 처리를 위하여 다양한 메소드를 제공하고 있다.

메소드	기능
dict()	빈 딕셔너리를 생성.
copy()	딕셔너리를 복사.
clear()	딕셔너리의 모든 항목 값들을 삭제하여 빈 딕셔너리를 생성.
get(key)	키를 통해 딕셔너리 항목에 있는 값들을 확인하여 키에 대한 값을 가져옴. 만일 딕셔너리에 없는 키를 지정했을 때는 찾아야 하는 키가 없으므로 아무 값도 나타내지 않음(NULL).
items()	딕셔너리 항목에 있는 모든 **키: 값** 을 나타냄.
keys()	딕셔너리 항목에 있는 모든 **키** 를 나타냄.
values()	딕셔너리 항목에 있는 모든 **값** 을 나타냄.
pop(key)	딕셔너리 항목에서 키를 찾아 값과 함께 나타내고 딕셔너리 항목에서 삭제. 만일 지정한 키가 딕셔너리에 없다면 에러를 나타냄.
popitem()	딕셔너리 항목의 맨 마지막 항목 값인 키와 값을 나타내고, 항목에서 삭제한다. 만일 빈 딕셔너리에 이 명령을 사용한다면 삭제할 키와 값이 없으므로 에러를 나타냄.

이제 메소드의 사용을 위해 아래와 같이 실습해 보자.

```
>>> x = dict()
>>> x
{}
>>> x = Classes.copy()
>>> x
{(11, 20, 65): '한국학과', '과목': 231540, '과목 리스트': ['파이썬', '인공지능', '4차 산업혁명']}
>>> x.clear()
>>> x
{}
>>> Classes.get('과목')
231540
>>> Classes.get('이름')
>>> Classes.items()
dict_items([((11, 20, 65), '한국학과'), ('과목', 231540), ('과목 리스트', ['파이썬', '인공지능', '4차 산업혁명'])])
>>> Classes.keys()
dict_keys([(11, 20, 65), '과목', '과목 리스트'])
>>> Classes.values()
dict_values(['한국학과', 231540, ['파이썬', '인공지능', '4차 산업혁명']])
```

```
>>> Classes.pop('과목')
231540
>>> Classes
{(11, 20, 65): '한국학과', '과목 리스트': ['파이썬', '인공지능', '4차 산업혁명']}
>>> Classes.pop('Name')
Traceback (most recent call last):
  File "<pyshell#393>", line 1, in <module>
    Classes.pop('Name')
KeyError: 'Name'
>>> Classes.popitem()
('과목 리스트', ['파이썬', '인공지능', '4차 산업혁명'])
>>> Classes
{(11, 20, 65): '한국학과'}
```

```
>>> x = dict()
>>> x
{}
```

빈 딕셔너리를 만들어 x에 저장한다. 즉, 아무런 항목 값이 없는 빈 딕셔너리 x를 생성하는 것이다.

```
>>> x = Classes.copy()
>>> x
{(11, 20, 65): '한국학과', '과목': 231540, '과목 리스트': ['파이썬', '인공지능', '4
차 산업혁명']}
```

앞에서 사용했던 Classes 딕셔너리를 복사하여 x에 저장한다. 실행 결과는 Classes 딕셔너리와 x 딕셔너리가 완전히 동일한 항목 값을 가지게 된다.

```
>>> x.clear()
>>> x
{}
```

x 딕셔너리의 모든 항목 값들을 삭제한다. 실행 후의 결과는 x 딕셔너리에는 키: 값이 없게 된다.

```
>>> Classes.get('과목')
231540
```

Classes 딕셔너리에서 키가 '과목'인 값을 찾아 나타낸다. '과목'에 해당하는 값은 231540이므로 결과는 231540이 나타난다. 이는 Classes['과목']을 실행한 것과 동일한 값을 나타내게 된다.

```
>>> Classes.get('이름')
>>>
```

Classes 딕셔너리에서 키가 '이름'인 것을 찾아 값을 반환해야 하는데, Classes 딕셔너리에는 '이름'을 가진 키가 없다. 따라서 NULL, 즉 아무것도 출력되지 않는다.

```
>>> Classes['이름']
Traceback (most recent call last):
  File "<pyshell#407>", line 1, in <module>
    Classes['이름']
KeyError: '이름'
```

그러나 Classes['이름']와 같이 실행한다면 위와 같이 키가 없다는 에러를 나타낸다.

```
>>> Classes.items()
dict_items([((11, 20, 65), '한국학과'), ('과목', 231540), ('과목 리스트', ['파이썬',
'인공지능', '4차 산업혁명'])])
```

Classes 딕셔너리에 있는 모든 키와 값을 나타낸다. 이때 표시 형식은 dict_items([(키$_1$, 값1), (키2, 값2), ..., (키n, 값n)]의 형태로 출력한다. 키 또는 값이 리스트나 튜플일 경우 그에 해당되는 형식대로 나타내니 [ ]이나 ( )에 주의하도록 한다.

```
>>> Classes.keys()
dict_keys([(11, 20, 65), '과목', '과목 리스트'])
```

Classes 딕셔너리에 있는 모든 키만을 나타낸다. 표시 형식은 dict_keys([키$_1$, 키$_2$, ..., 키$_n$])이다. 이때에도 키가 튜플이나 리스트일 경우 그에 해당하는 [ ]이나 ( )와 같은 표시형식으로 삽입되어 나타낸다.

```
>>> Classes.values()
dict_values(['한국학과', 231540, ['파이썬', '인공지능', '4차 산업혁명']])
```

Classes 딕셔너리에 있는 모든 값만을 나타낸다. 표시 형식은 dict_values([$값_1$, $값_2$, ..., $값_n$])이다. 이때에도 값이 튜플이나 리스트일 경우 그에 해당하는 [ ]이나 ( )와 같은 표시 형식으로 삽입되어 나타낸다.

```
>>> Classes.pop('과목')
231540
>>> Classes
{(11, 20, 65): '한국학과', '과목 리스트': ['파이썬', '인공지능', '4차 산업혁명']}
```

Classes 딕셔너리에 있는 키에서 '과목'을 찾아 해당하는 값을 나타내주며, Classes 딕셔너리 항목에서는 키와 값을 삭제한다.

```
>>> Classes.pop('Name')
Traceback (most recent call last):
  File "<pyshell#393>", line 1, in <module>
    Classes.pop('Name')
KeyError: 'Name'
```

만일 Classes 딕셔너리에 없는 키를 지정하였을 경우, 즉 위와 같은 명령에서는 Classes 딕셔너리에 'Name' 키를 찾아 그 값을 나타내고 항목에서 삭제해야 한다. 그런데 키 중에는 'Name'이 없기 때문에 에러를 나타낸다.

```
>>> Classes.popitem()
('과목 리스트', ['파이썬', '인공지능', '4차 산업혁명'])
>>> Classes
{(11, 20, 65): '한국학과'}
```

Classes 딕셔너리에 있는 맨 마지막 키와 값을 나타내고, 항목에서는 삭제한다.

3. 세트

3.1 자료형

파이썬은 세트 또는 집합 자료형을 제공하는데, 이는 세트의 항목 값, 즉 원소값들을 이용하여 집합관계를 산출할 때 사용할 수 있다. 세트는 중괄호 { } 안에 원소값을 저장한다. 또한 세트의 원소값들을 중복해서 저장할 경우 하나만 사용된다.

세트 이름 = {원소 $값_1$, 원소 $값_2$, ... , 원소 $값_n$}

아래와 같이 세트를 만들어 보자.

```
>>> ex1 = {1, 2, 3, 4, 5, 6}
>>> ex1
{1, 2, 3, 4, 5, 6}
>>> ex2 = {3, 7, 2, 8, 1, 1}
>>> ex2
{1, 2, 3, 7, 8}
>>> ex3 = {2, 5, (1, 2, 3), 6}
>>> ex3
{2, (1, 2, 3), 5, 6}
>>> ex4 = {'Hello', 'Nice', 3, 6, 'Good'}
>>> ex4
{3, 6, 'Nice', 'Hello', 'Good'}
```

```
>>> ex1 = {1, 2, 3, 4, 5, 6}
>>> ex1
{1, 2, 3, 4, 5, 6}
```

원소값 {1, 2, 3, 4, 5, 6}을 ex1에 저장하는 명령이다. 이제 ex1 세트가 만들어졌다.

```
>>> ex2 = {3, 7, 2, 8, 1, 1}
>>> ex2
{1, 2, 3, 7, 8}
```

{3, 7, 2, 8, 1, 1}을 ex2에 저장하여 세트를 만들었다. 그런데 1의 값이 두 번 있었으나 ex2 세트의 값을 확인해 보니 1의 값이 한 개만 존재하는 것을 알 수 있다. 즉, 값이 중복되면 중복된 값들은 무시하고 하나만 인정된다.

```
>>> ex3 = {2, 5, (1, 2, 3), 6}
>>> ex3
{2, (1, 2, 3), 5, 6}
```

세트의 원소값에서 {2, 5, (1, 2, 3), 6}과 같이 튜플 형태의 값을 직접 추가하였다. 이렇게 될 경우 (1, 2, 3)은 3개의 값을 가지는 튜플이라기보다는 (1, 2, 3)이 모두 하나의 값처럼 인식된다.

다음과 같이 튜플 변수를 사용해도 세트를 만들 수 있다.

```
>>> a = (1, 2, 3)          # 튜플변수 a
>>> ex = {4, 5, a}         # 세트 ex에 튜플변수 a를 삽입하여 만듦.
>>> ex
{(1, 2, 3), 4, 5}
```

단, 원소값을 변경할 수 있는 리스트나 딕셔너리는 세트에 추가할 수 없다.

```
>>> ex4 = {'Hello', 'Nice', 3, 6, 'Good'}
>>> ex4
{3, 6, 'Nice', 'Hello', 'Good'}
```

세트에서는 원소값에 문자, 숫자의 혼용도 가능하다. ex4 세트의 원소값들을 확인해보면 숫자와 문자가 자동으로 구분된 것을 알 수 있다.

3.2 세트의 메소드

다음은 파이썬에서 제공하는 메소드를 나타낸다.

메소드	기능
add(x)	세트의 원소값에 x를 추가한다.
clear()	세트의 모든 원소값을 삭제한다.
copy()	세트의 모든 원소값을 복사한다.
difference(s_1, s_2...s_n)	세트의 **차집합**을 구한다. 이때 대상이 되는 세트는 s_1, s_2...s_n와 같이 한 개일 수 도 있고 여러개일 수 도 있다.
difference_update(s_1, s_2...s_n)	세트의 **차집합**을 구한 후 **원소값을 삭제**한다. 이때 대상이 되는 세트는 s_1, s_2...s_n와 같이 한 개일 수 도 있고 여러개일 수 도 있다.
union(s_1, s_2...s_n)	세트의 **합집합**을 구한다. 이때 대상이 되는 세트는 s_1, s_2...s_n와 같이 한 개일 수 도 있고 여러개일 수 도 있다.
intersection(s_1, s_2...s_n)	세트의 **교집합**을 구한다. 이때 대상이 되는 세트는 s_1, s_2...s_n와 같이 한 개일 수 도 있고 여러개일 수 도 있다.
issubset(s)	세트가 s 집합의 **부분집합**인지를 확인해준다. 부분집합이라면 True, 아니라면 False로 나타낸다.
pop()	세트에서 처음의 원소값을 나타내어주고 삭제한다.
remove(x)	세트의 원소값에서 x를 삭제한다.
discard(x)	세트의 원소값에서 x를 삭제한다.

실습을 위해 간단한 원소값을 가지는 세트를 아래와 같이 만든다.

```
>>> a = {1, 3, 4, 6, 9, 10}
>>> b = {1, 2, 5, 7}
>>> c = {3, 5, 6, 7}
>>> d = {1, 2, 4, 6, 7}
```

이제 세트의 메소드를 사용한다.

```
>>> b.add(3)
>>> b
{1, 2, 3, 5, 7}
>>> b.clear()
>>> b
set()
>>> b = c.copy()
>>> b
{3, 5, 6, 7}
```

```
>>> b.add(3)
>>> b
{1, 2, 3, 5, 7}
```

b 세트의 원소값에 3을 추가한다. 따라서 b 세트 {1, 2, 5, 7}에서 3을 추가하여 {1, 2, 3, 5, 7}을 나타낸다.

```
>>> b.clear()
>>> b
set()
```

b 세트의 모든 원소값을 삭제한다. 따라서 b 세트는 아무런 원소값을 가지지 않는 빈 세트가 된다.

```
>>> b = c.copy()
>>> b
{3, 5, 6, 7}
```

c 세트의 원소값을 복사하여 b 세트에 저장한다. 결과는 b 세트와 c 세트가 동일한 원소값을 가지게 된다.

```
>>> b.difference(a)
{5, 7}
>>> b
{3, 5, 6, 7}
>>> a
{1, 3, 4, 6, 9, 10}
>>> b = b.difference(a)
>>> b
{5, 7}

>>> b - {1, 2, 5, 7}
>>> d = {1, 2, 4, 6, 7}

>>> b.difference_update(d)
>>> b
{5}
>>> d
{1, 2, 4, 6, 7}
```

```
>>> b.difference(a)
{5, 7}
>>> b - a
{5, 7}
```

b 세트와 a 세트의 차집합을 구한다. b.difference(a)는 b - a와 동일하다. b 세트 {3, 5, 6, 7} – a 세트 {1, 3, 4, 6, 9, 10}을 수행하면 {5, 7}이 남는다.

```
>>> b
{3, 5, 6, 7}
>>> a
{1, 3, 4, 6, 9, 10}
```

이때 b 세트와 a 세트의 차집합을 구하였어도 실제 b 세트의 원소값과 a 세트의 원소값은 변경되지 않았다.

```
>>> b = b.difference(a)
>>> b
{5, 7}
```

그러나 차집합을 구한 후 b 세트에 저장하는 명령을 수행하면 b 세트의 값이 변경된다. 즉, 차집합으로 구해진 {5, 7}이 b 세트에 저장됨으로서 b 세트는 {5, 7}이 된다.

```
>>> b.difference_update(d)
>>> b
{5}
>>> d
{1, 2, 4, 6, 7}
```

difference_update( ) 메소드는 차집합을 구한 후 세트의 원소값을 실제로 삭제하는 것으로 difference( ) 메소드와 차이가 있다.

b 세트 {1, 2, 5, 7} – d 세트 {1, 2, 4, 6, 7} = {5}가 되어 b 세트를 업데이트한다.

```
>>> b = c.union(d)
>>> b
```

```
{1, 2, 3, 4, 5, 6, 7}
>>> c
{3, 5, 6, 7}
>>> d
{1, 2, 4, 6, 7}
>>> b.intersection(c, d)
{6, 7}
>>> b
{1, 2, 3, 4, 5, 6, 7}
>>> c
{3, 5, 6, 7}
```

```
>>> b = c.union(d)
>>> b
{1, 2, 3, 4, 5, 6, 7}
>>> c
{3, 5, 6, 7}
>>> d
{1, 2, 4, 6, 7}
```

c 세트와 d 세트의 합집합을 구하여 b 세트에 저장하는 명령이다.

c 세트 {3, 5, 6, 7} ∪ d 세트 {1, 2, 4, 6, 7} = {1, 2, 3, 4, 5, 6, 7}이 되고, 이 결과가 b 세트에 저장된다. 이때 합집합에 참여했던 c 세트와 d 세트는 변경이 없다.

```
>>> b.intersection(c, d)
{6, 7}
```

b 세트와 c, d 세트의 교집합을 구하여 b 세트에 저장하는 명령이다.

b 세트 {1, 2, 3, 4, 5, 6, 7} ∩ c 세트 {3, 5, 6, 7} ∩ d 세트 {1, 2, 4, 6, 7} = {6, 7}이 된다. 이때도 교집합에 참여했던 b, c, d 세트 원소값들은 값을 저장하거나 업데이트하는 내용이 없었으므로 변경이 없다.

```
>>> b
{1, 2, 3, 4, 5, 6, 7}
```

```
>>> c
{3, 5, 6, 7}

>>> b.issubset(c)
False
>>> c.issubset(b)
True
```

```
>>> b.issubset(c)
False
```

b 세트가 c 세트의 부분집합인지를 확인해서 True/False로 반환한다. b 세트 {1, 2, 3, 4, 5, 6, 7}이고, c 세트 {3, 5, 6, 7}이기 때문에 b 세트는 c 세트의 부분집합이 아니므로 False를 나타낸다.

```
>>> c.issubset(b)
True
```

그러나 c 세트 {3, 5, 6, 7}은 세트 {1, 2, 3, 4, 5, 6, 7}의 부분집합이기 때문에 True를 나타낸다.

다음의 명령은 세트의 원소값을 삭제하는 것이다.

```
>>> b
{1, 2, 3, 4, 5, 6, 7}
>>> b.pop()
1
>>> b
{2, 3, 4, 5, 6, 7}
>>> b.remove(4)
>>> b
{2, 3, 5, 6, 7}
>>> b.discard(3)
>>> b
{2, 5, 6, 7}
```

```
>>> b
{1, 2, 3, 4, 5, 6, 7}
>>> b.pop()
1
>>> b
{2, 3, 4, 5, 6, 7}
```

b.pop( )은 세트 b의 원소값 중 제일 먼저 위치한 (원소값 중 맨 왼쪽에 위치) 값을 삭제한다. 즉, b 세트 {1, 2, 3, 4, 5, 6, 7}에서 {1}이 삭제된 {2, 3, 4, 5, 6, 7}이 남는다. pop( )은 세트의 원소값이 실제로 변경된다.

```
>>> b.remove(4)
>>> b
{2, 3, 5, 6, 7}
```

pop( )과의 차이점은 삭제하고 싶은 원소값을 직접 지정할 수 있다. 즉, b.remove(4)는 세트 b {2, 3, 4, 5, 6, 7}에서 {4}를 삭제하고 남은 원소값, {2, 3, 5, 6, 7}이 세트 b에 있게 된다.

```
>>> b.discard(3)
>>> b
{2, 5, 6, 7}
```

b.remove(3)과 동일한 명령으로 세트 b에서 {3}을 찾아 삭제하고 남은 원소들을 세트 b에 두게 된다.

4. 순서도를 통한 성적처리 프로그램 설계

이제까지 학습한 내용을 기반으로 성적처리 프로그램을 설계해 보자. 데이터 타입만을 사용하여 성적처리를 하려다보니 순서도가 아주 간단하다.

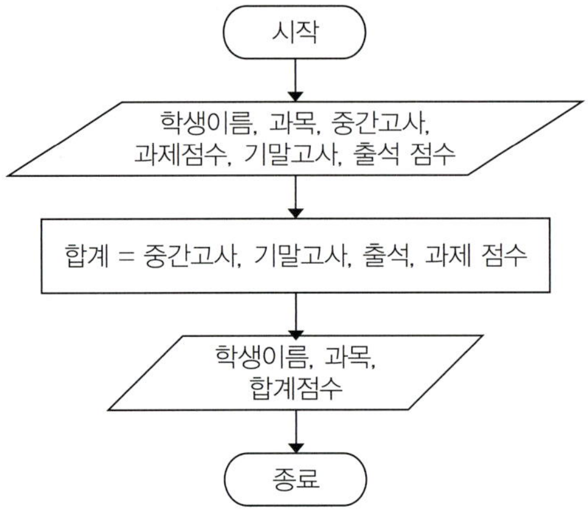

그림 4 성적처리 순서도

학생이름, 과목, 중간고사, 과제점수, 기말고사, 출석 점수를 입력받아서 전체 합계를 산출한 후, 학생이름, 과목, 합계점수를 출력하는 프로그램이다.

성적처리 프로그램을 위해 고려해야 하는 사항

1. A는 간단한 성적처리 프로그램을 만들고자 한다. 성적처리를 위해 입력으로 필요한 데이터는 무엇인가?
   - 학생이름
   - 과목
   - 중간고사 점수
   - 과제 점수
   - 기말고사 점수
   - 출석 점수

2. 입력된 데이터를 기반으로 계산을 하여야 하는 데이터는 무엇인가?
   - 합계

3. 출력은 무엇으로 하여야 할까?
   - 학생이름, 과목, 합계 점수

5. 작성된 순서도에 의한 성적처리 프로그램 코딩

5.1 변수만을 사용한 성적처리

변수만을 사용하여 [예제 1]과 같이 단순하게 코딩을 할 수 있다. 이때 주의할 사항은 입력을 받을 때, 숫자의 경우에는 반드시 int(input( ))와 같은 형식으로 작성해 주어야 한다. 그렇지 않고 input( )만을 사용하게 되면 숫자로 입력되어야 하는 데이터가 문자로 저장되기 때문이다. 예를 들어 middle = int(input('중간고사 점수는? '))을 사용하여야 하는데, middle = input('중간고사 점수는? ')으로 사용하게 되면 middle 변수는 문자로 입력받게 되며 이 경우 최종 점수를 계산할 때 문자는 계산에 참여할 수 없어서 에러를 나타내게 된다.

다음 예제는 [그림 4]의 순서도에 따라 데이터만을 사용하여 작성된 성적처리 프로그램과 실행 결과를 나타낸다.

예제 1 **변수만을 사용한 성적처리**

```
예제 1. 자료형만 이용한 성적처리.py - D:₩교재 작업₩자유아카데미₩Source₩3₩예제 ...
File  Edit  Format  Run  Options  Window  Help
name = input('학생이름은? ')
cls = input('과목은? ')
middle = int(input('중간고사 점수는? '))
report = int(input('과제 점수는? '))
final = int(input('기말고사 점수는? '))
attend = int(input('출석 점수는? '))
tot = middle + report + final + attend
print(name, '의', cls, '과목 최종 점수는', tot, '점 입니다.')
                                                    Ln: 7  Col: 34
```

```
IDLE Shell 3.11.4
File  Edit  Shell  Debug  Options  Window  Help
>>>
=========== RESTART: D:₩교재 작업₩자유아카데미₩Source₩3₩예제 1. 자료형만 이용한
성적처리.py ===========
학생이름은? 홍길동
과목은? 파이썬 1
중간고사 점수는? 17
과제 점수는? 20
기말고사 점수는? 36
출석 점수는? 19
홍길동 의 파이썬 1 과목 최종 점수는 92 점 입니다.
>>>
                                                    Ln: 117  Col: 0
```

그림 5 변수만을 사용한 성적처리 프로그램과 실행 결과

5.2 리스트를 사용한 성적처리

위와 같은 프로그램을 리스트를 사용해서 작성해 보자. 단순히 변수만을 사용했던 내용과는 약간 차이가 있다. 장점으로는 하나의 리스트 변수에 성적처리에 필요한 데이터를 모두 저장하고 관리할 수 있기 때문에 각 데이터마다 다른 변수이름으로 저장

해야 했던 위 프로그램보다는 더 직관적이고 관리가 편할 수 있다.

예제 2 리스트를 이용한 성적처리

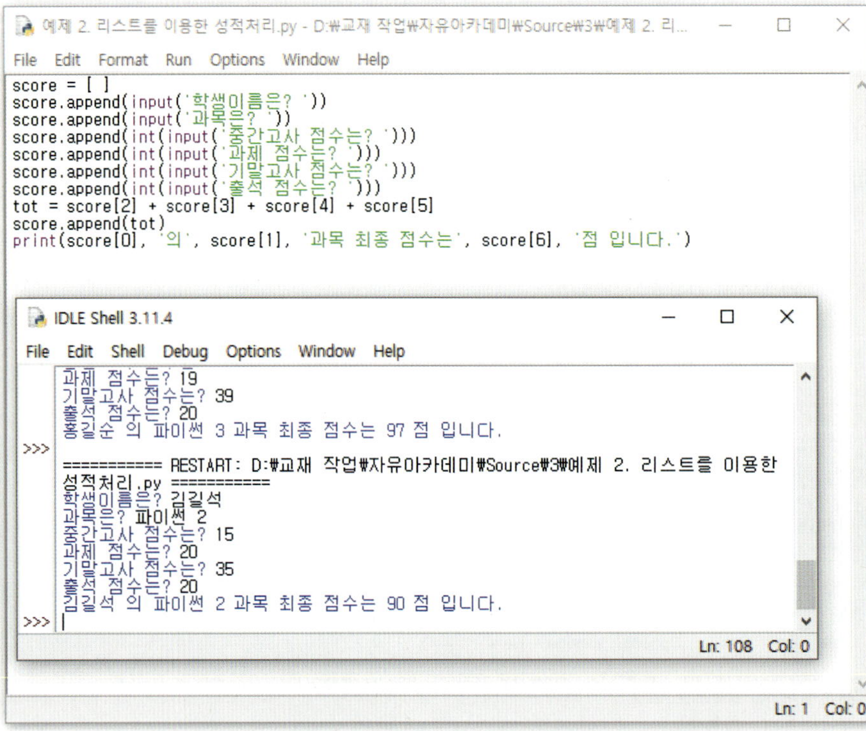

그림 6 리스트를 이용한 성적처리 프로그램과 실행 결과

```
score = [ ]
```

성적처리 데이터를 저장할 리스트 변수를 만든다. 이때 리스트에는 아직 저장해야 할 값들이 정해지지 않았으니 빈 리스트만을 만들자.

```
score.append(input('학생이름은? '))
score.append(input('과목은? '))
```

빈 리스트, score를 만든 것에 사용자로부터 입력을 받아 리스트에 차례로 추가하도록 한다. 즉, score[0]에는 학생이름, score[1]에는 과목이 저장된다.

```
score.append(int(input('중간고사 점수는? ')))
score.append(int(input('과제 점수는? ')))
score.append(int(input('기말고사 점수는? ')))
score.append(int(input('출석 점수는? ')))
```

score[0], score[1]에는 문자형 데이터가 저장되지만 각 성적들은 합계를 계산하여야 하므로 숫자형 데이터가 저장되어야 한다. 따라서 입력을 받을 때 int(input( ))과 같은 형식으로 입력 데이터를 숫자로 변형해주어야 한다.

```
tot = score[2] + score[3] + score[4] + score[5]
score.append(tot)
```

차례로 입력받은 중간고사, 과제, 기말고사, 출석 점수는 append 함수에 의해 각각 score[2], score[3], score[4], score[5]에 저장된다. 이 점수를 모두 더한 합계, tot가 최종 점수가 되며, tot는 score에 append하여 score[6]에 저장한다.

```
print(score[0], '의', score[1], '과목 최종 점수는', score[6], '점 입니다.')
```

최종 점수가 산출되었으니 이름인 score[0], 과목인 score[1], 최종 점수인 score[6]을 나타내고자 하는 문자열과 조합하여 메시지를 만들어 출력한다.

5.3 딕셔너리를 사용한 성적처리

위와 같이 리스트를 사용하면 하나의 변수로 데이터를 관리할 수 있으니 효율성이 좋다. 다만 리스트는 인덱스를 기억하여야 한다. 즉, 과목은 인덱스 1에 해당되는 score[1]에 저장되어 있음을 알아야 하고, 중간고사 점수는 인덱스 2인 score[2]에 저장된다는 것을 알아야 총점을 구하거나 사용자에게 메시지를 출력할 때 문장을 조합할 수 있다. 이는 매우 불편한 작업이 될 수 있다. 따라서 이번에는 딕셔너리를 사용해 본다. 딕셔너리는 키와 값을 구분하여 저장 및 관리를 할 수 있어서 보다 더 효율적일 수 있다.

예제 3 **딕셔너리를 이용한 성적처리**

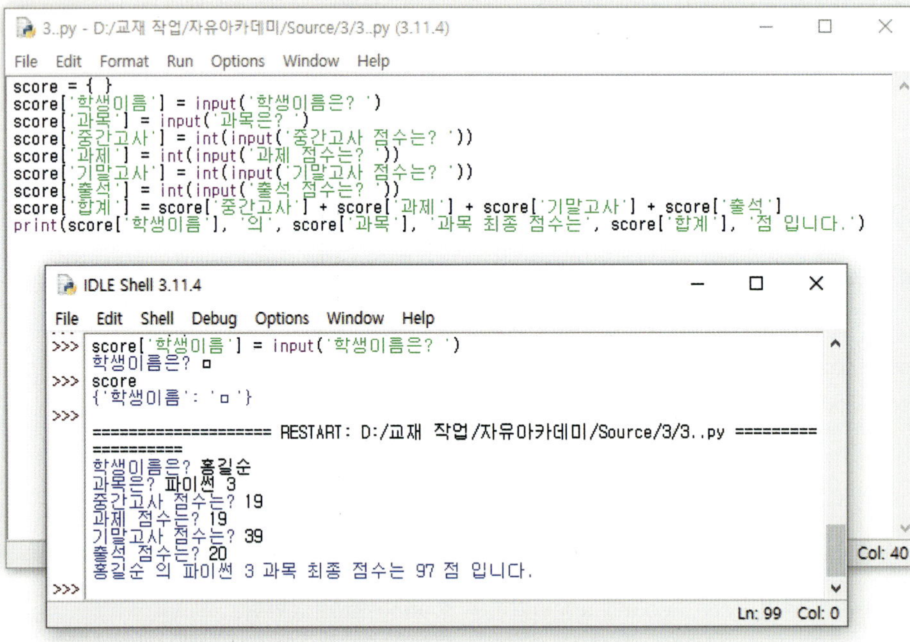

그림 7 딕셔너리를 이용한 성적처리 프로그램과 실행 결과

```
score = { }
```

성적처리 데이터를 저장할 빈 딕셔너리, score를 만든다.

```
score['학생이름'] = input('학생이름은? ')
score['과목'] = input('과목은? ')
```

학생이름과 과목은 문자형으로 입력받으며, 입력 데이터는 딕셔너리로 저장할 것이므로 score['학생이름'], socre['과목']과 같이 키를 지정하고 입력 데이터를 값으로 받아 키와 값을 함께 저장할 수 있다.

```
score['중간고사'] = int(input('중간고사 점수는? '))
score['과제'] = int(input('과제 점수는? '))
score['기말고사'] = int(input('기말고사 점수는? '))
score['출석'] = int(input('출석 점수는? '))
```

숫자를 입력받아 저장하여야 하는 중간고사, 과제, 기말고사, 출석 점수는 각각 score['중간고사'], score['과제'], score['기말고사'], score['출석']와 같이 키값을 지정하여 값과 함께 저장한다.

```
score['합계'] = score['중간고사'] + score['과제'] + score['기말고사'] + score['출석']
print(score['학생이름'], '의', score['과목'], '과목 최종 점수는', score['합계'], '점 입니다.')
```

score['중간고사'], score['과제'], score['기말고사'], score['출석']을 모두 더한 최종 점수는 score['합계']로 저장한 후 사용자에게 이름, 과목, 점수를 나타낸다.

연습문제

01. 여러 형태의 자료를 한꺼번에 저장할 수 있지만 직접 추가, 수정, 삭제 등의 변경이 안 되는 자료형은?

① 리스트　　② 튜플　　③ 딕셔너리　　④ 세트

02. 튜플에 대한 작성 방식으로 옳은 것은?

① ( )를 사용한다.　　② [ ]를 사용한다.
③ { }를 사용한다.　　④ " "를 사용한다.

03. 아래 코드의 실행 결과는?

```
>>> a = (10, 20, 30, 40, 50)
>>> a
```

① 10, 20, 30, 40, 50　　② [10, 20, 30, 40, 50]
③ (10, 20, 30, 40, 50)　　④ {10, 20, 30, 40, 50}

04. 변수 a는 하나의 항목을 가지는 튜플로서 10을 저장한다. 옳은 코드는?

① a = (10)　　② a = (10,)　　③ a = (10.)　　④ a = (10..)

05. 아래 코드의 실행 결과는?

```
>>> a = (10, 20, 30, 40, 50)
>>> b, c, d, e, f = a.
>>> e
```

① 10　　② 20　　③ 30　　④ 40

06. 아래 코드의 실행 결과는?

```
>>> a = (10, 20, 30, 40, 50)
>>> a[0] = 20
```

① (20, 20, 30, 40, 50)　　② (20, 30, 40, 50)
③ (20)　　④ 에러

07. 아래 코드의 실행 결과는?

```
>>> a = (10, 20, 30, 40, 50, 10, 30, 10, 20, 40, 10)
>>> a.index(20, 5)
```

① 0 ② 2 ③ 4 ④ 8

08. 다음과 같은 데이터 구조가 있을 때 사용하기에 가장 적합한 자료형은?

① 논리형
② 리스트
③ 딕셔너리
④ 튜플

Key(키)	Value(값)
'학과'	'한국학과'
'이름'	'홍길동'
'과목'	'파이썬'
'중간고사'	27
'기말고사'	38
'과제'	20
'출석'	20

항목

09. 다음과 같은 데이터 구조가 있을 때 사용하기에 옳은 코딩은? 단 저장하는 변수는 Classes이다.

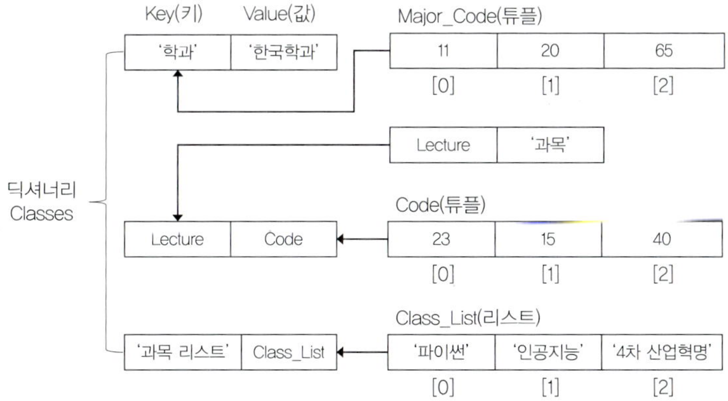

① Classes = {(11, 20, 65): '한국학과', '과목': (23, 15, 40), '과목 리스트': ['파이썬', '인공지능', '4차 산업혁명']}

② Classes = {'학과'=(11, 20, 65): '한국학과', Lecture: (23, 15, 40), '과목 리스트': ['파이썬', '인공지능', '4차 산업혁명']}

③ Classes = {('학과': 11, 20, 65): '한국학과', (Lecture: 23, 15, 40), '과목 리스트': ['파이썬', '인공지능', '4차 산업혁명']}

④ Classes = {{'학과': 11, 20, 65}: '한국학과', {Lecture: 23, 15, 40}, '과목 리스트': ['파이썬', '인공지능', '4차 산업혁명']}

10. 딕셔너리의 특징으로 거리가 먼 것은?

① 키와 값은 숫자형, 문자형, 변수, 리스트형 등 모든 자료형이 가능하다.

② 키와 값은 중복이 가능하다.

③ 딕셔너리의 추출은 반드시 키를 중심으로 값을 불러온다.

④ 값은 수정이 가능하나 키는 수정할 수 없다.

11. 아래의 코드와 실행 결과를 보고 (A)에 알맞은 코드를 고르시오.

```
>>> Classes = {(11, 20, 65): '한국학과', '과목': 231540, '과목 리스트': ['파이썬', '인공지능', '4차 산업혁명'], '개설구분': '개설'}
>>> (      A      )
>>> Classes
{(11, 20, 65): '한국학과', '과목': 231540, '과목 리스트': ['파이썬', '인공지능', '4차 산업혁명']}
```

① erase Classes['개설구분':'개설']

② remove Classes['개설구분']

③ del Classes['개설구분']

④ delete Classes['개설구분':'개설']

12. 아래의 코드의 실행 결과로 알맞은 것은?

```
>>> Classes = {(11, 20, 65): '한국학과', '과목': 231540, '과목 리스트': ['파이썬', '인공지능', '4차 산업혁명']}
>>> Classes.items( )
```

① dict_items([((11, 20, 65), '한국학과'), ('과목', 231540), ('과목 리스트', ['파이썬', '인공지능', '4차 산업혁명'])])

② items([((11, 20, 65), '한국학과'), ('과목', 231540), ('과목 리스트', ['파이썬', '인공지능', '4차 산업혁명'])])

③ [((11, 20, 65), '한국학과'), ('과목', 231540), ('과목 리스트', ['파이썬', '인공지능', '4차 산업혁명'])]

④ {[((11, 20, 65), '한국학과'), ('과목', 231540), ('과목 리스트', ['파이썬', '인공지능', '4차 산업혁명'])]}

13. 아래의 코드의 실행 결과로 알맞은 것은?

```
>>> ex1 = {3, 1, 7, 2, 2, 8, 1, 1}
>>> ex1
```

① {1, 1, 1, 2, 2, 3, 7, 8}
② {3, 1, 7, 2, 2, 8, 1, 1}
③ {1, 2, 3, 7, 8}
④ {3, 7, 8}

14. 아래의 코드의 실행 결과로 알맞은 것은?

```
>>> b = {1, 2, 5, 7}
>>> b.clear()
>>> b
```

① 에러
② 0
③ ( )
④ set( )

15. 아래의 코드의 실행 결과로 알맞은 것은?

```
>>> b = {1, 2, 3, 4, 5, 6, 7}
>>> b.pop()
>>> b
```

① {2, 3, 4, 5, 6, 7}
② {1, 2, 3, 4, 5, 6, 7}
③ {1, 2, 3, 4, 5, 6}
④ {1, 2, 3, 5, 6, 7}

제5장

연산자

1. 연산자와 피연산자

파이썬에서도 다양한 연산자를 제공하고 있다. 이들 연산자의 사용은 대부분의 프로그래밍 언어에서도 거의 동일한 의미로 사용된다는 점에서 파이썬을 숙지하게 되면 다른 프로그래밍 언어의 연산자 부분도 쉽게 숙지할 수 있을 것이다.

연산자의 구조는 연산자와 피연산자로 나뉠 수 있다. sum = a + b를 생각해 보자.

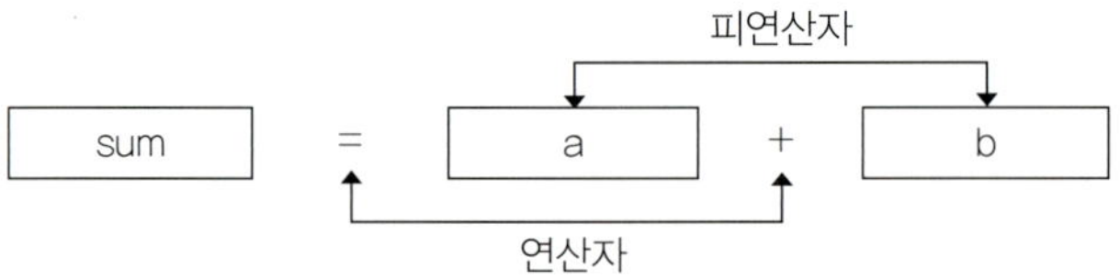

그림 1 연산자와 피연산자

연산자는 직접 계산이나 할당 등과 같이 연관된 작업을 나타내며, 피연산자는 연산에 참여하는 변수가 된다.

2. 산술연산자

산술연산자는 +, −와 같은 사칙연산, 제곱연산 등과 같이 직접 계산을 수행하는 연산을 말한다. 산술연산자는 다음과 같다.

연산자	기능
+	피연산자의 덧셈을 수행.
-	피연산자의 뺄셈을 수행.
*	피연산자의 곱셈을 수행.
/	피연산자의 나눗셈을 수행하여 몫을 구하고, 결과값은 실수형을 반환.
**	피연산자의 거듭제곱을 수행.

연산자	기능
//	피연산자의 나눗셈을 수행하며 몫을 구하고, 결괏값은 정수형을 반환한다. 즉, 결괏값에서 소수점 이하는 버림.
%	피연산자의 나눗셈을 수행하며 나머지를 구함.

2.1 자료형에 따른 + 연산자

연산	결과
정수형 (int) + 정수형 (int)	정수형 (int)
정수형 (int) + 실수형 (float)	실수형 (float)
실수형 (float) + 실수형 (float)	실수형 (float)
문자형 (str) + 문자형 (str)	문자형 (str)
문자형 (str) + 정수형 (int) 또는 실수형 (float)	에러

이제 아래와 같이 실습해 보자.

```
>>> a = 3
>>> b = 8
>>> c = 4.12
>>> d = 'Hello '
>>> e = 'I am a student'
>>> f = 1.12
>>> a + b
11
>>> a + c
7.12
>>> c + f
5.24
>>> d + e
'Hello I am a student'
>>> a + d
Traceback (most recent call last):
  File "<pyshell#598>", line 1, in <module>
    a + d
TypeError: unsupported operand type(s) for +: 'int' and 'str'
```

실습을 위해 다양한 형태의 자료형을 변수로 만들었다. a, b는 정수형, c는 실수형, d, e는 문자형이다.

- a + b: 정수형 + 정수형으로 연산결과는 정수형인 11을 나타낸다.
- a + c: 정수형 + 실수형으로 연산결과는 실수형인 7.12를 나타낸다.
- c + f: 실수형 + 실수형으로 연산결과는 실수형인 5.24를 나타낸다.
- d + e: 문자형 + 문자형으로 연산결과는 문자형인 'Hello I am a student'를 나타낸다. 이때 문자형은 실제로 + 연산을 수행하는 것이 아니라 문자형과 문자형을 단순히 붙인다.
- a + d: 정수형 + 문자형으로 연산결과는 에러를 나타낸다. 이는 숫자와 문자를 덧셈 연산을 할 수 없기 때문이다.

2.2 자료형에 따른 - 연산자

연산	결과
정수형 (int) – 정수형 (int)	정수형 (int)
정수형 (int) – 실수형 (float)	실수형 (float)
실수형 (float) – 실수형 (float)	실수형 (float)
문자형 (str) – 문자형 (str)	에러
문자형 (str) – 정수형 (int) 또는 실수형 (float) 또는 정수형 (int) 또는 실수형 (float) – 문자형 (str)	에러

아래와 같이 실습해 보자.

```
>>> a - b
-5
>>> b - c
3.88
>>> f - c
-3.0
```

```
>>> e - d
Traceback (most recent call last):
  File "<pyshell#609>", line 1, in <module>
    e - d
TypeError: unsupported operand type(s) for -: 'str' and 'str'
>>> d - a
Traceback (most recent call last):
  File "<pyshell#610>", line 1, in <module>
    d - a
TypeError: unsupported operand type(s) for -: 'str' and 'int'
```

a - b은 정수형 - 정수형으로 연산결과 정수형 -5를 나타내고, b - c은 정수형 - 실수형으로 연산결과 실수형 3.88을 나타내었다. 또한 f - c은 실수형 - 실수형으로 연산결과 실수형 -3.0을 나타내었다.

그러나 e - d와 같이 문자형 - 문자형, d - a와 같이 문자형 -정수형의 경우는 모두 에러를 나타내었다. 특히 문자형의 + 연산과 같이 문자형 뒤에 문자형을 붙이는 처리와 다르게 문자형 - 문자형은 처리를 수행할 수 없어서 에러를 나타내는 것이 주의하자.

2.3 자료형에 따른 * 연산자

연산	결과
정수형 (int) * 정수형 (int)	정수형 (int)
정수형 (int) * 실수형 (float)	실수형 (float)
실수형 (float) * 실수형 (float)	실수형 (float)
문자형 (str) * 문자형 (str)	에러
문자형 (str) * 정수형 (int)	문자형 (str)
문자형 (str) * 실수형 (float)	에러

다음과 같이 실습해 보자.

```
>>> a * b
24
>>> b * c
32.96
>>> c * f
4.614400000000001
>>> d * e
Traceback (most recent call last):
  File "<pyshell#617>", line 1, in <module>
    d * e
TypeError: can't multiply sequence by non-int of type 'str'
>>> d * a
'Hello Hello Hello '
>>> a * d
'Hello Hello Hello '
>>> d * f
Traceback (most recent call last):
  File "<pyshell#616>", line 1, in <module>
    d * f
TypeError: can't multiply sequence by non-int of type 'float'
```

- a * b: 정수형과 정수형의 * 연산 결과는 정수형이다.
- b * c: 정수형과 실수형의 * 연산 결과는 실수형이다.
- c * f: 실수형과 실수형의 * 연산 결과는 실수형이다.
- d * e: 문자형과 문자형은 * 연산을 수행할 수 없기 때문에 에러를 나타낸다.
- d * a 또는 a * d: 문자형과 정수형 또는 정수형과 문자형의 * 연산은 문자형을 정수만큼 반복해서 나타낸다('Hello Hello Hello '). 단, 문자형과 실수형은 * 연산을 할 수가 없다.

2.4 자료형에 따른 / 연산자

연산	결과
정수형 (int) / 정수형 (int)	실수형 (float)
정수형 (int) / 실수형 (float)	실수형 (float)

연산	결과
실수형 (float) / 실수형 (float)	실수형 (float)
문자형 (str) / 문자형 (str)	에러
문자형 (str) / 정수형 (int) 또는 실수형 (float) 또는 정수형 (int) 또는 실수형 (float) / 문자형 (str)	에러

아래와 같이 실습해 보자.

```
>>> b / a
2.6666666666666665
>>> b / c
1.941747572815534
>>> c / f
3.6785714285714284
>>> d / f
Traceback (most recent call last):
  File "<pyshell#621>", line 1, in <module>
    d / f
TypeError: unsupported operand type(s) for /: 'str' and 'float'
>>> d / e
Traceback (most recent call last):
  File "<pyshell#623>", line 1, in <module>
    d / e
TypeError: unsupported operand type(s) for /: 'str' and 'str'
>>> 4 / 2
2.0
```

- b / a: 정수형과 정수형의 / 연산 결과는 실수형이다.
- b / c: 정수형과 실수형의 / 연산 결과는 실수형이다.
- c / f: 실수형과 실수형의 / 연산 결과는 실수형이다.
- d / f 또는 d / e: 문자형과 실수형 또는 문자형과 문자형은 / 연산을 수행할 수 없기 때문에 에러를 나타낸다.

정수형과 정수형의 / 연산에서 결과가 소수점으로 나타나는 경우는 당연히 실수형으로 알 수 있다. 그렇다면 연산결과가 정수로 떨어지는 경우는 어떻게 될까? 4 / 2의 연산결과는 2로 생각할 수 있으나, 실수형인 2.0을 나타낸다.

```
>>> 4 / 2
2.0
```

또한 파이썬에서는 / 연산결과에 대해 다음과 같이 미세한 차이를 나타내고 있다. 즉, 1/3의 연산결과는 0.3333...으로 나타나지만, 10/3에서는 소수점 끝부분의 처리가 다소 차이가 있다. 이 차이는 100/3, 10000/3에서도 나타난다.

```
>>> 1/3
0.3333333333333333
>>> 10/3
3.3333333333333335
>>> 100/3
33.333333333333336
>>> 1000/3
333.3333333333333
>>> 10000/3
3333.3333333333335
```

/ 연산에서는 0이 피연산자로 있을 때도 차이가 있다.

```
>>> 0 / 100
0.0
>>> 100 / 0
Traceback (most recent call last):
  File "<pyshell#710>", line 1, in <module>
    100 / 0
ZeroDivisionError: division by zero
```

0 / 100과 같이 분자가 0일 경우 분모에 어떠한 정수값이나 실수값이 있어도 모두 0.0으로 결과값이 나타난다.

반대로 100 / 0과 같이 분모가 0이 되면 분자가 어떠한 정수값이나 실수값이 있어도 0으로 나눌 수 없다는 에러(ZeroDivisionError: division by zero)가 나타난다.

이제까지 보았듯이 / 연산에서는 피연산자가 정수형이더라도 그 결과를 실수형으로 나타낸다. 그렇다면 결과를 정수형으로 얻고 싶을 때는 어떻게 할까? 결과값을 정수형으로 바꾸어주면 된다.

```
>>> 5 / 3
1.6666666666666667
>>> int(5 / 3)
1
```

int(5 / 3)은 5 / 3의 연산결과에 int로 묶어주었으므로 결과값은 정수형으로 변경된다. 따라서 연산의 결과는 1이 된다. 이때 소수점 이하는 모두 생략됨을 유의한다.

2.5 **, //, % 연산자

**은 거듭제곱을 수행하는 연산자이다. 아래와 같이 간단하게 실습해 보자.

```
>>> a ** b
6561
>>> 2 ** 4
16
>>> 3.14 ** 2
9.8596
>>> 1.21 ** 3.14
1.8194748748818952
>>> d ** 2
Traceback (most recent call last):
  File "<pyshell#633>", line 1, in <module>
    d ** 2
TypeError: unsupported operand type(s) for ** or pow(): 'str' and 'int'
```

- **a ** b**: a = 3, b = 8이므로 3^8 = 6561의 결과를 나타낸다.

```
>>> a ** b
6561
```

- **2 ** 4**: $2^4 = 16$의 결과를 나타낸다.

```
>>> 2 ** 4
16
```

- **3.14 ** 2**: $3.14^2 = 9.8596$의 결과를 나타낸다.

```
>>> 3.14 ** 2
9.8596
```

- **1.21 ** 3.14**: $1.21^{3.14} = 1.8194748748818952$의 결과를 나타낸다.

```
>>> 1.21 ** 3.14
1.8194748748818952
```

즉, ** 연산은 정수형이든 실수형이든 모두 에러 없이 계산결과를 나타낸다. 그러나 문자형이 있으면 ** 연산을 수행할 수 없기 때문에 에러를 나타낸다.

- **d ** 2**: d = 'Hello '이기 때문에 'Hello '^{2}가 되면 연산 에러가 된다.

```
>>> d ** 2
Traceback (most recent call last):
  File "<pyshell#633>", line 1, in <module>
    d ** 2
TypeError: unsupported operand type(s) for ** or pow(): 'str' and 'int'
```

// 연산과 % 연산은 몫과 나머지를 구한다. 단, // 연산과 % 연산에서는 문자형이 피연산자가 될 경우 연산에 참여할 수 없어서 에러를 나타낸다.

```
>>> 4 // 3
1
>>> 8 // 3
2
```

```
>>> 8 // 3.12
2.0
>>> 4 % 3
1
>>> 8 % 3
2
>>> 8 % 3.12
1.7599999999999998
```

- **4 // 3**: 4를 3으로 나누어 몫이 1 이기 때문에 1만 나타난다.

```
>>> 4 // 3
1
```

- **8 // 3**: 8를 3으로 나누어 몫이 2 이기 때문에 2만 나타난다.

```
>>> 8 // 3
2
```

- **8 // 3.12**: 8을 3.12로 나눌 때 정수형 // 실수형이 되어서 결과도 실수형으로 반환된다. 따라서 몫은 2.0으로 나타난다.

```
>>> 8 // 3.12
2.0
```

- **4 % 3**: 4를 3으로 나누면 나머지는 1이 되기 때문에 1만 나타난다.

```
>>> 4 % 3
1
```

- **8 % 3**: 8을 3으로 나누면 나머지는 2가 되기 때문에 2만 나타난다.

```
>>> 8 % 3
2
```

- **8 % 3.12**: // 연산과 마찬가지로 % 연산에 실수형이 피연산자로 연산에 참여할 경우 결과는 실수형으로 반환된다. 따라서 나머지는 실수형인 1.7599999999999998로 나타난다.

```
>>> 8 % 3.12
1.7599999999999998
```

3. 할당연산자

할당연산자는 배정연산자라고도 하며, 변수에 값을 저장하는 역할을 수행한다. 이때 단순히 값을 변수에 대입하기보다는 계산식을 축약하여 나타내는 형태가 많이 사용되니 살펴보기로 한다.

연산자	예시	의미
=	a = 10	변수 a에 10을 저장한다.
+=	a += 10	a = a + 10
-=	a -= 10	a = a − 10
*=	a *= 10	a = a * 10
**=	a **= 10	a = a ** 10
/=	a /= 10	a = a / 10
//=	a //= 10	a = a // 10
%=	a %= 10	a = a % 10

- **= 연산자**

이제까지 변수 = 값, 즉 a = 10과 같은 형태로 사용해왔다. 대부분의 프로그래밍에서 사용하는 방식으로 변수 = 값 (a = 10) 또는 변수 = 변수 (a = b) 등의 형태로 사용할 것이다.

단, 다음과 같이 한꺼번에 사용하는 형태도 있으니 상황이나 편의에 따라 사용하면 된다.

변수$_1$ = 변수$_2$ ... 변수$_n$ = 값 (또는 변수)
변수$_1$, 변수$_2$ ... 변수$_n$ = 값$_1$(또는 변수$_1$), 값$_2$(또는 변수$_2$)...값$_m$(또는 변수$_m$)

```
>>> x = y = z = 3
>>> x
3
>>> y
3
>>> z
3
>>> x, y, z = 10, 20, 30
>>> x
10
>>> y
20
>>> z
30
>>> x, z = z, x
>>> x
30
>>> z
10
>>> x, y, z = 10, 20
Traceback (most recent call last):
  File "<pyshell#741>", line 1, in <module>
    x, y, z = 10, 20
ValueError: not enough values to unpack (expected 3, got 2)
```

- x = y = z = 3

변수 x, y, z에 정수값 3을 한꺼번에 저장하는 명령이다. 이렇게 되면 x, y, z에 모두 동일하게 3의 값이 지정된다.

- x, y, z = 10, 20, 30

x, y, z에 10, 20, 30의 값이 각각 저장된다.

- x, z = z, x

x = z, z = x의 값이 각각 저장된다. 이때 주의할 것은 x = z를 수행 후 z = x를 수행하는 것이 아니다. x와 z의 값이 한꺼번에 저장되는 것으로 x와 z의 값이 서로 맞교환하는(swap) 형태이다.

- x, y, z = 10, 20

당연한 결과이지만 할당하려는 왼쪽과 오른쪽 피연산자의 개수가 맞지 않으면 에러가 나타난다.

이제 a += 10의 경우를 생각해 보자.

다음과 같이 원래의 명령은 a = a + 10이 있다. 그런데 a가 두 번 중복되어 있어서, a 하나를 삭제했다. 이제 남은 것은 a = + 10이 되었다. 정리하고 보니 +는 양수/음수를 나타내는 것이 아니라 + 연산자임에도 불구하고, 변수 a에 +10을 저장하라는 명령어로 보인다. a = 10과 같이, = 연산자 다음에는 오른쪽의 내용이 맨 왼쪽의 변수에 저장하라는 명령이기 때문이다. 따라서 = 연산자와 + 연산자의 위치를 서로 바꿈으로써 a = a + 10의 의미를 유지하였다. 이제 -=, *=, **=, /=, //=, %= 연산자 모두 같은 방식임을 알 수 있다.

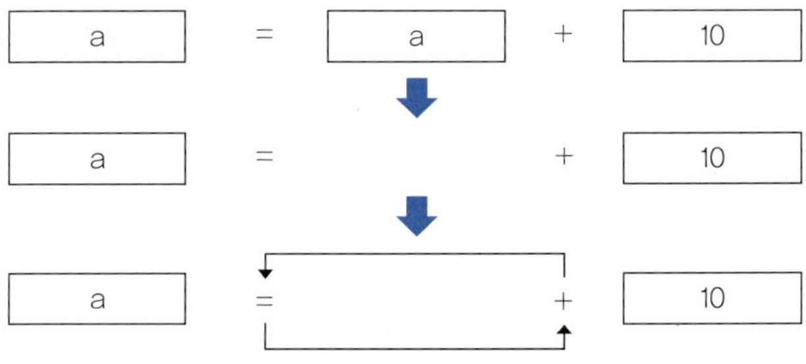

그림 2 연산자와 피연산자

다음과 같이 실습해 보자.

```
>>> a = 10
>>> b = 20
>>> c = 'Hello'
>>> a += 10
>>> a
20
>>> a -= 10
>>> a
10
>>> a += b
>>> a
30
>>> c = 'Hi '
>>> d = 'Nice to meet you'
>>> c += d
>>> c
'Hi Nice to meet you'
>>> a -= 10
>>> a
20
>>> a -= b
>>> a
0
```

실습을 위해 a, b에는 정수 10, 20을 저장하였고, c에는 문자형 'Hello'를 저장하였다.

```
>>> a = 10
>>> b = 20
>>> c = 'Hello'
```

- a += 10

a = a + 10의 의미이며, a의 값은 10이 저장되어 있으니, a = 10 + 10이 되어 a에는 20의 값이 a에 저장된다.

```
>>> a += 10
>>> a
20
```

- a -= 10

a = a - 10의 의미이고, a에는 앞에서 20의 값으로 변경되었으니 a = 20 - 10이 되어 10의 값이 a에 저장된다.

```
>>> a -= 10
>>> a
10
```

- a += b

a = a + b의 의미이고, a에는 앞에서 10의 값으로 다시 변경되었고, b의 값은 20이었으니 a = 10 + 20이 되어 30의 값이 a에 저장된다.

```
>>> a += b
>>> a
30
```

문자형 실습을 위해 아래와 같이 c, d에 인사말을 저장하였다.

```
>>> c = 'Hi '
>>> d = 'Nice to meet you'
```

- c += d

c = c + d의 의미이고, 각각 해당 값을 대입해보면 c = 'Hi ' + 'Nice to meet you'가 된다. 문자형과 문자형의 +연산은 단순히 붙이는 결과를 나타내므로 a의 문자형 뒤에 b의 문자형을 붙여서 'Hi Nice to meet you'를 나타낸다.

```
>>> c += d
>>> c
'Hi Nice to meet you'
```

- a -= 10

a에는 앞의 연산 결과에서 30이었으니 a = 30 - 10이 되어 20 값이 a에 저장된다.

```
>>> a -= 10
>>> a
20
```

• a -= b

a = a − b의 의미이고, a는 20, b는 20이니 a = 20 - 20 이 되어 0 값이 a에 저장된다.

```
>>> a -= b
>>> a
0
```

```
>>> a = 10
>>> a *= 10
>>> a
100
>>> c *= 2
>>> c
'Hi Nice to meet youHi Nice to meet you'
>>> a **= 2
>>> a
10000
>>> a /= 10
>>> a
1000.0
>>> a /= b
>>> a
50.0
>>> a //= 10
>>> a
5.0
>>> b
20
>>> b %= a
>>> b
0.0
>>> a = 10
>>> a %= 3
>>> a
1
```

앞의 연산에서 a의 값이 자주 변경되어 a = 10으로 초기화하였다. 이제 다음 명령들을 실습해 본다.

```
>>> a = 10
```

- a *= 10

a = a * 10이며, 결국 a = 10 * 10이 되어 100 값이 a에 저장된다.

```
>>> a *= 10
>>> a
100
```

- c *= 2

문자형의 *= 연산을 나타낸다. 즉, c = c * 2 의 명령에서 c의 값은 'Hi Nice to meet you'이기 때문에, c = 'Hi Nice to meet you' * 2가 된다, 따라서 'Hi Nice to meet you'를 두 번 반복해서 나타내고 c에 저장한다.

```
>>> c *= 2
>>> c
'Hi Nice to meet youHi Nice to meet you'
```

- a **= 2

a = a ** 2가 되며 이를 다시 나타내면 a = a^2라는 의미이다. 따라서 a의 값이 100이니 a = 100^{10}이 되어 a값은 10000으로 변경된다.

```
>>> a **= 2
>>> a
10000
```

- a /= 10

a = a / 10이 되어 a = 10000 / 10과 같게 된다. 연산의 결과는 실수형이다.

```
>>> a /= 10
>>> a
1000.0
```

- a /= b

a = a / b이고, a의 값은 1000.0, b의 값은 20이었기에 a = 1000.0 / 20이 된다. 이때 연산결과는 실수형이다.

```
>>> a /= b
>>> a
50.0
```

- a //= 10

a = a // 10이기 때문에 a = 50.0 // 10의 연산결과를 a에 저장한다. 이때 연산결과도 실수형이다.

```
>>> a //= 10
>>> a
5.0
```

할당연산자의 계산으로 인해 변수값이 바뀌어서 b의 변수값을 확인해 보았다.

```
>>> b
20
```

- b %= a

b = b % a와 동일하니 b = 20 % 5.0이 된다. % 연산은 나머지를 구하는 것이고 정수형 % 실수형의 연산이니 결과는 0이 아니라 실수형인 0.0을 나타낸다.

```
>>> b %= a
>>> b
0.0
```

a의 값을 10으로 초기화하였다.

```
>>> a = 10
```

- a %= 3

a = a % 3이며, a = 10 % 3이 되어 나머지 1만 a에 저장한다.

```
>>> a %= 3
>>> a
1
```

3.1 연산의 확장

할당연산자에서 -=, *=, **=, /=, //=, %= 연산자들은 반드시 오른쪽에는 한 개의 피연산자만 있어야 할까? 그렇지 않다. 다음과 같이 실습해 보자.

```
>>> a = 10
>>> b = 3
>>> a += 20 % b
>>> a
12
>>> a *= 3 + 14 + b
>>> a
240
>>> a -= 10 += 20
SyntaxError: invalid syntax
```

실습을 위해 a, b의 값을 초기화하였다.

```
>>> a = 10
>>> b = 3
```

a += 20 % b와 같이 연달아 연산자가 나타나면 이상하게 보일 수 있으나 하나씩 풀어보면 전혀 문제가 없다. 먼저 a += 20 % b에서 a += 20 부분만을 살펴보면 a = a + 20의 의미이다. 여기에 남은 뒤의 연산부분 % b를 붙이면 a = a + 20 % b가 된다. 이는 각 변수값을 대입해 보면 a = 10 + 20 % 3이 된다. 그렇다면 어떻게 계산이 될까?

계산식에 의해 차례로 실행되어 10 + 20을 하면 30이 되고, 결국 a = 30 % 3이 될까?

a = 10 + 20 % 3

① ②

그렇지 않다. 연산자의 우선순위에 따라 % 연산이 먼저 수행된다. 즉, 20 % 3의 결과는 나머지 2의 값이 되고, 결국 a = 10 + 2가 되어 a에는 12가 저장된다.

a = 10 + 20 % 3

① ②

```
>>> a += 20 % b
>>> a
12
```

a *= 3 + 14 + b는 어렵지 않게 풀어볼 수 있을 것이다. a *= 3부터 풀어보면 a = a * 3이 되고, 나머지 연산자들을 붙이면 a = a * 3 + 14 + b가 된다. 이제 변수값을 대입해 보면 a = 12 * 3 + 14 + 3이 됨을 알 수 있다. 연산자 우선순위에서는 * 연산이 + 연산보다 우선이므로 차례로 연산을 실행하면 최종 결과인 240의 값이 a에 저장되는 것을 알 수 있다.

```
>>> a *= 3 + 14 + b
>>> a
240
```

그렇다면 -= 와 +=을 한꺼번에 사용하면 어떻게 될까? a -= 10 += 20의 의미는 a = a - 10 += 20이 된다. += 연산으로 피연산자를 구분하게 되면 a = a - 10 += 20이 된다. 이것을 += 연산의 방식으로 풀어보면 a = a - 10 = a = a - 10 + 20이 된다. 이로써 전혀 연산식으로 볼 수 없는 형태를 보임으로써 문법 에러(SyntaxError)를 나타낸다.

```
>>> a -= 10 += 20
SyntaxError: invalid syntax
```

3.2 연산자의 연산 우선순위

연산자의 연산 우선순위를 살펴보면 다음과 같다.

우선순위	연산자	내용
1	(값1, 값2...) [값...] {키: 값, 키: 값, 키: 값...} {값...}	튜플, 리스트, 딕셔너리, 세트
2	seq[인덱스], func(x1, x2...)	인덱스, 슬라이싱, 함수 호출, 속성 인자
3	**	지수
4	+x, -x, ~x	양수, 음수, 1의 보수(비트 not)
5	*, /, //, %	곱하기, 나누기, 나머지
6	+, -	더하기, 빼기
7	<<, >>	왼쪽 또는 오른쪽 비트 시프트
8	&	비트 연산 and
9	^	비트 연산 xor
10	¦	비트 연산 or
11	in, not in, is, is not, <, <=, >, >=, !=, ==	포함 연산, 비교연산자
12	not x	논리연산 not
13	and	논리연산 and
14	or	논리연산 or
15	if else	조건식
16	lambda	람다
17	:=	할당 표현식

4. 비교연산자

비교연산자는 두 개의 피연산자들을 비교하여 결과에 따라 True/False로 나타내고 저장한다.

연산자	예시	의미
==	a == b	a와 b가 같으면 True, 그렇지 않으면 False를 나타낸다.
!=	a != b	a와 b가 같지 않으면 True, 같으면 False를 나타낸다. == 연산자와 반대의 개념이다.
>	a > b	a가 b보다 크면 True, 그렇지 않으면 False를 나타낸다.
>=	a >= b	a가 b보다 크거나 같으면 True, 그렇지 않으면 False를 나타낸다.
<	a < b	a가 b보다 작으면 True, 그렇지 않으면 False를 나타낸다.
<=	a <= b	a가 b보다 작거나 같으면 True, 그렇지 않으면 False를 나타낸다.

비교연산자를 알아보기 위해 다음과 같이 실습해 보자. 다음과 같이 정수형, 실수형, 문자형을 가지는 변수 4개를 준비하였다.

```
>>> a = 25
>>> b = 26.02
>>> c = 'Hello'
>>> d = 'Good'
```

4.1 == 연산자

같은지를 확인하는 연산자를 왜 '='을 두 번 사용하였을까? 이는 '='을 한 번만 사용하게 되면 할당연산자가 되기 때문에 같은지를 비교할 수 없다. 즉, a와 3이 같은가를 나타내려고 a = 3과 같이 한다면 이것은 비교가 아니라 변수 a에 3을 저장하라는 명령이 된다.

이제 다음과 같이 실습해 본다.

```
>>> a == b
False
>>> c == d
False
>>> a == d
False
>>> b == c
False
```

- a == b

정수형과 실수형의 비교이며, a값 25와 b의 값 26.02가 같으면 True, 같지 않으면 False를 나타낸다. 25 ≠ 26.02기 때문에 False를 나타낸다.

```
>>> a == b
False
```

- c == d

문자형과 문자형의 비교이며, c값 'Hello'와 d의 값 'Good'가 같지 않기 때문에 False를 나타낸다. 이때 문자형의 비교는 ASCII Code 값에 기반하며, 아래에서 설명한다.

c == 'Hello'를 실행하면 'Hello'가 c의 값과 동일하므로 True를 나타낸다.

```
>>> c == d
False

>>> c == 'Hello'
True
```

- a == d

정수형과 문자형의 비교로서 a값 25와 d의 값 'Good'이 같지 않기 때문에 False를 나타낸다.

```
>>> a == d
False
```

- b == c

실수형과 문자형의 비교이며, b값 26.02와 c의 값 'Hello'가 같지 않으므로 False를 나타낸다.

```
>>> b == c
False
```

여기서 잠깐

문자형의 비교는 아스키코드(ASCII code)값에 근거하여 수행한다. 문자형은 문자 자체를 비교하는 것이 아니라 아스키코드에 따라 해당 문제에 대해 10진수 또는 16진수의 숫자 값으로 대체될 수 있다.

즉, 비교하려는 문자를 아스키코드에서 찾아 해당 값으로 대상 피연산자와 크거나 작거나 같은지를 비교하는 것이다. 이후 모든 문자형의 비교는 아스키코드 값에 기반한다. 그렇다고 아스키코드를 모두 기억하여야 할 필요는 없다. 다만 순서만 기억하자. 숫자, 대문자, 소문자의 순으로 코드 테이블이 구성되어 있다. 참고로 16진수의 숫자 앞에 0x20처럼 0x를 붙인 것은 16진수임을 나타낸 것이다. 즉, 0x20이라면 16진수 20을 나타내는 것이다.

10진수	16진수	문자	10진수	16진수	문자
0	0x00	NULL	65	0x41	A
:	:	:	66	0x42	B
:	:	:	67	0x43	C
32	0x20	공백(Space)	68	0x44	D
:	:	:	69	0x45	E
:	:	:	:	:	:
48	0x30	0	:	:	:
49	0x31	1	97	0x61	a
50	0x32	2	98	0x62	b
:	:	:	99	0x63	c
:	:	:	:	:	:

4.2 != 연산자

!= 연산의 의미는 같지 않은지를 확인하는 것으로 == 연산과 완전히 반대의 개념이다. 이 역시 같지 않음을 나타내려면 일반적으로 많이 알고 있는 ≠을 사용하면 의미가 명확해진다. 즉, a ≠ 3이라면 변수 a값과 3이 같지 않다는 의미를 쉽게 알 수 있다. 그런데 왜 사용하지 않았을까? ≠은 기호로서 키보드에서 타이핑으로 입력할 수 없기 때문이다. 따라서 프로그램 언어에서 '!'의 의미를 Not의 의미로 사용한다. 파이썬에서도 같은 의미로 사용하고 있다. 따라서 !=은 Not Equal의 의미인 것이다.

이제 다음과 같이 실습해 보자.

```
>>> a != b
True
>>> b != c
True
>>> c != 'Hello'
False
```

- **a != b**

정수형 a와 실수형 b의 값의 비교로서, a값 25 ≠ b값 26.02를 확인하는 것이다. a, b값이 다르므로 True를 나타낸다.

```
>>> a != b
True
```

- **b != c**

실수형 a와 문자형 c의 비교로서 b값 26.02 ≠ c값 'Hello'이므로 True를 나타낸다.

```
>>> b != c
True
```

- **c != 'Hello'**

c값 'Hello'와 문자 'Hello'를 비교하여 같지 않으면 True, 같으면 False를 나타내는데, 변수값과 문자가 같기 때문에 False를 나타낸다.

```
>>> c != 'Hello'
False
```

4.3 > 연산자와 >= 연산자

변수 a, b, c, d의 내용을 확인해 보고 계속해서 실습하도록 한다. 이때 >= 연산은 ≥을 의미한다. 그런데 왜 비교연산 기호를 >=으로 사용했을까? <= 연산도 마찬가

지 개념이다. 이는 ≠에서처럼 ≥의 기호도 키보드에서 직접 명령을 입력할 수 없다. 그렇다고 =>으로 표기할 수도 없다. 즉, a ≥ 1을 a => 1로 표현하면 할당연산자 '='으로 인해 a에 > 1을 저장하라는 이상한 명령이 될 수 있다. 따라서 '≥'의 비교표기를 '>='으로 지정한 것이라 할 수 있다.

```
>>> a = 25
>>> b = 26.02
>>> c = 'Hello'
>>> d = 'Good'
```

```
>>> b > a
True
>>> c > d
True
>>> c > 'hello'
False
>>> a > 25
False
>>> a >= 25
True
>>> c > 'Hello'
False
>>> c >= 'Hello'
True
>>> c >= 25
Traceback (most recent call last):
  File "<pyshell#779>", line 1, in <module>
    c >= 25
TypeError: '>=' not supported between instances of 'str' and 'int'
```

- b > a

b의 값 26.02 > a의 값 25, 즉 26.02 > 25는 참이므로 True를 나타낸다. 정수형과 실수형의 > 연산 또는 >= 연산은 가능하다.

```
>>> b > a
True
```

- **c > d**

c의 값 'Hello'와 d의 값 'Good', 'Hello' > 'Good'의 비교 결과는 아스키코드값에 의해 참의 값, True를 나타낸다. 이때 문자형의 비교는 맨 처음 나오는 문자만을 가지고 비교를 수행함에 주의한다. 즉, 'Hello'에서 'H'와 'Good'에서 'G'만을 비교연산에 참여하게 되어, 'H' > 'G'의 비교 내용과 같게 된다.

```
>>> c > d
True
```

- **c > 'hello'**

c의 값 'Hello' > 'hello'를 비교하는 것이지만, 앞에서 설명한 것처럼 맨 앞의 문자만 비교에 참여하게 된다. 따라서 'H' > 'h'의 내용과 같게 되며, 아스키코드에서는 대문자보다 소문자가 늦게 있어서 소문자의 값이 대문자보다 더 크다. 따라서 False를 나타낸다.

```
>>> c > 'hello'
False
```

- **a > 25와 a >= 25**

a > 25는 a의 값이 25이므로 25 > 25의 비교를 하게 된다. 따라서 False를 나타내지만, a >= 25는 a가 25보다 크거나 같은 경우이므로 True를 나타내게 된다.

```
>>> a > 25
False
>>> a >= 25
True
```

- **c > 'Hello' 와 c >= 'Hello'**

문자형에서도 다음과 같이 비교를 수행한다.

```
>>> c > 'Hello'
False
>>> c >= 'Hello'
```

```
True
```

- c >= 25

문자형(c = 'Hello')과 정수형의 비교는 문자형을 피연산자로 하여 비교할 때 아스키 코드값을 참조한다고 하여 직접 정수형(숫자)과 비교하는 것은 불가능하다. 즉, 비교는 피연산자가 숫자(정수형 또는 실수형)끼리 또는 문자형끼리 수행할 때 가능하다.

```
>>> c >= 25
Traceback (most recent call last):
  File "<pyshell#779>", line 1, in <module>
    c >= 25
TypeError: '>=' not supported between instances of 'str' and 'int'
```

4.4 < 연산자와 <= 연산자

< 연산과 <= 연산도 위 비교연산 처리방식과 동일하다.

```
>>> a < 25
False
>>> a <= 25
True
>>> c < 'Hello'
False
>>> c <= 'Hello'
True
```

- a < 25와 a <= 25

a의 값 25와 비교하는 연산으로 a < 25에서는 False이지만 a <= 25에서는 True가 된다.

```
>>> a < 25
False
>>> a <= 25
True
```

- c < 'Hello'와 c <= 'Hello'

c의 값 'Hello'와 'Hello'를 비교한 것으로 <에서는 False를 나타내지만, <=에서는 True를 나타낸다.

```
>>> c < 'Hello'
False
>>> c <= 'Hello'
True
```

5. 논리연산자

논리연산은 피연산자가 True 또는 False인 경우에 수행된다. 이때 and 연산은 논리합이라고 하고 and 사이의 피연산자가 모두 True일 때만 비교 결과를 True로 나타낸다. or 연산은 논리곱이라고 하며 or 사이의 피연산자 중에서 하나만 True가 되면 전체 비교 결과는 True가 된다. 이때 True나 False 하나만 가지는 자료형을 부울(bool 또는 boolean) 자료형이라 한다. 아래와 같이 실습해 보자. bool( )은 ( )안에 어떤 값이라도 있으면 True, 아무것도 없으면 False를 반환한다.

```
>>> a = bool()
>>> a
False
>>> b = bool(' ')
>>> b
True
>>> c = bool(())
>>> c
False
>>> d = bool(3.14)
>>> d
True
```

• a = bool( )

bool( )은 ( )안의 값을 부울 자료형으로 변환해준다. a = bool( )에서는 ( ) 안에 아무것도 값이 없으므로 False를 반환한다. 따라서 a = False와 동일하다.

```
>>> a = bool()
>>> a
False
```

• b = bool(' ')

bool(‘ ’) 안에 공백 ‘ ’이 있다. 즉, 공백도 값이 있음에 주의한다. 공백은 아스키코드에서 아래와 같은 값을 가진다. 따라서 b = True가 된다.

10진수	16진수	문자
32	0x20	공백(Space)

```
>>> b = bool(' ')
>>> b
True
```

• c = bool(( ))

bool(( )) 안에 빈 튜플 ( )가 있다. 빈 튜플은 값을 가지고 있는 것이 아니므로 False가 되며, 따라서 c = False가 된다.

```
>>> c = bool(())
>>> c
False
```

• d = bool(3.14)

3.14의 값이 있으므로 d = True가 된다.

```
>>> d = bool(3.14)
>>> d
True
```

and, or, not 연산자의 내용은 아래와 같다.

연산자	예시	의미
and	a and b	a와 b의 and 연산을 수행 후 결과를 반환.
or	a or b	a와 b의 or 연산을 수행 후 결과를 반환.
not	not a	a의 값을 반대로, 즉 a가 True이면 False로, False이면 True로 나타냄.

5.1 and 연산자

and 연산을 이해하기 위해서는 아래의 표를 알아야 한다.

a	b	a and b
False	False	False
False	True	False
True	False	False
True	True	True

a와 b는 True 또는 False의 값을 가지는 부울 자료형이거나 조건일 수 있다. 조건에 대해서는 뒤에 설명한다. 표와 같이 and 연산은 피연산자가 모두 True일 경우에만 비교 결과가 True가 된다. 피연산자 중 하나라도 False가 된다면 and 결과는 False가 되는 것이다.

이제 아래와 같이 실습해 보자.

```
>>> a = True
>>> b = False
>>> a and a
True
>>> a and b
False
>>> b and a
False
>>> b and b
False
```

```
>>> a = True
>>> b = False
```

and 비교연산을 위해 부울 자료형 변수 a, b를 준비한다.

```
>>> a and a
True
```

a의 값 True이므로 True and True 비교연산이 이루어진다. and는 피연산자가 모두 True일 때 결과값이 True가 되므로 해당 결과는 True가 된다.

```
>>> a and b
False
```

a의 값 True, b의 값 False이므로, True and False가 된다. and에서는 피연산자가 하나라도 False가 있으면 비교 결과는 False가 된다.

```
>>> b and a
False
```

False and True가 되어 비교 결과는 False가 된다.

```
>>> b and b
False
```

False and False가 되어 비교 결과는 False가 된다. 다음의 경우도 생각해 보자.

```
>>> a and a and b and a
False
```

변수값을 대입해 보면 True and True and False and True가 된다. and에서 False가 하나 있으므로 전체 비교 결과는 False를 나타낸다.

5.2 or 연산자

or 연산은 아래와 같이 피연산자가 하나라도 True가 있다면 결과는 True가 된다.

a	b	a or b
False	False	False
False	True	True
True	False	True
True	True	True

위에서 사용했던 a, b 부울 변수를 그대로 이용해 본다.

```
>>> a or a
True
>>> a or b
True
>>> a or a or b or a
True
>>> b or b or b
False
```

```
>>> a or a
True
```

True or True가 되어 결과는 True이다.

```
>>> a or b
True
```

True or False가 되는데, or에서는 피연산자가 하나만 True가 되어도 비교 결과는 True가 된다.

```
>>> a or a or b or a
True
```

True or True or False or True가 되는데, or 연산에서 True가 있으므로 비교 결과는 True이다.

```
>>> b or b or b
False
```

False or False or False 가 되는데, or 연산 내에 True가 없으므로 결과는 False가 된다. and와 or가 섞인 형태는 어떻게 될까?

```
>>> a or b and a or a and b
True
```

변수값을 대입해 보면, True or False and True or True and False가 된다. 연산자 우선순위에 따라 and가 or보다 먼저 수행된다. 따라서 ( )로 묶어보면 쉽게 알 수 있다.

```
True or (False and True) or (True and False)
```

( )안의 비교를 먼저 수행하면

```
True or (False) or (False)
```

가 된다. 이제 or 연산만 남았는데, True가 있으므로 전체 비교 결과는 True가 된다.

```
>>> a or b and a or a and b
True
```

```
>>> a = True
>>> b = False
>>> c = 'I am a student'
>>> a or b or c
True
>>> aaa
```

```
Traceback (most recent call last):
  File "<pyshell#846>", line 1, in <module>
    aaa
NameError: name 'aaa' is not defined
>>> a or aaa
True
```

or 연산자는 and 연산자와 다르게 피연산자가 하나만 있어도 or 연산 결과가 True가 된다.

```
>>> a or b or c
True
```

각각의 변수값을 대입해 보면, True or False or 'I am a student'가 된다. 이때 문자열이 비교연산에 참여할 수 없음에도 불구하고 or 연산으로만 이루어진 비교에서 True가 있으므로 최종 결과는 True로 나타낸다.

또한, 아래와 같이 선언되지 않은 변수를 사용해도 비교연산 결과를 나타낸다. 즉, aaa는 변수로 사용하지 않아서 그 값을 확인해 보면 정의되지 않았다는 에러를 나타낸다(name 'aaa' is not defined).

```
>>> aaa
Traceback (most recent call last):
  File "<pyshell#846>", line 1, in <module>
    aaa
NameError: name 'aaa' is not defined
```

정의되지 않은 aaa 변수는 사용할 수 없음에도 불구하고 or 연산을 수행하여 결과를 True로 나타내었다. 이는 or 연산에서 True가 먼저 나왔기 때문에 aaa를 확인하지 않고 True로 결과를 나타낸 것이다.

```
>>> a or aaa
True
```

즉, a의 값이 False가 되면 or 연산은 뒤의 피연산자인 aaa를 확인하게 되고 이때 에러가 발생한다.

```
>>> not a or aaa
Traceback (most recent call last):
  File "<pyshell#848>", line 1, in <module>
    not a or aaa
NameError: name 'aaa' is not defined
```

5.3 not 연산자

not은 부울 자료형의 값을 뒤바꾸는 것이다. 즉, True인 경우 False, False인 경우는 True로 바꾸는 역할을 수행한다.

a	not a
True	False
False	True

아래와 같이 실습해 보자.

```
>>> not a
False
>>> not b
True
>>> not (a or b and a or a and b)
False
```

not a 는 a의 값 True를 False로 바꾸며, not b는 b의 값 False를 True로 바꾼다.

not (a or b and a or a and b)는 위의 비교 결과 a or b and a or a and b가 True였으므로 False로 바꾼다.

6. 모듈

파이썬에서는 다양한 기능들을 묶어서 모듈을 제공하고 있다. 모듈을 사용하기 위해서는 해당 모듈을 프로그램에 아래와 같이 추가해야 한다.

```
import 모듈이름
```

모듈 중 가장 일반적으로 사용되는 operator와 random을 알아보자.

6.1 operator

operator 모듈은 앞에서 학습했던 산술, 비교, 논리연산자를 포함하고 있다.

operator 모듈에 있는 산술연산자 함수를 살펴보면 다음과 같다(단, a, b는 연산에 참여하는 피연산자를 나타낸다).

함수	대응 연산자	의미
abs(a)		a의 절대값
add(a, b)	+	a + b
sub(a, b)	-	a – b
mul(a, b)	*	a * b
truediv(a, b)	/	a / b
mod(a, b)	%	a % b
floodiv(a, b)	//	a // b
pow(a, b)	**	a ** b

함수를 사용한다는 것 이외에는 앞에서 학습한 산술연산자와 같다. 이제 다음과 같이 실습해 보도록 한다.

```
>>> import operator
>>> a = -10
>>> operator.abs(a)
10
>>> a
-10
>>> a = 10
>>> b = 20
>>> operator.add(a, b)
30
```

```
>>> import operator
```

operator 모듈을 사용하기 위해 모듈을 프로그램에 추가해 준다.

```
>>> a = -10
>>> operator.abs(a)
10
```

a = −10 후에 이 명령을 수행하면 절대값을 산출해 줘서 음수를 양수로 나타낸다. 다만 변수 a값을 실제로 바꾸지는 않는다.

a의 값을 확인해 보면 여전히 값 −10임을 알 수 있다.

```
>>> a
-10
```

만일 a의 값을 변경하고 싶다면, 할당연산자를 사용하여

```
a = operator.abs(a)
```

과 같이 사용하면 된다.

```
>>> a = 10
>>> b = 20
>>> operator.add(a, b)
30
```

a + b의 결과인 30을 나타낸다. 이와 같은 방법으로 나머지 명령들도 실습해 본다.

operator 명령	의미
`>>> operator.sub(a, b)` `-10`	a - b 10 - 20의 결과 -10
`>>> operator.mul(a, b)` `200`	a * b 10 * 20의 결과 200
`>>> operator.truediv(a, b)` `0.5`	a / b 10 / 20의 결과 0.5
`>>> operator.mod(a, b)` `10`	a % b 10 % 20의 결과 10

operator 모듈의 할당연산자 함수의 내용은 아래와 같다.

함수	대응 연산자	의미
iadd(a, b)	+=	a += b
isub(a, b)	-=	a -= b
imul(a, b)	*=	a *= b
itruediv(a, b)	/=	a /= b
ipow(a, b)	**=	a **= b
imod(a, b)	%=	a %= b

기능은 이미 할당연산자에서 했던 내용과 같으므로 아래와 같이 간단히 실습해 본다.

operator 명령	의미
`>>> operator.iadd(a, b)` `30`	a += b a = 10 + 20의 결과 30
`>>> operator.isub(a, b)` `-10`	a -= b a = 10 – 20의 결과 –10
`>>> operator.imul(a, b)` `200`	a *= b a = 10 * 20의 결과 200
`>>> operator.itruediv(a, b)` `0.5`	a /= b a = 10 / 20의 결과 0.5

operator 명령	의미
>>> operator.ipow(a, 2) 100	a **= 2 a = 10 ** 2의 결과 100
>>> operator.imod(a, b) 10	a %= b a = 10 % 20의 결과 20

>>> a
10
>>> b
20
>>>
	그런데 주의할 것은 a, b 의 값이 실제로 변경되지 는 않았다.

operator 모듈의 비교연산자 함수의 내용은 아래와 같다.

함수	대응 연산자	의미
eq(a, b)	==	a == b
ne(a, b)	!=	a != b
gt(a, b)	>	a > b
ge(a, b)	>=	a >= b
lt(a, b)	<	a < b
le(a, b)	<=	a <= b

다음과 같이 실습해 본다.

operator 명령	의미
>>> operator.eq(a, b) False	a == b 10 == 20의 결과 False
>>> operator.ne(a, b) True	a != b 10 != 20의 결과 True
>>> operator.gt(a, b) False	a > b 10 > 20의 결과 False
>>> operator.ge(a, b) False	a >= b 10 >= 20의 결과 False
>>> operator.lt(a, b) True	a < b 10 < 20의 결과 True
>>> operator.le(a, b) True	a <= b 10 <= 20의 결과 True

operator 모듈의 비교연산자 함수의 내용은 아래와 같다.

함수	대응 연산자	의미
and_(a, b)	and	a and b
or_(a, b)	or	a or b
not_(a)	not	not a

다음과 같이 실습해 본다.

operator 명령	의미
>>> a = True	a = True
>>> b = False	b = False
>>> operator.and_(a, b)	a and b
False	True and False 의 결과 False
>>> operator.or_(a, b)	a or b
True	True or False 의 결과 True
>>> operator.not_(a)	not a
False	not True 의 결과 False

6.2 random

random 모듈은 무작위 수를 추출하여 나타내는 기능을 수행한다. 범위를 지정하여 해당 범위 내에서 무작위 수를 얻을 수 있다.

random 함수는 아래와 같은 형식을 사용한다.

```
random.randrange(start, stop, step = 1)
```

start는 무작위 수를 추출할 때 범위의 시작값이며, stop은 범위의 종료값이다. 또한 step은 무작위 수를 추출할 때의 단계값이며 기본값은 1이다. step 값은 파이썬에서 무작위 수를 추출할 때의 시점을 해당 단계에 따라 값을 나타낸다.

아래와 같이 실습해 보자.

```
>>> random.randrange(1, 10)
6
>>> random.randrange(1, 10)
8
>>> random.randrange(1, 10)
9
>>> random.randrange(1, 10)
5
>>> random.randrange(1, 10)
5
>>> random.randrange(1, 10)
7
```

- random.randrange(1, 10)

범위의 시작값은 1, 종료값은 10, 단계값은 생략되어 기본값 1이 적용되어 1에서 10까지 1단계씩 증가하는 수에서 무작위로 값을 추출하여 나타낸다. 무작위 수이다 보니 실행할 때마다 추출되는 값이 달라지는 것을 알 수 있다.

만약 단계값을 조정하면 어떻게 될까? 추출되는 값들의 단계가 설정된 단계의 차이와 같이 나타나는 것을 알 수 있다.

```
>>> random.randrange(1, 10, 5)
6
>>> random.randrange(1, 10, 5)
6
>>> random.randrange(1, 10, 5)
1
>>> random.randrange(1, 10, 5)
1
```

연습문제

01. ** 연산자의 의미는?

① 피연산자의 곱셈을 수행한다.
② 피연산자의 곱셈 누적을 수행한다.
③ 피연산자의 거듭제곱을 수행한다.
④ 피연산자의 1비트 쉬프트를 수행한다.

02. 연산과 결과가 잘못 짝지어진 것은?

① 정수형 (int) + 정수형 (int) -> 정수형 (int)
② 정수형 (int) + 실수형 (float) -> 실수형 (float)
③ 실수형 (float) + 실수형 (float) -> 실수형 (float)
④ 문자형 (str) + 정수형 (int) -> 문자형 (str)

03. 다음 코드의 실행 결과는?

```
>>> a = 3
>>> d = 'Hello '
>>> a + d
```

① Hello Hello Hello
② 3 Hello
③ 3Hello
④ 에러

04. 다음 중 에러가 발생하는 연산은?

① 정수형 (int) - 정수형 (int)
② 문자형 (str) - 문자형 (str)
③ 실수형 (float) - 실수형 (float)
④ 정수형 (int) - 실수형 (float)

05. 다음 중 연산결과가 문자형(str)인 것은?

① 문자형 (str) * 정수형 (int)
② 문자형 (str) * 실수형 (float)
③ 문자형 (str) * 문자형 (str)
④ 문자형 (str) / 문자형 (str)

06. 다음 중 연산결과가 에러가 아닌것은?

① 문자형 (str) / 정수형 (int)

② 문자형 (str) * 실수형 (float)

③ 문자형 (str) – 실수형 (float)

④ 문자형 (str) * 정수형 (int)

07. 다음 명령의 실행 결과는?

```
>>> 8 // 3
```

① 2 ② 2.

③ 2.66 ④ 0.66

08. a **= 10과 같은 명령은?

① a = a * 10 ② a = a ** 10

③ a = 10 ** 10 ④ a = a ** a

09. 에러가 발생하는 명령은?

① x, z = z, x ② x, y, z = 10, 20

③ x = y = z = 3 ④ x = y

10. 에러가 발생하는 명령은?

```
>>> a = 10
>>> b = 3
```

① a += 20 % b ② a -= 10 += 20

③ a *= 3 + 14 + b ④ a /= b

11. a != b의 의미는?

① a와 b가 같지 않으면 True, 같으면 False를 나타낸다.

② a와 b가 같으면 True, 같지 않으면 False를 나타낸다.

③ a의 원소가 b의 원소안에 있으면 True, 없으면 False를 나타낸다.

④ a의 원소와 b의 원소가 같으면 True, 아니면 False를 나타낸다.

12. 다음 코드의 실행 결과는?

```
>>> a = bool(())
>>> a
```

① True ② False
③ 경고 ④ 에러

13. 다음 코드의 실행 결과는?

```
>>> a = True
>>> b = False
>>> a and a and b and a
```

① True ② False
③ 경고 ④ 에러

14. 다음 코드의 실행 결과는?

```
>>> a = True
>>> b = False
>>> a or b and a or a and b
```

① True ② False
③ 경고 ④ 에러

15. 모듈을 프로그램안에 포함하는 명령은?

① include ② insert
③ import ④ except

16. operator 모듈을 사용하는 연산자에서 operator.mod(a, b)와 같은 명령은?

① a ** b ② a // b
③ a / b ④ a % b

17. operator 모듈을 사용하는 연산자에서 operator.itruediv(a, b)와 같은 명령은?

① a **= b ② a //= b
③ a /= b ④ a %= b

18. 10부터 20까지의 수 중에서 무작위로 값을 추출하고자 한다. 옳은 명령은?

① random.range(10, 20)
② random.range(10~20)
③ random.randrange(10, 20)
④ random.randrange(10~20)

19. operator 모듈을 사용하는 연산자에서 operator.ge(a, b)와 같은 명령은?

① a >= b ② a > b
③ a < b ④ a <= b

20. 1부터 20까지의 수 중에서 무작위로 값을 추출하고자 한다. 이때 무작위로 추출되는 단계값은 3이라 하면 옳은 명령은?

① random.range(1, 20, 3)
② random.range(3, 1, 20)
③ random.randrange(1, 20, 3)
④ random.randrange(3, 1, 20)

제6장

조건문

1. 개요
2. 순서도로 알아보는 조건문
3. 기본 조건문
4. 다중 조건문 및 조건식
5. 순서도를 통한 성적처리 프로그램 설계
6. 작성된 순서도에 의한 성적처리 프로그램 코딩

1. 개요

지금까지 알아보았던 처리들은 다음과 같은 과정을 통해 수행되었다.

그림 1 변수값에 의한 처리

이렇듯 하나의 처리 다음에 다음 처리를 수행하고, 결국에는 처리 결과를 나타내는 형태였다. 즉, 변수의 값에 의한 변화에 따른 계산에 의해 결과값을 산출하고 출력하는 과정이었는데, 프로그래밍을 하다 보면 경우에 따라서 처리나 과정이 변경되어야 할 때가 있다. 이때 사용하는 것이 조건문이다.

조건문은 일련의 과정 중에서 어떤 조건에 따라 과정이나 값이 변경되어야 할 때 사용한다. 여기서 과정이 변경되는 형태를 분기(Branch)라고 한다.

조건에 따라 처리 과정이 변경되는 경우는 어떤 것이 있을까? 아래의 예시를 살펴보자.

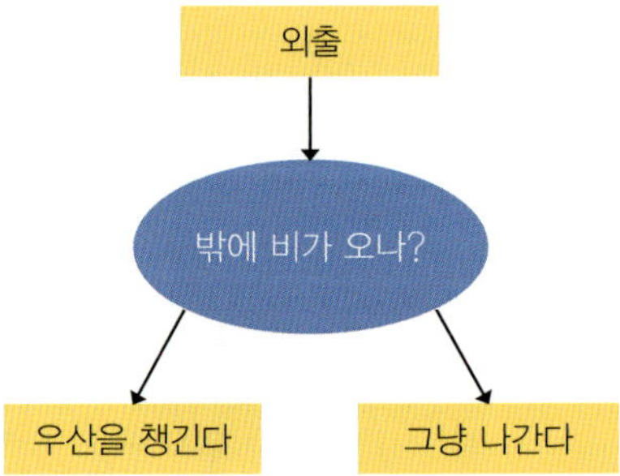

그림 2 외출 과정

외출을 하려고 하는데, 밖으로 나가기 위해서는 날씨 상황을 봐야 한다. 그런데 밖에 비가 온다면 우산을 챙겨서 나가야 한다. 만일 그렇지 않다면 굳이 우산을 챙길 필요 없이 그냥 나가도 된다.

즉, 밖에 비가 오는지에 따라 해야 하는 과정이 다르게 진행된다. 이제 순서도를 통해 프로그램에서 사용할 수 있는 과정을 생각해 보자.

2. 순서도로 알아보는 조건문

조건문을 알아보기 위해 간단한 상황을 제시해 본다.

상황 1 - 운전면허 필기시험

A는 운전면허를 취득하기 위하여 열심히 공부하였다. 필기시험 날짜가 정해져서 시험을 보았다. 운전면허 필기시험은 시험점수에 따라 합격과 불합격이 나뉜다. A는 어떠한 과정을 거쳐서 합격/불합격을 통보받을까? (단, 필기시험 합격 점수는 60점 이상이라고 가정하자.)

위 상황을 처리 과정에 따라 순서도로 나타내면 아래 그림과 같다.

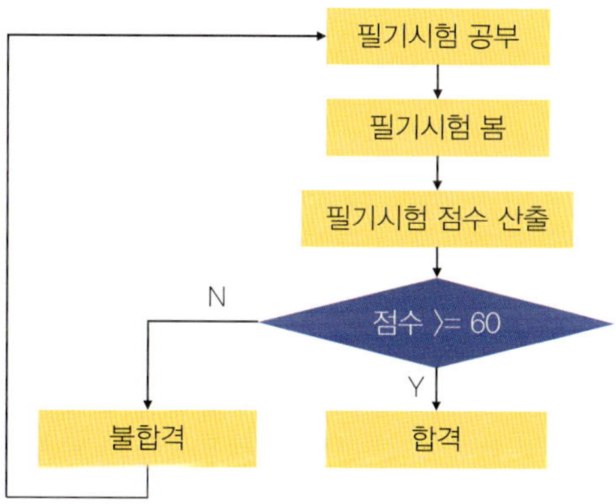

그림 3 A의 운전면허 필기시험

A는 필기시험 공부를 한 후 시험을 본다. 시험을 본 이후에는 성적이 자동으로 산출될 것이다. 시험 성적이 나오면 점수가 60점 이상인지 확인해야 한다. 만일 점수가 60점 이상이면 A는 합격 통지를 받게 된다. 그렇지 않으면 A는 불합격 통지를 받게 되며, 이때는 다시 필기시험 공부를 하여야 한다. 이제 점수에 따라서 처리 과정이 변경되는 것을 알았다.

그렇다면 실기시험을 포함해서 운전면허 취득까지 내용을 조금 확장해 보자.

상황 2 - 운전면허 취득

A는 열심히 공부하였기에 운전면허 필기시험에 무사히 합격 통지를 받았다. 이제 실기시험 날짜에 코스에 따라 시험을 보기로 하였다. A는 실기시험을 보면 바로 점수가 산출되어 실기시험 합격/불합격 여부를 통보받을 수 있다. A가 실기시험에 합격하면 도로연수를 마쳐야 하고, 도로연수 후 최종 운전면허를 취득하게 된다. (여기서 실기시험과 도로연수의 합격 점수는 60점 이상이 합격이라고 가정한다.)

운전면허 취득까지 과정을 확장했더니 고려해야 하는 상황이 늘었다. 조금 복잡해 보일지 모르지만 [상황 1]의 과정을 덧붙인 것이니 하나씩 살펴보면 어려운 것이 없다.

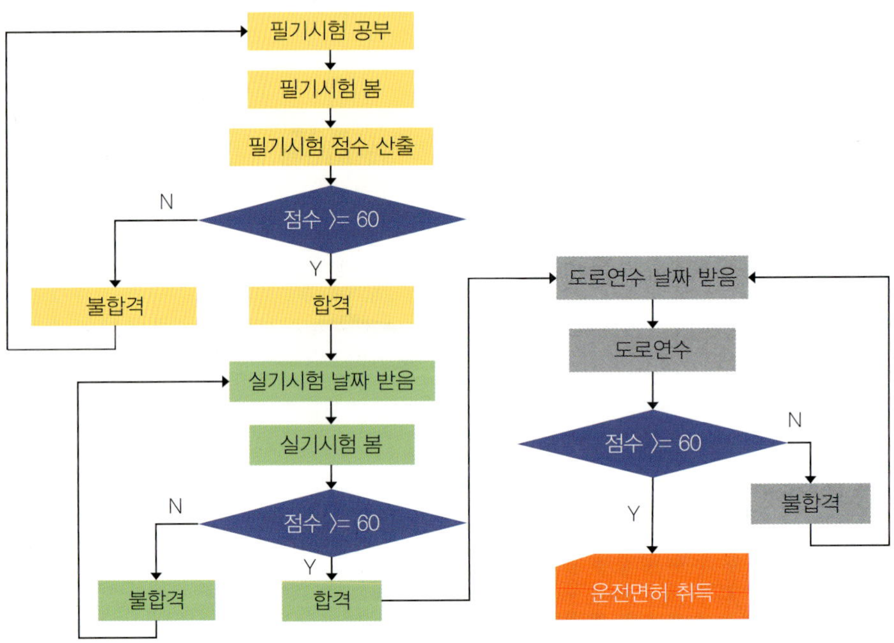

그림 4 A의 운전면허 취득 과정

A의 필기시험 합격 후 실기시험 날짜를 받는다. 그리고 해당 날짜에 실기시험을 보면 자동으로 실기시험 점수가 계산되어 알려준다. 이때 60점 이상이면 합격, 아니면 불합격 통지를 받는다. 만일 불합격 통지를 받게 되면 A는 실기시험 날짜를 다시 받아야 한다. A가 실기시험까지 합격하면 이제 도로연수만 남았다. 합격 후 도로연수 날짜를 받고 도로연수를 받는다. 이때 만일, 도로연수 점수가 60점 이상이면 운전면허를

취득하게 된다. 그렇지 않으면 도로연수를 다시 받아야 하니 연수 날짜를 다시 받는다.

여기에서는 조건문이 3번 사용되었다. 프로그램에서는 조건문을 몇 번 사용하여야 할까? 이것은 따로 정해지지 않았으며 사용자가 파이썬 프로그래밍을 할 때 필요한 경우마다 사용하면 된다.

3. 기본 조건문

3.1 if문

if문은 조건문 중에서 가장 기초적이고 단순한 구조를 가진다. 그 형식은 아래와 같다.

```
if 조건:
  조건이 맞을 때의 실행 명령어(들)
```

파이썬뿐만 아니라 대부분의 프로그램 언어에서 if가 있다면 조건문에 해당된다. 문장은 단순하다.

if 다음에 조건을 만든다. 이때 조건의 형식은 비교연산자(==, !=, >, >=, <, <=)를 사용한다. 조건이 맞을 때 실행하는 명령어는 줄바꿈을 한 뒤에 들여쓰기하여, if 조건문의 명령어와 if 다음의 명령어를 구분한다. [그림 5]를 살펴보자.

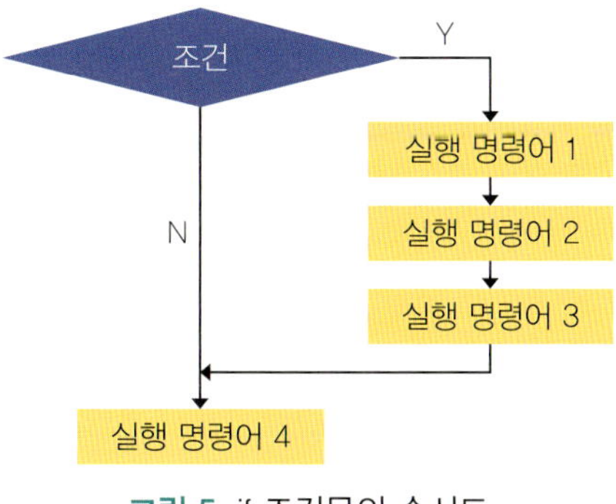

그림 5 if 조건문의 순서도

순서도에서 보면 조건이 맞을 때(Yes일 때) 실행 명령어 1, 2, 3을 차례로 실행한 후 실행 명령어 4를 실행한다. 그러나 조건이 맞지 않을 때(No일 때)는 실행 명령어 4를 실행한다. 따라서 실행 명령어 4는 조건이 맞든(Yes) 그렇지 않든(No) 관계없이 모두 실행되는 것을 알 수 있다.

즉, 실행 명령어 4는 조건문과 관련 없으며, 조건문 다음의 명령일 뿐이다. 그렇다면 조건문에 해당하는 명령어는 어디까지일까? 실행 명령어 1, 2, 3만 해당된다. 파이썬 코딩을 할 때는 조건문에 해당되는 명령어와 조건문과 관련 없는 다음의 명령어를 구분해야 한다. 이때 들여쓰기를 사용하는데, 다음의 코딩 부분을 순서도와 같이 보기 바란다.

```
1) if 조건 :
2)    실행 명령어 1
3)    실행 명령어 2
4)    실행 명령어 3
5) 실행 명령어 4
```

코딩 부분에서는 편의상 명령어 앞에 1), 2)과 같이 번호를 붙였다. 실제 코딩에서는 번호가 없으니 참고하기를 바란다.

조건문 1)을 작성할 때 조건이 맞을 경우(Yes)의 실행 명령어는 2) ~ 4)의 실행 명령어이다. 실행 명령어 5)는 조건과 관련 없는 조건문이 실행되고 난 후의 다음 명령어일 뿐이다. 따라서 2) ~ 4)의 실행 명령어를 if 다음에 작성하게 되는데, 이때 들여쓰기를 해야 if 조건문에 따른 실행 명령어로 인식한다.

아래의 조건문은 에러를 발생한다.

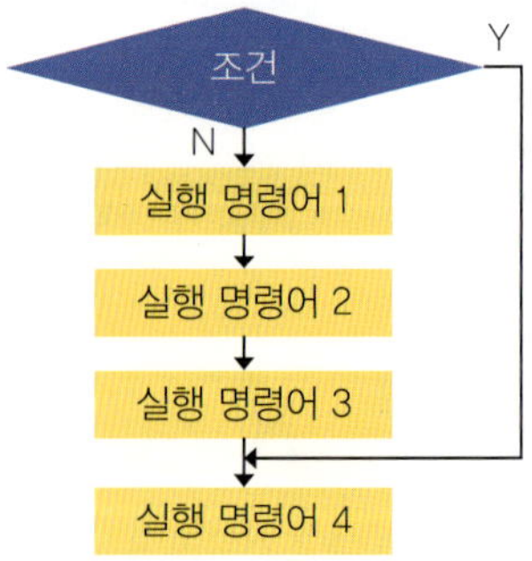

그림 6 잘못된 if 조건문의 순서도

[그림 6]을 언뜻 보면 이상이 없는 조건문 같아 보이지만, 조건이 맞을 때 실행하는 명령어가 없다. 즉 [그림 5]와 같이 조건이 맞지 않을 때의 실행 명령어는 없을 수 있으나, 조건을 제시해 놓고 막상 조건이 맞을 때의 실행 명령어가 없게 되면 프로그램 언어에서는 문법 에러를 발생할 것이다.

여기서 잠깐

들여쓰기로 명령어들을 구분하는 형태는 파이썬의 특징이기도 하며, 이를 코드블록(Code block)이라고 한다. 그렇다면 어느 정도 들여 써야 인식이 될까? 정해진 것은 없다. 다만 들여 쓸 때는 모두 같은 간격을 맞춰야 한다는 것이다. 다음의 예시 1), 2)는 띄어쓰기의 간격이 모두 일치하여 옳은 명령이 된다.

그러나 예시 3)은 실행 명령어 1과 2의 띄어쓰기 간격이 다르기 때문에 파이썬에서는 실행 명령어 1의 간격이 조건에 맞을 때 실행하는 명령어로 인식하고 실행 명령어 2도 실행 명령어 1과 같은 간격이면 조건이 맞을 때의 명령어로 인식하고, 그렇지 않고 실행 명령어 2가 맨 앞, 즉 if와 같은 라인에 있다면(실행 명령어 3과 같은 라인의 위치) if 조건문 다음의 명령어로 인식한다. 그런데 실행 명령어 2는 실행 명령어 1과 같은 위치에 있지도 않으며 실행 명령어 1과도 간격이 맞지 않는다. 따라서 실행 명령어 2에서 에러가 나타난다.

예시 4)의 경우는 언뜻 문제가 없어 보이지만, if 조건: 다음에 조건이 맞을 때 수행해야 하는 명령어는 들여쓰기를 해야 한다. 그런데 실행 명령어 1은 들여쓰기를 하지 않았으므로 if 조건과 관계없는 조건문 실행 후의 다음 명령어가 된다. 여기서 문제는 조건문을 작성해 놓고 조건이 맞을 때 수행하는 명령어가 없다는 것에 에러가 난다. 또한, 실행 명령어 2는 아무 이유 없이 들여쓰기가 되어 있어서 여기서도 에러가 있게 된다.

<table>
<tr><th>옳은 예시</th><th>옳은 예시</th></tr>
<tr><td>예시 1)
if 조건 :
    실행 명령어 1
    실행 명령어 2
실행 명령어 3
실행 명령어 4</td><td>예시 2)
if 조건 :
              실행 명령어 1
              실행 명령어 2
실행 명령어 3
실행 명령어 4</td></tr>
<tr><th>틀린 예시</th><th>틀린 예시</th></tr>
<tr><td>예시 3)
if 조건 :
         실행 명령어 1
    실행 명령어 2
실행 명령어 3
실행 명령어 4</td><td>예시 4)
if 조건 :
실행 명령어 1
    실행 명령어 2
실행 명령어 3
실행 명령어 4</td></tr>
</table>

이제 if 조건문을 이용한 파이썬 코딩을 실습해 보자.

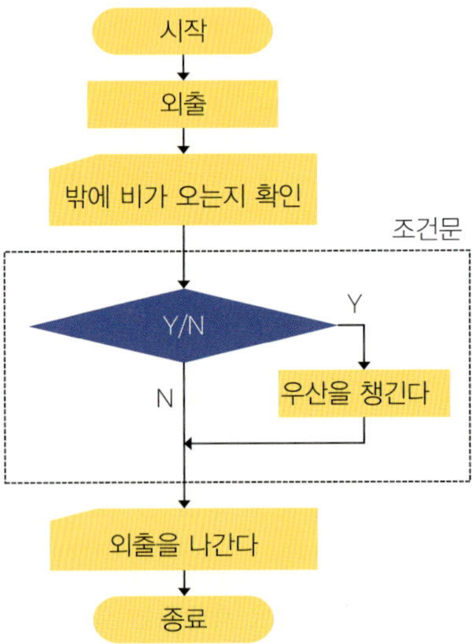

그림 7 외출 과정 순서도

[그림 7]의 순서도는 [그림 2]의 내용을 조금 구체화한 것이다. 즉, 밖에 비가 오는지를 확인(입력받아서)하여 Y이면 비가 오는 것이고, N이면 오지 않는 것이다.

이제 코딩을 해보자. 순서도가 구상되면 코딩과 연관되어야 쉽게 코딩을 할 수 있다. 순서도 구성 따로 코딩 따로 하게 되면 프로그램을 구상해 놓고도 프로그램을 작성하지 못하는 경우가 생길 수 있다.

다음의 순서도를 다시 살펴보자. 순서도 기호에 맞춰서 파이썬 문법과 맞추어 보았다.

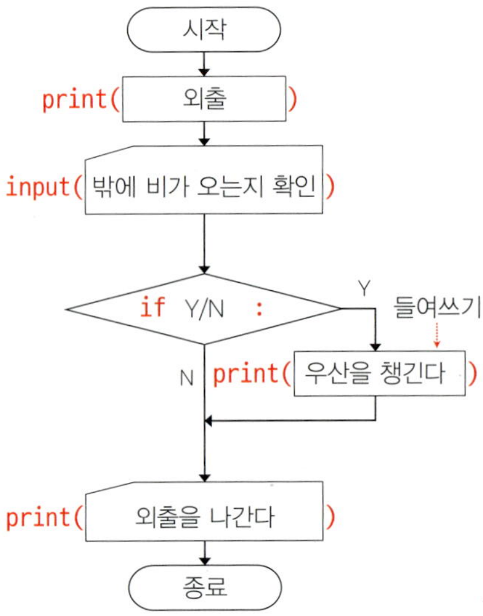

그림 8 외출 과정 순서도와 파이썬 코딩

이제 실제 파이썬으로 프로그래밍해 보자

예제 1

```
print('외출을 하려고 한다')
rain = input('밖에 비가 오는가? 오면 Y를, 아니면 N을 입력하시오 ')
if rain == 'Y':
    print('우산을 챙긴다.')
print('외출을 나간다')
```

이때 비가 오는지 여부를 외부에서 입력받기 위해 변수명 rain을 만들어 저장하였다. 이것이 조건문에서 if rain == 'Y':와 같이 사용함으로써 input에서 사용자가 Y를 입력했는지 N를 입력했는지 알아볼 수 있다. Y를 입력했다면 비가 오는 것이니 print( )를 통해 우산을 챙기고 외출을 나가라는 문자를 출력하면 된다. N을 입력했을 때는 수행해야 할 명령어가 없으며, 조건문 다음 명령어인 print( )를 통해 외출을 나가라는 출력을 수행한다. 즉, 예제에서 조건문은

```
if rain == 'Y':
    print('우산을 챙긴다.')
```

만 해당된다. 실행 결과는 다음과 같다.

실행 결과

```
===== RESTART: C:/5-1.py =====
외출을 하려고 한다
밖에 비가 오는가? 오면 Y를, 아니면 N을 입력하시오 Y
우산을 챙긴다.
외출을 나간나
>>>
===== RESTART: C:/5-1.py =====
외출을 하려고 한다
밖에 비가 오는가? 오면 Y를, 아니면 N을 입력하시오 N
외출을 나간다
>>>
```

3.2 if-else문

조건에 따른 처리에서 항상 조건에 맞는 경우만 고려할 수는 없다. 만일 조건에 맞는 경우와 맞지 않는 경우로 처리 과정이 나뉜다면 어떻게 해야 할까?

if-else문은 이러한 과정을 나타낼 수 있다. 다음은 if-else문의 형식을 나타낸다.

```
if 조건:
  조건이 맞을 때의 실행 명령어(들)
else:
  조건이 맞지 않을 때의 실행 명령어(들)
```

즉, if 조건: 다음에 들여쓰기한 명령어들은 조건이 맞을 때 실행하고, else: 다음에 들여쓰기한 명령어들은 조건이 맞지 않을 때 실행한다.

위의 외출 과정 순서도에서 비가 오지 않을 때는 모자를 챙겨서 외출하도록 처리를 추가하였다.

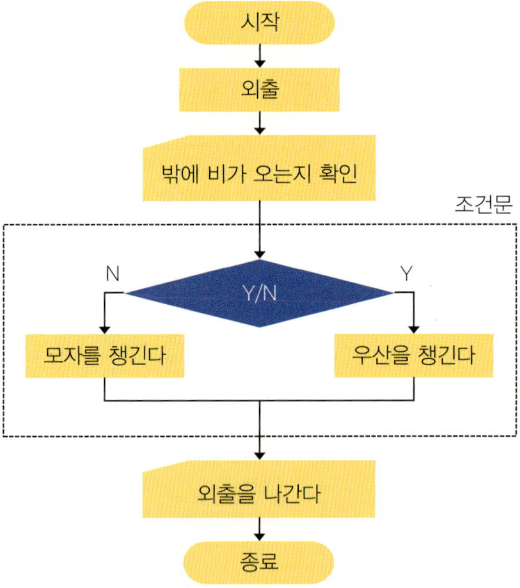

그림 9 if-else를 가지는 외출 과정 순서도

이제 순서도를 통해 코딩과 연관을 보면 다음과 같다.

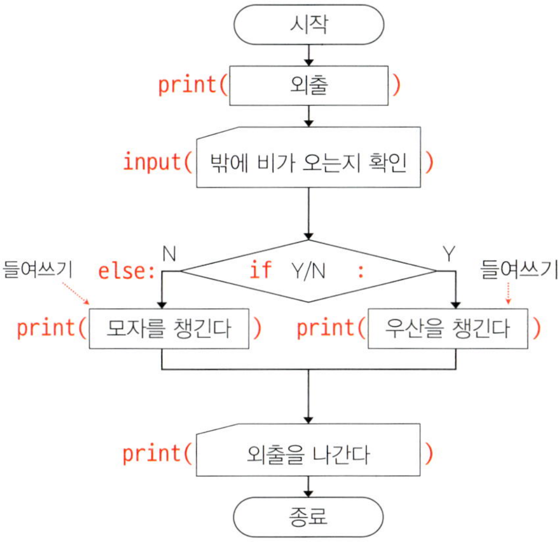

그림 10 if-else를 가지는 외출 과정 순서도와 파이썬 코딩

파이썬으로 아래와 같이 프로그래밍해 보자

예제 2

```
print('외출을 하려고 한다')
rain = input('밖에 비가 오는가? 오면 Y를, 아니면 N을 입력하시오 ')
if rain == 'Y':
    print('우산을 챙긴다.')
else:
    print('모자를 챙긴다.')
print('외출을 나간다')
```

조건문만을 다시 해석하면 다음과 같다.

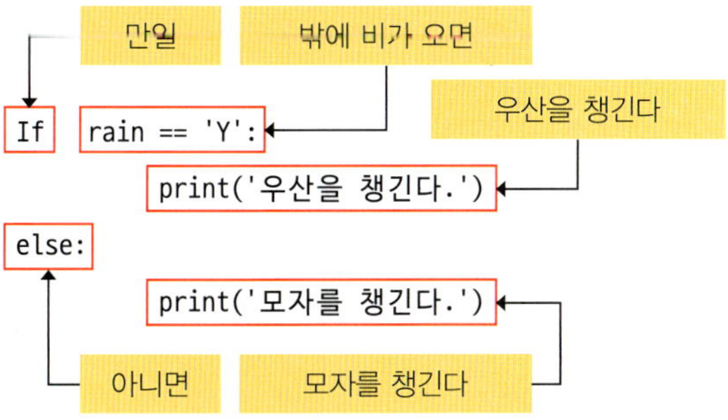

그림 11 if-else를 가지는 조건문의 해석

if는 '만일', if 다음의 조건문은 그대로 해석하고, 조건이 맞을 때의 문장도 이어서 해석한다. 또한 else:는 '아니면'으로 해석하고 else 다음의 문장은 조건이 맞지 않았을 때의 문장으로 해석하면 된다.

따라서 [그림 11]의 파이썬 코딩에서 문장을 추출해 보면 아래와 같다.

```
만일 밖에 비가오면
   우산을 챙긴다.
아니면
   모자를 챙긴다
```

실행 결과는 아래와 같다.

실행 결과

```
============== RESTART: C:/5-2.py ==============
외출을 하려고 한다
밖에 비가 오는가? 오면 Y를, 아니면 N을 입력하시오 Y
우산을 챙긴다.
외출을 나간다
>>>
============== RESTART: C:/5-2.py ==============
외출을 하려고 한다
밖에 비가 오는가? 오면 Y를, 아니면 N을 입력하시오 N
모자를 챙긴다.
외출을 나간다
```

지금까지 순서도와 파이썬 코딩, 파이썬 코딩과 문장으로 변화하는 과정을 살펴보았다. 간단한 과정이나 처리를 수행하는 프로그램의 경우에는 순서도를 그리지 않아도 쉽게 전체의 프로그램을 작성할 수 있다. 그러나 파이썬 문법을 알고 있다고 하더라도 프로그램의 크기가 큰 처리를 구상할 때는 어디에서 어떻게 시작하여야 할지 쉽게 떠오르지 않는 경우가 생기기도 한다.

따라서 문장-순서도-코딩이 자유롭게 변환이 가능하고 익숙해질 때까지 이러한 연습을 많이 하는 것이 좋다. 특히, 어떠한 처리나 기능을 수행하는 프로그램을 고민한다면 처음부터 전체 처리 과정을 만들려고 하지 말고 부분 부분마다 문장을 만들고 순서도를 그리는 연습이 필요하다. 순서도가 그려지면 이를 코딩으로 연결하는 연습도 많이 하도록 하자. 그러면 원하는 구상을 파이썬으로 실체화하는 작업이 어렵게 느껴지지 않을 것이다.

3.3 if-elif-else문

이제 조건 다음에 다시 조건이 나오는 경우를 생각해 보자. 실제로 선 조건 다음에 후 조건을 만족할 때 수행해야 하는 작업들이 많이 나타난다. 형식은 다음과 같다.

```
if 선 조건:
    선 조건이 맞을 때의 실행 명령어(들)
elif 후 조건:
    후 조건이 맞지 않을 때의 실행 명령어(들)
     :
else:
    위 조건들이 모두 맞지 않을 때 실행 명령어(들)
```

- **if 선 조건**

선 조건은 조건문 처음에 나오는 문장으로 가장 먼저 조건을 비교하거나 확인해야 할 때 사용한다.

- **elif 후 조건**

elif는 else + if가 된 문장으로 "그렇지 않으면 만일" 정도로 해석할 수 있다. 즉, 위의 선 조건이 맞지 않은 상황에서 다시 다음 조건을 확인해야 할 때 사용한다. 후 조건이 한 번만 있을 경우도 있고 여러 번 있을 경우도 있으니 elif 의 사용에는 제한이 없다. 즉, elif를 여러 번 사용해도 무방하다.

- **else**

선 조건, 후 조건들이 모두 맞지 않을 때 사용하는 문장이다. 일반적으로 조건들을 위에서 명시해 놓은 상황에서 조건들을 모두 확인해도 맞지 않을 때 기본으로 실행해야 하는 명령어들을 작성하게 된다. 그런데 선, 후 조건들이 모두 맞지 않을 때 수행할 명령어가 없다면 어떻게 될까? 생략해도 된다.

순서도를 통해 if-elif-else문을 알아본다.

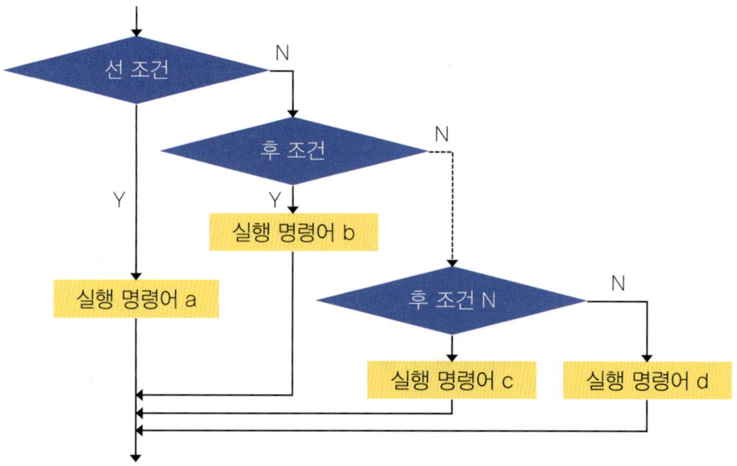

그림 12 if-elif-else문을 가지는 조건문의 순서도

선 조건이 맞으면 실행 명령어 a를 수행하고, 아니면 만일 후 조건 1이 맞으면 실행 명령어 b를 수행하고, ..., 아니면 만일 후 조건 n이 맞으면 실행 명령어 c를 수행하고 조건들이 모두 맞지 않으면 실행 명령어 d를 수행하는 것이다. 코딩으로 연결하면 아래와 같다.

```
if 선 조건:
    실행 명령어 a
elif 후 조건1:
    실행 명령어 b
      :
      :
elif 후 조건n:
    실행 명령어 c
else:
    실행 명령어 d
```

다음은 if-elif-else문을 가지는 조건문의 형태를 나타낸다.

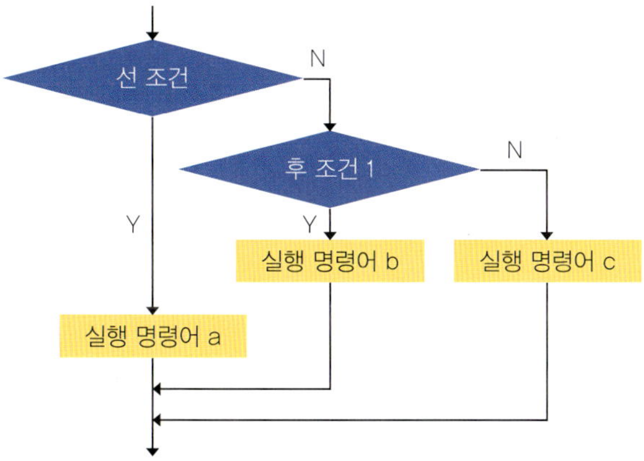

그림 13 if-elif-else문을 가지는 조건문의 순서도

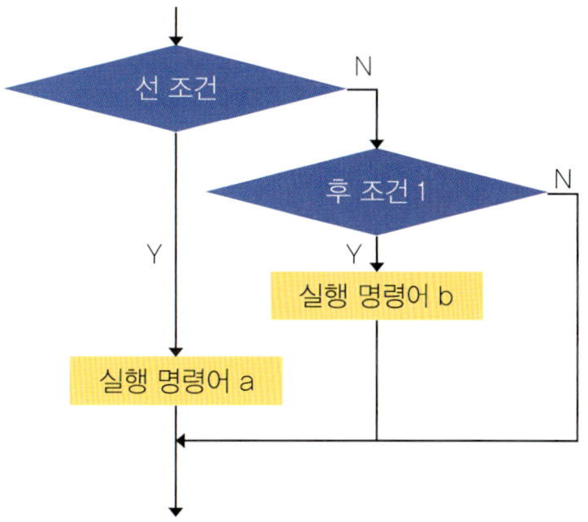

그림 14 if-elif문을 가지는 조건문의 순서도

이제 위에서 작업했던 외출 과정을 조금 변경해 보자.

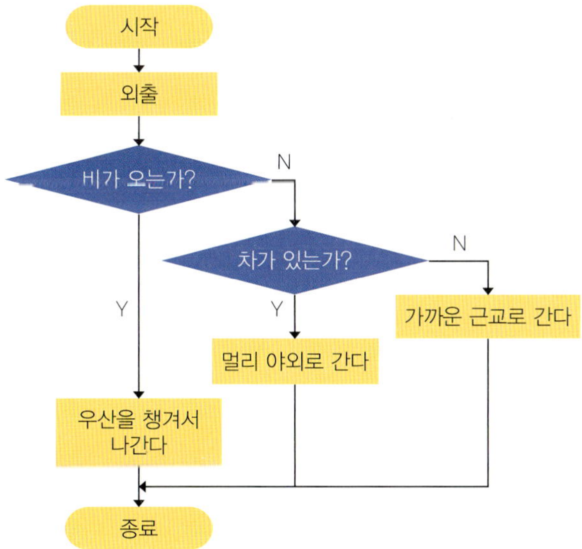

그림 15 if-elif-else문을 가지는 외출 과정 순서도

이번에는 조건에서 "비가 오는가?"와 "차가 있는가?"를 삽입했으며, 조건에 입력을 함께 사용해 보기로 한다. 순서도에 연관하여 코딩을 맞추어 보자.

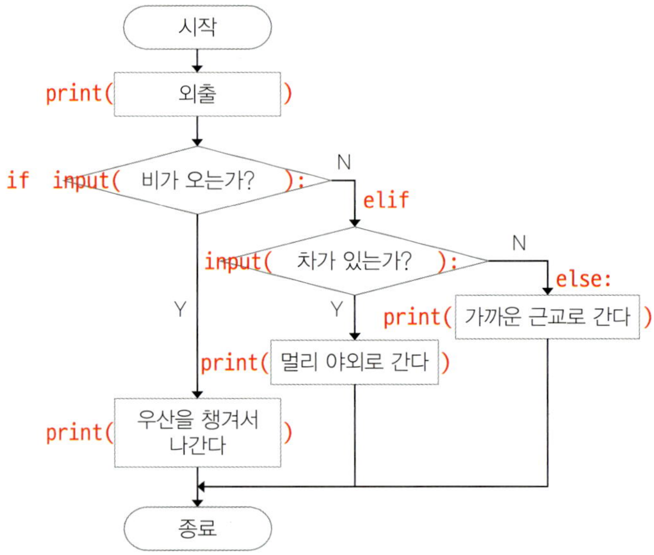

그림 16 if-elif-else문을 가지는 외출 과정 순서도와 파이썬 코딩 연관

위 순서도에 맞추어서 아래와 같이 코딩해 보자.

예제 3

```
print('외출을 하려고 한다')
if input('밖에 비가 오는가? 오면 Y를, 아니면 N을 입력하시오 ') == 'Y':
    print('우산을 챙겨서 나간다.')
elif input('차가 있는가? 있으면 Y를, 없으면 N을 입력하시오 ') == 'Y':
    print('멀리 야외로 간다')
else:
    print('가까운 근교로 나간다')
```

```
if input('밖에 비가 오는가? 오면 Y를, 아니면 N을 입력하시오 ') == 'Y':
```

위 코딩에서 if문 안에 input을 사용할 수 있다.

단, 위에서 작성했던 것처럼 변수값에 입력값을 저장한 후 if에서 변수값을 확인하는 방법과는 다소 다르다. 즉, 변수값으로 저장하게 되면 나중에 밖에 비가 오는지 확인하려 할 때 rain 변수값만 확인하면 된다.

```
rain = input('밖에 비가 오는가? 오면 Y를, 아니면 N을 입력하시오 ')
if rain == 'Y':
```

그러나 if문 안에 input을 사용해서 밖에 비가 오는지를 확인하는 방법은 간결해 보일 수 있지만, 나중에 다시 비가 오는지 확인하려면 다시 input을 사용해야 한다. 어떤 방법이든 사용자가 판단해서 작성하면 된다.

```
elif input('차가 있는가? 있으면 Y를, 없으면 N을 입력하시오 ') == 'Y':
```

if문에 input을 이용했던 것처럼 elif에서도 동일하게 작성이 가능하다. 이제 실행 결과를 확인해 보자.

실행 결과

```
>>>
============== RESTART: C:/5-3.py ==============
외출을 하려고 한다
밖에 비가 오는가? 오면 Y를, 아니면 N을 입력하시오 Y
우산을 챙겨서 나간다.
>>>
============== RESTART: C:/5-3.py ==============
외출을 하려고 한다
밖에 비가 오는가? 오면 Y를, 아니면 N을 입력하시오 N
차가 있는가? 있으면 Y를, 없으면 N을 입력하시오 Y
멀리 야외로 간다
>>>
============== RESTART: C:/5-3.py ==============
외출을 하려고 한다
밖에 비가 오는가? 오면 Y를, 아니면 N을 입력하시오 N
차가 있는가? 있으면 Y를, 없으면 N을 입력하시오 N
가까운 근교로 나간다
```

4. 다중 조건문 및 조건식

다중 조건문은 조건문이 여러 개 있다는 것을 말한다. 그런데 이미 elif에서도 보았던 것처럼 조건 아래에 다시 조건을 두는 것을 알아보았는데 이것과 다른 것일까?

여기에서 설명하는 형태는 if 조건 후 다시 if 조건을 확인하는 경우를 말한다. 아래의 순서도를 알아보자.

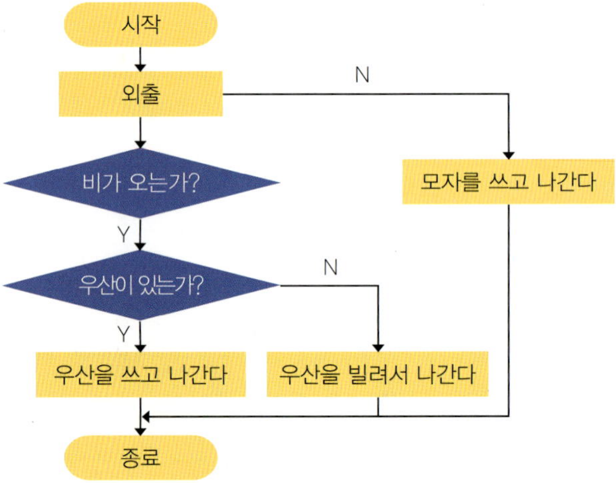

그림 17 다중 조건을 가지는 외출 과정 순서도

즉, 밖에 비가 오는데 우산이 있다면 쓰고 나가고, 없다면 우산을 빌려서 나간다. if 조건이 맞을 때 실행 명령문에서 다시 if 조건이 있을 경우가 이에 해당된다. 그럼 파이썬 코딩과 연결해 보자.

예제 4

```
print('외출을 하려고 한다')
if input('밖에 비가 오는가? 오면 Y를, 아니면 N을 입력하시오 ') == 'Y':
    if input('우산이 있는가? 있으면 Y를, 아니면 N을 입력하시오 ') == 'Y':
        print('우산을 챙겨서 나간다.')
    else:
        print('우산을 빌려서 나간다.')
else:
    print('모자를 쓰고 나간다')
```

if문 안에 if문이 있다. 이때 주의할 사항은 들여쓰기다. 들여쓰기의 라인이 어디에 속해 있는지에 따라 해당 조건과 연결할 수 있다. 즉, 작성된 코드에서 else가 두 번 사용되었다. 지금은 두 번밖에 없으니 쉽게 else에 해당되는 if를 찾을 수 있다. 그러나 if-else가 계속 사용된다면 나중에는 if-else를 쌍으로 연결해서 찾기 어려워진다. 따라서 들여쓰기는 반드시 그 간격을 확인하도록 하자.

```
print('외출을 하려고 한다')
if input('밖에 비가 오는가? 오면 Y를, 아니면 N을 입력하시오 ') == 'Y':
    if input('우산이 있는가? 있으면 Y를, 아니면 N을 입력하시오 ') == 'Y':
        print('우산을 챙겨서 나간다.')
    else:
        print('우산을 빌려서 나간다.')
else:
    print('모자를 쓰고 나간다')
```

즉, 첫 번째 else는 if '우산이 있는가?'의 조건에 해당되는 것이고, 두 번째의 else는 첫 번째 조건인 if '비가 오는가?'의 조건에 해당되는 명령어이다. else의 들여쓰기가 정확히 지켜지지 않을 때 if 조건이 원래 구상했던 내용대로 수행되지 않거나 에러를 발생하는 원인이 되게 된다.

이제 작성된 프로그램을 실행해 보자.

실행 결과

```
>>>
============== RESTART: C:/5-4.py ==============
외출을 하려고 한다
밖에 비가 오는가? 오면 Y를, 아니면 N을 입력하시오 N
모자를 쓰고 나긴다
>>>
============== RESTART: C:/5-4.py ==============
외출을 하려고 한다
밖에 비가 오는가? 오면 Y를, 아니면 N을 입력하시오 Y
우산이 있는가? 있으면 Y를, 아니면 N을 입력하시오 Y
우산을 챙겨서 나간다.
>>>
```

```
============== RESTART: C:/5-4.py ==============
외출을 하려고 한다
밖에 비가 오는가? 오면 Y를, 아니면 N을 입력하시오 Y
우산이 있는가? 있으면 Y를, 아니면 N을 입력하시오 N
우산을 빌려서 나간다.
```

그렇다면 if 조건 다음에 몇 개의 if 조건을 사용할 수 있을까? 따로 정해지지 않았으니 사용자가 프로그램 구상에 따라 사용하면 된다. 다만, 너무 많은 조건들을 무분별하게 많이 사용하게 되면 프로그램 복잡도가 증가할 수 있으니 복잡한 처리 과정이 있게 되면 이를 묶거나 처리 과정을 분리해주는 것이 효율적이다. 그렇다면 조건은 어떻게 묶을까? 논리연산자를 이용하면 된다. [예제 4]의 외출 과정을 그대로 사용하기는 어려워서 다음과 같이 변경하였다.

예제 5

```
print('외출을 하려고 한다')
if input('밖에 비가 오는가? 오면 Y를, 아니면 N을 입력하시오 ') == 'Y' and
input('우산이 있는가? 있으면 Y를, 아니면 N을 입력하시오 ') == 'N':
    print('우산을 빌려서 나간다.')
else:
    print('모자를 쓰고 나간다')
```

논리연산자 중에서 and를 사용하였다. 내용은 "밖에 비가 오고, 우산이 없으면, 우산을 빌려서 나간다" 그렇지 않으면 "모자를 쓰고 나간다"로 단순화하였다. 물론, and가 아니라 or 연산자를 사용하면 의미가 바뀌겠지만 사용할 수 있다.

실행 결과

```
>>>
============== RESTART: C:/5-5.py ==============
외출을 하려고 한다
밖에 비가 오는가? 오면 Y를, 아니면 N을 입력하시오 N
모자를 쓰고 나간다
>>>
```

```
============== RESTART: C:/5-5.py ==============
외출을 하려고 한다
밖에 비가 오는가? 오면 Y를, 아니면 N을 입력하시오 Y
우산이 있는가? 있으면 Y를, 아니면 N을 입력하시오 Y
우산을 챙겨서 나간다.
>>>
============== RESTART: C:/5-5.py ==============
외출을 하려고 한다
밖에 비가 오는가? 오면 Y를, 아니면 N을 입력하시오 Y
우산이 있는가? 있으면 Y를, 아니면 N을 입력하시오 N
모자를 쓰고 나간다
>>>
```

다음의 예제를 보자. A의 운전면허 취득에 대한 과정으로 [그림 4]의 내용을 다시 정리한 것이다. 아직 반복문을 학습하기 전이어서 불합격 시에 다시 시험을 시작하는 부분을 연결하지는 못했으나, 합격 점수가 안되었을 때 '불합격' 내용을 출력하는 것으로 정리하였다.

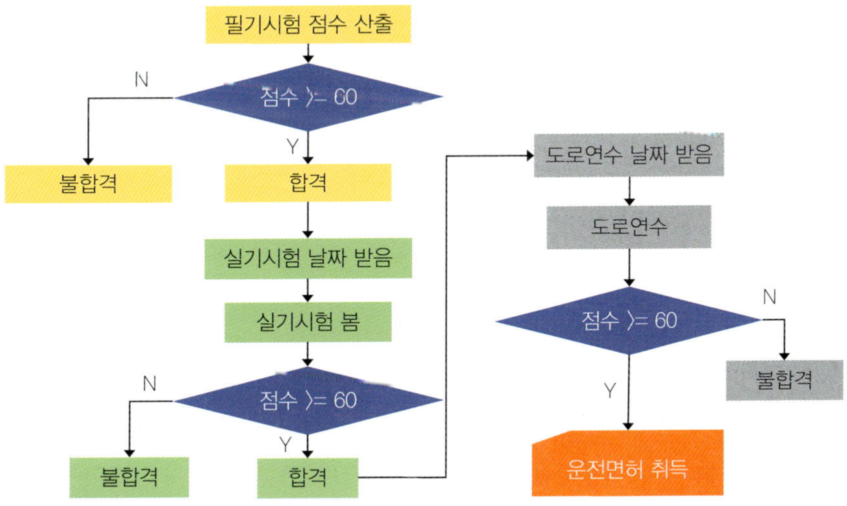

그림 18 그림 4의 과정 순서도 재정리

이제 순서도를 보면 파이썬 코딩으로 연관하여 작성하기가 쉬울 것으로 보인다. 아래는 위 순서도를 파이썬 코딩으로 작성한 것이다. 조금 복잡해 보여도 들여쓰기에 대한 부분만 신경 쓴다면 어려울 것은 없을 것이다. 주의해야 할 사항은 아래와 같이 점수를 입력받아 정수형 숫자 60과 비교하려면 입력받은 점수가 숫자여야 한다. 그런데 input( )으로 입력받은 내용은 모두 문자로 들어오므로 int(input('필기시험 점수는 몇점인가? '))와 같이 숫자로 변경이 필요하다. 이때 ( )의 개수에 유의하자. input( )의 내용을 모두 정수형 숫자로 변경할 것이므로 int( )의 괄호는 input( ) 전체를 포함하여야 한다.

```
if int(input('필기시험 점수는 몇점인가? ')) >= 60:
    if int(input('실기시험 점수는 몇점인가? ')) >= 60:
        if int(input('도로연수 점수는 몇점인가? ')) >= 60:
```

예제 6

```
print('필기시험 공부를 한다')
print('필기시험을 본다')
print('필기시험 점수가 나왔다')
if int(input('필기시험 점수는 몇점인가? ')) >= 60:
    print('필기시험 합격입니다.')
    print('실기시험 날짜를 받는다')
    print('실기시험을 본다')
    if int(input('실기시험 점수는 몇점인가? ')) >= 60:
        print('실기시험도 합격입니다')
        print('도로연수 날짜를 받는다')
        print('도로연수를 받는다')
        if int(input('도로연수 점수는 몇점인가? ')) >= 60:
            print('운전면허를 취득한다')
        else:
            print('도로연수 불합격입니다.')
    else:
        print('실기시험 불합격입니다.')
else:
    print('필기시험 불합격입니다.')
```

이제 프로그램을 실행해 보자.

실행 결과

```
============== RESTART: C:/5-6.py ==============
필기시험 공부를 한다
필기시험을 본다
필기시험 점수가 나왔다
필기시험 점수는 몇점인가? 60
필기시험 합격입니다.
실기시험 날짜를 받는다
실기시험을 본다
실기시험 점수는 몇점인가? 60
실기시험도 합격입니다
도로연수 날짜를 받는다
도로연수를 받는다
도로연수 점수는 몇점인가? 60
운전면허를 취득한다
>>>
```

점수를 모두 60으로 입력하였더니 "운전면허를 취득한다"는 내용이 출력되었다. 아래에는 각 과정에 따라 점수를 다르게 입력하였더니 불합격 내용이 해당 조건에 따라 출력되는 것을 알 수 있다.

실행 결과

```
============== RESTART: C:/5-6.py ==============
필기시험 공부를 한다
필기시험을 본다
필기시험 점수가 나왔다
필기시험 점수는 몇점인가? 55
필기시험 불합격입니다.
>>>
```

```
============== RESTART: C:/5-6.py ==============
필기시험 공부를 한다
필기시험을 본다
필기시험 점수가 나왔다
필기시험 점수는 몇점인가? 60
필기시험 합격입니다.
실기시험 날짜를 받는다
실기시험을 본다
실기시험 점수는 몇점인가? 54
실기시험 불합격입니다.
>>>
============== RESTART: C:/5-6.py ==============
필기시험 공부를 한다
필기시험을 본다
필기시험 점수가 나왔다
필기시험 점수는 몇점인가? 60
필기시험 합격입니다.
실기시험 날짜를 받는다
실기시험을 본다
실기시험 점수는 몇점인가? 62
실기시험도 합격입니다
도로연수 날짜를 받는다
도로연수를 받는다
도로연수 점수는 몇점인가? 59
도로연수 불합격입니다.
>>>
```

5. 순서도를 통한 성적처리 프로그램 설계

조건문을 활용하여 성적처리 프로그램을 작성해 보자. 먼저 학생이름, 과목, 중간고사, 과제점수, 기말고사, 출석점수를 사용자로부터 각각 입력받는다. 그 후 중간고사, 과제점수, 기말고사, 출석점수를 모두 합하여 총점을 산출한다. 총점은 학점을 평가하는 기준이 되며, 예제에서는 학점의 평가는 점수에 따라 산정하는 절대평가라고 가정한다. 산출된 총점이 90점 이상이면 A학점, 80점 이상이면 B학점, 70점 이상이면 C학점, 60점 이상이면 D학점이고 아니면 F학점을 받는다. 이러한 처리의 순서도는 아래 그림과 같다.

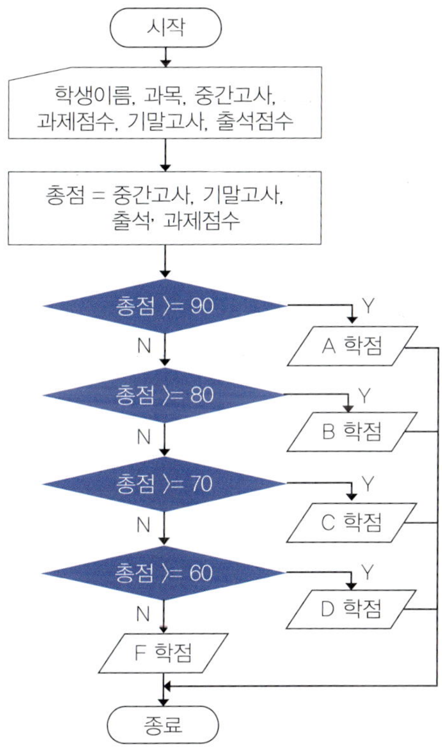

그림 19 조건문을 사용한 성적처리 순서도

6. 작성된 순서도에 의한 성적처리 프로그램 코딩

6.1 조건문과 딕셔너리를 사용한 성적처리

위에서 작성된 순서도를 기준으로 코딩을 하면 다음과 같다.

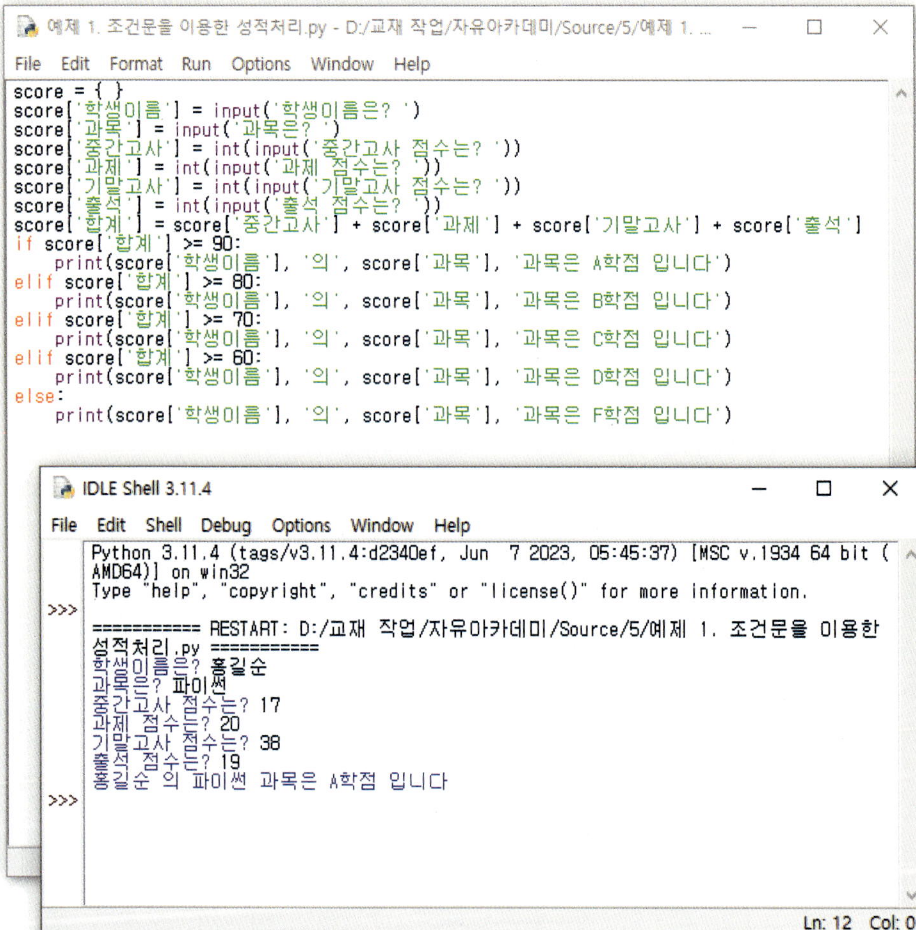

그림 20 조건문을 사용한 성적처리 프로그램(딕셔너리)과 실행화면

먼저 조건문을 이용한 성적처리를 위하여 빈 딕셔너리 score를 만든다.

```
score = { }
```

학생이름과 과목을 각각 입력받아 딕셔너리 score의 키를 '학생이름'으로 하여 값은 입력받은 이름을 저장하고, 키 '과목'에 대해서도 입력받은 '과목'을 저장한다.

```
score['학생이름'] = input('학생이름은? ')
score['과목'] = input('과목은? ')
```

중간고사, 과제, 기말고사, 출석 점수를 입력받아 모두 더한 합계를 산출하고 '합계' 키에 값으로 저장한다.

```
score['중간고사'] = int(input('중간고사 점수는? '))
score['과제'] = int(input('과제 점수는? '))
score['기말고사'] = int(input('기말고사 점수는? '))
score['출석'] = int(input('출석 점수는? '))
score['합계'] = score['중간고사'] + score['과제'] + score['기말고사'] + score['출석']
```

합계가 90보다 크거나 같으면 "'학생이름'의 '과목'은 A학점입니다"를 출력한다.

```
if score['합계'] >= 90:
    print(score['학생이름'], '의', score['과목'], '과목은 A학점 입니다')
```

그렇지 않으면, 합계가 80보다 크거나 같으면 "'학생이름'의 '과목'은 B학점입니다"를 출력한다. 즉, 이 경우는 80 ≤ 합계 < 90의 범위에 해당되는 점수이다.

또한 합계가 70보다 크거나 같으면(즉, 70 ≤ 합계 < 80), "'학생이름'의 '과목'은 C학점입니다"를 출력한다. 합계가 60보다 크거나 같으면(즉, 60 ≤ 합계 < 70), "'학생이름'의 '과목'은 D학점입니다"를 출력하고, 아니면(즉, 합계 < 60) "'학생이름'의 '과목'은 F학점입니다"를 출력한다.

```
elif score['합계'] >= 80:
    print(score['학생이름'], '의', score['과목'], '과목은 B학점 입니다')
elif score['합계'] >= 70:
    print(score['학생이름'], '의', score['과목'], '과목은 C학점 입니다')
elif score['합계'] >= 60:
    print(score['학생이름'], '의', score['과목'], '과목은 D학점 입니다')
else:
    print(score['학생이름'], '의', score['과목'], '과목은 F학점 입니다')
```

6.2 딕셔너리와 튜플을 사용한 성적처리-1

위의 방법을 조금 다르게 수정해 본다. 즉, 학점을 정하는 기준이 단순히 90, 80, 70, 60점을 기준으로 조건문이 설정되어 있다. 그런데 만약 조건이 달라진다면? 즉, 90점 이상의 학생에게 A, B, C, D, F학점을 부여했던 기준이 92, 82, 72, 62점 이상으로 조정을 해야 할 경우는 어떻게 할까? 이 경우에는 소스코드에서 조건문에 직접 작성했던 90, 80, 70, 60점을 각각 찾아 92, 80, 72, 62로 변경해야 한다. 이렇게 소스코드에서 직접 그 기준을 찾아 수정하는 방법은 나중에 프로그램 코드가 많아지게 될 경우 찾고 수정하는 작업이 매우 복잡하고 시간이 오래 걸리는 작업이 될 수 있다.

이러한 문제를 해결하는 방법은 기준이 되는 숫자들을 선언으로 빼서 구성하는 것이다. 이때 주의할 사항은 한번 설정한 기준은 프로그램 중에 변경되지 않아야 한다. 즉, 다음과 같이 각 기준을 리스트로 작성하게 되면 중간에 기준값을 변경할 수 있게 되므로 프로그램의 크기가 커지다 보면 실수로 기준값도 변경될 수 있어서 주의해야 한다.

다음과 같이 기준이 되는 점수를 리스트로 선언했다. 그런데 프로그래밍 중에 base[0] = 88과 같이 값을 변경했다면 if score['합계'] >= base[0]:에서 변경된 기준값을 합계와 비교하게 된다. 그러면 합계와 92를 비교해야 하는데, 82와 비교함으로써 전혀 다른 결과를 나타내게 된다. 따라서 기준값이 변경되지 않도록 튜플로 구성하는 것이 좋다.

```
score = { }
base = [90, 80, 70, 60]
        :
        :
base[0] = 88
        :
        :
if score['합계'] >= base[0]:
    print(score['학생이름'], '의', score['과목'], '과목은', score['합계'], '점이
        고, A학점 입니다')
        :
        :
```

아래와 같이 프로그램을 작성해 보자. 똑같은 순서도에 의해 작성된 코드지만 자료형을 조금 더 적절히 사용하였다.

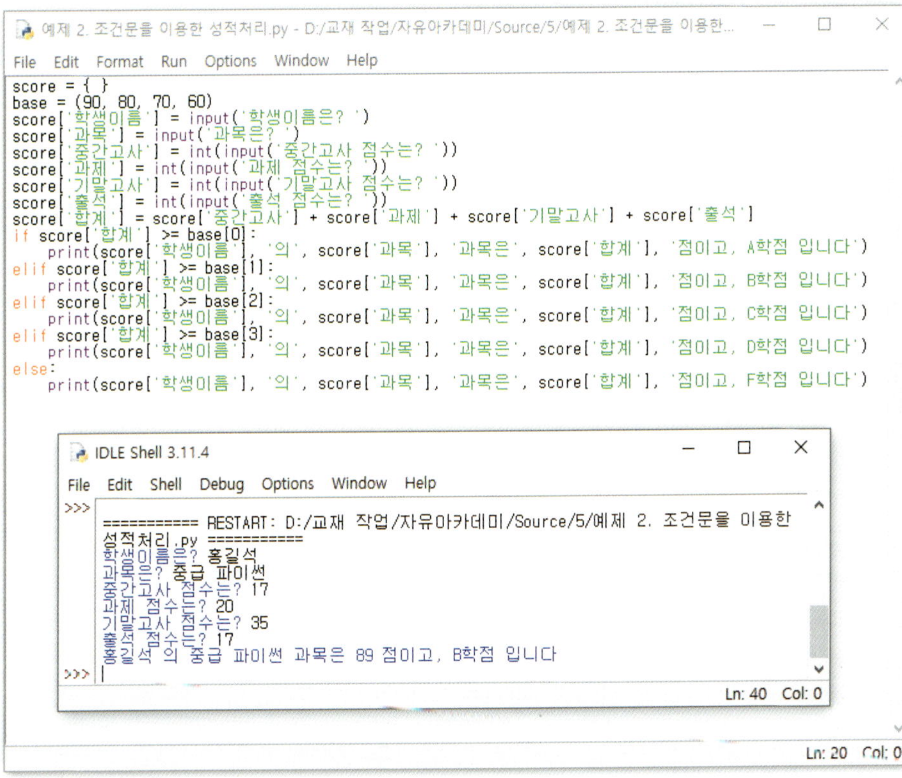

그림 21 조건문을 사용한 성적처리 프로그램(딕셔너리와 튜플 1)과 실행화면

먼저 빈 딕셔너리 score를 만든 다음 각 기준값이 저장된 base는 튜플로 작성해 준다. 이렇게 되면 나음 프로그래밍 중에 base의 값이 변경되는 일 없이 항상 설정된 기준값을 참조하여 성적을 산출할 수 있다.

```
score = { }
base = (90, 80, 70, 60)
```

사용자로부터 입력값을 딕셔너리에 저장하는 과정은 6.1절에서의 방법과 동일하다.

```
score['학생이름'] = input('학생이름은? ')
```

```
score['과목'] = input('과목은? ')
score['중간고사'] = int(input('중간고사 점수는? '))
score['과제'] = int(input('과제 점수는? '))
score['기말고사'] = int(input('기말고사 점수는? '))
score['출석'] = int(input('출석 점수는? '))
score['합계'] = score['중간고사'] + score['과제'] + score['기말고사'] + score['출석']
```

if score['합계'] >= base[0]:를 통해 score['합계']를 90과 직접 비교하는 것이 아니라 프로그램 맨 위에 선언했던 기준값 base를 참조하여 비교할 수 있다. 이러한 방식으로 score['합계']를 base[1], base[2], base[3]을 각각 비교하면서 학점을 출력하면 된다.

```
if score['합계'] >= base[0]:
    print(score['학생이름'], '의', score['과목'], '과목은', score['합계'], '점이고,
        A학점 입니다')
elif score['합계'] >= base[1]:
    print(score['학생이름'], '의', score['과목'], '과목은', score['합계'], '점이고,
        B학점 입니다')
elif score['합계'] >= base[2]:
    print(score['학생이름'], '의', score['과목'], '과목은', score['합계'], '점이고,
        C학점 입니다')
elif score['합계'] >= base[3]:
    print(score['학생이름'], '의', score['과목'], '과목은', score['합계'], '점이고,
        D학점 입니다')
else:
    print(score['학생이름'], '의', score['과목'], '과목은', score['합계'], '점이고,
        F학점 입니다')
```

이 방법의 장점

그렇다면, 이 방법의 장점은 무엇인가? 만일 각 기준이 92, 82, 72, 62점 이상으로 변경된다면, 프로그램의 조건문을 찾아서 숫자를 변경할 필요 없이 아래와 같이 base 튜플 변수값만 변경하면 조건문에 적용되었던 base가 비교에 참조되기 때문에 프로그램 내에서 조건이 적용된 부분을 찾아 수정할 필요가 없게 된다.

```
base = (92, 82, 72, 62)
```

6.3 딕셔너리와 튜플을 사용한 성적처리-2

위의 예제를 조금 더 수정해 보자. 기준이 되었던 base = (90, 80, 70, 60)와 A, B, C, D, F 학점을 묶어 딕셔너리로 사용한다면 기준점수와 학점을 효율적으로 관리할 수 있다. 즉, 기준점수뿐만 아니라 학점도 변경된다면 새로 만든 딕셔너리만 변경하면 프로그램의 조건문을 직접 수정할 필요가 없게 된다.

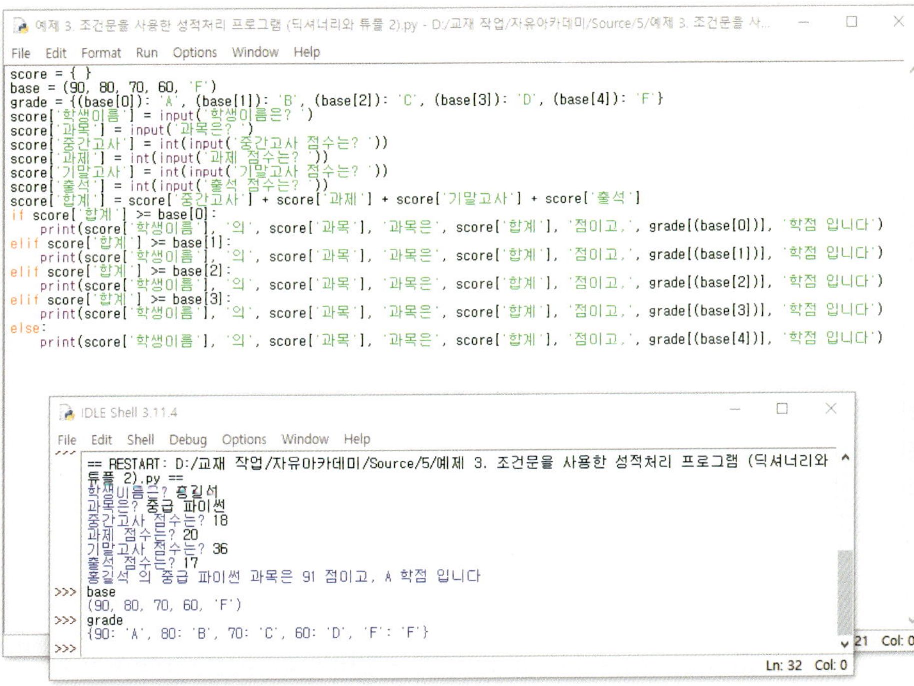

그림 22 조건문을 사용한 성적처리 프로그램(딕셔너리와 튜플 2)과 실행화면

위 프로그램이 6.2절의 프로그램과 다른 점은 튜플값에 'F'를 추가한 것이다. 즉, F를 포함한 모든 기준값을 튜플 base로 저장하였다.

```
score = { }
base = (90, 80, 70, 60, 'F')
```

딕셔너리 grade는 이번 프로그램에서 추가한 것이다. 각 학점를 산정하는 기준점수가 키가 되고, 학점이 값이 된다. 이때 기준점수를 튜플로 저장하였으니 이것을 grade의 키에 그대로 적용한다. 주의할 사항은 딕셔너리에 튜플을 grade = {base[0]:'A',...} 처럼 그대로 지정하면 안 된다. 이는 튜플도 딕셔너리의 입장에서 보면 하나의 값이기 때문에 (base[0]) ~ (base[4])와 같이 튜플의 요소값을 명확히 설정해야 한다. 이렇게 하는 이유는 학점을 정하는 기준점수가 변경될 때는 base의 값을 변경하면 되고, 학점이 'A'에서 'A+'와 같이 변경될 때는 grade의 값을 변경해주면 된다. 이후 아래에 구성된 프로그램은 수정할 필요가 없다.

```
grade = {(base[0]): 'A', (base[1]): 'B', (base[2]): 'C', (base[3]): 'D', (base[4]): 'F'}
```

각 점수와 합계를 산출하여 딕셔너리 score에 저장하는 방식은 다음과 같다.

```
score['학생이름'] = input('학생이름은? ')
score['과목'] = input('과목은? ')
score['중간고사'] = int(input('중간고사 점수는? '))
score['과제'] = int(input('과제 점수는? '))
score['기말고사'] = int(input('기말고사 점수는? '))
score['출석'] = int(input('출석 점수는? '))
score['합계'] = score['중간고사'] + score['과제'] + score['기말고사'] + score['출석']
```

이 부분에서 6.2절의 프로그램과 다른 점은 학점 출력 부분이다. 학점은 키와 함께 값을 정하여 딕셔너리 grade에 선언하였다. 프로그램 맨 처음 부분에서 score, base, grade와 같이 본 프로그램 처리를 작성하기 전에 필요한 데이터를 저장해 놓는 방식을 선언이라고 한다. 학점을 출력할 때는 딕셔너리 grade에서 해당 학점이 있는 키를 찾아 값을 참조하면 된다. grade에서는 base가 키이고 학점이 값이 된다. 따라서 grade[(base[0])]와 같이 작성하면 grade의 키 base[0]이 되는 값 'A'를 가져올 것이다. 아래의 코드 내용도 이와 동일한 방식으로 작성하면 된다.

```
if score['합계'] >= base[0]:
    print(score['학생이름'], '의', score['과목'], '과목은', score['합계'], '점이고,',
          grade[(base[0])], '학점 입니다')
```

[그림 22]에서는 프로그램 실행 후 base와 grade값을 출력해 보았다. 모두 이상 없이 값들이 저장된 것을 알 수 있다.

```
elif score['합계'] >= base[1]:
    print(score['학생이름'], '의', score['과목'], '과목은', score['합계'], '점이고,',
          grade[(base[1])], '학점 입니다')
elif score['합계'] >= base[2]:
    print(score['학생이름'], '의', score['과목'], '과목은', score['합계'], '점이고,',
          grade[(base[2])], '학점 입니다')
elif score['합계'] >= base[3]:
    print(score['학생이름'], '의', score['과목'], '과목은', score['합계'], '점이고,',
          grade[(base[3])], '학점 입니다')
else:
    print(score['학생이름'], '의', score['과목'], '과목은', score['합계'], '점이고,',
          grade[(base[4])], '학점 입니다')
```

```
>>> base
(90, 80, 70, 60, 'F')
>>> grade
{90: 'A', 80: 'B', 70: 'C', 60: 'D', 'F': 'F'}
```

연습문제

01. 다음 중 조건문의 형식으로 옳은 것은?

① if 조건:

    조건이 맞을 때의 실행 명령어(들)

② i(f) (조건)

    조건이 맞을 때의 실행 명령어(들)

③ if (조건):

    조건이 맞을 때의 실행 명령어(들)

④ if 조건, then

    조건이 맞을 때의 실행 명령어(들)

02. 조건문은 일련의 과정 중에서 어떤 조건에 따라 과정이나 값이 변경되어야 할 때 사용한다. 이렇게 과정이 변경되는 형태를 무엇이라 하는가?

① 분류 ② 분기 ③ 분리 ④ 분산

03. 다음 중 비교연산자에 속하지 않는 것은?

① == ② <= ③ != ④ <>

04. 다음 중 조건문의 형식으로 옳은 것은?

①
```
if 조건 :
  실행 명령어 1
  실행 명령어 2
실행 명령어 3
```

②
```
if 조건 :
      실행 명령어 1
   실행 명령어 2
실행 명령어 3
```

③
```
if 조건 :
  실행 명령어 1
     실행 명령어 2
실행 명령어 3
```

④
```
if 조건 :
실행 명령어 1
실행 명령어 2
실행 명령어 3
```

05. 다음 코드의 흐름에서 (A) 안에 알맞은 것은?

```
print('외출을 하려고 한다')
rain = input('밖에 비가 오는가? 오면 Y를, 아니면 N을 입력하시오 ')
(      A      )
print('외출을 나간다')
```

①
```
if rain == 'Y':
    print('모자를 챙긴다.')
else:
    print('우산을 챙긴다.')
```

②
```
if rain == 'Y':
    print('우산을 챙긴다.')
else:
    print('모자를 챙긴다.')
```

③
```
if rain
    print('모자를 챙긴다.')
else:
    print('우산을 챙긴다.')
```

④
```
if rain
    print('우산을 챙긴다.')
else:
    print('모자를 챙긴다.')
```

06. 다음 코드의 흐름에서 (A) 안에 알맞은 것은?

```
print('외출을 하려고 한다')
if input('밖에 비가 오는가? 오면 Y를, 아니면 N을 입력하시오 ') == 'Y':
    print('우산을 챙겨서 나간다.')
(  A  ) input('차가 있는가? 있으면 Y를, 없으면 N을 입력하시오 ') == 'Y':
    print('멀리 야외로 간다')
else:
    print('가까운 근교로 나간다')
```

① if
② else
③ else if
④ elif

07. 다음 코드의 흐름에서 (A) 안에 알맞은 것은?

```
print('외출을 하려고 한다')
if input('밖에 비가 오는가? 오면 Y를, 아니면 N을 입력하시오 ') == 'Y':
    ( A ) input('우산이 있는가? 있으면 Y를, 아니면 N을 입력하시오 ') == 'Y':
        print('우산을 챙겨서 나간다.')
    else:
        print('우산을 빌려서 나간다.')
else:
    print('모자를 쓰고 나간다')
```

① else ② else if
③ elif ④ if

08. if 조건문 다음에 if 조건문을 연속으로 사용하는 문장을 무엇이라 하는가?

① 조건식 ② 다중 조건식
③ 멀티 조건문 ④ 다중 조건문

09. else와 if문을 합한 형태의 명령문은?

① elseif ② else-if
③ elif ④ else: if:

10. 조건문 안의 명령문을 사용할 때 들여쓰기로 문장의 영역을 설정한다. 이를 무엇이라 하는가?

① 여백 ② 코드블록
③ 코드여백 ④ 코드설정

10101
01010

제7장 >>>>

반복문

1. 개요

2. 순서도로 알아보는 반복문

3. range( ) 함수

4. for문

5. while문

6. break

7. continue

8. 순서도를 통한 영화 티켓 예매 프로그램 설계

9. 작성된 순서도에 의한 영화 티켓 예매 프로그램 코딩

1. 개요

반복문이란 일정한 패턴이나 과정을 되풀이해서 수행하는 명령어들을 말한다. 이때 반복을 어떻게 수행할 것인가에 따라 파이썬에서는 for문, while문 두 가지 형태로 제공한다. 그렇다면 언제 어떻게 처리 과정들이 반복 수행하는지 알 수 있을까? 일상생활에서 우리는 반복문이 적용되는 다음과 같은 예를 많이 찾아볼 수 있다.

① "파이썬" 과목을 수강하는 전체 학생들에게 수업에 대한 공지 메일을 발송하라.
② 히터를 작동시켜 현재 온도에서 설정된 온도까지 방을 따뜻하게 하라.
③ 세탁기에 옷을 넣고 설정된 시간까지 세탁하라.
④ 타이머를 작동시켜 알람을 울리게 하라.
⑤ 1부터 100까지의 합을 구하라
⑥ 구구단을 출력하라

①의 경우는 공지 메일을 보내야 하는데 대상이 수강생 전체이다. 그렇다면 처음 학생에게 공지 메일을 발송하면 같은 메일을 두 번째 학생에게도 보내고 이러한 작업은 마지막 학생까지 메일 발송을 반복해야 한다.

②의 경우도 히터를 작동시킬 때 온도를 설정하게 된다. 때마침 현재 방의 온도가 설정 온도와 정확히 같다면 히터가 작동되지 않겠지만, 일반적으로 설정 온도와 실제 온도가 차이가 있다. 그렇다면 현재 온도에서 사용자가 설정한 온도까지 히터는 계속해서 히팅 작업을 반복적으로 진행하여 현재 온도를 설정 온도까지 맞출 것이다.

③은 세탁기에 옷을 넣고 가동을 하면 세탁기는 세탁통을 몇 번 돌려본 뒤 적정 세탁 시간을 사용자에게 나타낸다. 그 후 세탁기의 측면에서 보면 세제를 혼합해서 투입하고 세탁통을 돌리면서 빨래 작업을 설정된 시간까지 반복해서 수행할 것이다.

④는 타이머를 설정하여 작동시키면 타이머는 설정된 시간 동안 초 단위로 계속 확인 작업을 수행하다가 설정 시간이 된 순간 알람을 울릴 것이다. 이때의 반복은 시간 확인 작업이 된다.

⑤는 많은 프로그래밍 언어 관련 교재에서 사용해 온 반복 작업의 대표적인 예시이다. 즉, 1부터 100까지의 합을 구할 때 + 작업이 100까지 반복된다.

⑥의 구구단 또한 반복문을 위해 많이 사용되는 예시 중의 하나로, 구구단 출력을 위한 * 작업의 반복을 나타낸다.

즉, 반복은 어떠한 작업에서 되풀이되는 과정이 있다면 이것을 반복문으로 작성할 수 있다. 또한, 반복문으로 작성할 때의 장점은 프로그램의 구성이 짧아지고 간결해진다. 따라서 프로그램을 구상할 때 반복적인 패턴이 존재하는지 확인하는 것이 필요하다. 다만 주의할 사항은 반복문을 잘 못 사용할 경우 프로그램에서 반복문을 빠져나오지 못하고 무한 반복되는 경우가 있으니 주의해야 한다. 무한반복(무한루프)이란 일련의 과정이나 처리가 반복되는 형태에서 반복이 빠져나오지 못하고 지속되는 경우를 말한다. 실제로 어떤 프로그램이나 처리를 실행했는데 ⌛(모래시계)와 같은 기호가 화면에 나오면서 키보드와 마우스가 동작하지 않고 컴퓨터의 동작이 멈추는 상황을 보았을 것이다. 무한반복이 이러한 상황이다.

이제 순서도를 통해 반복문의 과정을 살펴보기로 한다.

2. 순서도로 알아보는 반복문

다음의 순서도를 살펴보자. 가장 단순한 구조이면서 반복의 형태를 잘 표현하고 있다.

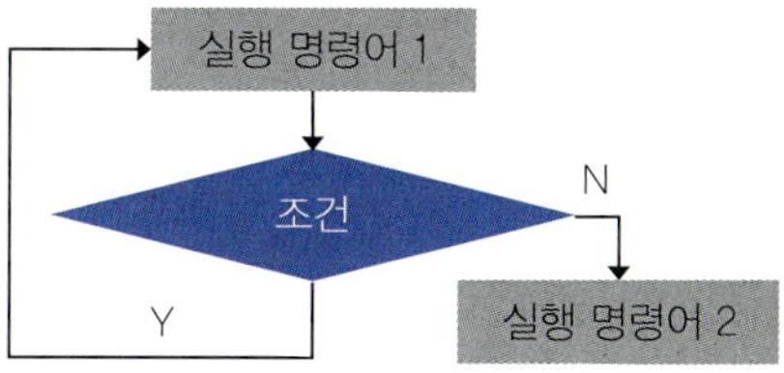

그림 1 반복 구조를 가지는 처리 순서도

조건이 맞으면 실행 명령어 1로 다시 돌아가고 맞지 않으면 실행 명령어 2를 수행한다. 이때 반복 구조는 조건이 맞을 때 일어난다. 조건이 맞으면 실행 명령어 1의 수행 후 다시 조건을 확인하게 된다. 즉, 순서도에서 처리의 과정이 왔던 곳으로 되돌아가는 사이클 과정이 있다면 반복문이 수행된다는 의미이다.

이때 중요한 것은 반드시 반복과정이 끝나는 조건이 있어야 한다는 것이다. 즉, 조건이 맞을 때(Y) 실행 명령어 1을 수행 후 다시 조건을 확인하고 Y일 때 다시 실행 명령어 1을 수행하는 사이에 조건이 맞지 않을 때(N)가 있어야 반복을 빠져나와서 실행 명령어 2를 수행하게 된다. 따라서 조건이 맞지 않는 (N)의 경우가 없다면 위 순서도는 끊임없이 실행 명령어 1을 수행하게 되는 무한반복에 빠지게 된다.

다음과 같이 5장의 조건문에 있었던 순서도는 반복문을 수행한다. 필기시험 점수가 60점을 넘지 못하면 "불합격" 통지를 받게 되고, 필기시험 공부를 다시 해야 한다. 즉, 필기점수가 60점이 넘을 때까지 "공부 → 시험"을 반복하게 되는 것이다.

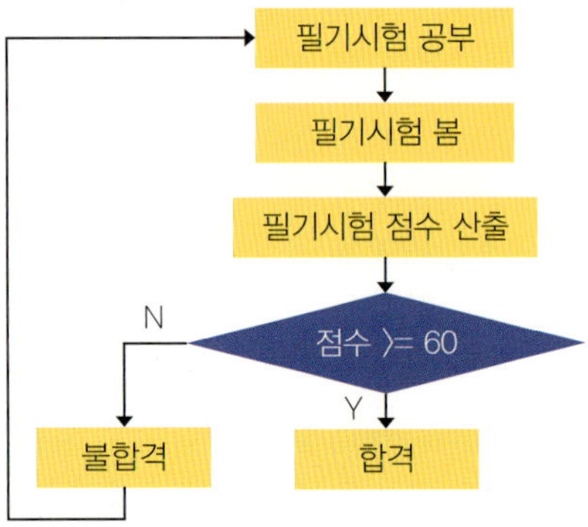

그림 2
반복 구조를 가지는 처리 순서도
(필기시험 처리)

그런데 [그림 1]과 [그림 2]를 보면 반복문에서 공통으로 들어가는 요소가 있다. 바로 조건이다. 즉, 반복이 수행되는 조건이 명시되어 있어야 해당 조건까지 명령어들을 반복할 것이다. 반복의 기준은 조건에 맞는지 맞지 않는지에 따라 결정된다. 일상적으로 생각할 수 있는 반복 구조를 가지는 처리를 하나 더 제시하면 다음과 같다.

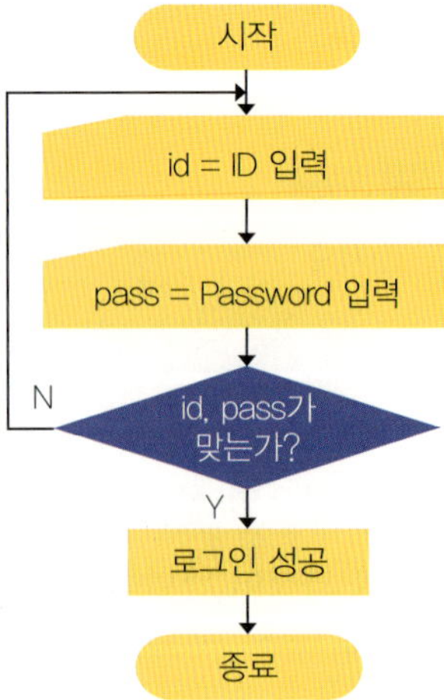

그림 3
반복 구조를 가지는
웹 사이트 접근 처리 순서도

웹 사이트에 접속할 때 우리는 ID와 Password를 입력하여 사용자 인증을 받고 접속하게 된다. 이때 ID와 Password는 입력을 받아 각각 id, password에 저장하고, 이후에 조건에서는 입력받은 id와 password를 기존에 등록된 정보, 즉 웹 사이트 데이터베이스에 등록된 ID와 Password를 비교하여 맞으면 로그인이 되고, 맞지 않으면 ID와 Password를 다시 입력받게 된다. 이때 입력된 정보가 맞지 않을 경우 로그인이 되지 못하고 계속 id와 password를 비교하는 반복 작업이 수행되게 된다.

3. range( ) 함수

반복문에서 자주 사용하게 되는 함수로는 range( )를 들 수 있다. range( ) 함수는 범위를 설정한 후 해당 범위의 수를 지정할 때 사용한다. 사용 형식은 다음과 같다.

range(start, stop, step)

start: 범위의 시작 (생략 가능)

stop: 범위의 마지막

step: 범위 설정의 단계 (생략 가능)

이때 start와 step 값은 생략이 가능하다. 만일 start 값을 생략한다면 기본값은 0부터 적용되며, step 값을 생략하면 기본값 1이 적용된다. 이때 주의할 사항은 stop이 마지막 값이 아니며, stop 바로 전까지의 수가 범위에 해당된다. 즉, range(0, 5, 1), start = 0, stop = 5, step = 1의 경우 stop의 5가 마지막 값이 아니라 바로 전의 수 4가 마지막 수가 되어 최종 범위는 0~4까지의 범위를 의미하게 된다. 이러한 이유는 범위를 나타내는 range( ) 함수에서 start의 값부터 step 값만큼 뛰어가면서 stop이 될 때까지의 수를 설정하는데, stop이 되는 순간, range( ) 함수는 해당 범위값을 반환해버려서 stop을 범위 안에 포함하지 못하게 된 것이다.

다음의 내용을 살펴보자.

- **range(0, 10, 1)**

start = 0, stop = 10, step = 1이 되므로, 0부터 10까지의 수를 나타낸다. 따라서 범위는 0, 1, 2, 3, 4, 5, 6, 7, 8, 9가 된다.

- **range(0, 10)**

start = 0, stop = 10이며, step이 생략되어 있으므로 step의 값은 기본값 1이 적용된다. 따라서 범위는 0, 1, 2, 3, 4, 5, 6, 7, 8, 9로 range(0, 10, 1)과 같은 범위를 나타낸다.

- **range(10)**

stop = 10이며, start와 step이 생략되어 있다. 생략된 start는 기본값 0, step은 기본값 1이 적용되어 범위는 0, 1, 2, 3, 4, 5, 6, 7, 8, 9가 되어, range(0, 10, 1), range(0, 10)과 같은 범위를 나타낸다.

- **range(0, 10, 2)**

start = 0, stop = 10, step = 2 이 되므로, 0부터 10까지의 수 중에서 2씩 건너뛴 수, 즉 짝수를 나타낸다. 따라서 범위는 0, 2, 4, 6, 8이 된다.

- **range(10, 5, −1)**

start = 10, stop = 5, step = −1이 되므로, 10부터 5까지 1씩 감소하면서 해당 범위를 나타낸다. 따라서 범위는 10, 9, 8, 7, 6이 된다.

- **range( )의 메소드**

range( ) 함수에서 사용할 수 있는 메소드는 다음과 같다.

메소드	기능
count(value)	range의 범위 안에 value가 몇 번 나타나는지 알려줌
index(value)	range의 범위 안에 value의 인덱스를 알려줌

이제 다음과 같이 실습해 보자.

```
>>> range(0, 10, 2).count(2)
1
>>> range(0, 10, 2).index(0)
0
```

range(0, 10, 2).count(2)의 의미는 0, 2, 4, 6, 8까지의 범위에서 2가 몇 번 나타나는지 알려준다. 즉, 2는 해당 범위에서 한 번만 나타나기 때문에 1이 출력된다.

range(0, 10, 2).index(0)의 의미는 0, 2, 4, 6, 8까지의 범위에서 0의 위치에 대한 인덱스를 알려준다. 즉, 0은 맨 처음 나타나므로 인덱스는 0이다.

4. for문

파이썬에서 반복문은 for문과 while문이 주로 사용된다. for문의 형식은 아래와 같다.

```
for 반복 변수 in 반복 범위 :
        반복 실행 명령어
```

반복 변수는 반복을 수행할 때 반복 범위에서 설정된 범위 안에서 반복의 위치를 나타낸다. 반복 범위는 반복 수행의 범위를 나타내며, 일반적으로 range( ) 함수에 의해 범위가 설정된다. 아래 그림과 같이 실습해 보자.

```
>>> for i in range(0, 5):
...     print(i)
...
...
0
1
2
3
4
>>> |
```

그림 4 for의 반복문

이때 반복 변수는 i가 되며 반복 범위는 range(0, 5)가 된다. 한 칸 들여 쓴 print(i) 명령이 반복된다. 이때 i는 range(0, 5)에 따라 처음엔 0이 되고, print(i)가 실행되면 0을 출력한다. 다시 for문으로 돌아와 i는 다음 값인 1이 되고 print(i) 명령을 실행해서 1을 출력한다. 이와 같은 방법으로 i값이 계속 range(0, 5) 범위 내에서 변경되면서 반복을 수행하다가 i값이 5가 되는 순간 for문을 빠져나온다. 따라서 맨 마지막에 print(i)를 실행한 결과는 i값이 4가 되었을 때 실행되므로 마지막 값은 4를 출력하게 된다. range( ) 함수에서 반복 변수는 변수이기 때문에 i가 아닌 어떤 변수명도 가능하다.

i 값	0	1	2	3	4	5
`for i in range(0, 5):` `    print(i)`	print(0)	print(1)	print(2)	print(3)	print(4)	for문 빠져나감

for문을 사용할 때의 주의사항

- for문은 반드시 콜론(:)으로 끝나야 한다.
  예 for i in range(10):
- for문에서 반복 명령어를 쓸 때 반드시 들여쓰기를 해야 한다.
  예 for문 내의 print(i) 명령어는 반복 명령문이기 때문에 들여 쓴다.

```
for i in range(10):
    print(i)
```

다음의 예제를 통해 for문을 이용하여 1~10까지의 숫자 중에서 짝수만 나타내 보자.

예제 1 1부터 10까지의 짝수

```
>>> for a in range(2, 11, 2):
        print(a)
>>>
2
4
6
8
10
```

```
for a in range(2, 11, 2):
```

반복 범위는 1~10까지의 숫자 중에서 짝수인데 왜 start는 2이고 stop은 11일까? 그 이유는 반복 범위를 설정할 때 start는 포함이고 stop은 바로 전의 범위까지만 포함되기 때문이다. 즉, 반복 범위는 1~10까지이므로 range(1, 11, 2)로 설정하게 되면 시작이 1부터이기 때문에 1, 3, 5, 7, 9가 나타난다. 그렇다면 조건문과 연산자를 사용해 보자.

예제 2 **조건문을 사용한 1부터 10까지의 짝수**

```
>>> for a in range(1, 11):
        if a % 2 == 0:
            print(a)
>>>
2
4
6
8
10
```

```
for a in range(1, 11):
```

반복문에서 range(1, 11)로 반복 범위를 설정함으로써 1~10까지의 범위를 설정하였다.

```
if a % 2 == 0:
    print(a)
```

for에서 a를 반복 변수로 설정하였으니 a는 1~10까지 카운트하면서 반복을 수행할 것이다. 반복문에서 a값을 2로 나누어 나머지가 0으로 나오는 숫자만 걸러내었다. 즉, a의 값이 1일 때는 1 % 2 == 0은 거짓이 되기 때문에 print(a)를 수행하지 않는다. a가 2가 되었을 때 2 % 2 == 0은 참의 값을 가지므로 print(a)를 수행하면서 2를 처음에 출력한다. 결국 a가 10까지 가면서 반복문 안의 if문을 수행하고 a가 11이 되는 순간 for 반복문을 빠져나온다.

다음으로 아래와 같이 입력을 받아 해당하는 구구단을 출력해 보자.

예제 3 **입력을 받아 출력하는 구구단**

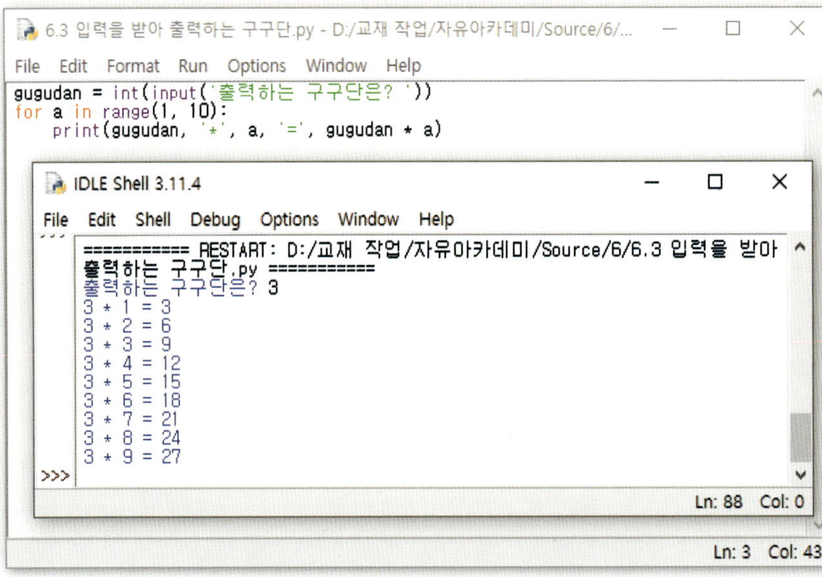

그림 5 입력값을 통한 구구단 예제와 실행 결과

```
gugudan = int(input('출력하는 구구단은? '))
```

출력하고 싶은 구구단의 단수를 입력받아 gugudan에 저장한다.

```
for a in range(1, 10):
    print(gugudan, '*', a, '=', gugudan * a)
```

구구단이므로 반복 범위는 1~9까지여야 한다. 따라서 for 반복문의 범위는 range(1, 10)으로 설정하면 된다. 화면에 구구단을 출력하기 위해 문자와 숫자를 조합하여 구구단을 출력한다. print(gugudan, '*', a, '=', gugudan * a)에서 문자로 나타내는 연산자 '*', '='를 제외하면 gugudan과 반복 변수 a만을 가지고 gugudan * a와 같은 형식으로 구구단의 계산결과를 출력할 수 있다.

다음의 예제를 통해 구구단을 출력해 보자.

예제 4 구구단 출력

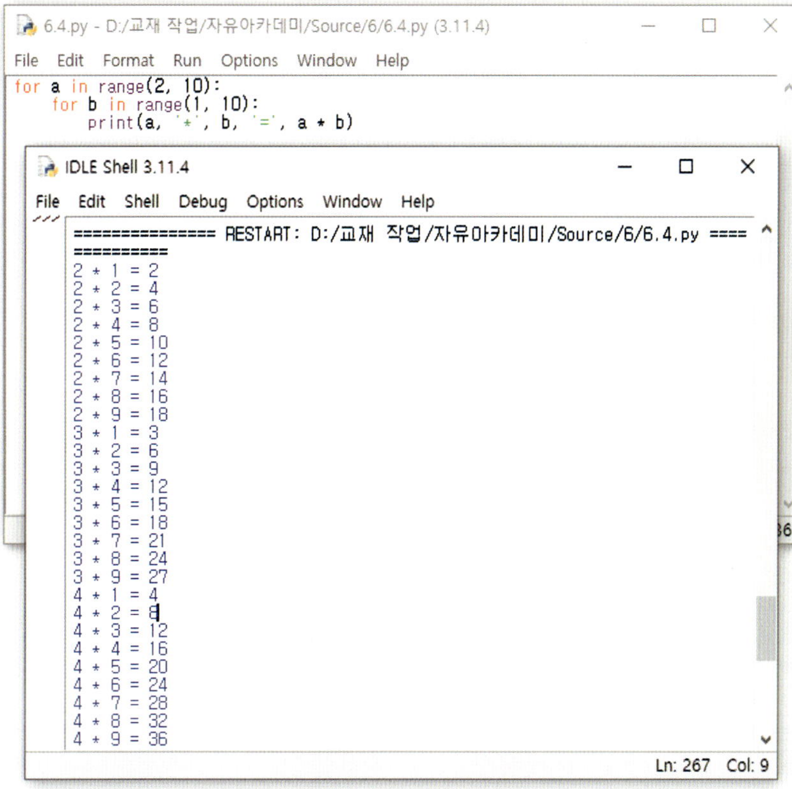

그림 6 구구단 예제와 실행 결과

반복문을 사용하면 구구단 출력은 3줄이면 된다. 이때 for문 안의 실행문으로 for문을 또 사용하였다. 즉, 반복문 안에 반복문을 얼마든지 사용할 수 있다. 이와 같이 반복문을 여러 번 사용할 경우 들여쓰기에 주의한다.

```
for a in range(2, 10):
```

구구단을 2단부터 출력할 것이기에 처음 for문의 start = 2로 하였다. 9단까지 진행하므로 stop = 10으로 설정하여 range(2, 10)을 하면 된다.

```
    for b in range(1, 10):
```

두 번째 반복문은 구구단의 두 번째 피연산자로서 1~9까지 범위를 가져야 한다. 따라서 range(1, 10)으로 설정하였다.

```
print(a, '*', b, '=', a * b)
```

첫 번째 변수 a는 단수이고 두 번째 변수 b는 구구단의 두 번째 피연산자이므로 print( ) 함수 안에서 a, '*', b, '=', a * b와 같은 형태로 구성하면 된다. 이때 a * b가 구구단의 최종 연산 결과가 되며, '*', '='은 구구단에서 연산자를 문자로 나타내기 위한 것이다. 위 프로그램을 실행하면 2단부터 9단까지 모두 나타낸다.

이제 구구단을 모두 출력하지 않고, 출력을 원하는 구구단의 단수를 입력받아 해당 구구단부터 출력하는 프로그램을 작성해 보자.

예제 5 출력을 시작하고 싶은 구구단

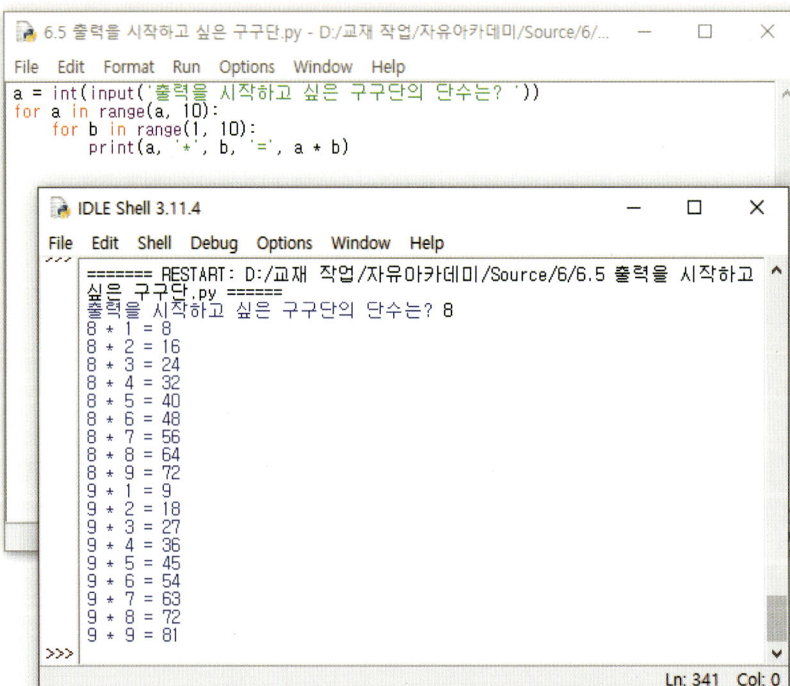

그림 7 출력을 시작하고 싶은 구구단 예제와 실행 결과

```
a = int(input('출력을 시작하고 싶은 구구단의 단수는? '))
```

출력하고 싶은 구구단의 단수를 입력받아 a에 저장한다.

```
for a in range(a, 10):
```

반복 변수를 a로 하였는데, range( )의 start를 반복 변수 a로 하였다. 이것은 출력을 시작하고 싶은 구구단의 단수를 a로 입력받았기 때문에 첫 번째 반복문인 for에 start를 a로 지정한 것이다. 그렇다면 만일 for a in range(1, 10)과 같이 설정하면 어떻게 될까? 위의 input( )을 통해 입력받은 a값은 무시되고 for문에서 a는 1~9까지 재설정되어 반복문을 수행하게 된다. 그렇게 되면 입력받은 단수부터 구구단을 출력하는 것이 아니라 구구단의 처음부터 출력하게 되어 [예제 4]와 동일한 결과를 나타낸다.

```
for b in range(1, 10):
    print(a, '*', b, '=', a * b)
```

두 번째 for문은 [예제 4]와 동일하다. 실행 결과로는 출력하고 싶은 구구단의 단수에 8을 입력하면 구구단을 8단부터 출력한다.

지금까지 반복 범위는 range( ) 함수를 사용하였다. 그렇다면 range( ) 함수 이외에는 반복 범위를 설정할 수 없는 것일까? 아래의 예제를 실행해 보자.

예제 6 문자열의 출력

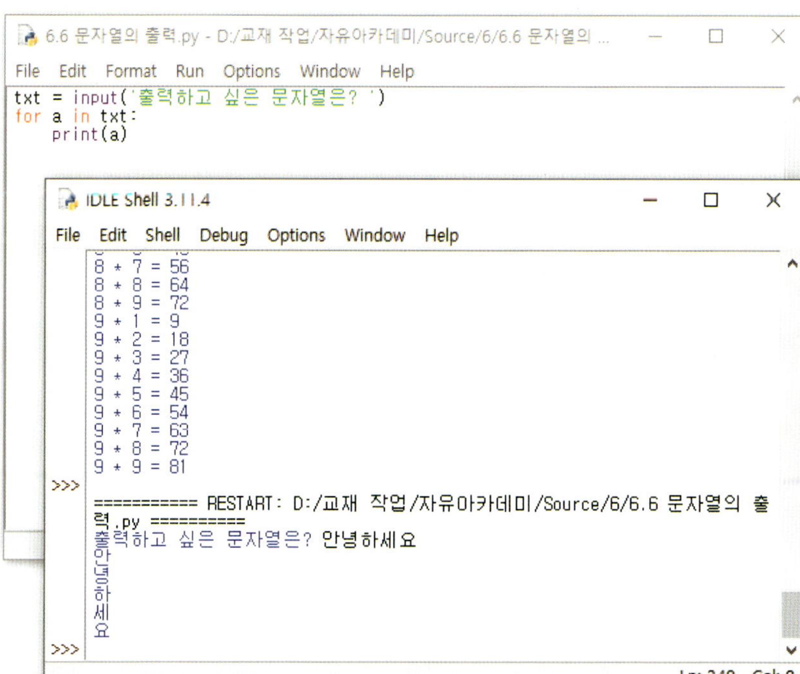

그림 8 문자열의 출력 예제와 실행 결과

```
txt = input('출력하고 싶은 문자열은? ')
```

출력하고 싶은 문자열을 입력받아 txt에 저장한다. 이때 입력받을 데이터는 문자형이기 때문에 input 앞에 int를 사용하지 않았다.

```
for a in txt:
    print(a)
```

for a in txt:에서 반복 범위를 입력받은 문자열 txt로 설정하였다. 이렇게 되면 반복의 범위가 숫자로 된 범위를 나타내는 것이 아니라 문자의 내용이 된다. 따라서 txt에 '안녕하세요'를 입력하면 for의 반복 변수 a는 txt에 저장된 문자열을 하나씩 분리하여 처음에는 a = '안'이 되어 print(a)를 수행하고, 다음에는 a = '녕'이 되어 print(a)를 수행한다. 이와 같은 방법으로 '안녕하세요'를 한 글자씩 모두 출력하게 되는 것이다.

5. while문

while문은 for문보다 단순하게 보일 수 있다. 명령어 형식은 아래와 같다. while에서 반복 조건을 사용하게 되는데, 조건이 참일 경우는 반복 실행문이 실행되고 조건이 거짓이 되는 순간 반복을 멈추고 while문을 빠져나오게 된다. while문에서도 반복 조건 다음에는 반드시 콜론(:)을 붙여야 한다.

```
while 반복 조건 :
    반복 실행문
```

while문을 사용하여 1부터 100까지의 합을 구하는 프로그램을 작성해 보자.

예제 7 1부터 100까지의 합을 출력

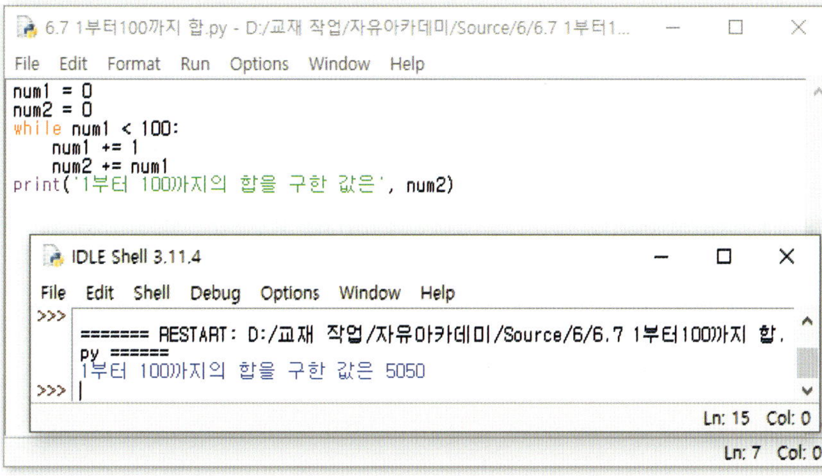

그림 9 1부터 100까지의 합을 구하는 예제와 실행 결과

```
num1 = 0
num2 = 0
```

while문은 반복문을 수행 전에 조건을 먼저 확인하고 반복을 할지 아니면 반복문을 수행하지 않고 빠져나올지를 결정한다. 따라서 반복문의 조건에 들어갈 변수가 이미 while 전에 선언되어 있어야 한다. 여기서는 num1, num2를 0으로 초기화하여 선언하였다. num1의 역할은 1에서 100까지 카운트하는 것이고, num2의 역할은 num1이 1에서 100까지 진행되는 동안 숫자를 누적하여 더하는 것이다.

```
while num1 < 100:
    num1 += 1
    num2 += num1
```

num1이 100보다 작은지 먼저 확인한다. while은 조건이 참일 때 반복 실행문을 수행한다. 맨 처음 while을 만났을 때 num1의 값은 초기값이 0이었으므로 while 0 < 100:의 조건이 되며 참의 조건이 되므로 아래의 명령을 차례로 수행한다.

```
    num1 += 1
    num2 += num1
```

이후 num1의 값은 1 증가하여 1이 되었고, num2도 num2 = num2 + num1이므로 1의 값을 저장한다. 다시 while로 복귀하여 num1 < 100을 비교하게 된다. 이러한 방식으로 조건이 거짓이 되는 num1이 101이 될 때까지 누적 과정을 반복하게 된다. while문을 통해 반복이 수행되는 동안의 num1, num2 두 값의 변화는 다음과 같다.

	1회	2회	3회	4회	5회	6회	7회	8회	9회	10회	...	100회	101회
num1	1	2	3	4	5	6	7	8	9	10	...	100	101
num2	1	3	6	10	15	21	28	36	45	55	...	5050	stop

```
print('1부터 100까지의 합을 구한 값은', num2)
```

num2에 누적된 값을 출력한다. 이때 값만 출력하는 것보다 출력 내용을 간략히 설명과 함께 나타내면 더욱 좋기에 '1부터 100까지의 합을 구한 값은'의 문자열과 실제 누적합계 num2를 붙여서 출력하였다. [그림 9]에서 나타난 것처럼 결과 5050이 정상적으로 출력된 것을 알 수 있다.

그렇다면 100까지의 합으로 숫자를 한정할 것이 아니라 값을 입력받아 1부터 입력한 값까지 합을 구하는 방법은 어떨까? 다음과 같이 실습해 보자.

예제 8 **입력받은 수까지의 합을 출력**

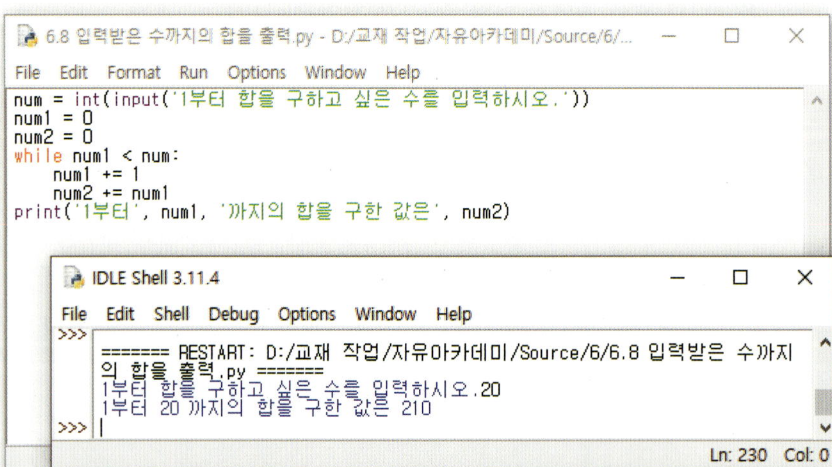

그림 10 1부터 입력값까지의 합을 구하는 예제와 실행 결과

```
num = int(input('1부터 합을 구하고 싶은 수를 입력하시오.'))
```

1부터 합을 구하고자 하는 값을 입력받아 num에 저장하였다.

```
num1 = 0
num2 = 0
while num1 < num:
    num1 += 1
    num2 += num1
print('1부터', num1, '까지의 합을 구한 값은', num2)
```

while num1 < num:에서 입력받은 num을 while 문의 조건에 num까지로 수정하면 반복 실행문인 num1 += 1 과 num2 += num1은 num까지 반복하면서 num2를 누적할 것이다. 화면에 나타내고자 하는 값은 num1과 num2를 문자열과 섞어서 문장을 아래와 같이 만들어주면 된다.

```
print('1부터', num1, '까지의 합을 구한 값은', num2)
```

6. break

반복문에서 사용하는 제어문 중에서 continue와 break가 있다. 이것은 반복문 안에서 실행문이 반복될 때 중간에 반복을 중단하고 빠져나올지 또는 건너뛸지를 결정하게 된다. break를 사용하여 다음의 순서도를 작성하자.

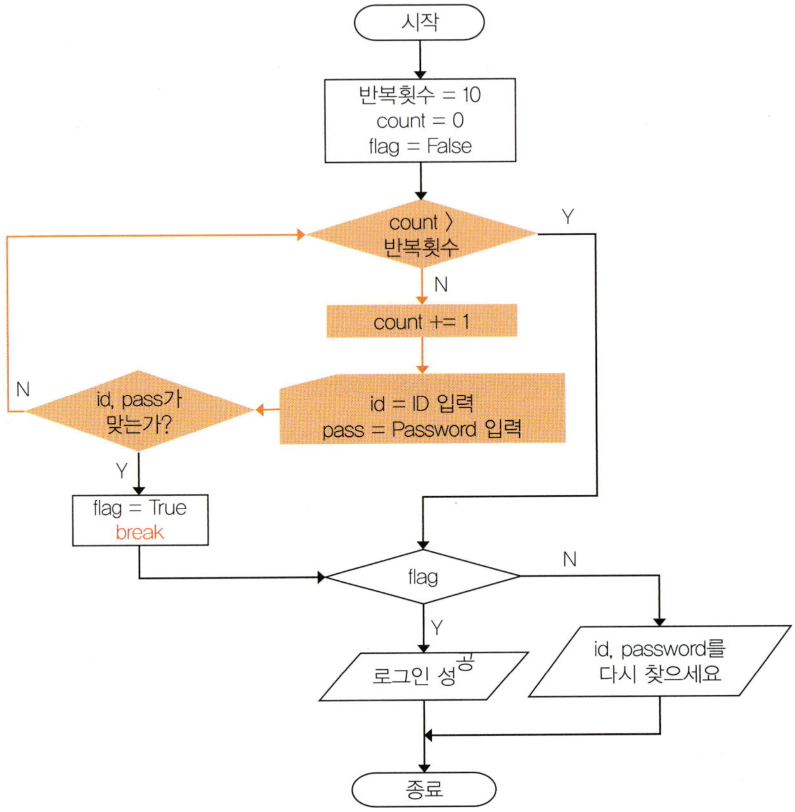

그림 11 지정된 횟수에 따른 id, password 인증 순서도

위 순서도는 우리가 일상적으로 많이 접하는 id, password를 통한 인증 절차이다. 즉 id, password를 입력받아 등록된 id와 password가 맞는지 확인하지만, 이때 10회 이상 id, password가 틀리면 id, password 찾기를 하고 인증 절차는 종료된다. 즉, 반복 횟수 10회까지는 인증과정이 반복되지만 중간에 id, password가 맞으면 반복 횟수에 도달되지 않아도 반복을 중단하고 빠져나온다. 이때 사용하는 것이 break이다. 즉, break는 반복을 중단하고 반복문에서 빠져나오는 명령이라 할 수 있다.

위 순서도를 코딩하면 다음과 같다.

예제 9 break를 사용한 사용자 인증

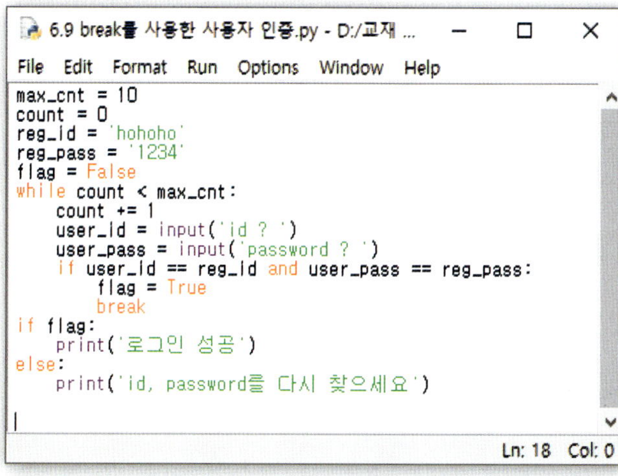

그림 12
break를 사용한 사용자 인증 예제

```
max_cnt = 10
count = 0
reg_id = 'hohoho'
reg_pass = '1234'
```

max_cnt는 로그인 횟수를 설정하는 변수이다. 예제에서는 10회로 하였으나 5회 3회 등으로 얼마든지 변경할 수 있다. count는 0으로 초기화 하였으며 로그인할 때마다 현재의 로그인 시도 횟수를 저장한다. 즉, count가 max_cnt까지 도달되면 설정된 로그인 횟수까지 로그인을 시도했는데도 id와 password가 맞지 않다면 'id, password를 다시 찾으세요'라는 메시지를 사용자에게 나타낸다. 만일 반복 실행 중간에 id와 password가 맞았다면 '로그인 성공'을 사용자에게 나타낸다. 그런데 반복문이 종료된 이후에 로그인이 성공했는지 실패했는지 프로그램에서는 어떻게 알 수 있을까? flag를 설정해서 판단할 수 있다. reg_id와 reg_pass는 사용자가 이미 등록해 놓은 id와 password라고 하자. 여기서는 임의로 'hohoho'와 '1234'로 설정하였다.

```
flag = False
```

flag는 로그인 성공과 실패를 반복문이 종료된 이후에 사용자에게 로그인 성공 또는 실패를 알려주기 위하여 설정한 bool 변수이다. 즉, flag의 초기값은 False이다. 이후 사용자가 입력한 id와 password가 등록된 id와 password와 일치한다면 True로 변경한다. 만일 반복 횟수까지 반복문 내의 명령어가 실행되는 동안에 id와 password가 일치하지 않는다면 flag 값은 변경되지 않고 False를 유지할 것이다. 따라서 반복문 다음의 명령에서 flag값을 확인하여 True이면 '로그인 성공'을, False이면 'id, password를 다시 찾으세요'를 출력할 수 있다.

```
while count < max_cnt:
    count += 1
    user_id = input('id ? ')
    user_pass = input('password ? ')
```

while 반복문에서는 id, password의 인증 시도 횟수인 count와 인증의 한계 횟수인 max_cnt를 비교하여 max_cnt가 넘는 순간 인증실패로 설정한다. 이를 위해서 인증 시도 횟수인 count는 인증을 반복할 때마다 1씩 증가하여 반복 횟수를 올리면서 id와 password를 입력받아 인증을 시도한다.

```
    if user_id == reg_id and user_pass == reg_pass:
        flag = True
        break
```

반복문 안의 조건에서는 id와 password가 등록된 id와 password와 같은지를 비교하게 된다. 이때 id와 password가 모두 일치해야 인증에 성공한 것으로 하며, 인증 성공 후에는 flag를 True로 저장하고 break를 통해 while 반복문의 조건에 상관없이 빠져나오게 된다.

```
if flag:
    print('로그인 성공')
else:
    print('id, password를 다시 찾으세요')
```

반복문 이후에는 flag를 확인하여 '로그인' 성공 또는 'id, password를 다시 찾으세요'의 메시지를 사용자에게 출력한다.

그러면 왜 굳이 flag를 사용할까? 이는 while 반복문 안에서 id와 password가 맞지 않을 때 'id, password를 다시 찾으세요'를 출력하게 되면 id와 password가 맞지 않을 때마다 계속 반복해서 같은 메시지가 출력될 수 있기 때문이다. 따라서 반복되는 동안에는 계속 id, password를 확인하고 나중에 flag를 통해서 인증이 성공인지 실패인지를 처리하게 되는 것이다.

다음은 위 프로그램의 실행 결과를 나타낸다. 즉, id, password를 확인해서 맞지 않으면 계속 id, password를 입력받고, 10회가 넘도록 맞지 않으면 'id, password를 다시 찾으세요'를 출력한다. 그런데 두 번째 실행 결과에서는 3회의 시도에서 id, password가 일치하였으며 더는 반복을 수행하지 않고 '로그인 성공' 메시지를 출력하고 반복을 중단한다. 이는 break 때문이다.

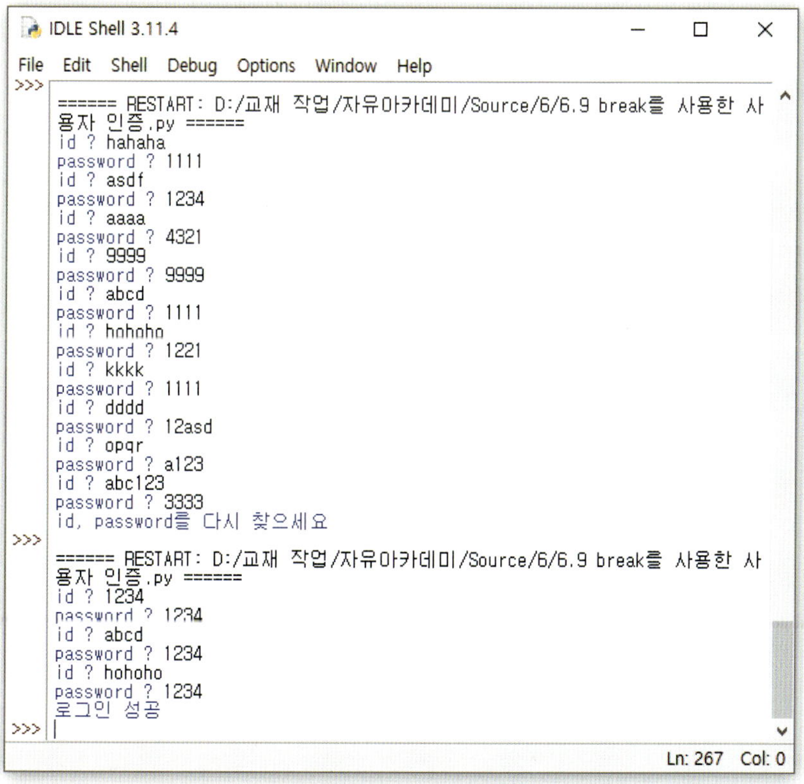

그림 13 break를 사용한 사용자 인증 예제 실행 결과

7. continue

continue는 break와는 다르게 반복문을 빠져나오는 것이 아니라 해당 프로세스만 건너뛰고 반복을 계속 수행하는 것이다. 아래의 예시는 [예제 4] 구구단 출력에서 짝수인 결과는 건너뛰고 출력하는 프로그램이다.

예제 10 **continue를 사용한 홀수 구구단**

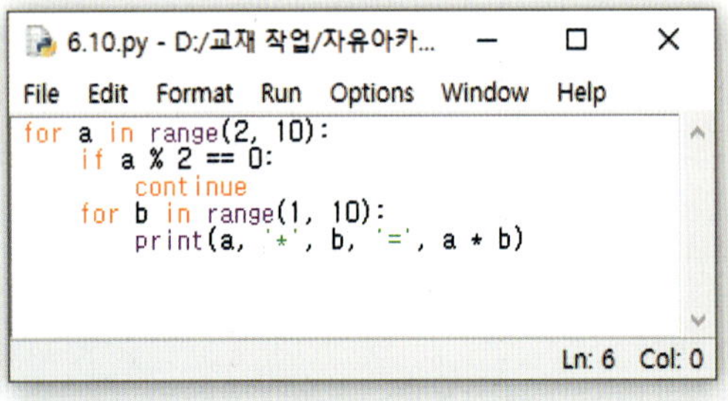

그림 14
continue를 사용한 홀수 구구단 출력 예제

즉, 첫 번째 반복문 안에 있는 if문을 통해 변수 a가 짝수인지 확인한 후 짝수라면 continue를 수행한다. 이때 continue는 반복문의 중단을 뜻하는 것이 아니라 변수 a가 짝수일 때만 더는 반복문 안의 실행문(for b in range(1, 10): 이하)들을 처리하지 않고 for a in range(1, 10): 명령으로 되돌아가서 반복문을 계속 실행하는 것이다.

```
if a % 2 == 0:
    continue
```

따라서 위 명령은 반복문을 통해 구구단 출력을 실행하지만, 구구단 중 짝수는 건너뛰고 홀수 구구단만 실행하여 [그림 15]와 같이 실행 결과를 나타낸다.

```
IDLE Shell 3.11.4
File Edit Shell Debug Options Window Help
>>>
==================== RESTART: D:/교재 작업/자유아카데미/Source/6/6.10.py ===================
3 * 1 = 3
3 * 2 = 6
3 * 3 = 9
3 * 4 = 12
3 * 5 = 15
3 * 6 = 18
3 * 7 = 21
3 * 8 = 24
3 * 9 = 27
5 * 1 = 5
5 * 2 = 10
5 * 3 = 15
5 * 4 = 20
5 * 5 = 25
5 * 6 = 30
5 * 7 = 35
5 * 8 = 40
5 * 9 = 45
7 * 1 = 7
7 * 2 = 14
7 * 3 = 21
7 * 4 = 28
7 * 5 = 35
7 * 6 = 42
7 * 7 = 49
7 * 8 = 56
7 * 9 = 63
9 * 1 = 9
9 * 2 = 18
9 * 3 = 27
9 * 4 = 36
9 * 5 = 45
9 * 6 = 54
9 * 7 = 63
9 * 8 = 72
9 * 9 = 81
>>> |
Ln: 41 Col: 0
```

그림 15 continue를 사용한 홀수 구구단 출력 실행 결과

그렇다면 break와 continue의 차이는 무엇일까? 위 예제를 똑같이 하여 continue를 break로 바꾸어 보았다.

```
6.10.py - D:/교재 작업/자유아카...
File Edit Format Run Options Window Help
for a in range(2, 10):
    if a % 2 == 0:
        break
    for b in range(1, 10):
        print(a, '*', b, '=', a * b)
Ln: 3 Col: 13
```

그림 16 break를 사용한 홀수 구구단 출력 예제

for a in range(2, 10): 에서 a의 값이 2에서 10까지 1씩 증가하므로 처음 a의 값은 2가 된다. if a % 2 == 0: 명령으로 인해 a의 값을 2로 나누어 0 나머지가 0으로 나타나면 break를 수행한다. 그런데 처음 a의 값이 2였으므로 if 조건문이 만족되어 break를 수행하게 된다. break는 반복문을 빠져나오게 하는 명령어이기 때문에 예제를 실행하게 되면 아무런 결과를 출력하지 못한다.

```
for a in range(2, 10):
    if a % 2 == 0:
        break
```

실행 결과는 다음과 같다.

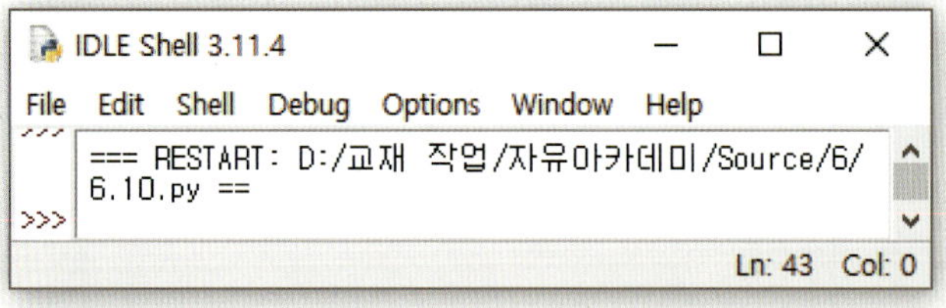

그림 17 break를 사용한 홀수 구구단 출력 실행 결과

8. 순서도를 통한 영화 티켓 예매 프로그램 설계

영화 티켓 예매 프로그램을 완성해 보자. 우선 예매 예약을 위해 시스템 로그인 과정부터 순서도를 작성하면 [그림 18]과 같다. 이것은 [예제 9]와 유사해 보일 수 있으나 조금 더 단순화한 것이다.

예제 11 영화티켓 예매

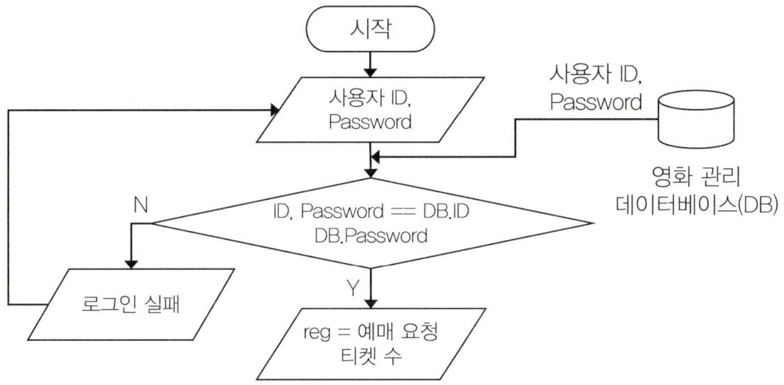

그림 18 영화 티켓 예약 사용자 인증 순서도

인증과정은 ID와 Password를 입력받고 데이터베이스에 등록된 ID와 Password를 비교하여 인증된 사용자라면 예매하고자 하는 요청 티켓 수를 입력받아 예매를 진행하지만, 그렇지 않은 경우는 "로그인 실패" 메시지를 출력한 후 다시 ID, Password를 입력받는 과정을 반복하게 한다.

로그인 이후에는 티켓을 예매하는 과정을 구성해 보자. 예매하고자 하는 요청 티켓 수를 입력받은 후, movie_name에는 예약하려는 영화를 입력받고, 데이터베이스로부터 이미 예약된 좌석수를 가져온다. 조건에서는 예약하려고 입력받은 영화 이름과 등록된 영화 이름이 같아야 하고, 해당 영화의 좌석수가 아직 남아있어야 예약을 진행할 수 있다. 따라서 조건은 "movie_name == 영화 이름 and reg + movie_current < 영화 좌석수"가 된다. 만일 예약하려는 티켓 수 + 기존 예약된 티켓 수가 영화 좌석수보다 크면 티켓을 예매할 수 없으며, 이때는 티켓을 구매할 수 없다는 메시지를 전송하고 티켓 구매를 계속할 것인지 확인한다. 만일 예매를 계속하겠다면 예매 요청 티켓 수를 입력받는 과정으로 되돌아가는 반복과정을 수행하고, 그렇지 않고 예매를 중단하겠다면 로그아웃을 진행하고 ②의 과정으로 연결하여 프로그램을 종료한다. 만일 영화 이름도 맞고, 좌석수도 있다면 ①의 과정으로 이어지게 되며, 현재 예약 티켓 수(movie_current)에 예약을 진행한 티켓 수인 reg를 추가하여 현재 티켓 수에 저장하고 데이터베이스에 저장한다. 모든 프로세스가 종료되었으니 티켓 예매 성공 메시지를 출력하고 프로그램을 종료하면 된다.

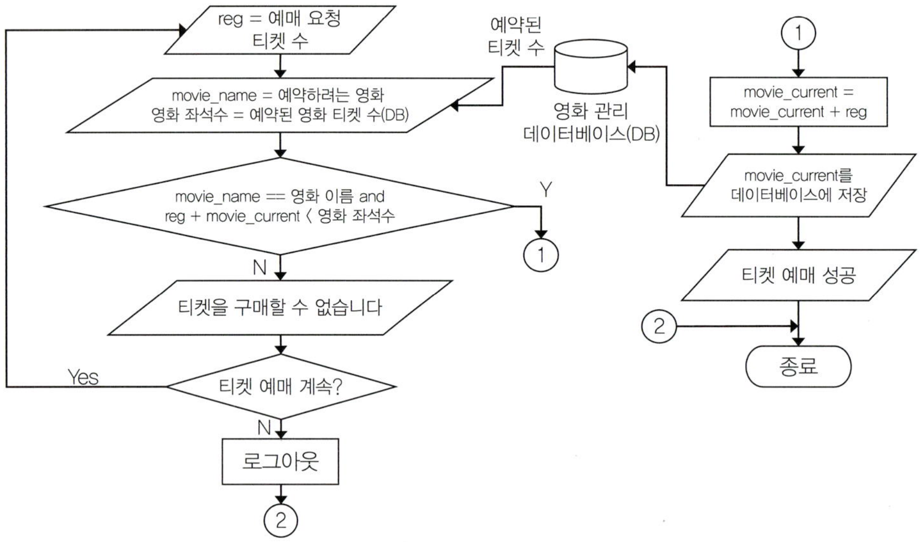

그림 19 영화 티켓 예약 주문 순서도

다음의 [그림 20]은 [그림 18]과 [그림 19]를 하나로 합친 순서도이다. 완성된 순서도를 통해 영화 예매 프로그램을 완성하도록 하자.

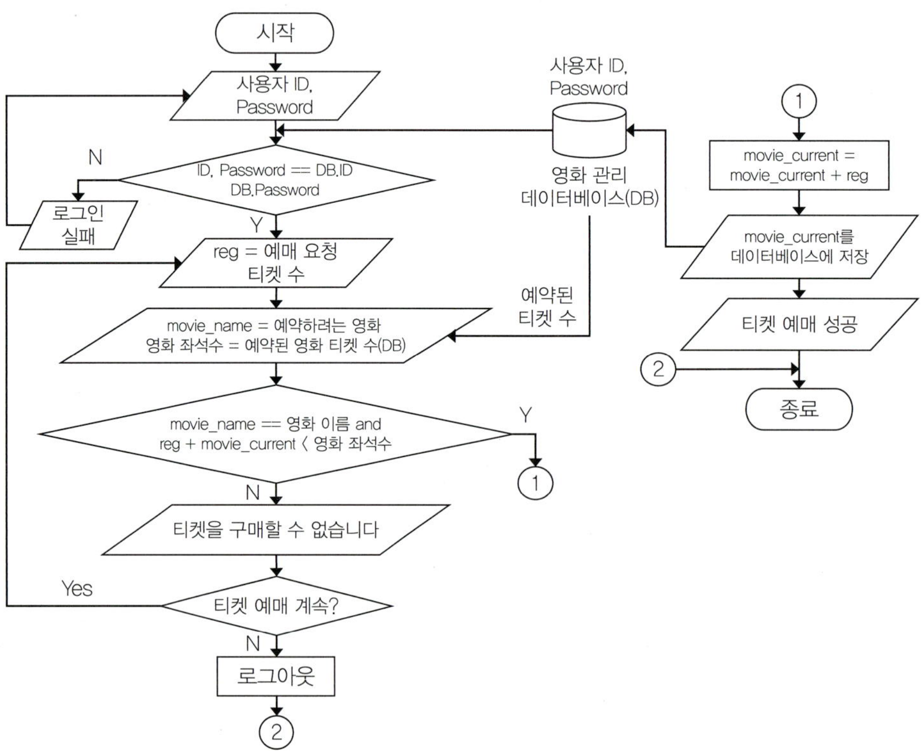

그림 20 영화 티켓 예약 순서도

9. 작성된 순서도에 의한 영화 티켓 예매 프로그램 코딩

앞에서 작성된 순서도를 통해 다음과 같이 프로그램을 코딩할 수 있다.

*6.11 영화티켓 예매.py - D:₩교재 작업₩자유아카데미₩Source₩6₩6.11 영화티켓 예매....

File Edit Format Run Options Window Help

```
db_id = 'hohoho'
db_pass = '1234'
user_id = input('id ? ')
user_pass = input('password ? ')
movie_info = {'미션 파서블':20, '마블':30, 'TopGun':30}
movie_current = {'미션 파서블':9, '마블':11, 'TopGun':13}
flag = 'Y'

while user_id != db_id or user_pass != db_pass:
    print('로그인 실패')
    user_id = input('id ? ')
    user_pass = input('password ? ')

print('예약 가능한 영화는', '미션 파서블,', '마블,', 'TopGun 입니다')
movie_name = input('예약하려는 영화는 ? ')
reg = int(input('예매하고자 하는 티켓 수량은 ? '))
while True:
    if (reg + movie_current[movie_name]) < movie_info[movie_name]:
        print('현재까지 예약 티켓 수량은', reg + movie_current[movie_name], '입니다.')
        break
    possible = movie_info[movie_name]-movie_current[movie_name]
    print('티켓이 구매할 수 없습니다. 구매가능한 티켓은', possible, '입니다')
    flag = input('티켓 구매를 계속하시겠습니까? Y/N ')
    if flag == 'N':
        break

    print('예약 가능한 영화는', '미션 파서블,', '마블,', 'TopGun 입니다')
    print('영화명을 다시 입력하세요')
    movie_name = input('예약하려는 영화는 ? ')
    reg = int(input('예매하고자 하는 티켓 수량은 ? '))

if flag == 'N':
    print('로그 아웃 되었습니다')
else:
    movie_current[movie_name] += reg
    print('티켓 예매가 성공하였습니다')

print('프로그램을 종료합니다.')
```

Ln: 28 Col: 26

그림 21 영화 티켓 예약 프로그램

```
db_id = 'hohoho'
db_pass = '1234'
```

사용자 인증을 위해 데이터베이스에서 등록된 사용자의 id와 password를 가져와야 하지만 현재의 과정에서는 데이터베이스에 관한 내용을 다루지 않았으니 데이터베이스에 저장된 id와 password의 정보를 위와 같이 초기화하여 지정하였다. 즉, 사용자가 예전에 등록한 id는 'hohoho', password는 '1234'라고 가정한다.

```
user_id = input('id ? ')
user_pass = input('password ? ')
```

사용자로부터 로그인에 필요한 id와 password를 입력받아 각각 user_id, user_pass에 저장하였다.

```
movie_info = {'미션 파서블':20, '마블':30, 'TopGun':30}
movie_current = {'미션 파서블':9, '마블':11, 'TopGun':13}
flag = 'Y'
```

또한 각 영화에 배정된 좌석수도 데이터베이스에서 가져와야 하지만 변수로 저장하였다. 이때 해당 영화 이름과 좌석수를 같이 관리하고자 딕셔너리로 구성하였다. movie_info는 데이터베이스에 있는 각 영화별 좌석수를 나타내고, movie_current는 현재까지 예약이 완료된 좌석수를 나타낸다. 즉, movie_info는 해당 영화를 상영하는 영화관의 좌석이며 예약하고자 하는 티켓은 movie_info에 설정된 좌석수를 넘을 수 없다. flag는 티켓을 계속 구매할 것인지 아니면 구매를 중간에 중단할 것인지에 대해 확인할 수 있는 bool 변수로서 초기값은 'Y'로 하였다.

```
while user_id != db_id or user_pass != db_pass:
    print('로그인 실패')
    user_id = input('id ? ')
    user_pass = input('password ? ')
```

입력받은 id와 password를 통해 이미 등록된 user_id, user_pass와 비교하여 로그인 인증 절차를 진행한다. 인증 성공으로 로그인이 되면 아래의 영화 예약 프로세스를 진행한다.

```
print('예약 가능한 영화는', '미션 파서블,', '마블,', 'TopGun 입니다')
movie_name = input('예약하려는 영화는 ? ')
reg = int(input('예매하고자 하는 티켓 수량은 ? '))
```

영화 예약이 가능한 것은 "미션 파서블,', '마블,', 'TopGun"으로 가정한다. 예약하려는 영화를 입력받아 movie-name에 저장하고, 예매하고자 하는 티켓 수량을 입력받아 reg에 저장하자.

```
while True:
```

while 반복문은 조건이 참일 때 반복을 수행한다. 그런데 조건이 True라는 것은 while문 아래의 실행 명령문들을 무한반복을 하라는 의미이다.

```
    if (reg + movie_current[movie_name]) < movie_info[movie_name]:
        print('현재까지 예약 티켓 수량은', reg + movie_current[movie_name], '입니다.')
        break
```

while True를 통해 무한반복을 수행하는 구성에서 반복을 빠져나오게 하는 유일한 방법은 break이다. if (reg + movie_current[movie_name]) < movie_info[movie_name]:에서 조건이 참일 때 해당 메시지를 출력 후 break로 반복을 중단하고 빠져나가게 되는데, 조건은 예약하고자 하는 영화의 티켓 수량과 현재까지 예약된 티켓 수량을 합한 수량이 영화가 상영되는 영화관의 좌석수를 넘지 말아야 한다. 영화관의 좌석수보다 더 많은 예약 티켓 수를 받으면 안 되기 때문이다. 만일 예약 요청 티켓 수량인 reg와 현재까지 예약된 티켓 수량인 movie_current[movie_name]를 합한 수량이 영화의 영화관 좌석수인 movie_info[movie_name]보다 크지 않으면 reg와 movie_current[movie_name]를 합하여 예약된 티켓 수량을 알려주고 break를 통해 반복문을 중단 후 빠져나간다.

```
    possible = movie_info[movie_name]-movie_current[movie_name]
```

possible은 티켓 구매 가능 수량을 나타낸 것으로 죄석수 – 이미 예약된 티켓 수를 계산하여 잔여 좌석수를 구해 possible에 저장한다. 만일 사용자가 주문 가능 티켓 수보다 많은 티켓을 주문 요청할 때는 possible의 값을 보여준다.

```
    print('티켓이 구매할 수 없습니다. 구매가능한 티켓은', possible, '입니다')
```

즉, 티켓을 구매할 수 없으며 구매 가능한 티켓 수(possible)를 나타낸다.

```
flag = input('티켓 구매를 계속하시겠습니까? Y/N ')
if flag == 'N':
    break
```

티켓을 계속 주문할 것인지에 대해 Y/N으로 입력받아 flag에 저장한다. flag의 초기값은 True였다. 만일 사용자가 'N'을 입력하게 되면 더는 예매과정을 진행하지 않는다는 의미이므로 break를 통해 반복문을 빠져나가고 로그아웃 과정을 진행한다.

```
print('예약 가능한 영화는', '미션 파서블,', '마블,', 'TopGun 입니다')
print('영화명을 다시 입력하세요')
movie_name = input('예약하려는 영화는 ? ')
reg = int(input('예매하고자 하는 티켓 수량은 ? '))
```

만일 티켓 수량을 변경하여 예매를 계속 진행하고자 한다면 영화 이름과 티켓 수량을 다시 입력받고 반복문을 수행을 위해 while로 다시 돌아간다.

```
if flag == 'N':
    print('로그 아웃 되었습니다')
else:
    movie_current[movie_name] += reg
    print('티켓 예매가 성공하였습니다')
```

flag값은 초기에 True이었으며, flag값이 False인 경우는 while 반복문에서 구매를 계속 진행하지 않고 중단한 경우로 로그아웃을 의미한다. 따라서 False인 경우는 로그아웃 되었음을 알려주고 프로그램을 종료하면 된다. 그렇지 않은 경우는 정상적으로 예매가 완료된 경우이다. 따라서 영화에 대한 현재의 예약 티켓 수인 movie_current[movie_name]에 예매를 요청한 티켓 수를 누적하여 movie_current[movie_name]에 저장한다. 원래는 데이터베이스에 해당 영화의 예매 좌석수를 저장해 놓아야 하나 이 과정에서는 movie_current 딕셔너리에 해당 영화의 예매 수를 저장하는 것으로 대신한다. 티켓 예매가 성공했다는 메시지를 출력하면 전체 예약 프로그램 수행이 완료된다.

```
print('프로그램을 종료합니다.')
```

끝으로 프로그램 종료를 알리고 티켓 예약을 종료한다.

아래의 그림은 위 프로그램을 실행하였을 때의 결과를 나타낸다. 구매 가능한 티켓 수량보다 더 많은 수량을 요청해 보고, 중간에 티켓 구매를 취소해보기도 하자. 모두 정상적으로 프로그램이 작동되는 것을 알 수 있다.

그림 22 영화 티켓 예약 프로그램 실행 결과

연습문제

01. 다음 중 반복문으로 수행하기에 적당하지 않은 것은?

① "파이썬" 과목을 수강하는 전체 학생들에게 수업에 대한 공지 메일을 발송하라.

② 히터를 작동시켜 현재 온도에서 설정된 온도까지 방을 따뜻하게 하라.

③ 센서에 동작이 감지되면 CCTV 촬영을 시작하라.

④ 타이머를 작동시켜 알람을 울리게 하라.

02. range(0, 10)의 범위로 옳은 것은?

① 1, 2, 3, 4, 5, 6, 7, 8, 9

② 1, 2, 3, 4, 5, 6, 7, 8, 9, 10

③ 0, 1, 2, 3, 4, 5, 6, 7, 8, 9

④ 0, 1, 2, 3, 4, 5, 6, 7, 8, 9, 10

03. range(10)과 같은 코드는?

① range(0, 10)

② range(11, 0)

③ range(0, 11, 1)

④ range(0, 11)

04. 1~10까지의 숫자 중에서 짝수를 나타내는 명령은?

①
```
for in range(2, 11):
    print(a)
```

②
```
for range(2, 11, 2):
    print(a)
```

③
```
for a in range(2, 11):
    print(a)
```

④
```
for a in range(2, 11, 2):
    print(a)
```

05. 구구단을 2단부터 출력하는 명령으로 옳은 것은?

①
```
for range(2, 10):
  for range(1, 10):
    print(a, '*', b, '=', a * b)
```

②
```
for a range(2, 10):
  for b range(1, 10):
    print(a, '*', b, '=', a * b)
```

③
```
for a in range(2, 10)
  for b in range(1, 10)
    print(a, '*', b, '=', a * b)
```

④
```
for a in range(2, 10):
  for b in range(1, 10):
    print(a, '*', b, '=', a * b)
```

06. 출력하고자 하는 단부터 구구단을 출력하는 프로그램이다. (A)에 알맞은 것은?

```
a = int(input('출력을 시작하고 싶은 구구단의 단수는? '))
(    A    )
    for b in range(1, 10):
        print(a, '*', b, '=', a * b)
```

① for a in range(a, 10):
② for a in range(1, 10):
③ for a in range(1, a):
④ for a in range(a, 10, 1):

07. 다음은 무엇을 하는 프로그램인가?

```
num1 = 0
num2 = 0
while num1 < 100:
    num1 += 1
    num2 += num1
print(num2)
```

① 0부터 100까지의 합을 출력
② 1부터 100까지의 합을 출력
③ 0부터 99까지의 합을 출력
④ 1부터 99까지의 합을 출력

08. 아래의 명령에서 문맥상 (A)에 알맞은 것은?

```
num = int(input('1부터 합을 구하고 싶은 수를 입력하시오.'))
num1 = 0
num2 = 0
(    A    )
    num1 += 1
    num2 += num1
print('1부터', num1, '까지의 합을 구한 값은', num2)
```

① while num1 < num:
② while num1 > num:
③ while num1 == num:
④ while num1 != num:

09. 반복문 안에서 실행문이 반복될 때 중간에 반복을 중단하고 빠져나올 때 사용하는 명령으로 옳은 것은?

① continue ② stop
③ break ④ end

10. 반복문 안에서 실행문이 반복될 때 중간에 해당 명령문만 건너뛸 경우 사용하는 명령으로 옳은 것은?

① continue ② stop
③ break ④ end

11. 아래의 명령에서와 같이 id와 pass가 같으면 반복문을 빠져나오려 한다. (A)에 알맞은 것은?

```
max_cnt = 10
reg_id = 'hohoho'
reg_pass = '1234'
while count < max_cnt:
    user_id = input('id ? ')
    user_pass = input('password ? ')
    if user_id == reg_id and user_pass == reg_pass:
        (     A     )
```

① continue ② stop
③ break ④ end

12. 아래와 같이 반복문에서 홀수인 경우에만 처리를 수행하려 한다. (A)에 알맞은 것은?

```
for a in range(1, 10):
    if a % 2 == 0:
        (     A     )
```

① continue ② stop
③ break ④ end

10101
01010

제8장

함수

1. 함수의 개요
2. 함수의 구성
3. 함수의 형식
4. 반환 값이 없는 함수
5. 반환 값이 있는 함수
6. 지역변수와 전역변수
7. 내장함수
8. 순서도를 통한 카페 매출 프로그램 설계
9. 작성된 순서도에 의한 카페 매출 프로그램 코딩

1. 함수의 개요

1.1 함수의 정의

함수는 특정 작업이나 명령 집합을 수행하도록 명명된 코드들의 묶음을 뜻하는데, 일반적으로 프로그램 또는 소프트웨어 응용 프로그램이 수행하는 특정 작업 또는 목적을 가리킨다. 프로그래밍에서 함수는 특정 동작을 수행하거나 결과를 계산하는 프로세스를 포함하는 코드 블록을 말한다. 따라서 함수는 복잡한 작업을 더 작고 관리하기 쉬운 단위로 작게 나눌 때 사용된다. 함수의 사용은 특정 작업을 수행하는 명령 집합을 캡슐화할 수 있으며, 함수 호출 시의 입력 매개변수와 함수 내의 명령어들이 처리된 이후의 결과 반환 값을 가질 수 있다.

프로그램에서 함수는 아래와 같은 용도로 사용된다.

- **모듈화**: 함수는 코드를 더 작은 초점 단위로 분할하여 모듈화할 수 있다. 일반적으로 각 함수는 특정 작업을 수행하여 그 결과를 반환하며, 코드를 더 쉽게 이해할 수 있고 재사용이 가능하다.
- **재사용 가능성**: 함수는 재사용이 가능하다. 함수가 정의되면 프로그램의 다른 부분에서 함수를 호출하여 해당 처리를 수행할 수 있으며, 이것은 여러 번 반복적으로 호출해서 실행해도 된다. 이러한 방식은 코드 재사용을 증가시키고, 코드의 중복을 줄이며, 전반적인 개발 효율성을 향상시킬 수 있다.
- **추상화**: 함수는 특정 작업에 대해 구현된 세부 정보를 숨김으로써 추상화 수준을 제공한다. 함수를 호출하고 이용하는 프로그램의 다른 부분들은 함수가 내부적으로 어떻게 작업 되어 있고 어떻게 수행하는지에 대한 부분을 고려하지 않아도 함수를 사용할 수 있다.
- **코드 구성**: 함수는 서로 다른 작업들을 논리 단위로 작게 나눌 수 있고, 기능이나 구성에 따라 분리할 수 있어서 코드를 효율적으로 만들 수 있다. 이러한 방법의 장점은 프로그램을 기능으로 분해함으로써 특정 기능을 찾고 관리하는 것이 더 편해져서 코드의 가독성과 유지보수성을 향상시킨다.

- **재사용**: 함수는 프로그램 개발자가 기능이나 특성에 따라 만들어서 사용할 수 있다. 또한 함수에서 다른 함수를 호출해서 사용하거나 함수를 라이브러리나 모듈로 만들어 사용할 수 있다. 이러한 방식은 프로그램 개발자가 작성한 함수를 프로그램의 다른 부분에서도 필요한 경우 호출 횟수와 관계없이 사용할 수 있으며, 자신이 만든 함수를 다른 프로그램이 사용할 수 있도록 라이브러리나 모듈로 제작할 수 있어서 한번 작성된 함수를 필요할 때마다 재사용이 가능하게 한다. 또한 이러한 재사용성은 필요한 기능이나 단위를 함수로 만들어 필요할 때 사용함으로써 나중에 유사한 처리 과정을 가지는 프로그램의 경우 다시 작성할 필요 없이 만들어진 함수를 이용함으로써 프로그램의 개발기간이나 노력을 줄일 수 있는 장점을 준다.
- **테스트 및 디버깅**: 프로그램의 단위나 기능을 개별적으로 테스트하고 디버깅할 수 있으므로 프로그램의 특정 부분에 대한 처리를 확인할 수 있으며, 문제를 파악하기 용이해 진다. 즉, 테스트를 위해 기능을 분리하면 프로그램을 단위나 부분별로 나뉠 수 있고, 이들에 대해 집중적인 디버깅이 가능해 진다.

다음 그림과 같이 파이썬 프로그램이 있다고 하자. 프로그램에는 코드 1 → 코드 2 → 코드 3 → 코드 2 → 코드 4 → 코드 5 → 코드 2의 순으로 기능들이 수행된다. 이때 코드 2가 반복된다면 이를 함수로 만들 수 있다.

그림 1 파이썬 프로그램 코드

[그림 2]는 코드 2를 함수로 만들어 따로 구성해 놓은 것이다. 이렇게 되면 코드 2가 필요한 부분마다 함수로 만들어 놓은 코드 2를 호출하여 실행하면 된다. 즉, [그림 1]

과 같이 파이썬 프로그램에서 코드 2를 반복적으로 코딩할 필요 없이 코드 2부분을 함수로 만들어 필요한 곳마다 호출하면 함수의 코드 2가 실행된 후 그 결과를 호출한 부분에 반환하게 되어 다음 프로그램 코드의 처리를 진행하게 된다.

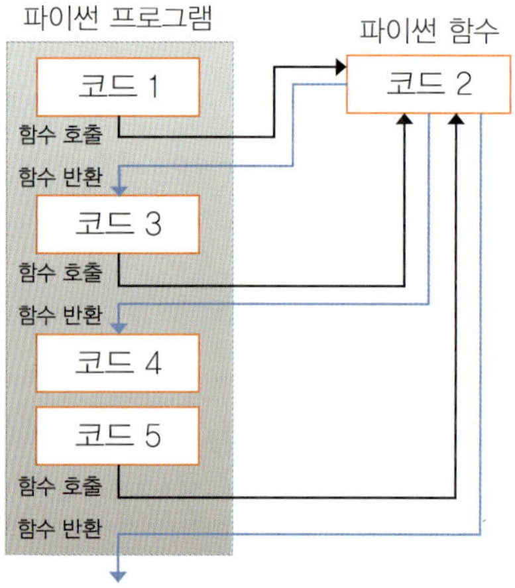

그림 2 파이썬 함수를 이용한 프로그램 코드

즉, 함수는 관련된 기능들만을 구성하여 만들 수도 있고, 유사한 구성이나 내용에 따라 작은 단위의 프로그램으로 별도로 구성하여 이용할 수 있다. 이렇게 내용이나 구성단위에 따라 프로그램의 한 부분을 따로 만들어서 사용할 수 있는데, 이를 모듈화라고 한다. 파이썬은 수행 코드를 구성하고 모듈화할 수 있으므로 읽기, 이해 및 유지 관리가 더 쉬워진다.

1.2 모듈화

모듈화(modularization)는 프로그램을 별도의 부분 기능이나 구성 요소로 나누는 과정을 말한다. 여가에서 모듈은 다른 파이썬 프로그램에서 가져와서 사용할 수도 있고 프로그램 개발자가 자신의 프로그램에서 직접 작성하여 사용할 수도 있다. 그렇다면 모듈을 사용하는 특성은 무엇일까? 이는 일반적으로 아래와 같다.

- **우려 사항 분리**: 코드를 모듈화함으로써 프로그램의 다양한 측면이나 기능을 개별

모듈로 분리할 수 있다. 이러한 특성은 프로그램의 처리 단위들이 세분화되어질 수 있고, 각 모듈은 특정 작업에 초점을 맞추므로 코드를 이해하고 관리가 더 쉬워진다.

- **코드 재사용 가능성**: 해당 프로그램에서 프로그램 개발자에 의해 작성된 모듈이든 이미 개발되어 외부에서 불러와 이용하는 모듈이든 작성된 모듈은 다른 프로그램이나 프로젝트에서 필요할 때마다 재사용이 가능해진다. 프로그램 안에서 동일한 코드를 여러 번 다시 쓰는 대신 모듈을 한 번 만들고 필요한 곳에서 불러와 사용할 수 있다. 이러한 특성은 코드 재사용을 촉진하고 중복성을 줄이는 효과가 있다.
- **캡슐화**: 모듈은 관련 코드를 캡슐화할 수 있다. 모듈 내에서 함수, 클래스 및 변수를 정의하여 명시적으로 가져오지 않는 한, 프로그램의 다른 부분에서 직접 액세스할 수 없도록 할 수 있다.
- **네임스페이스 분리**: 각 모듈에는 고유한 네임스페이스가 있다. 따라서 모듈 내에 정의된 이름과 다른 모듈에서 정의된 이름이 충돌하지 않는다. 즉 이름 충돌 없이 다른 모듈에서 같은 이름의 변수나 함수를 사용할 수 있다.
- **모듈 가져오기**: 파이썬 프로그램에서 모듈을 사용하려면 가져오기 명령문을 사용하여 모듈을 가져올 수 있다. 모듈을 가져온 후에는 도트 표기법(예 module_name)을 사용하여 function_name( )과 같이 모듈에 정의된 함수, 클래스 및 변수에 액세스할 수 있다.
- **표준 라이브러리 및 타사 모듈**: 파이썬은 표준 라이브러리에 풍부한 모듈 세트를 제공하며, 파일 I/O, 네트워킹, 수학 연산 등 다양한 기능을 제공한다. 또한, 특정 용도로 사용할 수 있는 광범위한 타사 모듈 에코시스템이 있으며, 이를 쉽게 설치하여 모듈 프로그램으로 가져올 수 있다.

모듈화는 파이썬 프로그래밍에서 필수적인 개념으로, 유지보수할 수 있고 재사용 가능하며 확장 가능한 코드를 작성할 수 있도록 해준다, 즉, 프로그램을 더 작은 모듈로 분해함으로써 더 나은 코드 구성, 캡슐화 및 문제 분리 등을 할 수 있어서 프로그램 코드 품질 및 개발 효율성을 향상시킬 수 있다. 이 외에도 모듈화의 장점은 다음과 같다.

- **코드 구성**: 모듈화는 코드를 논리적이고 관리 가능한 단위로 구성할 수 있다. 프로그램을 모듈로 나누게 되면 각 모듈은 특정 작업 또는 기능에 집중할 수 있게 된다.

이러한 방법은 코드베이스를 더 체계적이고 이해하기 쉽게 만들며 유지보수성을 향상시킬 수 있다.

- **재사용 가능성**: 모듈화를 하게 되면 코드 재사용이 가능해 진다. 일단 모듈이 만들어지면, 프로그램의 여러 부분이나 심지어 다른 프로젝트에서도 쉽게 재사용이 가능해 진다. 이는 코드의 중복을 줄이고 효율적인 개발 습관을 기르게 된다.
- **확장성**: 모듈식 설계는 프로그램의 확장성을 가져온다. 프로그램이 성장하거나 요구사항이 변경되면 새로운 모듈을 추가하거나 기존 모듈을 독립적으로 수정할 수 있다. 이를 통해 전체 프로그램에 영향을 미치지 않고 특정 부분을 쉽게 확장하거나 수정할 수 있다.
- **협업**: 모듈화는 개발자 간의 협업을 가능하게 한다. 모듈식 접근 방식을 사용하면 서로 다른 개발자 또는 팀이 별도의 모듈에서 동시에 작업할 수 있다. 즉, 개발자 또는 팀에 의해 모듈을 독립적으로 개발, 테스트, 유지보수를 할 수 있어 프로그램을 개발할 때 알고리즘의 충돌을 줄이고 병렬 개발을 진행할 수 있다.
- **디버깅 및 유지 관리**: 프로그램에서 문제가 발생하면 모듈화를 통해 문제 영역을 분리하여 문제의 원인을 효율적으로 찾을 수 있다. 각 모듈을 개별적으로 테스트하고 디버깅할 수 있으므로 문제 해결이 보다 쉽고 빠르게 된다.
- **성능 및 최적화**: 모듈화를 통해 프로그램의 성능을 최적화할 수 있다. 중요하거나 계산 집약적인 작업을 별도의 모듈로 분리함으로써 개발자는 프로그램의 나머지 부분에 영향을 미치지 않게 함으로써 효율성을 향상시키고 특정 모듈을 처리나 진행에 집중할 수 있다.
- **테스트 및 품질 보증**: 모듈화는 테스트를 단순화할 수 있다. 이는 해당 모듈들을 개별적으로 테스트하여 각 모듈이 올바르게 작동하는지 확인할 수 있기 때문이다.

2. 함수의 구성

함수는 복잡한 프로그램을 더 작게 분리하여 단위 기능이나 특성에 따라 나누어 제작할 수 있고, 이는 재사용 가능한 구성 요소로 분해할 수 있도록 해준다. 일반적으로 함수의 구성에 대한 사항들은 다음과 같다.

- **기능 정의**: 함수를 정의하려면 def 키워드를 사용하며, 그다음에 함수 이름과 괄호를 사용한다. 함수가 작동하기 위해서 필요한 변수를 입력 매개변수(또는 인수)는 괄호 안에 지정하며, 함수를 호출할 때 같이 사용한다.
- **기능 본체**: 함수의 본문은 함수 정의에 따라 들여쓰기 된 하나 이상의 명령문으로 구성된다. 이 부분은 함수가 호출될 때 실행되는 명령어 코드가 된다.
- **함수 이름**: 함수는 반드시 고유의 이름을 가져야 한다. 함수 이름은 함수를 수행하기 위해 호출할 때 함수 이름을 사용하며, 함수의 실행 결과는 함수가 실행되는 것으로 처리를 끝낼 수도 있고, 함수 실행 후의 결과를 호출했던 메인 프로그램에서 받아 사용해야 하는 경우는 결과를 반환할 수 있다. 함수이름의 규칙은 변수 이름을 지적하는 규칙과 동일하게 따라야 한다. (예 소문자, 밑줄, 첫 글자 숫자 금지 등)
- **함수 매개변수(인수)**: 함수는 매개변수라고 하는 인수를 가질 수 있다. 즉, 함수는 매개변수를 가질 수도 있고, 없을 수도 있으며, 함수를 정의할 때 괄호 안에 지정하게 되고, 여러 개 있을 수도 있고, 한 개만 있을 수도 있다. 매개변수는 함수가 실행할 때 메인 프로그램에서 변수값을 받아서 함수에서 사용하게 될 경우에 필요하다.
- **반환 값**: 함수는 실행 후 결과값을 메인 프로그램에서 호출했던 부분으로 반환할 수 있다. 물론 함수 호출 시 결과값 반환이 필요 없이 실행만 할 경우에는 반한 값이 없을 수도 있다.
- **함수 호출**: 함수 안의 코드를 실행하려면 먼저 함수를 외부에서 호출하여야 한다. 이때 함수 이름과 괄호를 사용하여 함수를 호출하게 된다. 함수에 매개변수가 있으면 함수이름 다음의 괄호 안에 해당 변수이름과 값을 입력한다.

3. 함수의 형식

함수의 정의 형식은 다음과 같다.

def 함수이름(매개변수$_1$, 매개변수$_2$, ..., 매개변수$_n$):
함수의 명령어 코드
return 반환 값

단, "매개변수"와 "return 반환 값"은 함수의 기능에 따라 생략할 수 있다.

def 키워드는 함수의 시작을 나타낸다. 따라서 def 키워드 뒤에 제시되는 이름을 함수이름으로 인식하게 된다. 함수이름 뒤의 괄호( ) 안에는 매개변수를 지정할 수 있다. 매개변수는 생략할 수도 있고, 여러 개를 지정할 수도 있다. 함수이름 뒤에는 반드시 콜론(:)을 지정하여야 한다. 함수의 명령어 코드는 반드시 들여쓰기를 해야 함수 코드로 인식하게 된다.

함수가 정의되면 함수를 실행하는 호출은 아래와 같은 형식으로 진행된다.

변수 = 함수이름(매개변수 값$_1$, 매개변수 값$_2$, ..., 매개변수$_n$)

단, "매개변수 값"은 함수의 기능에 따라 생략할 수 있다.

변수는 함수가 실행된 후 그 결과값을 저장하려는 곳이다. 따라서 함수가 실행된 결과값이 필요 없이 단순히 함수 코드의 실행만 하는 것이라면 변수는 필요 없게 된다. 예를 들어,

```
print("hello")
```

라고 하면 print는 함수 이름이 되고, "hello"는 매개변수값이 된다. 즉, print("hello")는 매개변수값 hello를 가지고 print 함수를 실행하는 것으로 화면에 hello를 나타내는 것으로 함수의 실행이 종료되며, 실행 후의 결과를 받아 처리하여야 하는 함수가 아니므로

```
a = print("hello")
```

와 같이 사용하지 않는다. 이는 print( ) 함수가 실행된 후 결과값을 받아 함수 실행 후의 처리를 해야 하는 경우가 아니기 때문에 변수 = 함수이름( )과 같은 형식이 아니라 함수이름( )과 같은 형식으로 사용된 것이다. 이렇게 함수의 호출은 함수이름만 사용

하여 호출할 수도 있고, 함수 호출 후의 결과를 받아 처리하여야 하는 경우는 변수에 그 값을 받아 사용할 수 있다.

4. 반환 값이 없는 함수

반환 값이 없는 함수의 경우에는 함수 실행만 수행하면 되기 때문에 함수 실행의 결과값 처리를 하지 않는다. 따라서 함수에는 return문을 사용하지 않는다.

4.1 반환 값이 없는 함수의 예제

반환 값이 없는 함수의 경우에는 함수를 호출한 후 함수가 실행되면 함수 호출 후의 처리가 종료된다. 아래의 예제는 반환 값이 없는 경우의 함수를 나타낸다. say_hello(x, y) 함수는 매개변수 x와 y를 곱하여 출력하는 내용으로서 출력이 종료되면 함수 실행 후의 결과값을 호출하였던 곳에 넘겨줄 필요 없이 함수의 실행이 종료된다. 따라서 return문이 필요 없다. 또한 say_hello(x, y) 함수에서 x, y가 모두 숫자라면 곱셈을 실행하겠지만, x가 문자열, y가 숫자가 되면 x 문자를 y만큼 반복해서 출력하라는 명령이 된다.

예제 1 **반환 값이 없는 함수**

```
def say_hello(x, y):
        print(x * y)
```

위와 같이 정의된 say_hello(x, y) 함수는 프로그램에서 아래와 같이 호출하여 사용한다.

```
a = "hello "
say_hello(a, 3)
```

즉, a = "hello "를 통해 매개변수값 a에는 문자열 "hello "를 저장하고,

```
say_hello(a, 3)
```

를 통해 함수를 호출한다. 이때 첫 번째 매개변수값 a에는 문자열 "hello"를, 두 번째 매개변수값에는 숫자를 사용하여 호출하였다. 특히, say_hello( ) 함수는 함수의 실행 후 결과값을 반환받아 처리해야 하는 내용이 아니므로 변수 = 함수( )와 같은 형식으로 호출하지 않았다. 아래는 반환 값이 없는 함수의 실행 결과를 나타낸다.

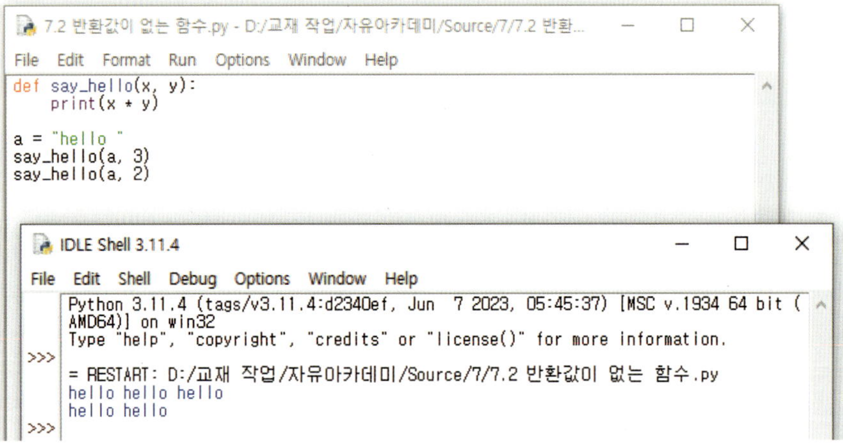

그림 3 반환 값이 없는 함수의 실행

4.2 제어문과 함께 사용하는 반환 값이 없는 함수의 예제

함수에서는 다양한 제어문을 함께 사용할 수 있다. 즉 함수는 작은 프로그램의 부분으로 볼 수 있으며 일반적인 프로그램의 구성에서 한 부분을 작성하는 것이니 제어문, 다양한 자료형 등 모두 사용이 가능하다. [예제 1]을 다음과 같이 변경해 보자.

예제 2 입력값을 사용한 반환 값이 없는 함수

```
def say_hello(x, y):
    for a in range(y):
        print(x)
```

```
    greeting = input('반복해서 출력할 인사말은? ')
    count = int(input('몇번 반복할까요? '))
    say_hello(greeting, count)
```

```
def say_hello(x, y):
    for a in range(y):
        print(x)
```

함수의 내용은 for문을 사용하여 매개변수 y로 입력받은 숫자만큼 x를 반복해서 출력하는 내용이다.

```
greeting = input('반복해서 출력할 인사말은? ')
count = int(input('몇번 반복할까요? '))
say_hello(greeting, count)
```

이때 주의할 사항은 say_hello(greeting, count) 함수를 호출할 때 매개변수값인 count는 입력받은 인사말을 저장한 greeting 변수를 반복하는 것이므로 숫자이어야 한다. 따라서 입력받을 때 int(input('몇번 반복할까요? '))와 같이 앞에 int를 사용하여 숫자로 변경해주어야 한다. 다음 그림은 예제의 실행 결과를 나타낸다.

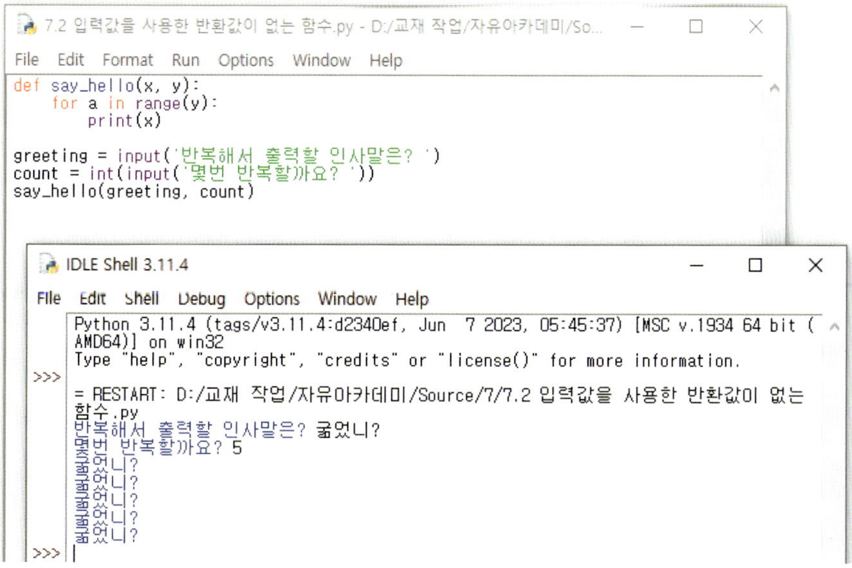

그림 4 입력값을 사용한 반환 값이 없는 함수의 실행

정의한 함수를 반복문을 사용하여 여러 번 호출하는 경우는 어떻게 할까? 다음의 예제를 실행해 보자. [예제 3]이 [예제 2]와 다른 점은 say_hello(x) 함수 안에 반복문을 사용해서 인사말의 반복 출력을 처리한 것이 아니라 함수 밖에서 반복문을 사용하여 함수를 여러 번 반복 호출했다는 것이다.

그렇다면 [예제 3]은 [예제 2]와 무엇이 다를까? 실행 결과만을 보면 다른 점이 보이지 않을 수 있으나, 한번 정의해 놓은 함수는 언제든 필요할 때마다 횟수와 관계없이 호출해서 실행할 수 있다는 것이다. 또한 함수의 실행 결과에 따라 수정이 필요한 경우 프로그램 전체를 수정하는 것이 아니라 함수만 수정하면 된다는 장점을 준다.

예제 3 반환 값이 없는 함수의 반복 호출

```
def say_hello(x):
    print(x)

greeting = input('반복해서 출력할 인사말은? ')
count = int(input('몇 번 반복할까요? '))


for a in range(count):
    say_hello(greeting)
```

```
def say_hello(x):
    print(x)
```

함수에서는 매개변수 x만 설정하였고, 내용은 출력함수 print(x)만 실행하였다. 물론 이렇게 함수를 구성하면 굳이 say_hello(x)를 왜 만들어서 사용할까? 그냥 함수를 사용하지 않고 메인 프로그램에서

```
for a in range(count):
        print(greeting)
```

과 같이 직접 사용하면 되지? 라고 할 수도 있다.

사실 함수 안에 print(x)와 같이 단순한 실행문 하나만 사용하는 경우는 거의 없다. 단순하게 print(x)와 같이 실행문 하나만을 분리해 함수로 만들어 사용하는 형태에서는 굳이 함수로 만들기보다는 메인 프로그램에서 직접 사용하면 되기 때문이다. 그러나 이번 예제는 함수를 반복해서 사용하는 예시를 나타낸 것이므로 분리해 보았다.

```
for a in range(count):
    say_hello(greeting)
```

for 반복문을 사용해서 say_hello(greeting)를 count만큼 호출하고 있다. 다음 그림은 예제의 실행 결과를 나타낸다.

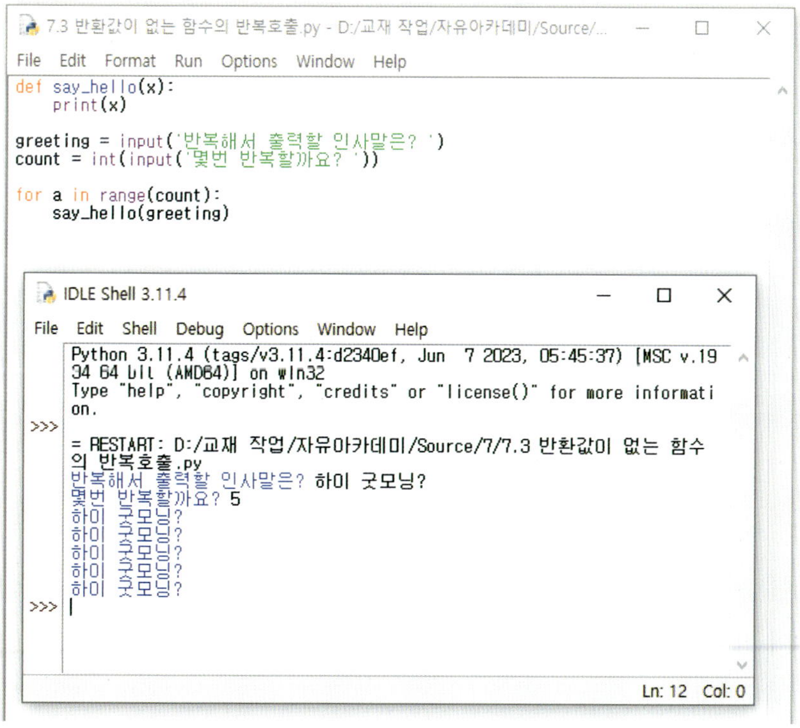

그림 5 반환 값이 없는 함수의 반복 호출의 실행

4.3 디폴트 값이 있는 매개변수

디폴트값이 있는 매개변수의 경우는 프로그램 작성자가 상황에 따라 선택적으로 사용하면 된다. 즉, 함수를 정의할 때 매개변수의 디폴트값을 설정해 놓으면, 함수를 호출할 때 인자(매개변수값)를 설정하지 않을 경우 디폴트값이 적용되어 에러가 나지 않고 정상적으로 처리된다. 아래의 코드를 작성한 뒤 프로그램을 실행해 보자.

예제 4 반환 값이 없는 함수의 반복 호출

```
def say_hello(x, y = 1):
    for a in range(y):
        print(x)

greeting = input('반복해서 출력할 인사말은? ')
count = int(input('몇번 반복할까요? '))
print('---------------------')
print('디폴트값 적용')
say_hello(greeting)
print('---------------------')
print('매개변수값 적용')
say_hello(greeting, count)
```

위에서 구성된 say_hello(x, y = 1): 에서 매개변수 y값은 1로 디폴트값이 설정되어 있다. 이 경우 say_hello(x, y)를 호출하는 부분에서도 say_hello(greeting)와 같이 반복 횟수를 나타내는 매개변수 y 없이 문자만 가지는 매개변수 x만 설정해도 문제가 되지 않는다. 이는 해당 매개변수의 값이 지정되지 않을 경우 디폴트로 정해진 값이 적용되기 때문이다. 따라서 say_hello(greeting)와 같이 호출하게 되면 디폴트 매개변수값 y = 1이 적용되어 greeting에 저장된 문자열을 한 번만 출력한 뒤 함수의 실행이 종료된다. 디폴트값이 있는 매개변수의 사용은 반환 값이 없는 함수나 있는 함수 모두 사용할 수 있다. [그림 6]은 예제의 실행 결과를 나타낸다.

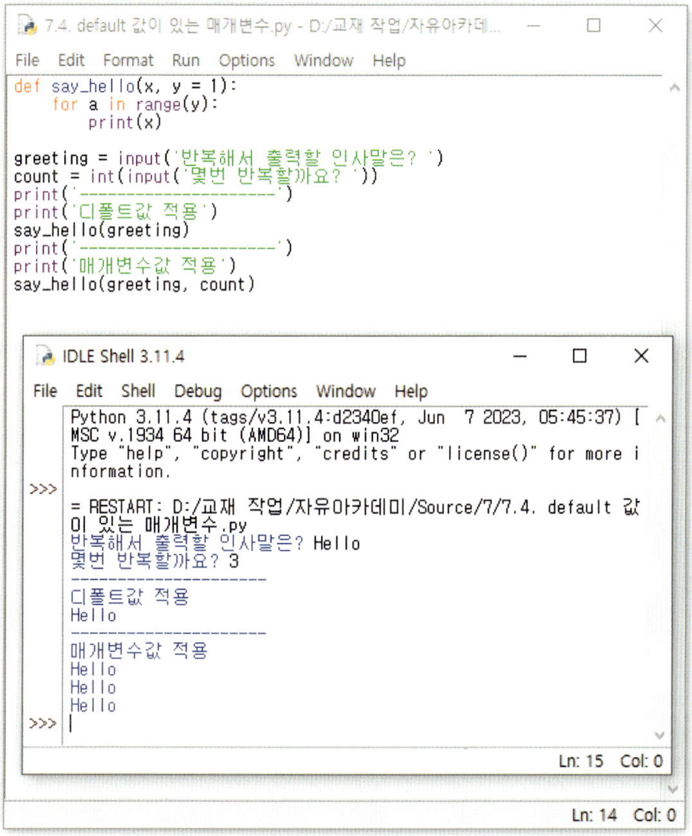

그림 6 디폴트 값이 있는 매개변수를 가지는 함수의 실행

5. 반환 값이 있는 함수

반환 값이 있는 함수의 경우는 반드시 함수의 실행 후 return문이 필요하다. return은 함수의 실행 결과를 함수가 호출된 곳으로 되돌려주는 역할을 수행한다.

5.1 반환 값이 있는 함수의 예제

[예제 5]는 x, y 두 개의 매개변수를 가지는 함수 add를 정의한 것이다. 이때 x, y의 매개변수는 add( ) 함수를 호출할 때 같이 사용되며, 변수 z에는 매개변수 x와 y를 합

하여 변수 z에 저장한 후 return에 의해 함수를 호출했던 곳으로 z값을 반환한다. 함수에서 값을 반환할 때는 return 변수(또는 값)를 사용한다.

예제 5 반환 값이 있는 함수

```
def add(x, y):
        z = x + y
        return z
```

위와 같이 정의된 add( ) 함수는 프로그램에서 아래와 같이 호출하여 사용한다.

```
a = 10
b = 20
c = add(a, b)
print(c)
```

이러한 처리는 아래와 같이 실행된다. a, b의 값을 10, 20으로 저장하였다.

```
c = add(a, b):
```

따라서 add(a, b)는 add(10, 20)을 나타내며, add( ) 함수의 호출을 나타내므로 위에 def add(x, y)로 정의된 함수의 코드를 실행한다. 이때 호출하는 함수에서 매개변수값은 add(a, b)에 a와 b가 되고, def add(x, y)에서는 매개변수를 x와 y로 하였으므로 변수값 a는 매개변수 x로, b는 매개변수 y로 대체하여 호출하게 된다. 따라서 def add( ) 함수에서는

```
x = 10, y = 20
```

이 되므로 z = 10 + 20이 된다. return z에 의해 def add(x, y)의 실행 결과인 z 값인 30을 호출했던 곳으로 반환하게 된다.

```
c = add(a, b):
```

에서 add(a, b)의 실행 후 결과값은 30을 반환받았으므로

```
c = 30
```

이 된다. 다음 그림은 이와 같이 함수를 정의하고 호출하는 관계를 나타낸 것이다.

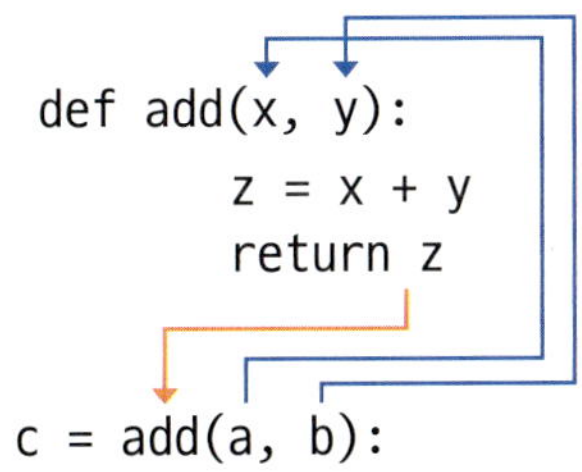

그림 7 함수 정의와 호출을 통한 실행

아래의 그림은 반환 값이 있는 함수의 사용 예를 나타낸다.

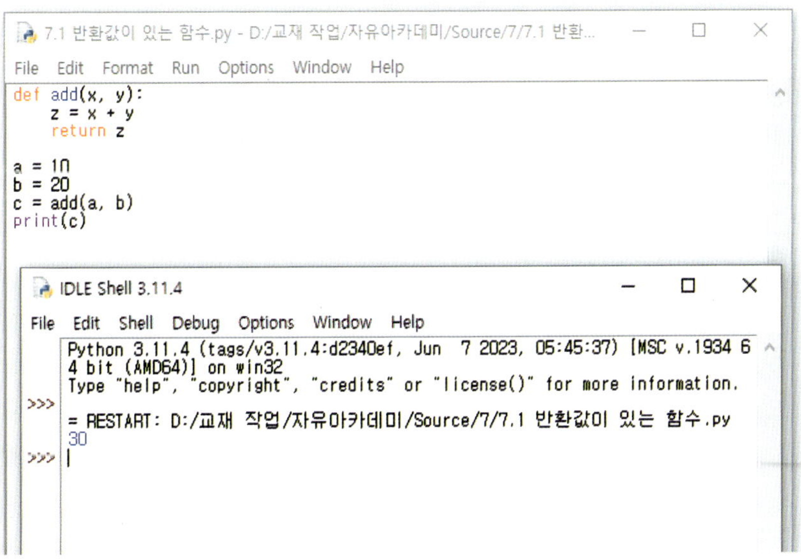

그림 8 반환 값이 있는 함수의 실행

5.2 제어문과 함께 사용하는 반환 값이 있는 함수의 예제

아래의 예제는 조건문과 반복문을 사용하여 반환 값이 있는 함수를 호출하여 보았다. 즉, 성적을 입력하는 부분과 학점을 평가하는 부분을 함수로 정의해 놓고, 메인 프로그램에서 그 결과를 받아 학생의 이름, 총점 및 학점을 나타내는 처리를 수행하였다.

예제 6 제어문과 함께 사용하는 반환 값이 있는 함수의 예제

```
def in_score():
    s_list = []
    s_list.append(input('Name ? '))
    s_list.append(input('Class ? '))
    s_list.append(int(input('중간고사 성적은 ? ')))
    s_list.append(int(input('기말고사 성적은 ? ')))
    s_list.append(int(input('출석 점수는 ? ')))
    s_list.append(int(input('과제 점수는 ? ')))
    s_list.append(s_list[2]+s_list[3]+s_list[4]+s_list[5])
    s_list.append(degree(s_list[6]))
    return s_list

def degree(score):
    if score >= 90:
        return 'A'
    elif score >= 80:
        return 'B'
    elif score >= 70:
        return 'C'
    elif score >= 60:
        return 'D'
    else:
        return 'F'

lecture = []
flag = True
count = 0

while flag:
    lecture += [in_score()]
```

```
        count += 1
        end = input('입력을 종료하시겠습니까? (Y/N) ')
        if end == 'Y':
            flag = False

    for i in range(count):
        print(lecture[i][0], '의', lecture[i][1], '과목 총점은', lecture[i][6], '점
    이며, 학점은', lecture[i][7], '입니다')


def in_score():
    s_list = []
    s_list.append(input('Name ? '))
    s_list.append(input('Class ? '))
    s_list.append(int(input('중간고사 성적은 ? ')))
    s_list.append(int(input('기말고사 성적은 ? ')))
    s_list.append(int(input('출석 점수는 ? ')))
    s_list.append(int(input('과제 점수는 ? ')))
    s_list.append(s_list[2]+s_list[3]+s_list[4]+s_list[5])
    s_list.append(degree(s_list[6]))
    return s_list
```

in_score( ) 함수는 이름, 과목, 중간고사, 기말고사, 출석 점수, 과제 점수를 입력받아 리스트에 저장한 후

```
s_list.append(s_list[2]+s_list[3]+s_list[4]+s_list[5])
```

명령을 통해, 총점 (s_list[6]) = 중간고사 (s_list[2]) + 기말고사 (s_list[3]) + 출석 점수 (s_list[4]) + 과제 점수 (s_list[5])를 산출하고,

```
s_list.append(degree(s_list[6]))
```

명령을 통해, 총점에 맞는 학점을 s_list[7]에 저장한 후 s_list 전체를 반환하는 기능을 수행한다. 이때 degree(s_list[6]) 함수를 호출하는데, 매개변수값은 총점이 저장된 s_list[6]이다.

```
def degree(score):
    if score >= 90:
        return 'A'
    elif score >= 80:
        return 'B'
    elif score >= 70:
        return 'C'
    elif score >= 60:
        return 'D'
    else:
        return 'F'
```

degree(score) 함수는 함수 호출 시에 넘어온 매개변수 score에 따라 학점을 평가해서 반환한다. 이때 함수 호출을 했던 degree(s_list[6])에 의해 score의 값은 총점인 s_list[6]이 된다.

이름, 과목, 성적 및 학점 평가까지 모두 함수로 작성하였다. 이제 메인 프로그램에서는 작성된 함수를 이용하여 성적을 나타내는 작업을 수행하게 한다.

```
lecture = []
flag = True
count = 0
```

먼저, lecture는 성적을 입력할 학생들의 데이터가 저장된 리스트를 나타낸다. 입력할 학생 데이터를 저장하면서 리스트를 구성할 것이므로 리스트 사이즈를 지정하지 않고 빈 리스트만 생성한다. flag는 학생 성적 데이터를 반복문을 통해 입력하면서 데이터를 계속 입력할 것인지, 또는 입력을 모두 마쳐서 입력 처리를 종료할 것인지 판별하기 위한 변수이며, 초기값은 True로 설정하였고, 입력을 모두 마쳤을 때 False로 변경한다. count는 학생 데이터를 출력할 때 사용할 변수로서 입력된 학생 수를 나타낸다. 초기값은 0이다.

```
while flag:
    lecture += [in_score()]
    count += 1
    end = input('입력을 종료하시겠습니까? (Y/N) ')
    if end == 'Y':
```

```
flag = False
```

while flag:의 명령은 flag의 초기값이 True이므로 무조건 반복을 수행하게 된다. 즉, while 문안에서 flag값이 False가 될 때까지 반복문을 수행한다. flag값을 False로 변경할 때는 입력을 종료할 때이다.

```
lecture += [in_score()]
```

lecture = lecture + [in_score( )]을 나타내며, in_score( ) 함수를 호출하여 그 결과값을 받아 lecture 리스트에 저장하는 코드이다. 이때 in_score( )를 사용하지 않고 [in_score( )]을 사용함에 주의한다. 즉, lecture 리스트에 다중 리스트의 형태로 리스트값을 추가하여, 추가하는 학생 수만큼 학생 성적 데이터가 추가될 수 있도록 하였다.

```
count += 1
```

count는 학생 성적 데이터를 1명씩 저장할 때마다 1씩 증가하도록 하였다. 따라서 count는 입력된 학생의 수를 나타낸다.

```
end = input('입력을 종료하시겠습니까? (Y/N) ')
  if end == 'Y':
     flag = False
```

학생 데이터의 입력을 종료할 것인지 아니면 계속 입력을 진행할 것인지를 선택하게 한다. 만일 'Y'를 입력하게 되면 입력을 종료하는 것으로 flag는 False로 변경하고, while 반복문을 종료하게 된다.

```
for i in range(count):
    print(lecture[i][0], '의', lecture[i][1], '과목 총점은', lecture[i][6], '점 이며,
         학점은', lecture[i][7], '입니다')
```

학생 성적데이터의 입력이 종료되고, 성적을 통한 학점 데이터까지 모두 리스트에 저장되었다면 반복문을 통해 이제까지 입력된 학생들의 이름, 과목, 총점, 학점을 나타낸다. 다음은 예제의 실행 결과를 나타낸다.

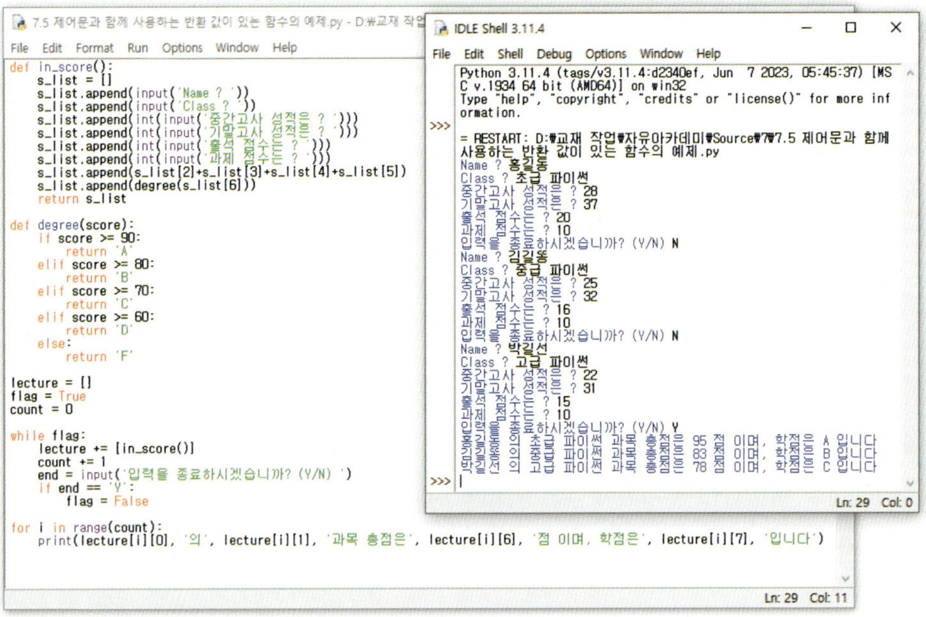

그림 9 제어문과 함께 사용하는 반환 값이 있는 함수의 실행

6. 지역변수와 전역변수

함수에는 지역변수(Local variable)와 전역변수(Global variable)가 있다.

6.1 지역변수

지역변수(Local variable)는 해당 영역 안에서만 사용할 수 있으며, 전역변수는 영역과 관계없이 사용할 수 있다. [그림 10]을 살펴보자. 프로그램의 구성은 함수 1, 2 두 개와 메인 프로그램으로 되어 있다. 이때 함수 1( ) 안에 있는 s_list 리스트 변수와 함수 2( ) 안에 있는 score 변수는 지역변수이다. 즉 s_list 리스트 변수는 함수 1( ) 안에서만 사용할 수 있고, score 변수는 함수 2( ) 안에서만 사용할 수 있다. 따라서, 메인 프로그램에서 s_list.

그림 10 지역변수

append('1 semester')와 같이 함수 1( ) 안에 있는 지역변수인 s_list를 사용하거나 print(score)와 같이 함수 2( ) 안에 있는 지역변수인 score를 사용하면 에러가 발생한다.

6.2 전역변수

전역변수(Global variable)는 지역변수와 다르게 영역과 관계없이 어느 곳에서나 사용할 수 있다. 즉, [그림 11]과 같이 함수나 메인 프로그램을 시작하기 전에 변수들을 초기화하거나 설정해 놓으면 이 변수들은 함수와 메인 프로그램의 영역과 관계없이 모두 사용할 수 있다.

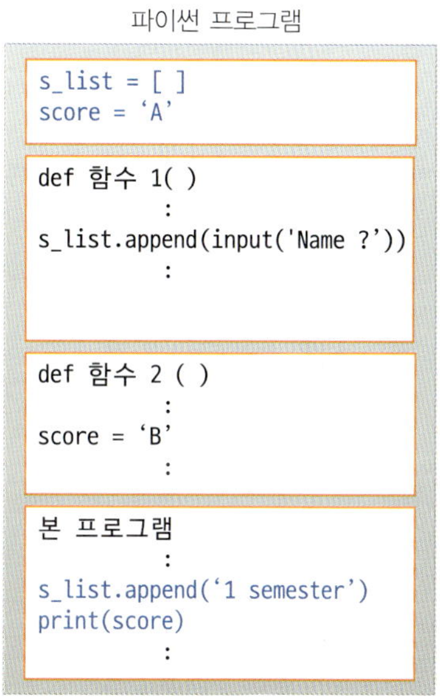

그림 11 전역변수

```
s_list = [ ]
score = 'A'
```

전역변수의 사용은 어느 영역에서든 쉽게 접근하고 사용할 수 있기 때문에 매우 편리해 보이지만, 프로그램이 종료될 때까지 메모리 공간을 차지하기 때문에 무분별하게 사용하게 되면 메모리 낭비로 이어질 수 있다.

여기서 잠깐 | 파이썬의 메모리 구조

파이썬의 메모리 구조는 크게 4개의 영역으로 나뉠 수 있다.

- **Text 영역**: 프로그램 코드가 저장되는 공간이다. 파이썬을 실행할 때 CPU는 Text 영역에 있는 코드(명령어)를 하나씩 꺼내와서 처리한다.
- **Heap 영역**: 사용자의 동적 할당을 생성하는 공간이다. 특히 사용자가 직접 공간의 크기를 관리할 수 있다는 특징이 있다.
- **Data 영역**: 전역변수와 정적변수를 저장하는 공간이다. 프로그램의 시작과 함께 메모리 공간에 할당되며 프로그램이 종료될 때 제거된다.
- **Stack 영역**: 지역변수와 매개변수를 저장하는 공간이다. 함수를 호출할 때 할당되며 함수 실행이 종료될 때 메모리에서 제거된다.

[예제 6]의 제어문과 함께 사용하는 반환 값이 있는 함수의 예제 프로그램에서 s_list 리스트 변수를 전역변수로 바꾸어 보자.

예제 7 **지역변수와 전역변수**

```
s_list = []
def in_score():
    s_list.append(input('Name ? '))
    s_list.append(input('Class ? '))
    s_list.append(int(input('중간고사 성적은 ? ')))
    s_list.append(int(input('기말고사 성적은 ? ')))
    s_list.append(int(input('출석 점수는 ? ')))
    s_list.append(int(input('과제 점수는 ? ')))
    s_list.append(s_list[2]+s_list[3]+s_list[4]+s_list[5])
    s_list.append(degree(s_list[6]))
    return s_list
def degree(score):
    if score >= 90:
        return 'A'
    elif score >= 80:
        return 'B'
    elif score >= 70:
        return 'C'
    elif score >= 60:
        return 'D'
    else:
        return 'F'

lecture = []
flag = True
count = 0
while flag:
    lecture += [in_score()]
    count += 1
    end = input('입력을 종료하시겠습니까? (Y/N) ')
    if end == 'Y':
        flag = False
print(s_list)
```

s_list를 프로그램 시작 전에 맨 먼저 설정해 두었다. 이렇게 되면 s_list는 in_score( ) 함수에서 사용하는 리스트 변수이지만 전역변수이기 때문에 메인 프로그램에서 직접 s_list

변수에 접근이 가능해 진다. 따라서 print(s_list)가 에러 없이 수행되는 것을 알 수 있다.

```
7.7 지역변수와 전역변수.py - D:₩교재 작업₩자유아카데미...
File  Edit  Format  Run  Options  Window  Help
s_list = []

def in_score():
    s_list.append(input('Name ? '))
    s_list.append(input('Class ? '))
    s_list.append(int(input('중간고사 성적은 ? ')))
    s_list.append(int(input('기말고사 성적은 ? ')))
    s_list.append(int(input('출석 점수는 ? ')))
    s_list.append(int(input('과제 점수는 ? ')))
    s_list.append(s_list[2]+s_list[3]+s_list[4]+s_list[5])
    s_list.append(degree(s_list[6]))
    return s_list

def degree(score):
    if score >= 90:
        return 'A'
    elif score >= 80:
        return 'B'
    elif score >= 70:
        return 'C'
    elif score >= 60:
        return 'D'
    else:
        return 'F'

lecture = []
flag = True
count = 0

while flag:
    lecture += [in_score()]
    count += 1
    end = input('입력을 종료하시겠습니까? (Y/N) ')
    if end == 'Y':
        flag = False

print(s_list)
                                                Ln: 29  Col: 0
```

그림 12 지역변수와 전역변수의 예제 코드

```
IDLE Shell 3.11.4
File  Edit  Shell  Debug  Options  Window  Help
Python 3.11.4 (tags/v3.11.4:d2340ef, Jun  7 2023, 05:45:37) [MSC v.1934 64 bit (
AMD64)] on win32
Type "help", "copyright", "credits" or "license()" for more information.
>>>
= RESTART: D:₩교재 작업₩자유아카데미₩Source₩7₩7.7 지역변수와 전역변수.py
Name ? 홍길똥
Class ? 고급 파이썬
중간고사 성적은 ? 22
기말고사 성적은 ? 32
출석 점수는 ? 20
과제 점수는 ? 13
입력을 종료하시겠습니까? (Y/N) N
Name ? 홍길순
Class ? 초급 파이썬
중간고사 성적은 ? 26
기말고사 성적은 ? 32
출석 점수는 ? 10
과제 점수는 ? 10
입력을 종료하시겠습니까? (Y/N) Y
['홍길똥', '고급 파이썬', 22, 32, 20, 13, 87, 'B', '홍길순', '초급 파이썬', 26,
32, 10, 10, 87, 'B']
>>> |
                                                Ln: 20  Col: 0
```

그림 13 지역변수와 전역변수의 예제 실행

7. 내장함수

파이썬은 프로그램 개발자의 편리성을 높이기 위해 자체에서 제공하는 내장함수들이 있다. 파이썬에는 약 71개의 내장함수들이 있는데, 이들 중 주로 사용하는 함수들을 중심으로 살펴본다.

- **abs(x)**: 절대값을 구한다. 매개변수값(인자)은 정수, 실수 등이 가능하다.
- **bool(x)**: x값을 Boolean형의 값으로 변환한다. 즉 bool(0)을 실행하면 False를, bool(1)을 실행하면 True를 반환해 준다. 이때 x의 값이 0이 아니면 결과는 모두 True이다.
- **divmod(x, y)**: x / y를 수행하여 몫과 나머지를 구하여 결과값을 튜플로 반환한다. 예를 들어 divmod(10, 2)를 수행하면 (5, 0)으로 몫과 나머지를 같이 나타내어 튜플로 반환한다.
- **eval(x)**: x는 수식을 가지는 문자열이며, 파이썬은 계산식으로 표현된 매개변수값을 산출하여 정수 또는 실수로 반환한다.
- **float(x)**: x값을 실수로 반환한다. 이때 x는 숫자형(예 10) 또는 문자열로 된 숫자형(예 '10')이어야 하며, 문자형일 경우 에러가 발생된다.
- **format(x, format_spec=' ')**: x의 값을 format_spec에서 정한 형식으로 변경해 준다. 이때 소수 몇 자리까지, 또는 정수부분은 몇 자리까지 등으로 자세한 설정을 할 수 있다.
- **help( ) 또는 help(x)**: 내장된 도움말을 참조할 수 있다. help( )를 실행하면 파이썬은 help 모드로 전환되며 이곳에서 참조하고 싶은 명령어를 입력하면 도움말을 검색할 수 있다. 또는 x값에 도움말로 검색하고 싶은 명령어를 직접 넣어서 찾아볼 수 있다. (예 help(int)라고 하면 int에 대한 관련 내용들을 모두 볼 수 있다.)
- **int(x)**: 매개변수값 x에 실수 데이터를 입력하면 정수형으로 변경해 준다. (예 int(3.2)의 결과는 3이다.)
- **len(x)**: 객체의 길이를 반환한다. x의 값은 문자열, 튜플, 리스트, range( ) 등이 될 수 있다.

- max(X_1, X_2, ... ,X_n): X_1, X_2, … ,X_n 까지의 인자 중에서 가장 큰 수를 반환한다.
- min(X_1, X_2, ... ,X_n): X_1, X_2, … ,X_n 까지의 인자 중에서 가장 작은 수를 반환한다.
- pow(x, y): x의 y 제곱근을 나타낸다. 즉, pow(x, y)는 x^y를 구하여 그 값을 반환한다.
- sorted(x): x의 값은 문자열이며, 문자열을 각 문자로 변환하여 오름차순으로 정렬 한다.

아래의 그림은 파이썬에서 제공하는 내장함수들을 나타낸다.

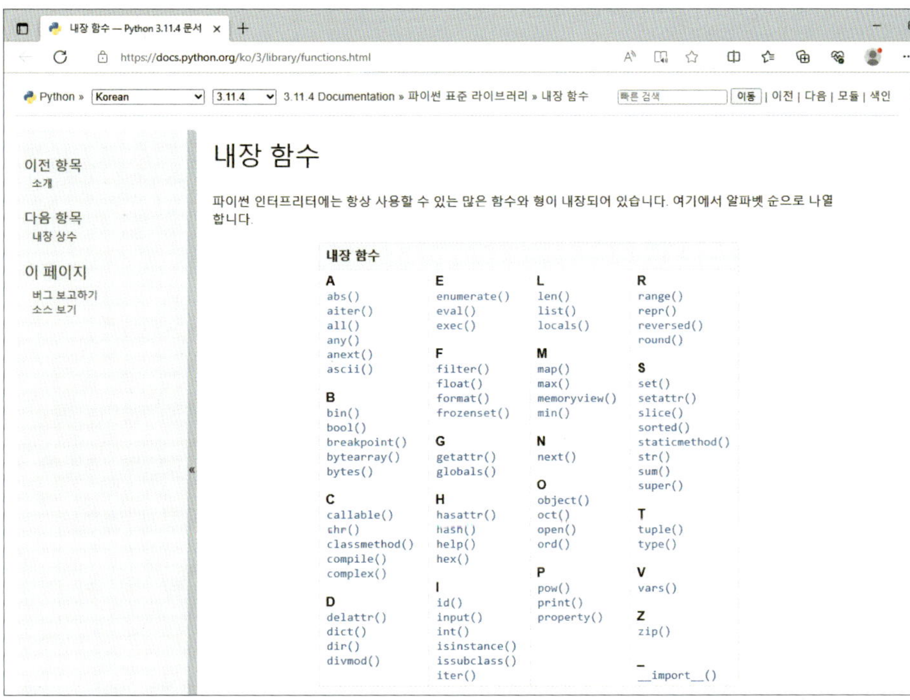

그림 14 파이썬 내장함수 (출처: https://docs.python.org/ko/3/library/functions.html)

이제 다음과 같이 실습해 보자.

```
>>> abs(-3.14)
3.14
>>> abs(-100)
100
```

abs( ) 함수는 절대값을 구하는 것이므로 음수를 매개변수에 넣으면 양수로 변경해 준다.

```
>>> bool(3)
True
>>> bool(-2)
True
>>> bool(0)
False
```

bool( ) 함수는 0이면 False를, 0이 아닌 다른 수는 모두 True를 반환한다. 이것은 boolean 변수는 True 또는 False만을 가지기 때문에 0이냐 아니냐로 구분하기 때문이다.

```
>>> divmod(10, 3)
(3, 1)
>>> divmod(20, 5)
(4, 0)
```

divmod( ) 함수는 나누어서 몫과 나머지를 구분하여 튜플로 변환해 준다. 따라서 divmod(20, 5)를 예를 들면 20을 5로 나누어서 몫은 4, 나머지는 0이므로 이것을 튜플로 조합하여 (4, 0)으로 반환한다. 아래와 같이 변수에 저장하면 어떻게 될까?

```
a = divmod(20, 5)
```

그럼 a의 값은 튜플 (4, 0)이 저장된다.

```
>>> eval('3.14 + 6')
9.14
>>> a = eval('100 / 3')
>>> a
33.333333333333336
```

eval( ) 함수는 매개변수에 문자열로 된 수식을 숫자형으로 인식하여 계산한 후 그 결과를 반환한다. 따라서 eval('3.14 + 6')이라면 매개변수가 '3.14 + 6'이라면 문자열이므로 계산을 할 수 없으나 숫자형으로 판단하고 계산하면 9.14가 산출된다. 이것을 문자형이 아닌 숫자형으로 반환하게 된다. 즉, a = eval('3.14 + 6') 을 수행 후 a값을 확인하면 문자형이 아닌 실수형 9.14가 저장된다. 이때 eval( )의 매개변수값으로 계산식이 아닌 일반 문자형을 입력하면 에러가 발생하니 주의한다.

```
>>> float(2)
2.0
>>> float('a')
Traceback (most recent call last):
  File "<pyshell#11>", line 1, in <module>
    float('a')
ValueError: could not convert string to float: 'a'
>>> float('10')
10.0
```

float( ) 함수는 매개변수의 값을 실수형으로 반환해 준다. 단, 매개변수를 문자형으로 입력하면, 문자형을 실수형으로 변환할 수 없기 때문에 에러가 발생한다.

```
>>> format(10, ',')
'10'
>>> format(10000, ',')
'10,000'
```

format은 데이터를 나타내는 형식을 지정하는 것으로 ','의 의미는 숫자 3자리마다 콤마(,)를 넣으라는 의미이다. 따라서 데이터를 매개변수값 10으로 설정하면 10을 출력하고, 10000을 설정하면 10,000을 출력하게 된다.

```
>>> format(10000, '.3f')
'10000.000'
```

'.3f'는 소수점 이하 3자리까지 나타내라는 의미이며, f는 float를 나타낸다. 따라서 매개변수로 10000을 입력하면 소수점 3자리까지 넣어서 10000.000을 출력한다.

```
>>> format(10000, '10.2f')
'  10000.00'
```

format에서 '10.2f'의 의미는 전체 10자리에서 소수점 이하 2자리까지 나타내라는 의미이다. 따라서 아래와 같이 소수점을 포함한 전체 10자리에서 소수점 이하 2자리까지 나타낸다.

		1	0	0	0	0	.	0	0

여기서 잠깐 | format( ) 함수의 활용

format( ) 함수는 print( ) 함수와 자주 사용되는데 간단한 사용 예는 다음과 같다.

- print('원주율을 정수로 나타내면 {0} 소수점 두 자리까지는 {1} 입니다'.format(3, 3.14))
  원주율을 정수로 나타내면 3 소수점 두자 리까지는 3.14입니다

print( ) 함수 안에 format( )을 함께 사용하는 경우 문자열 다음에 콤마(,)가 아니라 마침표(.)로 문자열과 format( )을 구분한다. 또한 문자열 안에 {0}, {1}과 같이 제시한 부분은 format( ) 함수에서 매개변수로 설정한 값들을 하나씩 대입하여 해당 값들이 출력되는 위치를 나타낸다. {0}, {1}을 두개 사용한 것은 format(3, 3.14)와 같이 매개변수를 두 개 사용하였기 때문이다. 만일 format(3.14)와 같이 하나만 사용할 경우 {0}과 같이 한 개만 기술하여야 한다. 즉, print( ) 안의 {0}, {1} ... {n}은 format( ) 함수 안의 매개변수값의 개수와 일치하여야 한다. 처리 방식은 다음과 같다.

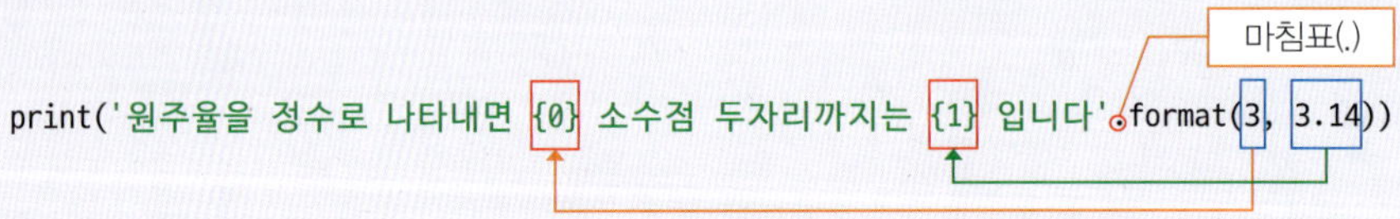

- print('원주율 정수 {0:1d} 소수점 두자리 {1:.2f} 입니다'.format(3, 3.141592))
  원주율 정수 3 소수점 두자리 3.14 입니다

print( ) 함수 안의 {0:1d}에서 0은 format( ) 함수의 첫 번째 매개변수값, 1d는 한 자리 숫자를 의미한다. 따라서 format(3, 3.14)에서 첫 번째 매개변수값 3을 한 자리 숫자로 나타내라는 의미이다. {1:.2f}에서 1은 format( ) 함수의 두 번째 매개변수값, .2f는 그 값을 소수점 이하 2자리까지 나타내라는 의미이며, 두 번째 값 3.141592를 소수점 둘째 자리까지만 나타내므로 3.14가 된다.

```
>>> len(range(10))
10
>>> len(range(1,10))
9
```

len( ) 함수는 크기를 나타낸다. 특히 range( ) 함수와 함께 사용하면 범위의 크기를 나타내게 된다. 즉, len(range(10))의 경우 range(10)는 0~9까지의 범위를 나타내므로 10개의 숫자가 있고 이것을 len( ) 함수로 크기를 나타내면 10이 된다.

len(range(1,10))에서는 range(1,10)가 1~9까지의 범위이며 숫자는 9개가 된다. 따라서 len( ) 함수로 크기를 나타내면 9가 된다.

- help( )

help( ) 함수는 파이썬 프로그램에서 사용하는 문법이나 명령, 함수 등을 알아볼 때 유용하게 살펴볼 수 있다. help( ) 명령을 실행하면 파이썬은 help 모드로 들어가고 커서는 help>로 변경된다. 이제 float 입력 후 엔터키(Enter)를 누르면 float와 연관된 내용들을 모두 보여준다.

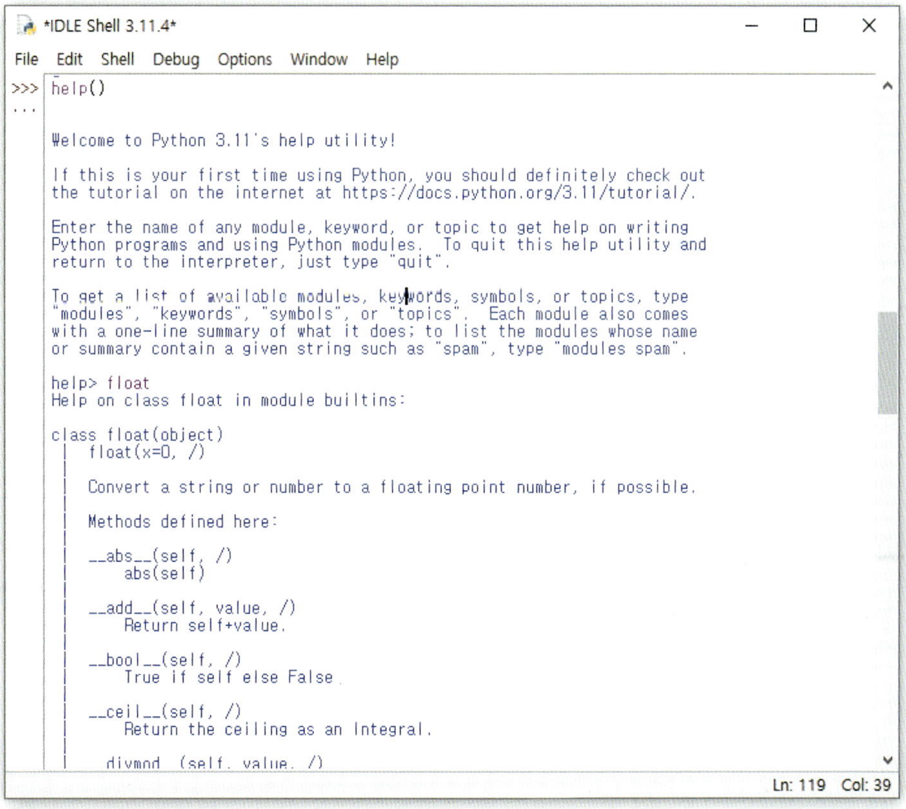

그림 15 파이썬의 help( )

8. 순서도를 통한 카페 매출 프로그램 설계

홍길동은 카페를 운영하고 있다. 카페에서 판매하는 메뉴는 다음과 같다.

메뉴	판매가격
아메리카노	3,000원
라떼	3,500원
에스프레소	3,250원
모카치노	3,200원
우유	2,300원
오렌지 쥬스	1,800원

카페의 매출은 날마다 달라져서 어떤 날은 매출이 오르다가 어떤 날은 매출이 이유 없이 떨어졌다. 카페 매니저인 홍길동은 카페 운영 수익에 민감할 수밖에 없는데 들쑥날쑥한 매출액으로 실제 수익이 많이 발생하는 날과 그렇지 않은 날을 알기 어려워서, 매일 판매금액에 대한 수익을 알고자 하였다. 그렇다면 수익을 확인하는 카페 매출 프로그램은 어떻게 작성할까? 단, 수익을 계산할 때 인건비, 카페 운영 경비 등의 비용은 고려하지 않고 재료값만을 고려하여 매출액 – 재료값으로 수익을 계산하였다. 다음은 메뉴별 실제 재료값을 나타낸다.

메뉴	재료 가격
아메리카노	500원
라떼	1,100원
에스프레소	950원
모카치노	980원
우유	400원
오렌지 쥬스	300원

위 내용을 기반으로 메인(main) 프로그램을 구상해 보자(함수나 라이브러리 프로그램을 제외한 프로그램을 메인 프로그램이라 하자. 즉, 함수의 경우는 자신의 코드 실행이 종료되면 호출했던 곳으로 반환되지만, 메인 프로그램은 모든 코드가 실행이 종료되면 전체 프로그램을 종료한다). 먼저 판매 리스트, 메뉴 가격표, 재료 가격표를 설정하여 초기화한다. 이때 판매 리스트는 리스트 변수로, 메뉴 가격표와 재료 가격표는 메뉴 이름과 가격을 같이 저장해야 하므로 딕셔너리로 저장하고, 메인 프로그램이나 함수에서도 모두 접근할 수 있도록 전역변수로 작성한다. 전역변수로 구성하는 이유는 위 변수들을 지역변수로 구성하면 각 함수들이 이용할 때 매개변수로 값을 넘

겨주거나 메인 프로그램이나 함수에서 필요할 때마다 중복해서 선언해야 하므로, 메인 프로그램이나 함수들이 공통으로 사용하는 변수들은 전역변수로 구성하는 것이 바람직하다. 변수는 아래와 같이 설정하였다.

```
sales            : 판매 리스트
menu_prices      : 메뉴 가격표 (딕셔너리)
material_prices  : 재료 가격표 (딕셔너리)
```

또한 판매 실적을 입력하는 작업을 종료할 것인지 계속할 것인지를 확인할 수 있도록 boolean type의 end 변수를 준비한다. 초기값은 True로 하고, 입력 작업을 종료할 때 False로 변경한다.

프로그램 시작과 함께 "오늘 하루의 매출을 정리해 봅시다"를 나타내서 이제 프로그램이 시작됨을 알려준다. 물론 이 작업은 안 해도 상관없으나 이렇게 간단한 메시지의 출력일지라도 사용자 입장에서 보면 프로그램의 시작을 알 수 있으니 좋은 방법이라 할 수 있다.

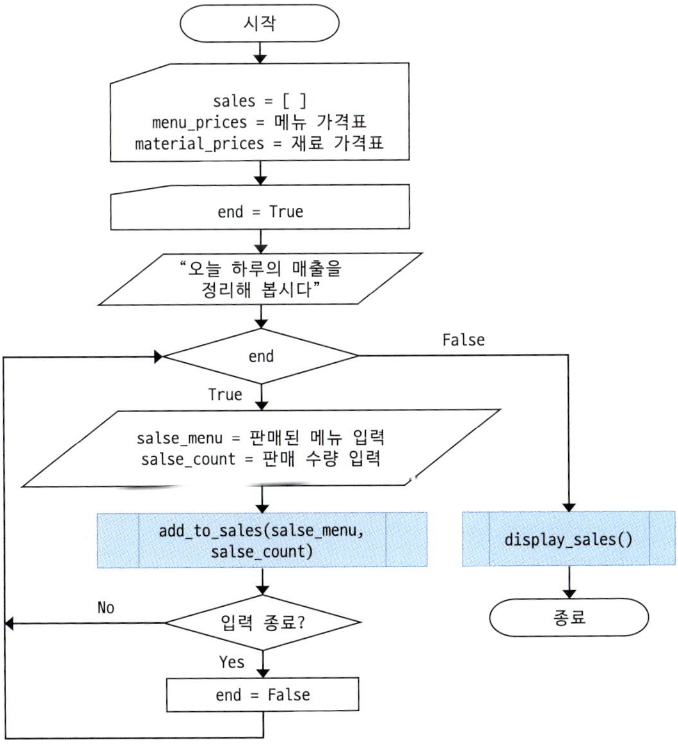

그림 16 카페 매출 메인 프로그램

아래의 부분은 카페 매출 입력 처리를 위한 반복을 뜻한다. 매출 입력을 계속할 것인지를 확인하는 end 값을 통해 반복 작업을 수행하는 데 초기값을 True로 설정하였기 때문에 처음에는 반복문을 수행한다. 반복문 안에는 먼저 오늘 판매된 메뉴의 이름을 입력하는 부분과 판매 수량을 입력하는 부분을 구성한다.

```
salse_menu = 판매된 메뉴 입력
salse_count = 판매 수량 입력
```

입력된 salse_menu와 salse_count을 매개변수값으로 하여 add_to_sales(salse_menu, salse_count) 함수를 호출한다. add_to_sales( ) 함수에서는 매개변수값을 가지고 판매 리스트를 추가 구성하는 작업을 수행할 것이다. 현재는 판매 리스트 작성 부분을 add_to_sales( ) 함수에 별도로 두는 작업으로만 구상해둔다. 판매 메뉴와 수량을 입력받아 판매 리스트 작성을 마쳤다면 추가로 판매 메뉴와 수량이 있는지 확인하는 작업으로 입력을 종료할 것인지 사용자에게 물어보고 Yes라면 입력 종료를 나타내므로 end 변수에 False를 저장하고 반복문으로 돌아가면 된다. 만일 No라면 바로 반복문으로 돌아가서 판매 메뉴와 수량 입력을 계속 수행하면 된다.

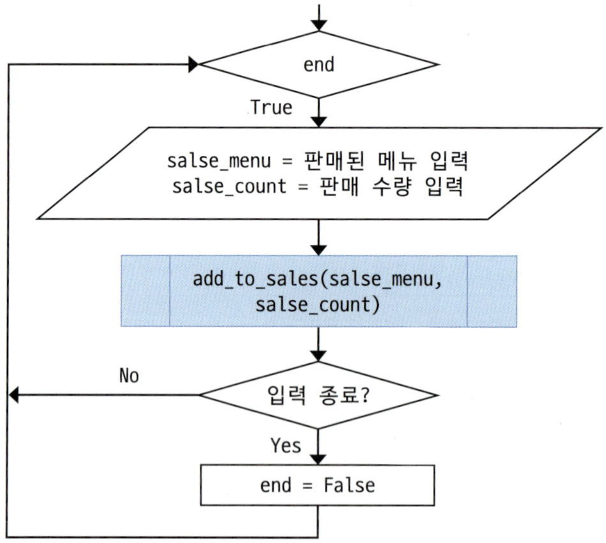

그림 17 카페 매출에서 입력 처리 반복

end 변수에 False가 되면 매출(판매 메뉴와 수량) 입력을 종료하는 것이므로, 최종 수익을 계산하고 사용자에게 알려주는 처리를 수행한다. 이 부분은 display_sales( ) 함수에서 분리하였으며, 함수의 실행이 종료됨과 함께 메인 프로그램도 처리를 종료한다.

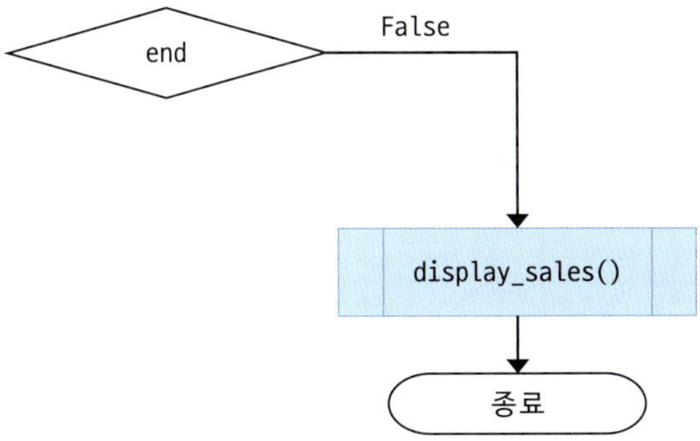

그림 18 카페 매출 프로그램의 종료 부분

add_to_sales(item, quantity) 함수에서는 판매된 메뉴 이름을 나타내는 item과 판매 수량을 나타내는 quantity를 매개변수로 받아서 판매 리스트 변수인 sales[ ]에 저장하는 작업을 수행한다. 또한 여러 개의 메뉴와 판매 수량을 가지고 반복해서 sales[ ]에 추가하는 것이 아니라 매개변수를 받은 메뉴와 수량만을 sales[ ]에 추가하여 누적하는 작업이기 때문에 반복문으로 나타내지 않고, salse[ ]에 추가하는 작업이 끝나면 함수의 처리를 종료한다.

add_to_sales( ) 함수에서 아래의 부분은 메뉴 이름을 나타내는 매개변수 item이 메뉴 가격표 딕셔너리인 menu_prices에 있는지 확인하여 해당 메뉴 이름이 존재한다면 sales 리스트에 메뉴 이름인 item과 판매 수량인 quantity를 추가한다. 그 후 item과 quantity를 통해 해당 메뉴와 수량을 판매했다는 확인 메시지를 출력한다. 만일, item이 menu_prices에 존재하지 않는다면 없는 메뉴를 나타낸 것이므로 메뉴가 없다는 메시지를 출력한다. 이러한 처리가 모두 수행되면 함수 수행을 종료한다.

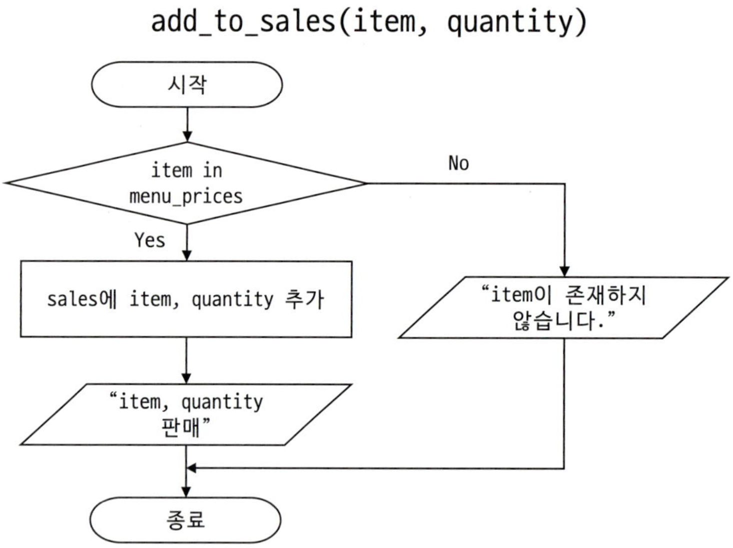

그림 19 add_to_sales(item, quantity) 함수

display_sales( ) 함수에서는 입력된 판매 메뉴와 수량을 통해 판매 수익을 계산하고 사용자에게 알려주는 작업을 수행한다. 이에 필요한 판매 리스트인 sales[ ]와 메뉴 가격표인 menu_prices, 재료 가격표인 material_prices 모두 전역변수로 설정되어 있기 때문에 매개변수를 사용하지 않고 전역변수에 있는 변수들을 직접 사용한다.

만일 조건문에서 not sales 확인하여 Yes인 경우에는 sales 리스트가 비어있다는 의미이고 판매한 내역이 없다는 뜻이므로 "아무것도 팔지 못했습니다."를 나타낸다. sales[ ] 리스트에 값이 있다면 판매한 내역이 있는 것이므로 sales 리스트에 있는 quantity와 item을 모두 찾아 사용자에게 수량, 메뉴, 판매금액을 나타내는 menu_prices[item] * quantity를 나타낸다. 이 작업은 모든 판매된 메뉴와 수량을 메뉴별로 확인해서 정리한 것으로 판매된 메뉴를 모두 나타낼 때까지 반복하게 된다. 이 작업이 끝나면 전체 매출액과 전체 재료값을 산출하는 작업을 수행하는데, 이는 calculate_total(flag) 함수에서 실행한다. 즉, 매개변수인 flag의 값은 기본값은 True로 설정하였는데, True인 경우에는 전체 매출액을 계산하고, False인 경우에는 전체 재료값을 계산한다. 수익은 전체 매출액 - 전체 재료값을 하면 수익이 된다. 마지막으로 사용자에게 수익을 알려주고 프로그램을 종료한다.

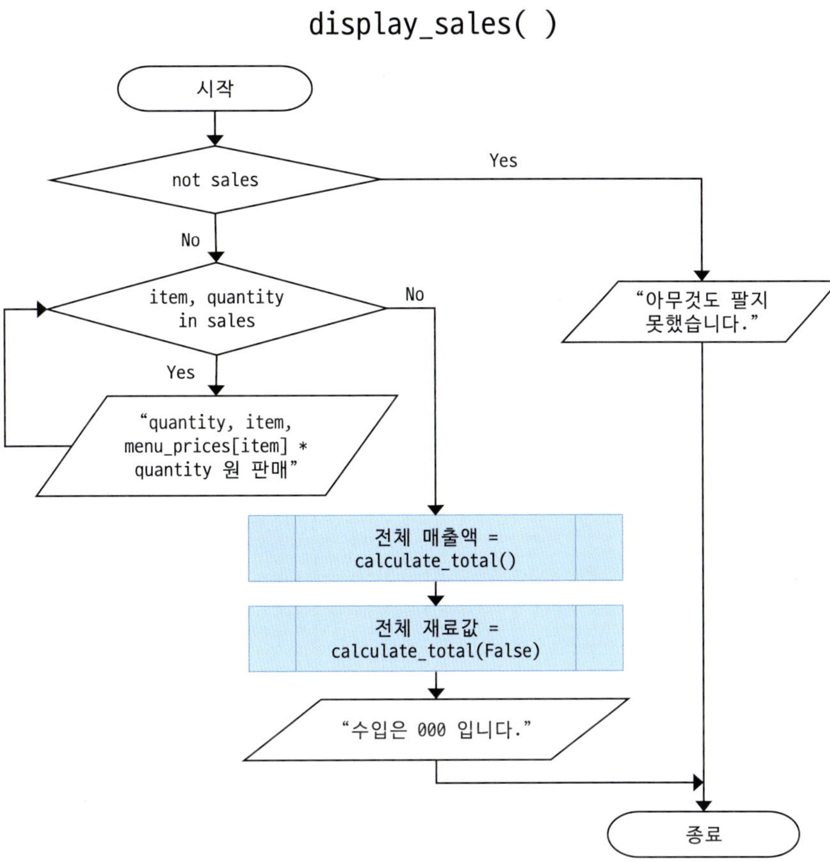

그림 20 display_sales( ) 함수

9. 작성된 순서도에 의한 카페 매출 프로그램 코딩

작성된 순서도에 따라 아래와 같이 코딩을 작성하자.

예제 8 카페 매출 계산

```
예제 1. 카페 매출 계산.py - D:₩교재 작업₩자유아카데미₩Source₩7₩예제 1. 카페 매출 계산.py (3.11.4)
File Edit Format Run Options Window Help
sales = []

#판매 메뉴 가격표
menu_prices = {
    "아메리카노": 3000,
    "라떼": 3500,
    "에스프레소": 3250,
    "모카치노": 3200,
    "우유": 2300,
    "오렌지 쥬스": 1800
}

#재료값
material_prices = {
    "아메리카노": 500,
    "라떼": 1100,
    "에스프레소": 950,
    "모카치노": 980,
    "우유": 400,
    "오렌지 쥬스": 300
}

def add_to_sales(item, quantity=1):
    if item in menu_prices:
        sales.append((item, quantity))
        print("{0} 잔의 {1}(s) 를 판매했습니다.".format(quantity, item))
    else:
        print("{0} 이 존재하지 않습니다.".format(item))

def calculate_total(flag=True):
    total = 0
    for item, quantity in sales:
        if flag:
            total += menu_prices[item] * quantity     #판매 계산
        else:
            total += material_prices[item] * quantity #재료 계산
    return total

def display_sales():
    if not sales:
        print("아무것도 팔지 못했습니다.")
    else:
        print("--------------")
        print("오늘 매출은 다음과 같습니다")
        for item, quantity in sales:
            print("{0} {1}(s) - {2:,} 원 판매했습니다".format(quantity, item, menu_prices[item] * quantity))
        tot_sales = calculate_total()
        tot_materials = calculate_total(False)
        print("==============")
        print("오늘 하루 전체 매출은 {:,} 원 입니다.".format(tot_sales))
        print("오늘 매출에 대한 재료값은 {:,} 원 입니다.".format(tot_materials))
        print("오늘 수입은 {:,} 원 입니다.".format(tot_sales-tot_materials))
        print("==============")

end = True
print("오늘 하루의 매출을 정리해봅시다")
while end:
    salse_menu = input("오늘 판매된 메뉴를 입력하세요 ")
    salse_count = int(input("이 메뉴의 판매 수량을 입력하세요 "))
    add_to_sales(salse_menu, salse_count)
    if input("입력을 종료할까요? (Y/N) ") == 'Y':
        end = False
display_sales()
Ln: 48  Col: 0
```

그림 21 카페 매출 계산 프로그램

메인 프로그램의 리스트와 딕셔너리의 초기화 부분으로 순서도에서는 아래와 같은 사항에 해당한다.

```
sales = [ ]
```

sales 리스트는 판매 리스트를 누적하여 저장할 곳이므로 처음에는 아무것도 입력되지 않은 빈 리스트로만 초기화한다. 나중에 매출에 따른 판매 메뉴와 수량을 입력하게 되면 sales 리스트에 누적하게 된다.

```
#판매 메뉴 가격표
menu_prices = {
    "아메리카노": 3000,
    "라떼": 3500,
    "에스프레소": 3250,
    "모카치노": 3200,
    "우유": 2300,
    "오렌지 쥬스": 1800
}
#재료값
material_prices = {
    "아메리카노": 500,
    "라떼": 1100,
    "에스프레소": 950,
    "모카치노": 980,
    "우유": 400,
    "오렌지 쥬스": 300
}
```

menu_prices는 카페에서 판매하는 메뉴들의 이름과 판매가격을 묶어 딕셔너리로 구성한 것이다. 또한 material_prices는 각 메뉴들의 재료값으로 음료를 만드는데 필요한 순수 투자 비용이라 할 수 있다. 전역변수의 초기화 부분이 완성되었다면 메인 프로그램의 구성에 앞서서 각 함수들을 구성해야 한다.

```
def add_to_sales(item, quantity=1):
    if item in menu_prices:
        sales.append((item, quantity))
```

```
        print("{0} 잔의 {1}(s) 를 판매했습니다.".format(quantity, item))
    else:
        print("{0} 이 존재하지 않습니다.".format(item))
```

add_to_sales(item, quantity=1) 함수의 매개변수는 카페의 음료 메뉴 이름인 item과 판매 수량인 quantity=1이며, 판매 수량은 기본값을 1로 설정하여, add_to_sales( ) 함수를 사용할 때 판매 수량 값을 설정하지 않으면 기본 1잔을 판매한 것으로 간주한다. 이는 add_to_sales( ) 함수를 호출한다는 것은 어떤 음료든 판매를 하였기 때문에 사용자가 입력한 값을 매개변수로 하여 호출하는 것이어서, 만일 함수 호출 시에 매개변수값으로 넘어오지 않을 경우 기본 1잔을 설정한 것이다.

```
if item in menu_prices:
        sales.append((item, quantity))
        print("{0} 잔의 {1}(s) 를 판매했습니다.".format(quantity, item))
```

이 명령문에서는 음료 이름인 item이 카페에서 판매하는 메뉴 이름을 가지고 있는 menu_prices에 있다면 정상적으로 카페에서 판매한 물품이 맞으므로 판매 리스트인 sales에 매개변수 item과 quantity를 추가한 후 print와 format 함수를 이용하여 어떤 메뉴가 몇 잔 판매되었는지 출력하여 사용자에게 알려준다.

```
print("{0} 이 존재하지 않습니다.".format(item))
```

만일 item이 menu_prices에 없다면 카페에서 판매하지 않는 음료 이름이거나 잘못 입력된 메뉴의 이름이기 때문에 해당 메뉴가 존재하지 않는다는 메시지를 화면에 나타내고 함수를 종료한다.

```
def calculate_total(flag=True):
    total = 0
    for item, quantity in sales:
        if flag:
            total += menu_prices[item] * quantity      #판매 계산
        else:
            total += material_prices[item] * quantity  #재료 계산
    return total
```

calculate_total(flag=True) 함수의 기능은 총 판매금액과 총 재료비용을 계산해서 반환하는 작업을 수행한다. 매개변수 flag는 True인 경우는 함수가 계산해야 할 작업이 판매금액이고, False인 경우는 재료비용을 계산할 경우이다. 기본값을 반드시 설정하여야 하는 것은 아니지만 True로 하여 판매금액을 계산하는 것으로 설정한다.

```
total = 0
```

total은 판매금액이나 재료비용의 전체 합계 금액을 저장하는 것이므로 반복문에서 누적하여 계산할 것이므로 초기값은 0으로 설정한다.

```
for item, quantity in sales:
```

item과 quantity가 판매 리스트인 sales에 있다면 flag가 True이면,

```
total += menu_prices[item] * quantity
```

을 통해 판매금액을 누적한다. 이때 flag가 False이면, 재료비용을 누적한다.

```
total += material_prices[item] * quantity #재료 계산
```

계산된 total은 return을 통해 호출되었던 곳으로 반환한다.

display_sales( ) 함수는 판매된 메뉴 이름, 수량, 계산된 총 판매금액과 총 재료비용을 통해 사용자에게 정리해서 출력하는 작업이다. 따라서 매개변수와 반환 값이 필요하지 않다.

```
def display_sales():
    if not sales:
        print("아무것도 팔지 못했습니다.")
    else:
        print("---------------")
        print("오늘 매출은 다음과 같습니다")
        for item, quantity in sales:
            print("{0} {1}(s) - {2:,} 원 판매했습니다".format(quantity, item,
                        menu_prices[item] * quantity))
```

```
        tot_sales = calculate_total()
        tot_materials = calculate_total(False)
        print("===============")
        print("오늘 하루 전체 매출은 {:,} 원 입니다.".format(tot_sales))
        print("오늘 매출에 대한 재료값은 {:,} 원 입니다.".format(tot_materials))
        print("오늘 수입은 {:,} 원 입니다.".format(tot_sales-tot_materials))
        print("===============")
```

```
if not sales:
    print("아무것도 팔지 못했습니다.")
```

만일 판매 리스트인 sales에 아무것도 없다면 매출 입력이 전혀 안 된 경우이므로 "아무것도 팔지 못했습니다."를 출력한다. sales에 데이터가 있는 경우는 매출과 수익을 출력한다.

```
print("---------------")
print("오늘 매출은 다음과 같습니다")
```

매출 출력의 시작을 알리는 메시지를 출력한다.

```
for item, quantity in sales:
    print("{0} {1}(s) - {2:,} 원 판매했습니다".format(quantity, item,
          menu_prices[item] * quantity))
```

판매 리스트인 sales에서 item과 quantity를 통해 수량, 음료 이름, 해당 음료의 판매금액 (menu_prices에서 음료의 판매금액 * 수량)을 모두 출력한다. 이는 반복문을 통해 sales에 저장되어 있는 모든 판매 음료들을 모두 출력한다.

```
tot_sales = calculate_total()
```

calculate_total( )를 호출하여 총 판매금액을 계산하여 tot_sales에 저장한다. 이때 매개변수를 설정하지 않아도 calculate_total( ) 함수는 매개변수에 기본값을 True로 하였기 때문에 총 판매금액을 계산하게 된다.

```
tot_materials = calculate_total(False)
```

calculate_total(False)에서 매개변수를 False로 설정하면 총 재료비용을 계산하게 된다. 이것은 tot_materials에 저장한다.

```
print("오늘 하루 전체 매출은 {:,} 원 입니다.".format(tot_sales))
print("오늘 매출에 대한 재료값은 {:,} 원 입니다.".format(tot_materials))
print("오늘 수입은 {:,} 원 입니다.".format(tot_sales-tot_materials))
```

format 함수를 이용하여 총매출액인 tot_sales와, 총재료비인 tot_materials을 출력하고, 총매출액 – 총재료비는 순이익, 즉 수입이 되므로 (tot_sales–tot_materials)을 계산하여 출력해 준다. format 함수에서 {:,}은 {0:,}과 같은 의미로서 format( ) 함수를 이용해 출력할 내용이 하나밖에 없기 때문에 0을 생략한 것이다. 콜론(:) 다음의 콤마(,)는 숫자 3자리마다 콤마(,)를 넣으라는 의미이다(예를 들어 3000이라면 {:,}에 의해 3,000을 출력한다).

이제 함수의 구성이 끝났으니 메인 프로그램을 구성하도록 하자.

```
end = True
print("오늘 하루의 매출을 정리해봅시다")
while end:
    salse_menu = input("오늘 판매된 메뉴를 입력히세요 ")
    salse_count = int(input("이 메뉴의 판매 수량을 입력하세요 "))
    add_to_sales(salse_menu, salse_count)
    if input("입력을 종료할까요? (Y/N) ") == 'Y':
        end = False
display_sales()
```

메인 프로그램에서는 함수 호출과 수입 내역을 출력히는 작입을 수행한다.

```
end = True
```

end 변수는 입력의 종료 여부를 나타내는 것으로 초기값은 True로 한다.

```
while end:
```

end의 초기값을 True로 하였기 때문에 while 반복문이 실행된다.

```
salse_menu = input("오늘 판매된 메뉴를 입력하세요 ")
salse_count = int(input("이 메뉴의 판매 수량을 입력하세요 "))
```

반복문 안에서는 판매된 메뉴를 입력하여 salse_menu에 저정하는 작업과 판매 수량을 salse_count에 저장하는 작업을 수행한다.

```
add_to_sales(salse_menu, salse_count)
```

사용자가 입력한 salse_menu와 salse_count를 매개변수로 하여 add_to_sales(salse_menu, salse_count) 함수를 호출한다.

```
if input("입력을 종료할까요? (Y/N) ") == 'Y':
    end = False
```

판매 메뉴와 수량 입력을 종료할 것인지 사용자에게 물어봐서 만일 'Y'를 입력하면 판매된 내용을 모두 입력한 것으로 하여 end = False와 같이 False로 변경해 준다. end 값이 False가 되면 while end에서 반복문의 조건이 거짓이 되므로 반복을 종료하게 된다.

```
display_sales()
```

반복문이 종료되면 모든 판매 메뉴와 수량이 판매 리스트에 저장하는 작업이 마쳤으므로 display_sales( ) 함수를 호출하여 수입을 계산하고 출력한다.

이제까지 작성한 카페 매출 계산 프로그램의 실행은 다음 그림과 같이 나타난다.

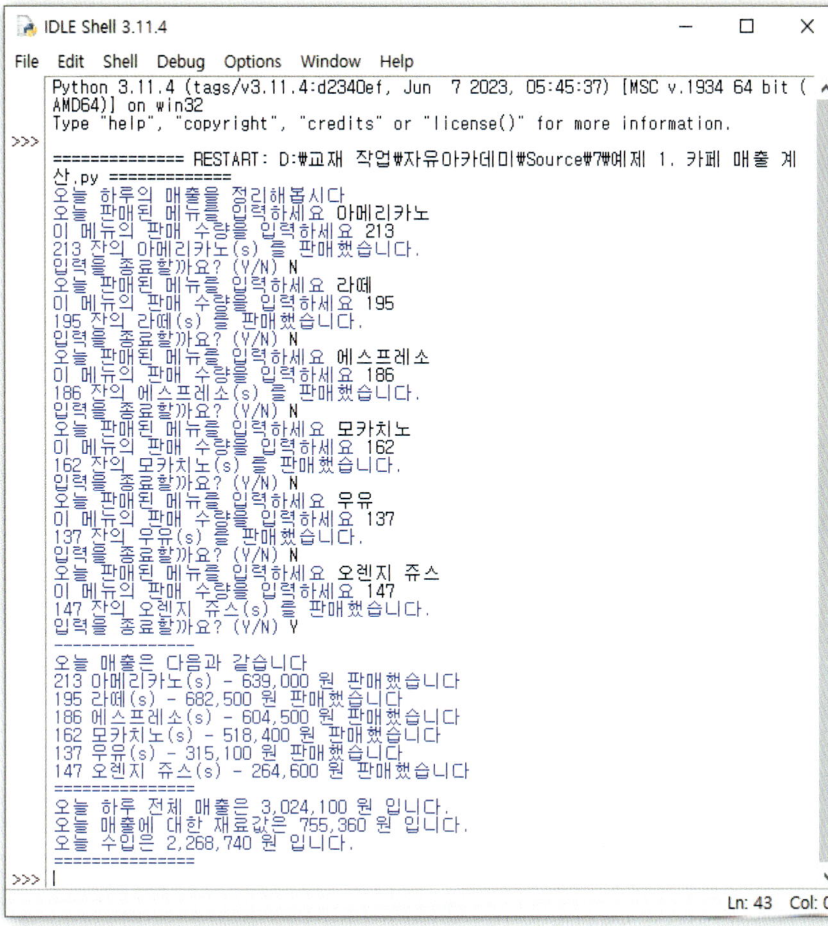

그림 22 카페 매출 계산 프로그램 실행

연습문제

01. 프로그램 또는 소프트웨어 응용 프로그램이 수행하는 특정 작업 또는 목적을 가리키는 특정 작업이나 명령 집합을 수행하도록 명명된 코드들의 묶음을 무엇이라 하는가?

① 기능　　② 함수

③ 변수　　④ 상수

02. 프로그램에서 함수의 용도와 거리가 먼 것은?

① 모듈화　　② 재사용 가능성

③ 상속　　④ 추상화

03. 함수는 특정 작업에 대해 구현된 세부 정보를 숨김으로써 추상화 수준을 제공한다. 함수를 호출하고 이용하는 프로그램의 다른 부분들은 함수가 내부적으로 어떻게 작업되어 있고 어떻게 수행하는지에 대한 부분을 고려하지 않아도 함수를 사용할 수 있다. 이러한 함수의 특징은?

① 모듈화　　② 재사용 가능성

③ 코드 구성　　④ 추상화

04. 모듈화의 장점과 거리가 먼 것은?

① 코드베이스를 더 체계적이고 이해하기 쉽게 만들며 유지보수성을 향상시킬 수 있다.

② 코드는 전체 프로그램에 영향을 미치기 때문에 특정 부분을 확장하거나 수정하기보다는 모듈을 모두 구성한 후 최종 단계에서만 수정할 수 있다.

③ 코드의 중복을 줄이고 효율적인 개발 습관을 기르게 된다.

④ 중요하거나 계산 집약적인 작업을 별도의 모듈로 분리함으로써 개발자는 프로그램의 나머지 부분에 영향을 미치지 않게 함으로써 효율성을 향상시키고 특정 모듈을 처리나 진행에 집중할 수 있다.

05. def say_hello(x, y):과 같이 함수가 선언되어 있다. 이때 x, y를 무엇이라 하는가?

① 매개변수　　② 연결 변수

③ 함수변수　　④ 전달 변수

06. 아래와 같은 코드가 있을 때 (A)에 알맞은 것은?

```
(        A      )
    for a in range(y):
        print(x)

greeting = input('반복해서 출력할 인사말은? ')
count = int(input('몇번 반복할까요? '))
say_hello(greeting, count)
```

① say_hello(x, y):
② def say_hello(x, y):
③ def say_hello(x, y)
④ def say_hello(greeting, count):

07. 아래의 코드에 대한 설명으로 옳은 것은?

```
def say_hello(x, y = 1):
    for a in range(y):
        print(x)
```

① 함수 안에 매개변수로 y = 1과 같이 할당 연산자를 사용할 수 없으므로 에러가 발생한다.
② 함수의 마지막 코드인 print(x)을 함수 결과로 반환한다.
③ 함수안에 for문이 있으니 반드시 return문이 있어야 한다.
④ 매개변수 y값은 1로 디폴트값이 설정되어 있다

08. 아래 코드의 문맥상 (A)에 알맞은 것은?

```
def (    A    )
         z = x + y
         return z
a = 10
b = 20
c = add(a, b)
print(c)
```

① add(x, y):
② add(a, b)
③ add( )
④ add('x', 'y')

09. 아래 코드는 degree 함수를 구성한 것이다. (A)에 알맞은 것은?

```
def degree(score):
    if score >= 90:
        ( A ) 'A'
    elif score >= 80:
        ( A ) 'B'
    elif score >= 70:
        ( A ) 'C'
    elif score >= 60:
        ( A ) 'D'
    else:
        ( A ) 'F'
```

① back　　② value
③ return　　④ comeback

10. 함수의 해당 영역 안에서만 사용할 수 있는 변수는?

① 영역변수　　② 지역변수
③ 한정변수　　④ 함수변수

11. 특정 영역에 관계없이 사용이 가능한 변수는?

① 일반 변수　　② 광역 변수
③ 전역 변수　　④ 공유 변수

12. 파이썬의 메모리 구조의 4개 영역에 해당되지 않는 것은?

① System 영역　　② Text 영역
③ Heap 영역　　④ Data 영역

13. divmod(x, y)의 설명으로 옳은 것은?

① x값을 실수 y로 반환한다.

② x의 y 제곱근을 나타낸다.

③ x값을 Boolean형의 y값으로 변환하여 준다.

④ x / y를 수행하여 몫과 나머지를 구하여 결과값을 튜플로 반환한다.

14. format(10, ',')의 실행 결과는?

① 10 ② 10.0

③ '10' ④ '10.0'

15. eval(x)의 설명으로 옳은 것은?

① x는 수식을 가지는 문자열이며, 파이썬은 계산식으로 표현된 매개변수값을 산출하여 정수 또는 실수로 반환한다.

② 매개변수값 x에 실수 데이터를 입력하면 정수형으로 변경해 준다.

③ 객체의 길이를 반환한다. x의 값은 문자열, 튜플, 리스트, range( ) 등이 될 수 있다.

④ x의 값을 각 문자로 변환하여 오름차순으로 정렬한다.

제9장

입출력과 예외 처리

1. 입출력
2. _(언더스코어)의 활용
3. 예외 처리
4. 파일 쓰기
5. 파일 읽기
6. 파일 읽기/쓰기 예제
7. with

1. 입출력

파이썬에서 입출력을 수행하는 코드는 일반적으로 input( )과 print( ) 함수를 들 수 있다. print( ) 함수는 충분히 다루어 보았으므로 이 장에서는 input( ) 함수를 조금 더 자세히 살펴보도록 한다.

1.1 사용자 데이터 입력

input( ) 함수는 사용자로부터 데이터를 입력받아 다양한 방식으로 저장할 수 있다.

예제 1 input( ) 실습

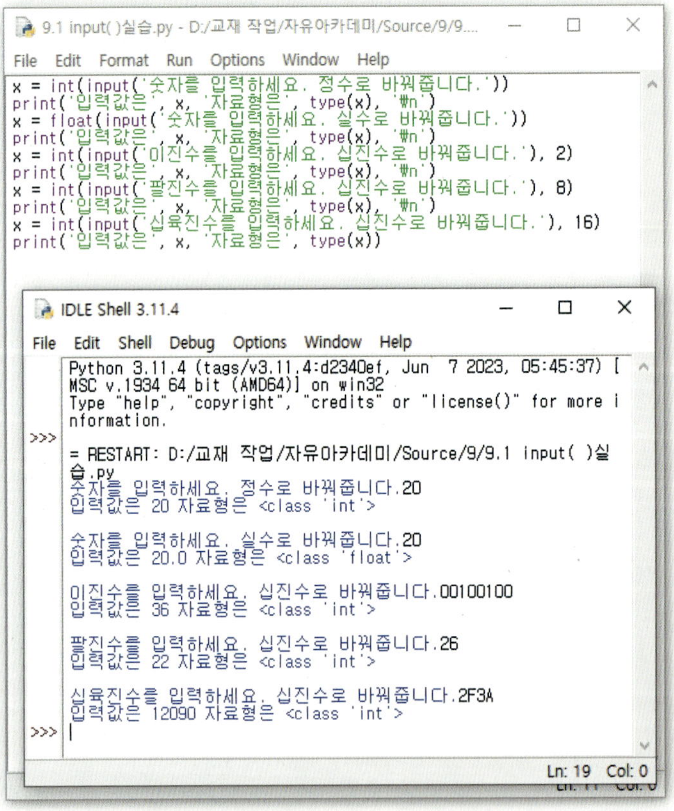

그림 1
input( ) 함수 실습

```
x = int(input('숫자를 입력하세요. 정수로 바꿔줍니다.'))
print('입력값은', x, '자료형은', type(x), '\n')
```

int(input('숫자를 입력하세요. 정수로 바꿔줍니다.'))는 입력값을 받아 정수형으로 변환하는 코드이다. 파이썬은 input( ) 명령만 사용하게 되면 모든 입력값을 문자로 받기 때문에 input 앞에 int를 설정하면 입력값을 정수형을 변환한다.

print('입력값은', x, '자료형은', type(x), '\n')은 출력내용을 정리한 것으로 입력 데이터 x, 데이터타입을 나타내는 type(x), 개행문자를 나타내는 '\n'을 사용하여 출력하였다. '\n'를 사용한 이유는 다음 코드들을 실행한 결과들이 모두 다음 라인에 붙어서 출력되기 때문에 출력내용을 구분하기 쉽게 한 칸 띄운 것이다.

```
x = float(input('숫자를 입력하세요. 실수로 바꿔줍니다.'))
```

입력 문자를 실수형(소수점 있는 수)으로 변환하여 나타낸다.

```
x = int(input('이진수를 입력하세요. 십진수로 바꿔줍니다.'), 2)
```

이진수 입력을 십진수로 변환하여 나타낸다. 이때 주의할 사항은 입력 숫자를 이진수로 입력하여야 한다.

```
x = int(input('팔진수를 입력하세요. 십진수로 바꿔줍니다.'), 8)
x = int(input('십육진수를 입력하세요. 십진수로 바꿔줍니다.'), 16)
```

입력을 8진수 또는 16진수로 입력하면 십진수로 변환하여 나타낸다.

1.2 input( ) 함수 메소드 사용하기

1.2.1 capitalize( ), center( ), count( )

입력함수인 input( )과 함께 사용할 수 있는 메소드들이 있으며, 같이 사용할 경우 다양한 입력값을 받을 수 있고, 여러 가지 입력 방법을 통해 입력 데이터를 받을 수도 있다. [예제 2]를 살펴보자.

예제 2 input( ) 메소드 실습

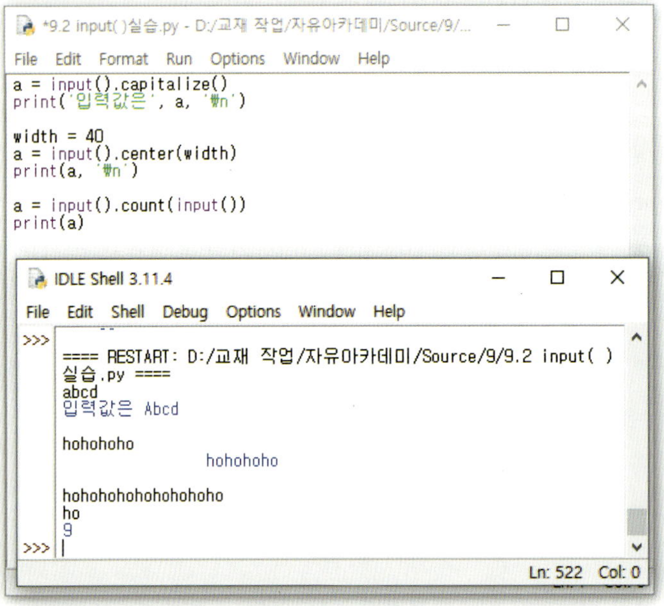

그림 2
input( ) 함수와 함께 사용하는 메소드의 실습

```
a = input().capitalize()
print('입력값은', a, '\n')
```

input( ).capitalize( )는 입력값을 받아서 첫 글자만 대문자로 변환해 준다. 나머지 다음 글자들은 모두 소문자이다.

▶ **모든 문자를 대문자로 변환하는 것은 upper( )를 사용한다.**

```
a = input().upper()
print('입력값은', a, '\n')

>>> 입력값은 HELLO
```

```
width = 40
a = input().center(width)
print(a, '\n')
```

input( ).center(width)은 width로 지정된 자릿수만큼 출력하는 공간을 확보하고, 입력값을 가운데 위치시킨다.

...	...	...	...	...	h	o	h	o	h	o	...	...	...	...	...
0															39

```
a = input().count(input())
print(a)
```

input( ).count(input( ))는 처음의 input( )을 통해 입력값을 받고, 두 번째 input( )을 통해 입력값을 받아서 처음 입력받은 값 중에서 두 번째 입력된 값이 몇 번 존재하는지 카운트하여 그 숫자를 반환한다. 따라서 실행 후

```
"hohohohohohohohoho"
```

를 입력하고, 두 번째 입력에서는 "ho"만을 입력했을 때 "ho"가 "hohohohohohohohoho"에 9번 존재하는 것을 나타낸다.

1.2.2 선행 및 후행 공백 제거

input( )을 통해 입력된 데이터의 선행 또는 후행에 오는 공백 문자(예 공백 또는 탭)를 제거할때, strip( ) 메소드를 사용하면 된다.

```
>>> input('이름을 입력하세요. ').strip()
이름을 입력하세요.            홍길동
'홍길동'
>>> input('이름을 입력하세요. ').strip()
이름을 입력하세요.       홍길동          김길동
'홍길동          김길동'
>>>
```

그림 3 선행 및 후행 공백 제거

```
input('이름을 입력하세요. ').strip()
```

를 실행하였을 때 앞에 공백을 넣어 '홍길동'을 입력할 경우 선행에 있는 공백을 모두 제거한 '홍길동'만 입력처리가 된 것을 알 수 있다. 또한 '   홍길동   김길동   '을 입력하였을 때 '홍길동' 앞뒤에 있는 공백을 모두 제거하여 입력처리가 된다. 이때 주의할 사항은 공백 제거는 선행과 후행의 공백 제거만 진행되며, 데이터 사이의 공백은 제거되지 않는다. 이것이 실행 결과에서 '홍길동   김길동'과

같이 나타난 이유이다. 선행 및 후행 공백 제거 처리는 아래 그림을 참조하면 된다.

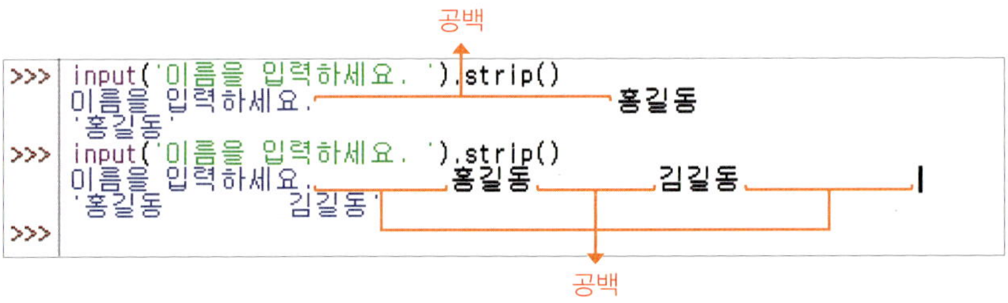

그림 4 선행 및 후행 공백 제거 처리

1.2.3. 다중 데이터 입력

input( ) 함수는 일반적으로 단일 라인으로부터 입력을 읽는다. 그러나 다중 라인을 통해 입력을 받고자 하는 경우는 반복문을 사용하면 된다. 이때 사용자가 입력의 종료를 나타내는 특정의 문자(특정 키워드나 공백 등)를 설정해 놓으면 반복문 내의 input( )은 종료 문자가 나타날 때까지 input( ) 함수를 실행할 수 있다.

예제 3 다중 입력

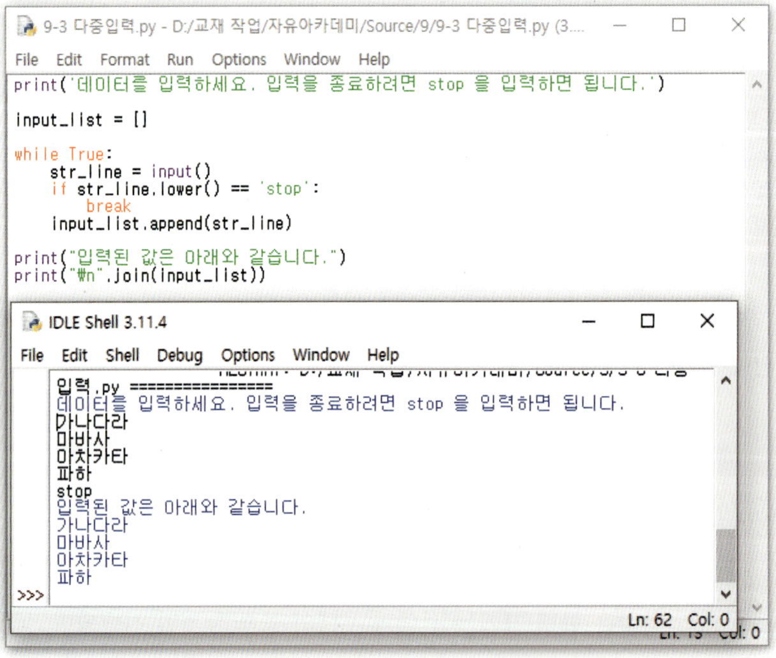

그림 5
다중 데이터 입력 ①

```
print('데이터를 입력하세요. 입력을 종료하려면 stop 을 입력하면 됩니다.')
input_list = [ ]
```

input_list는 입력값을 받아 추가할 것이기에 빈 리스트 변수로 선언한다.

```
while True:
```

while은 True일 때 반복을 수행하므로 반복은 계속 실행되도록 한다.

```
    str_line = input()
    if str_line.lower() == 'stop':
        break
```

입력값을 받아서 str_line에 저장 후, 만일 입력값이 'stop'인 경우는 입력을 종료하겠다는 의미이므로 break문을 통해 반복을 종료한다.

```
    input_list.append(str_line)
```

반복문의 마지막 코드로서 입력값이 'stop'이 될 때까지 input_list에 append( )를 통해 계속 추가한다.

```
print("입력된 값은 아래와 같습니다.")
print("\n".join(input_list))
```

모든 입력값이 input_list에 추가되면 개행문자('\n')와 함께 입력값들을 출력한다. 그런데 여기서 개행문자를 같이 사용하지 않으면 어떻게 될까?

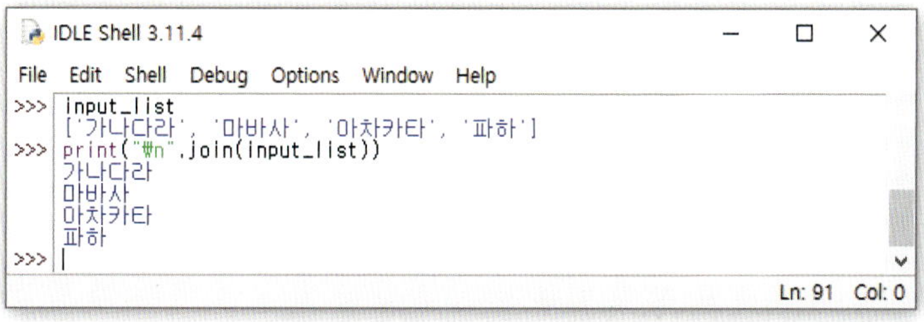

그림 6 다중 데이터 입력 ②

입력값이 저장된 input_list는 리스트이다. 따라서 input_list를 출력하면 ['가나다라', '마바사', '아차카타', '파하']과 같이 리스트의 값을 출력하게 된다. 그러나 join( ) 함수를 이용하여 개행문자를 같이 사용하면 각 리스트의 요소들을 하나씩 줄바꿈하여 나타내게 된다.

```
print("\n".join(input_list))
가나다라
마바사
아차카타
파하
```

1.2.4 프롬프트 문자열 형식 지정

input( ) 함수에 프롬프트 문자열(%)을 사용하면 보다 동적인 입력처리를 나타낼 수 있다. 다음과 같이 실습해 보자.

예제 4 프롬프트 문자열

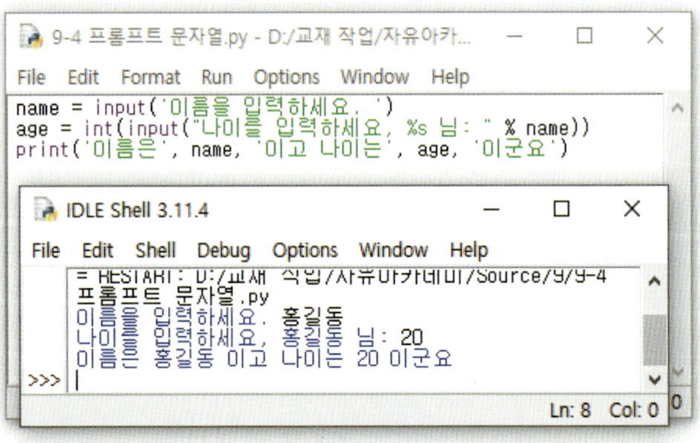

그림 7
프롬프트 문자열 실습

```
name = input('이름을 입력하세요. ')
age = int(input("나이를 입력하세요, %s 님: " % name))
```

나이를 입력할 때 input( ) 함수 내에 (~~%s 님: " % name)을 사용함으로써 위에서 입력된 name값을 받아서 입력 메시지에 바로 활용할 수 있도록 하였다. 즉, % name은 name값을 %s (string)과 연결하여 입력 메시지에 나타나도록 하였다. 입력된 값에 의해 다음과 같이 출력된다.

```
print('이름은', name, '이고 나이는', age, '이군요')
이름은 홍길동 이고 나이는 20 이군요
```

1.3 여러 값 한 번에 입력받기(split)

split( )는 지정된 구분자를 기반으로 문자열을 부분 문자열로 분할하는 내장 메소드이며, 특히, 여러 요소를 포함하는 문자열이 공통 문자(예 공백, 쉼표, 하이픈 등)로 분리되어 있는 경우 개별 요소를 별도의 문자열로 분리 및 추출하고자 할 때 유용하게 사용된다. split( )의 구문은 다음과 같다.

문자열.split([구분자[, 최대 분할 수]])

- **구분자(선택사항)**: 문자열을 분할하는 구분자 역할을 하는 문자 또는 기호이다. 만일 구분자를 쓰지 않고 공백으로 split( )과 같이 사용하면 공백을 기본 구분자로 처리한다. 이때 구분자를 공백으로 두었을 때는 최대 분할수도 생략한다.
- **최대 분할 수(선택사항)**: 이 매개변수는 구분자를 통해 문자열을 구분할 때 사용하는 최대 분할 수를 지정하며, 결과 목록의 요소 수를 제어한다. 최대 분할 수를 사용하지 않으면 문자열을 모두 분할한다.
- **반환 값**: split( ) 메소드는 지정된 구분자를 사용하여 원래 문자열을 분할한 부분의 문자열 목록을 반환한다.

다음과 같이 실습해 보자.

예제 5 split( )

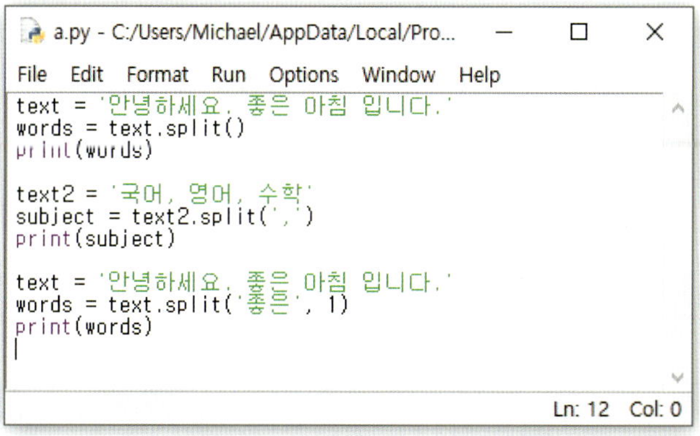

그림 8
split( ) 메소드의 실습

```
text = '안녕하세요. 좋은 아침 입니다.'
words = text.split()
print(words)
```

text.split( )은 구분자를 생략하였기에 공백이 기본 구분자가 된다. 따라서 문자열 '안녕하세요. 좋은 아침 입니다.'은 공백이 있는 곳마다 모두 구분하여 '안녕하세요.', '좋은', '아침', '입니다.'를 나타낸다.

```
text2 = '국어, 영어, 수학'
subject = text2.split(',')
print(subject)
```

text2.split(',')에서 구분자는 콤마(,)이다. 문자열 '국어, 영어, 수학'을 콤마(,)로 구분하면 국어, 영어, 수학을 나타낸다.

```
text = '안녕하세요. 좋은 아침 입니다.'
words = text.split('좋은', 1)
print(words)
```

text.split('좋은', 1)은 문자열 '안녕하세요. 좋은 아침 입니다.'에서 split('좋은', 1)을 사용했으므로 '좋은'을 기점으로 최대 1개로 구분하여 '안녕하세요. ', ' 아침 입니다.'로 구분한다. 그렇다면 최대 분할 수를 2개 또는 3개로 설정하면 어떻게 될까?

```
words = text.split('좋은', 3)
```

결과는 동일하게 나타난다. '좋은'을 기점으로 '안녕하세요. 좋은 아침 입니다.'을 '안녕하세요. ', ' 아침 입니다.'로 나누었으며, '좋은'은 1개만 있기 때문에 '좋은'을 기점으로 나눌 수 있는 최대 개수는 1개이다. 만일 '안녕하세요. 좋은 아침입니다. 좋은 날은 오늘입니다.'와 같이 '좋은'으로 나눌 수 있는 기점을 더 만들고 분할하면 설정된 개수만큼 분할이 이루어진다. 그렇다면 분할 개수보다 최대 분할 수가 적을 경우에는 어떨까?

```
words = text.split('좋은', 0)
```

와 같이 사용하게 되면 최대 분할 수가 0이므로 분할을 하지 말라는 의미로 보며 결과는 다음과 같다.

```
['안녕하세요. 좋은 아침 입니다.']
```

input( ) 함수로 받는 값은 모두 문자열로 처리된다. 따라서 문자열을 구분하는 split( ) 메소드를 함께 사용하면 유용하다.

예제 6 input( ).split( )

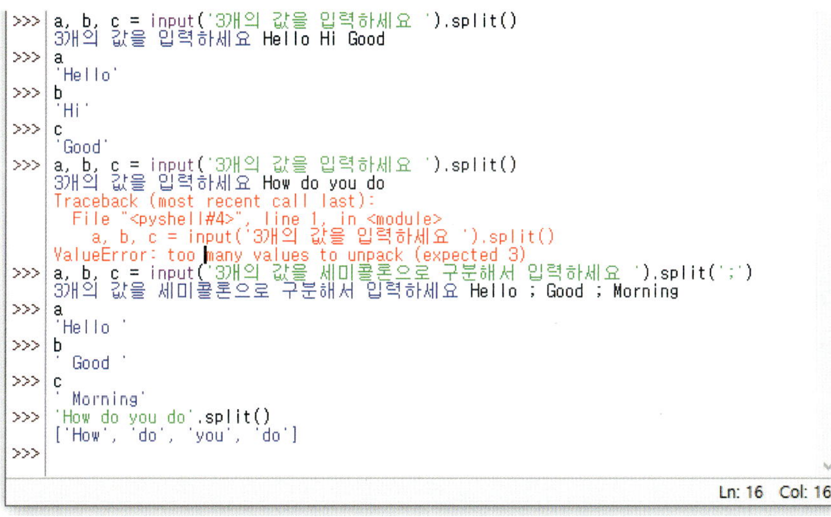

그림 9 input( ).split( )의 실습

```
a, b, c = input('3개의 값을 입력하세요 ').split()
```

input('3개의 값을 입력하세요 ') 함수를 통해 입력받은 문자열 값을 split( )를 이용해 구분하여 각각 변수 a, b, c에 저장한다. input( ) 함수에서 'Hello Hi Good'을 입력하면 각각 구분되어 'Hello'는 a에, 'Hi'는 b에, 'Good'은 c에 각각 나뉘어 저장된다. 그렇다면 변수의 개수를 넘어서 값을 입력하면 어떻게 될까? 'How do you do'를 입력해 보았다. split( )에서 구분자를 설정하지 않았기 때문에 기본 구분자를 공백으로 처리하면 'How', 'do', 'you', 'do'와 같이 4개로 구분된다. 그런데 변수가 3개 밖에 없기 때문에 에러가 발생한다. 즉, 변수의 개수에 맞게 입력값도 정해야 함을 주의한다.

```
a, b, c = input('3개의 값을 세미콜론으로 구분해서 입력하세요 ').split(';')
```

split(';')과 같이 구분자를 ';'로 하였다. 따라서 입력도 3개의 값을 ';'으로 구분하여 Hello ; Good ; Morning과 같이 입력하여야 한다. 이때 구분자 ; 사이의 앞뒤에 공백이 있으므로 실제 데이터는 공백을 포함하여 약간 차이가 나타난다. a의 값은 'Hello ', b의 값은 ' Good ', c의 값은 ' Morning'이 된다.

```
'How do you do'.split()
```

문자열을 직접 설정하여 split( )을 사용하면 각 문자열마다 공백으로 구분하여 분리해 놓는다. 즉, 문자열 'How do you do'를 공백으로 분리하면 ['How', 'do', 'you', 'do']와 같이 각 단어마다 나뉜다.

1.4 여러 값 한 번에 입력받기(map)

map( )은 반복 가능한 모든 항목(예 리스트, 튜플 등)에 주어진 함수를 적용하고 결과를 반환하는 내장 함수이다. map( ) 메소드의 형식은 아래와 같다.

map(function, iterable, ...)

- **function**: iterable의 각 요소에 적용하고자 하는 함수이다. 내장 함수일 수도 있고 사용자 정의 함수일 수도 있다. 함수는 iterable에서 각 항목을 입력으로 가져와 변환된 값을 반환한다.
- **iterable**: 함수로 처리하려는 시퀀스(예 리스트, 튜플)가 되며, 함수가 적용될 요소를 포함한다.

input( ) 함수와 map을 이용하여 [예제 7]과 같이 실습해 보자.

예제 7 input( ).map( )

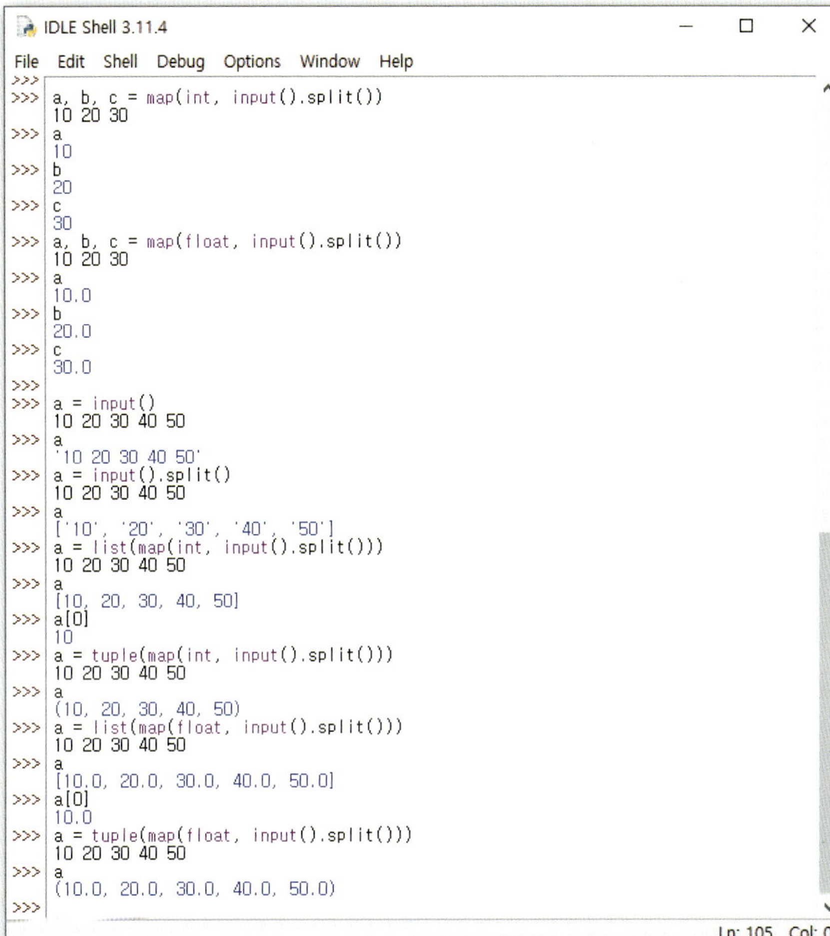

그림 10 input( ).map( )의 실습

```
a, b, c = map(int, input().split())
```

map(int, input( ).split( ))에서 함수는 int가 되며, 이는 input( )으로 입력받은 문자열 숫자를 정수로 변환하는 것을 뜻한다. iterable은 함수가 적용될 요소를 나타내므로 input( ).split( )을 통해 입력을 받아 공백으로 구분된 결과값들을 int를 통해 정수로 변환하여 변수 a, b, c에 각각 저장하는 코드이다. 이때 주의할 것은 변수가 a, b, c 3개가 있다면 입력 값도 3개로 맞추어야 한다. 여기서는 공백을 포함하여 10 20 30을 입력하였는데, a에는 정수 10, b는 정수 20, c는 정수 30이 각각 저장된 것을 알 수 있다.

```
a, b, c = map(float, input().split())
```

정수뿐만 아니라 실수형인 float도 처리는 동일하게 10 20 30을 입력하면 a, b, c에 각각 10.0, 20.0, 30.0이 저장된다.

그렇다면 변수를 한 개만 설정하고 모든 입력값을 한꺼번에 설정하면 어떻게 될까?

```
a = input()
```

이 코드는 입력값을 모두 a에 저장하라는 것이다. 10 20 30 40 50을 입력하면 a에 문자열 '10 20 30 40 50'이 저장된다. 입력값이 하나의 문자열인 '10 20 30 40 50'으로 처리되었다. 이것을 분리하면 split( )을 사용할 수 있다.

```
a = input().split()
```

10 20 30 40 50을 입력하면 a에는 ['10', '20', '30', '40', '50']이 저장된다. 이것은 각 숫자가 분리되어 있기는 하지만 사용할 수 없다. 이것을 리스트나 튜플로 저장하면 분리된 숫자를 사용할 수 있게 된다.

```
a = list(map(int, input().split()))
```

list(map(int, input( ).split( )))은 map(int, input( ).split( ))의 결과를 리스트로 만들어 a에 저장하라는 코드이다. 따라서 10 20 30 40 50을 입력하면 10, 20, 30, 40, 50과 같이 정수로 구분한 뒤 [10, 20, 30, 40, 50]과 같이 리스트로 만들어 a에 저장된다. 따라서 이제 a는 리스트가 되며, a[0]을 확인하면 10이 된다.

```
a = tuple(map(int, input().split()))
```

tuple(map(int, input( ).split( )))은 위 내용과 같지만 결과값을 튜플로 만들어 a에 저장한다. 따라서 10 20 30 40 50을 입력하면 a에는 튜플 (10, 20, 30, 40, 50)이 저장된다.

```
a = list(map(float, input().split()))
a = tuple(map(float, input().split()))
```

정수형이 아닌 실수형(float)도 같은 방식이다. 다만 10을 입력하면 실수형으로 변환하여 10.0이 된다.

2. _(언더스코어)의 활용

파이썬에서 _(언더스코어)는 다음과 같이 다양한 용도로 사용된다.

- **자리 표시자 변수로서의 사용**

는 특정 변수를 지정하지 않거나 변수의 자리는 있지만 생략하고자 할 때 사용한다. 즉, 변수에 일부 값을 할당하지만 ''를 사용하는 데 관심이 없음을 나타낸다.

```
>>> a, _, c = 1, 2, 3
>>> first, _, third = (10, 20, 30)
>>> a
1
>>> c
3
>>> first
10
>>> third
30
>>> second
Traceback (most recent call last):
  File "<pyshell#66>", line 1, in <module>
    second
NameError: name 'second' is not defined
>>> first, _, third
(10, 20, 30)
>>> a, _, c
(1, 2, 3)
>>>
```

그림 11 자리 표시자 변수로서의 사용

```
a, _, c = 1, 2, 3
```

이 코드는 1, 2, 3을 각각 a, _, c에 저장하는 명령이다. 이때 _ 자리에는 변수가 없이 _(언더스코어)만을 사용함으로써 1, 2, 3과 같이 값이 할당되지만 2는 변수에 저장이 되지 않는다. 이것은 _으로 변수의 자리만 표시할 뿐 실제 변수를 설정하지 않았기 때문이다. 즉, a, _, c라고 해서 생략된 _ 자리에 b를 채워 넣지 않는 것이다. 만일 a, c = 1, 2, 3과 같이 _를 사용하지 않으면 어떻게 될까? 변수와 값의 개수가 맞지 않아 에러를 발생한다.

```
first, _, third = (10, 20, 30)
```

first에 10, third에 30이 저장되지만 _은 자릿수만 차지할 뿐 변수가 아니기 때문에 20은 변수에 저장되지 않는다. first, _, third를 사용한다고 해서 first, second, third를 의미하는 것이 아니라 두 번째 변수의 자리 표시자의 역할만 수행한다. a, _, c를 한꺼번에 출력하면 (1, 2, 3)과 같이 저장했던 값이 모두 나타나며, first, _, third도 (10, 20, 30)을 모두 나타낸다. 이와 같은 방법은 왜 사용할까? 특정 요소나 값에만 관심 있고 나머지는 버릴 때 사용하면 유용하다. 즉, first, _, third = (10, 20, 30)에서 first와 third에 저장되는 값에 관심이 있고 두 번째 값에 관심이 없지만 값을 저장하는 패턴이 3개 있는 경우 사용할 수 있다. 즉, 이미 (10, 20, 30)과 같은 값이 있는데 처음과 마지막 값의 저장에 관심 있을 때 first = (10), third = (30)과 같이 모두 별도의 코드로 구성하기보다는 '_'를 사용하면 한 번에 코드를 완성할 수 있다. '_' 에 대해 조금 더 알아보자. 아래와 같이 실습해 본다.

```
>>> 5 + 3
8
>>> _  # The value of the last expression (8) is assigned to '_'
8
```

5 + 3을 Shell에서 실행하면 결과 8이 나타난다. 그 이후 _ 만 입력하고 실행했을 때도 앞의 결과인 8이 나타난다. 이것은 마지막 실행 결과값 8이 '_'에 할당된 것이다. 이렇듯 '_'는 변수의 자리나 명령 또는 코드를 생략할 때 사용할 수 있다.

```
>>> x = 5
>>> y = 10
>>> _ = x + y
>>> _ * 2
30
```

_ = x + y에서 x가 5, y가 10이 저장되었으며, 15가 '_'에 저장될 것이다. 그런데 '_'

은 변수가 아니다. 그러나 변수의 자리를 생략하거나 임의의 변수를 의미하는 것으로 '_'를 사용하여 변수의 이름은 없지만, 그 자리에 임의의 변수가 있으므로 다음 명령인 _ * 2가 정상적으로 실행된다. 이러한 방식은 왜 할까? _ = x + y와 같이 사용할 경우 중요한 변수가 덮어 쓰이지 않을 수 있도록 보호할 수 있다. 즉, x = x + y와 같이 사용하여 x 변수가 덮어 쓰이거나 z = x + y와 같이 사용되면 변수 z가 이미 다른 곳에서 사용되었다면 현재의 명령으로 z의 값이 변경될 수 있다.

- **사용되지 않는 루프 변수에 대한 규칙으로 사용**

루프 변수가 사용되지 않는 루프에서는 루프 변수가 필요하지 않음을 나타내는 일반적인 방법으로도 사용된다. 아래와 같이 for문에서 '_'를 실행해 보자.

예제 8 _(언더스코어, for)

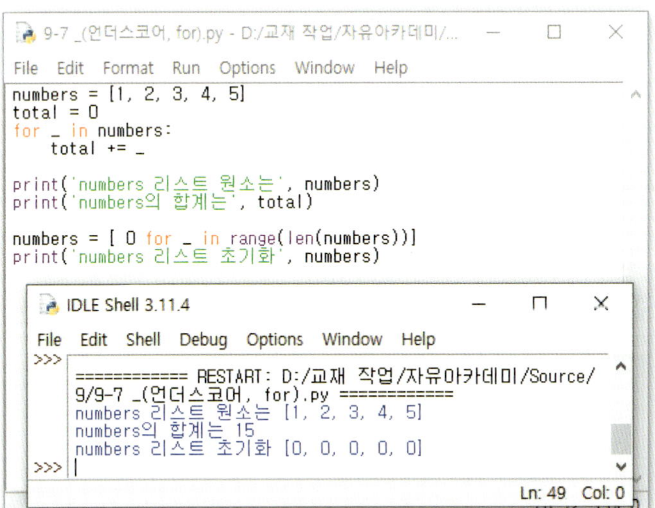

그림 12
for문에서 '_' 사용

```
numbers = [1, 2, 3, 4, 5]
total = 0
for _ in numbers:
    total += _
```

numbers = [1, 2, 3, 4, 5]와 같이 리스트를 설정하고 for문에서는 numbers 요소값들을 모두 누적해서 total에 합산하는 처리를 수행한다. 이때 일반적으로 변수를 사용했던 자리에 변수를 지정하지 않고 '_'를 대신 사용할 수 있다. 변수값은 무시하고 특정 반복 횟수만 중요하게 처리하고 싶을 때 변수의 자리를 명시하는 '_'를 사용할 수 있는 것이다.

```
print('numbers 리스트 원소는', numbers)
print('numbers의 합계는', total)
```

를 실행하면

```
numbers 리스트 원소는 [1, 2, 3, 4, 5]
numbers의 합계는 15
```

와 같이 정상적으로 결과를 나타낸다.

```
numbers = [ 0 for _ in range(len(numbers))]
print('numbers 리스트 초기화', numbers)
```

일반적으로 리스트를 나타낼 때 numbers = [ ]로 설정하지만, 리스트 원소를 설정하는 곳에 for문을 사용하여 반복적인 숫자나 문자열을 설정할 수 있다. 0 for _ in range(len(numbers))의 의미는 설정값 0을 for _ in range(len(numbers))만큼 반복하는 것이다. '_'은 변수를 지정하지 않고 임의의 변수 자리만 설정한 것이고, range(len(numbers))에서 len(numbers)은 리스트의 요소 개수를 나타내므로 5가 되며, 결국 range(5)와 동일하게 된다. 따라서 numbers = [0 for _ in range(len(numbers))]는 numbers = [0 for _ in range(5)] 이며, numbers = [0, 0, 0, 0, 0]과 같은 결과를 나타낸다. print('numbers 리스트 초기화', numbers)의 실행 결과는 'numbers 리스트 초기화 [0, 0, 0, 0, 0]'이 된다.

이렇듯 반복문을 사용하면 여러 데이터를 한꺼번에 입력할 수 있다. 다음과 같이 실습해 보자.

예제 9 반복문 이용 배열 입력

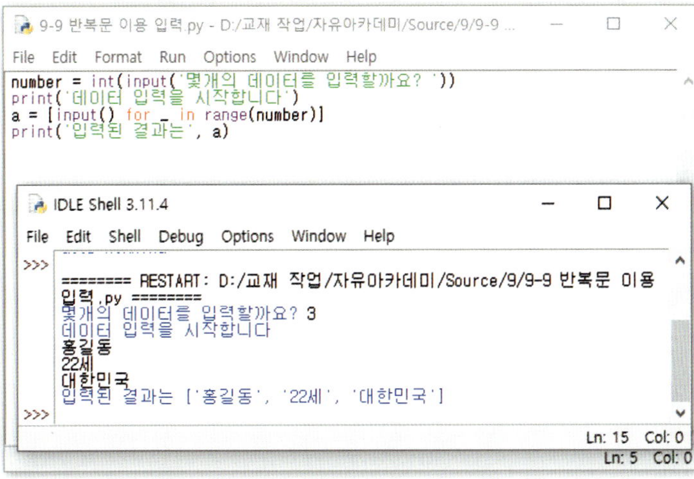

그림 13 반복문을 이용한 배열 입력

```
a = [input() for _ in range(number)]
```

사용자로부터 입력받은 입력 데이터 개수인 number만큼 반복문을 사용하여 input( ) 함수를 실행 후 그 값을 변수 a에 저장하였다. 이때 a = [...]와 같은 형식이므로 a 변수는 리스트이다. for 반복문에서는 변수의 지정보다 설정된 횟수만큼 반복 수행이 중요한 처리이기 때문에 굳이 for문 안에 변수를 설정하지 않고 '_'을 사용하였다.

같은 방식으로 이차원 배열 입력을 아래와 같이 실행할 수 있다.

예제 10 반복문 이용 이차원 입력

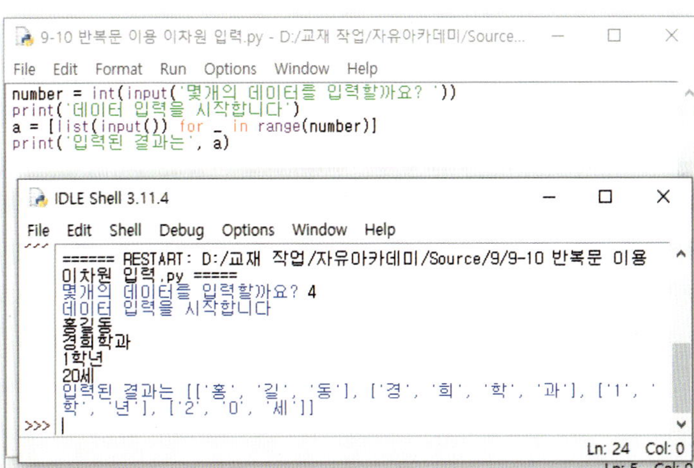

그림 14 반복문을 이용한 이차원 배열 입력

```
a = [list(input()) for _ in range(number)]
```

이전 예제와 같은 방식이지만 list(input( ))만 변경하면 입력된 데이터를 한 문자씩 모두 나누어 2차원 배열로 만드는 것을 알 수 있다. 즉, 첫 번째 데이터에 '홍길동'을 입력하면 ['홍', '길', '동']과 같이 분리된다.

그렇다면 숫자형을 2차원 배열로 저장하는 방식은 어떻게 할까? 같은 방식이니 조금만 수정해 보자.

예제 11 반복문 이용 숫자형 이차원 배열 입력

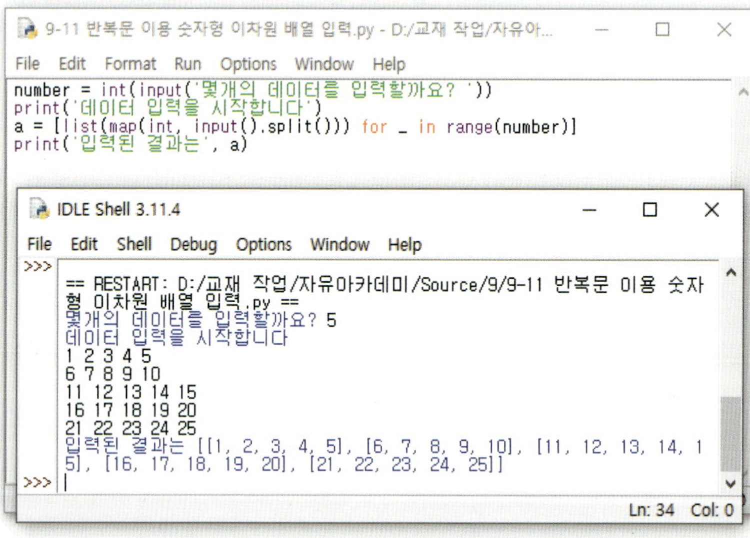

그림 15 반복문 이용 숫자형 이차원 배열 입력

위의 [예제 11]에서

```
a = [list(map(int, input().split())) for _ in range(number)]
```

만 수정되었다. 즉, input( ) 입력문에서 받은 데이터는 split( )를 통해 각 입력값 사이를 공백으로 구분하여 정수형으로 분리한 뒤 리스트로 만든다. 따라서 input( ) 입력은 숫자를 나타내는 문자열로 하였으나, 실행 결과는 모두 정수형 구분하여 이차원 리스트로 나타낸 것을 알 수 있다.

- **네임 맹글링(Name mangling)에 대한 사용**

네임 맹글링은 잠재적인 이름 충돌을 피하기 위해 클래스 내의 속성 이름을 더 고유하게 만드는 방법이다. 아직 클래스를 배우지 않았으니 현재는 방법만 간단히 설명한다. 일반적으로 네임 맹글링은 이중 언더스코어("__")로 시작한다. '_'를 사용하는 것은 엄격한 규칙은 아니지만 파이썬 프로그래밍을 할 때 특정 변수를 사용하거나 신경 쓰지 않는 의도를 나타낼 때 일반적으로 사용한다.

- **"버려지는" 변수로의 사용**

반복 가능한 요소에서 요소를 분리해야 하지만 요소의 하위 집합에만 관심이 있는 상황에서는 하나의 밑줄을 여러 번 사용하여 필요 없는 "버려지는" 변수를 나타낼 수 있다. 이것은 특정 요소에만 관심을 두고 나머지는 버리고 싶을 때 유용하다.

- **충돌을 방지하기 위한 이름으로 사용**

이중 언더스코어('__')로 시작하고 끝나는 이름과 달리, 이중 언더스코어('__')만 있는 이름(예 __속성)을 사용하는 것은 네임 맹글링을 거치지 않는다. 이것은 단순히 같은 네임스페이스에 있는 하위 클래스나 다른 클래스와의 이름 충돌을 피하기 위한 규칙이 된다(클래스에 대한 부분은 다음에 알아보기로 한다).

- **변환 함수로서 '_'의 일반적인 사용**

함수나 라이브러리를 가져오는데 일반적인 별칭으로 '_'를 사용할 수 있다. 이는 코드의 가독성을 높일 수 있고 코딩을 쉽게 할 수 있다. 간단한 사용예시는 다음과 같다.

```
from gettext import gettext as _
```

- **사용되지 않는 함수 매개변수의 '_'**

함수를 정의할 때 사용하지 않을 함수 인수의 이름으로 '_'를 사용할 수 있다. 함수를 설정할 때 특정 개수만큼 매개변수가 필요하며 함수 코드에서는 사용할 필요가 없을 때 이용할 수 있다. [예제 12]와 같이 실습해 보자.

예제 12 _(언더스코어, parameter)

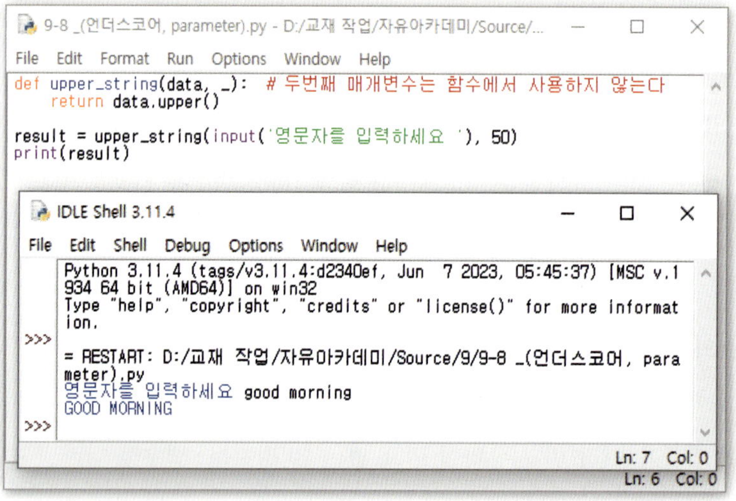

그림 16 _(언더스코어, parameter) 사용

upper_string(data, _):와 같이 사용하면 두 번째 매개변수가 함수 내에서 사용되지 않음을 다른 개발자에게 알릴 수 있고, 나중에 함수를 수정할 경우 '_'자리에 필요한 매개변수를 넣을 수도 있다.

- **특수 방법(던더 방법)에 대한 이중 언더스코어('__')**

파이썬에서 이름의 처음과 끝에 있는 이중 언더스코어는 "던더" 메소드라고도 알려진 특수 메소드를 나타낸다. 이는 다양한 내장 기능의 연산자 오버로드 및 사용자 정의에 사용된다(이는 다음에 클래스의 내용에서 학습하도록 한다).

3. 예외 처리

3.1 예외 처리의 기본문법

예외는 프로그램의 실행 중에 발생하는 에러의 처리를 나타낸다. 프로그램을 작성하거나 실행하다 보면 특정 오류나 문제가 발생할 수 있는데 이때 예외 처리를 하면 에러가 발생하는 시점을 오류로 처리하지 않고 파이썬 개발자가 에러의 상황을 대처할 수 있게 된다.

```
>>> a = 0
>>> b = 10
>>> b / a
    Traceback (most recent call last):
      File "<pyshell#15>", line 1, in <module>
        b / a
    ZeroDivisionError: division by zero
>>>
>>> if a = 0:
...
    SyntaxError: invalid syntax. Maybe you meant '==' or ':=' instead
    of '='?
>>>
```

그림 17 파이썬 프로그램 에러

위 그림과 같이 에러는 분모가 0으로서, 0으로 나누었을 때 "ZeroDivisionError: division by zero"의 에러를 발생한다. 이것은 어떤 수든 0으로 나눌 수 없기 때문에 나타나는 에러이다. 또는

if a = 0:과 같이 문법적으로 맞지 않아 나타난 구문 에러(SyntaxError)이다. 이것은 if a == 0: 과 같이 사용하여야 하는데, 조건문의 비교에 '='과 같이 하나만 사용하여 배정문처럼 사용하였기에 나타난 구문 에러이다. 즉, 예외 처리의 일반적인 예로는 정수나 실수를 0으로 나누었을 때 에러가 발생하는데, 이때 에러가 발생할 수 있는 구간을 예외 처리 블록에 구성하면 파이썬은 오류를 발생시켜 프로그램을 중지시키는 것이 아니라 개발자가 미리 설정해 놓은 예외 처리 구간으로 처리를 넘기게 된다. 이후 에러가 발생했을 때 어떻게 처리할 것인지 설정해 놓은 코드에 따라 프로그램이 실행된 후 정상 종료된다. 즉, 예외는 프로그램에서 예측하지 못한 상황이나 오류를 처리하고, 디버깅에 도움이 되는 오류 메시지를 출력할 때 매우 유용하게 사용된다. 예외 처리의 기본 구조는 다음과 같다.

```
try:
    # 에러가 발생할 수 있는 실행 코드
except SomeExceptionType:
    # 에러가 발생했을 때 처리하는 코드
except AnotherExceptionType:
    # 에러가 발생했을 때 처리하는 코드
else:
    # try 블록 내의 코드에 에러가 발생하지 않았을 때 실행하는 옵션 블록
finally:
    # 에러가 발생하든 안 하든 무조건 실행하는 옵션 블록
```

- try

예외(에러)가 발생할 수 있는 코드를 구성하는 블록이다. 프로그램을 구성하다 보면 예외가 발생할지 그렇지 않고 정상 작동을 할지 확실한 판단을 내리기 어려울 때가 있다. 이때 예외가 발생할 수도 있는 의심이 드는 코드는 try 블록 내에 구성하게 되면, 만일 에러가 발생하여도 대처할 수 있게 된다. 이 블록에서 예외가 발생하면 except 블록에서 파이썬 개발자가 미리 에러가 발생했을 때 처리하여야 하는 과정들을 기술해 놓은 처리에 따라 프로그램이 수행된다.

- except

예외가 발생했을 때 처리하는 실행 코드를 배치하는 블록이다. 에러는 다양한 형태로 나타날 수 있다. except 블록은 다양한 유형의 예외를 처리하기 위해 여러 except 블록을 가질 수 있으며, 발생된 예외가 except 블록에 지정된 유형과 일치하면 해당 블록의 코드가 실행된다.

- else

이 블록은 선택사항이며 try 블록에서 예외가 발생하지 않은 경우에 실행되는 코드를 구성한다. 즉 예외가 발생하면 except 블록에서 처리하지만, 예외가 발생하지 않는 경우는 else 블록에 있는 코드가 실행된다. 옵션 블록이므로 작성하지 않아도 된다.

- finally

이 블록은 try 블록에서 예외가 발생했는지와 관계없이 무조건 실행되는 코드이다. 옵션 블록이므로 작성하지 않아도 된다. 일반적으로 파일을 닫거나 리소스를 해제하는 등 프로그램의 마지막 단계에서 실행하여야 하는 처리들을 이곳에 구성한다.

이제 try - except문을 알아보기 위해 [예제 13]과 같이 실습해 보자.

예제 13 try-except

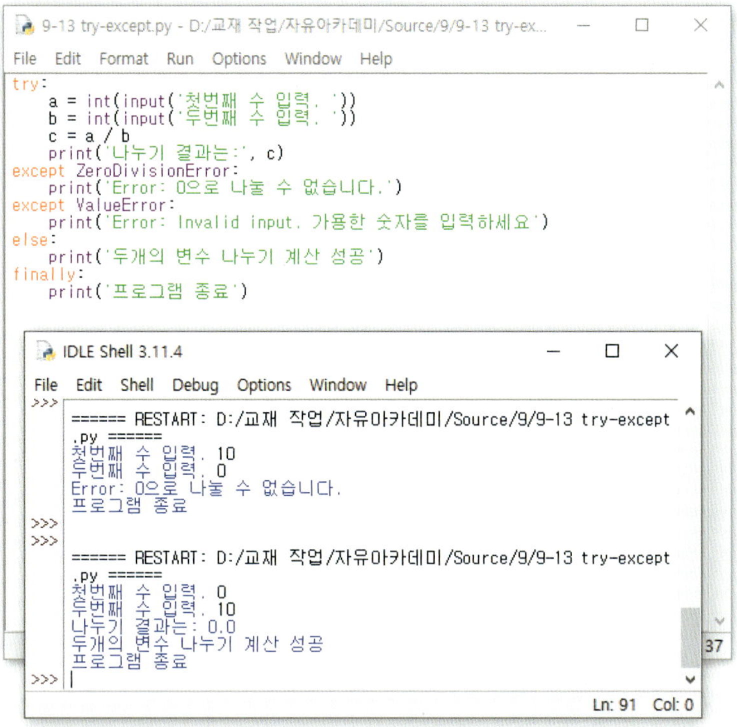

그림 18
try-except 예시

```
try:
    a = int(input('첫번째 수 입력. '))
    b = int(input('두번째 수 입력. '))
    c = a / b
    print('나누기 결과는:', c)
```

두 개의 정수를 입력받아 나눗셈을 실행 후 결과를 출력하는 코드이다. 이때 만일 두 번째 입력값에 0을 입력하면 분모가 0이 되어 "ZeroDivisionError: division by zero"의 에러를 발생한다. 이렇듯 입력값에 어떤 값을 입력할지 모르는 상황에서 잘못하여 두 번째 입력에 0을 넣으면 에러가 발생한다는 것을 파이썬 개발자는 예측할 수 있다. 따라서 에러가 발생할 수 있는 코드는 try 내에 모두 작성하면 된다. 또한 try 블록 내에서는 어느 정도의 코드를 작성하여야 한다는 규칙은 없다. 프로그램을 구성할 때 실행 중 에러가 발생할 수 있는 부분이 있다면 try문에 모두 작성해도 된다.

```
except ZeroDivisionError:
    print('Error: 0으로 나눌 수 없습니다.')
```

try 블록 내에 있는 코드에서 에러가 발생했을 때 처음으로 확인하는 코드이다. 즉, try 블록 내의 코드의 에러가 0으로 나누어지는 ZeroDivisionError라면 print('Error: 0으로 나눌 수 없습니다.')를 실행하고, finally 블록에 있는 코드를 수행한다.

```
except ValueError:
    print('Error: Invalid input. 가용한 숫자를 입력하세요')
```

만일 try 블록 내의 에러가 위에 있는 ZeroDivisionError가 아니라면 이곳에 있는 ValueError에 해당되는지 확인한다. 만일 ValueError에 해당된다면 print('Error: Invalid input. 가용한 숫자를 입력하세요')를 실행한다.

```
else:
    print('두개의 변수 나누기 계산 성공')
```

else 블록은 try 내의 코드가 에러를 발생하지 않을 때 실행되는 곳이다. 따라서 print('두 개의 변수 나누기 계산 성공')은 try 내의 코드가 에러 없이 수행되었을 때 try 블록 안의 코드를 실행 후 이곳에 구성된 코드를 실행하게 된다. 물론 옵션 블록이기 때문에 작성하지 않아도 무관하다. 만일 else 블록을 작성하지 않는다면 try 내의 코드를 실행 후 finally에 있는 코드를 실행한다.

```
finally:
    print('프로그램 종료')
```

finally 블록은 try 내의 코드가 에러를 발생하든 그렇지 않든 무조건 실행되는 곳이다. 따라서 print('프로그램 종료')는 try 내의 코드에서의 에러 유무와 관계없이 실행된다. 물론 옵션 블록이기 때문에 작성하지 않아도 무관하다. 만일 finally 블록을 작성하지 않는다면 except 블록이나 else 블록의 코드를 실행한다.

3.2 사용자 예외 발생(raise)

프로그래밍을 하다 보면 에러가 발생하지는 않았으나 개발자에 의해 의도적으로 예외를 발생시켜야 할 때가 있다. 이때 사용하는 것이 raise이다. 즉, 개발자가 raise를 통해 발생시킨 예외는 try-except 구문에서 받아서 예외 처리를 실행하게 된다. 아래와 같이 실습해 보자.

예제 14 raise, try-except

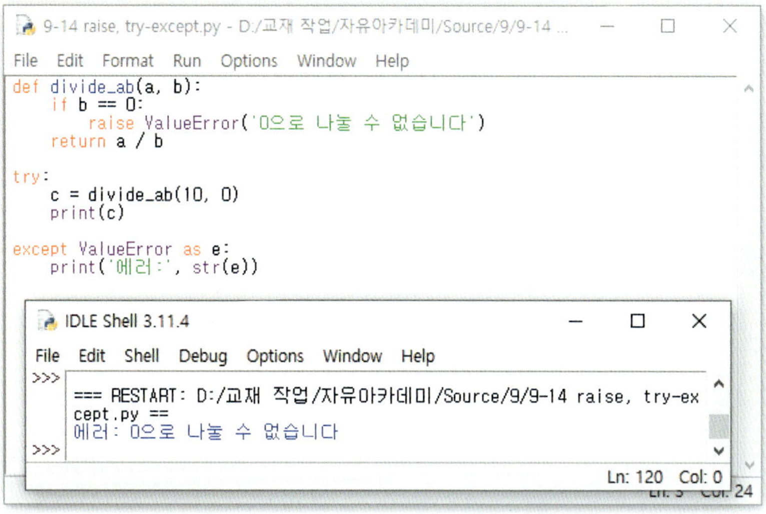

그림 19
예외 발생 raise 예시

```
def divide_ab(a, b):
    if b == 0:
        raise ValueError('0으로 나눌 수 없습니다')
    return a / b
```

개발자가 작성한 divide_ab(a, b) 함수는 매개변수 a, b를 받아 나누는 작업을 실행하는 것이다. 그런데 나누기 연산에 앞서서 분모가 되는 b가 0이라면 에러가 발생하는 것을 알고 있으니, 이 경우에는 분모가 0인지 확인하여 나누기 연산을 하지 않고 ValueError를 통해 '0으로 나눌 수 없습니다' 에러를 발생시킬 수 있다. 이 에러는 메인 프로그램의 try-except에서 받아 처리된다.

```
try:
    c = divide_ab(10, 0)
    print(c)
except ValueError as e:
    print('에러:', str(e))
```

try 내의 divide_ab(10, 0) 함수 호출을 실행하면 ValueError에 의해 '0으로 나눌 수 없습니다' 의 예외가 발생하고 except에서 ValueError를 받아 처리한다. 이때 ValueError는 ValueError as e에 의해 e로 대체해서 별칭처럼 사용할 수 있다. 따라서 ValueError에 의해 받은 예외 메시지 '0으로 나눌 수 없습니다'는 e로 받아서 print('에러:', str(e))에 의해 "에러: 0으로 나눌 수 없습니다"를 출력하게 된다. 이때 try 내에 있는 print(c)는 실행되지 않는다. divide_ab(10, 0) 호출 후 함수에서 예외가 발생하여 except에 처리가 넘어오면서 예외 처리를 실행하기 때문이다.

3.3 예외의 종류

위 내용에서 사용된 ValueError와 같이 파이썬은 많은 예외들을 가지고 있다. 주로 사용되는 예외들은 다음과 같다.

예외	형태	내용

SyntaxError	구문 에러	문법적으로 맞지 않은 코드나 명령어로부터 발생하는 에러를 말한다.
		예 아래와 같이 if a:를 if a;로 사용하면 조건문 문법에서 맞지 않기 때문에 구문 에러가 발생한다.
		
		`if a;`
		`SyntaxError: incomplete input`

NameError	정의되지 않은 이름	정의되지 않은 변수를 사용할 때 나타나는 에러이다.
		예 아래 명령처럼 변수 a를 선언하지 않고 사용할 때 NameError를 발생시킨다.
		
		`>>> print(a)`
		`Traceback (most recent call last):`
		`  File "<pyshell#8>", line 1, in <module>`
		`    print(a)`
		`NameError: name 'a' is not defined`

ZeroDivisionError	분모가 0일 때, 0으로 나눌 수 없음	어떠한 정수나 실수를 0으로 나눌 때 발생하는 에러이다.
		예 아래와 같은 코드는 문법적으로는 문제가 없으나 코드를 실행시키는 런타임 시에 ZeroDivisionError에러를 발생시킨다.
		
		`>>> a = 10`
		`>>> b = 0`
		`>>> c = a / b`

예외	형태	내용

		Traceback (most recent call last):
		  File "<pyshell#9>", line 1, in <module>
		    10/0
		ZeroDivisionError: division by zero

IndexError	인덱스 범위 벗어남	리스트와 같이 원소들을 가지는 자료형에서 인덱스가 범위를 넘을 때 발생하는 에러이다.
		예 아래와 같이 리스트 a의 범위를 넘은 index를 참조할 때 IndexError가 발생한다.
		
		>>> a = [1,2,3]
		>>> a[4]
		Traceback (most recent call last):
		  File "<pyshell#12>", line 1, in <module>
		    a[4]
		IndexError: list index out of range

ValueError	참조 값 없음	존재하지 않는 원소를 참조할 때 나타나는 에러이다.
		예 아래와 같이 리스트 a의 원소는 1, 2, 3이다. 그런데 a.remove(4)의 코드는 리스트 a에 없는 원소값을 삭제하려는 명령으로, 이와 같이 존재하지 않는 원소를 참조하는 경우 ValueError가 발생한다.
		
		>>> a = [1,2,3]
		>>> a.remove(4)
		Traceback (most recent call last):
		  File "<pyshell#15>", line 1, in <module>
		    a.remove(4)
		ValueError: list.remove(x): x not in list

KeyError	키 없음	딕셔너리는 키와 값을 쌍으로 저장하는 방식이다. 이때 존재하지 않는 키값을 참조할 때 발생하는 에러이다.
		예 아래와 같이 입장료를 딕셔너리 Entree에 저장하였다. 이때 Entree['대학생']로 하여 입장료를 확인하고 한다면, Entree에는 키에 '대학생'이 없으므로 값을 참조할 수 없게 되어 KeyError가 발생한다.
		
		>>> Entree = {'어린이': 300, '청소년': 1500, '성인': 5000}
		>>> Entree['대학생']
		Traceback (most recent call last):
		  File "<pyshell#17>", line 1, in <module>
		    Entree['대학생']
		KeyError: '대학생'

<table>
<tr><th>예외</th><th>형태</th><th>내용</th></tr>
<tr><td>AttributeError</td><td>잘못된
속성 사용
에러</td><td>모듈에서 함수를 호출할 때 해당 함수가 아닌 함수를 호출할 경우 발생하는 에러이다.
예 아래와 같이 random 모듈을 import하면 random 모듈 내의 함수를 호출하여야 하는데 해당 모듈에 없는 함수를 호출할 경우 AttributeError가 발생한다.

>>> import random
>>> random.randran(10)
Traceback (most recent call last):
  File "<pyshell#23>", line 1, in <module>
    random.randran(10)
AttributeError: module 'random' has no attribute 'randran'. Did you mean: 'randrange'?</td></tr>
<tr><td>FileNotFoundError</td><td>파일이
없을 때
발생</td><td>파일 읽기를 하였을 때 해당 파일에 접근하여 파일을 열어야 하는데, 해당 경로에 파일이 없을 때 FileNotFoundError가 발생한다.
예 아래와 같이 현재의 경로에서 sample.txt 파일을 찾아 열어야 하는데, sample.txt 파일이 없을 때 에러가 발생한다.

>>> ample_file = open('sample.txt', 'r')
Traceback (most recent call last):
  File "<pyshell#24>", line 1, in <module>
    sample_file = open('sample.txt', 'r')
FileNotFoundError: [Errno 2] No such file or directory: 'sample.txt'</td></tr>
<tr><td>TypeError</td><td>타입 맞지
않음</td><td>서로 맞지 않는 타입을 코딩했을 때 발생하는 에러이다.
예 아래와 같이 random.randrange( )를 사용하게 되면, randrange( )에는 매개변수가 필요한데 사용하지 않아서 함수가 가지는 타입과 맞지 않음을 나타낸다. 또한 'Python' + 123과 같이 문자열 'Python'과 정수형 123은 서로 다른 자료형으로 덧셈 연산할 수 없어서 이때에도 TypeError가 발생한다.

>>> import random
>>> random.randrange()
Traceback (most recent call last):
  File "<pyshell#19>", line 1, in <module>
    random.randrange()
TypeError: Random.randrange() missing 1 required positional argument: 'start'

>>> 'Python' + 123
Traceback (most recent call last):
  File "<pyshell#25>", line 1, in <module>
    'Python' + 123
TypeError: can only concatenate str (not "int") to str</td></tr>
</table>

4. 파일 쓰기

처음 파이썬을 설치한 상황에서 별도의 경로변경 없이 그대로 사용한 환경이라면 일반적으로 아래와 같은 경로를 이용할 것이다. 물론 사용자마다 설치한 환경이 다를 수 있으므로 경로나 폴더 이름이 다를 수 있다. 그렇지만 파이썬은 설치되자마자 파이썬 개발자가 코딩을 할 때 기본 경로를 제공하고 있다. 다만 경로가 매우 복잡하다. 특히 "c – 사용자 – 사용자이름(여기서는 Michael)" 경로 다음은 폴더가 숨김 처리되어 있어서 AppData 경로를 바로 찾을 수 없다. 이렇게 복잡한 경로에 프로그램을 이용하여 파일을 읽고 쓸 필요는 없다. 이제 파이썬 코딩을 위한 경로를 만들고 파일을 읽기, 쓰기를 하도록 한다. 이것을 작업 폴더라고 하자.

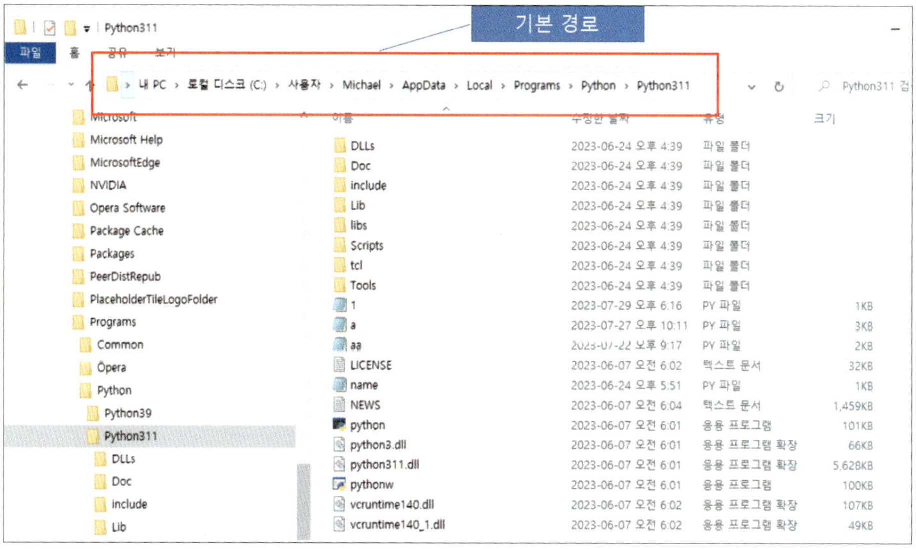

그림 20 파이썬의 기본 경로

[그림 21]과 같이 파일을 저장하고 이용할 폴더를 만들어 보았다. 경로는 "C – Python"으로 하였다. 이제 이곳에 파일을 읽고 쓰기 작업을 하도록 한다.

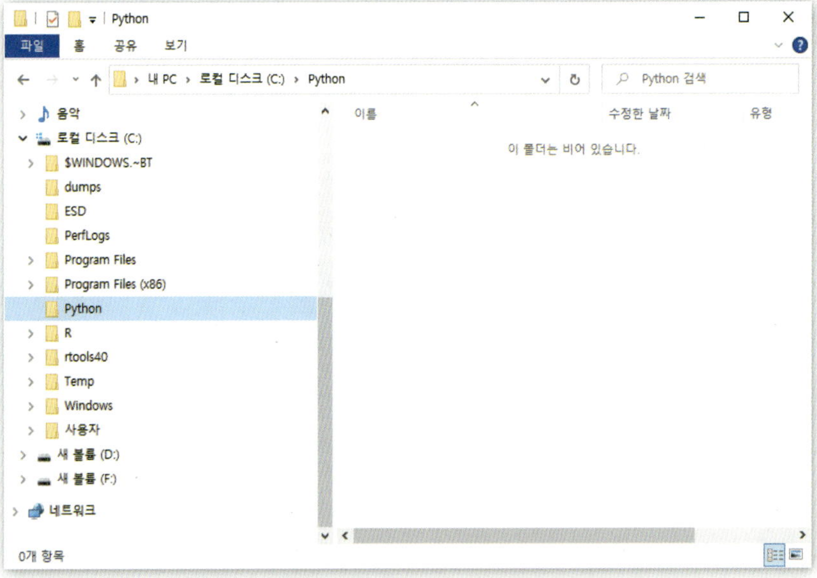

그림 21 파이썬의 작업 폴더

파일 쓰기는 쓰기 모드에서 파일을 열고, 파일에 데이터를 쓴 다음 파일을 닫는 것이 파일 쓰기 작업(저장)이다. 파일에 데이터를 쓰는 방법은 여러 가지가 있지만 일반적으로 사용하는 방법은 내장된 open( ) 함수와 파일 객체를 사용하는 것이다. 파일 쓰기 작업은 다음과 같이, 파일 열기 → 파일에 데이터 쓰기 → 파일 닫기의 단계로 실행된다. 여기서는 편의상 파일 쓰기를 먼저 설명하여 데이터를 파일에 저장하고, 파일 쓰기 작업을 통해 저장된 파일의 내용을 파일 읽기를 통해 데이터를 읽어오는 작업을 설명하도록 하겠다.

4.1 파일 열기

파일을 쓰기 위해서는 저장하고자 하는 파일을 열어야 한다. 해당 경로에 파일이 있다면 덮어쓰기를 통해 파일을 저장할 것이고, 파일이 없다면 해당 파일을 생성하여 데이터를 저장할 것이다. 이것이 파일 쓰기를 먼저 설명하는 이유이다. (파일 읽기에서는 읽고자 하는 파일이 없다면 에러가 발생함). 파일을 여는 작업은 open( ) 함수를 사용한다. 이 함수는 파일 이름(또는 파일 경로)과 파일을 열고자 할 때 다음과 같은 모드를 사용한다. open( ) 함수의 모드는 읽기/쓰기 모두 동일하게 해당 모드를 사용하니 잘 숙지하도록 한다.

표 1 open( ) 함수의 읽기 모드 매개변수

매개변수값(인수)	내용
w	파일 쓰기 모드로, w는 write를 나타낸다. 해당 폴더에 파일이 있을 경우는 덮어쓰며, 파일이 없을 경우는 파일을 생성 후 해당 데이터를 저장한다.
r	파일 읽기 모드로, r은 read를 나타낸다. 읽기 모드이므로 해당 폴더에 파일이 없을 경우는 에러를 발생한다.
a	파일 쓰기 모드에서 해당 데이터를 기존의 파일 내용에 추가한다. a는 append를 나타낸다. 이때 기존 파일이 없는 경우에는 파일을 생성 후 데이터를 저장한다.
x	파일 쓰기 모드로, 해당 파일을 생성하기 위하여 사용한다. 단, 파일이 기존에 있을 경우는 에러를 발생한다. x는 파일을 생성하기 위해 사용하는 파라미터로서 기존에 파일이 있다면 동일한 파일을 생성할 수 없기 때문이다.
t	파일을 열 때, 텍스트 형식으로 내용을 읽거나 저장한다. t는 text를 나타낸다. t는 파일 열기의 기본값이므로 사용하지 않을 경우 기본으로 t가 적용된다.
b	파일을 열 때, 이진 형식으로 내용을 읽거나 저장한다. b는 binary를 나타낸다.

각 매개변수는 '+'를 이용하여 기능을 묶을 수 있다. 이러한 조합은 다음과 같다.

표 2 open( ) 함수의 매개변수값 조합

조합	내용
w+	파일을 열 때 쓰기 모드로 열어서(w)와 읽기 모드(r)까지 사용할 수 있다.
w+t	파일 쓰기 모드로 파일을 열 때 내용은 텍스트를 적용한다.
r+	파일을 열 때 읽기 모드로 열어서(r)와 쓰기 모드(w)까지 사용할 수 있다.
r+t	파일 읽기 모드로 파일을 열 때 내용은 텍스트를 적용한다.
r+w (or w+r)	파일 읽기, 쓰기 모드를 한꺼번에 묶어서 열 수 는 없다. 에러가 발생한다.

파일 열기는 아래와 같이 실습해 보자.

```
file_path = "c:\python\example.txt"
file = open(file_path, "w")
```

"c:\python\example.txt"는 "c:\python" 경로에 example.txt 파일을 지정한 것이며, 이것을 file_path에 저장한다. 물론 굳이 변수에 파일 이름과 경로를 가진 내용을 저장하지 않고 open( ) 함수에 매개변수값으로 직접 작성해도 된다. 그러나 이 경우에는 나중에 파일의 이름이나 경로가 변경되었을 때 관련된 open( ) 함수를 모두 찾아서 수정해야 하기 때문에 코딩의 관점에서 보면 매우 비효율적이다.

open(file_path, "w")은 위에서 지정한 file_path를 'w' 모드, 즉 쓰기 모드로 파일을 열어서 file 변수에 저장한다. 물론 이때 쓰기 모드로 열어서 읽기까지 가능하게 하려면 open(file_path, "w+")과 같이 사용하면 된다.

4.2 파일에 데이터 쓰기

파일을 열었다면 해당 변수를 이용하여 파일에 저장할 데이터를 write( ) 함수를 통해 작성하면 된다.

```
file.write('엄마야 누나야. \n')
file.write('엄마야 누나야 강변살자. \n')
```

4.3 파일 닫기

파일을 열고 데이터를 저장하는 작업을 모두 마쳤다면 열었던 파일을 닫아야 한다. 이 작업을 통해 파일을 쓰고, 읽었던 작업을 수행했던 공간만큼의 메모리를 비우게 된다.

```
file.close()
```

파일 쓰기에 대한 예제 프로그램을 정리하면 다음과 같다.

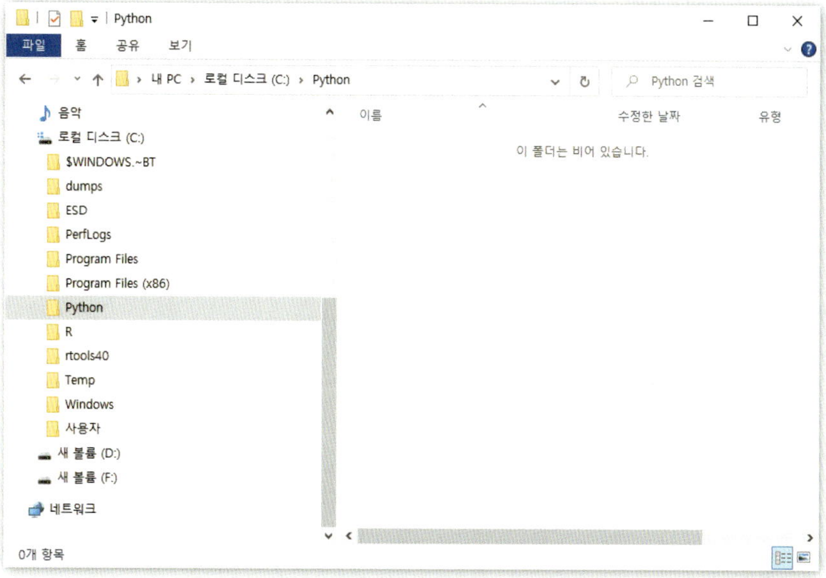

그림 22 파이썬의 작업 폴더의 빈 상태

위와 같이 작업 폴더로 정한 'C - Python' 폴더에는 'Python' 폴더만 만들었으니 내용이 전혀 없다. 아래와 같이 실습해 보자.

예제 15 파일 쓰기

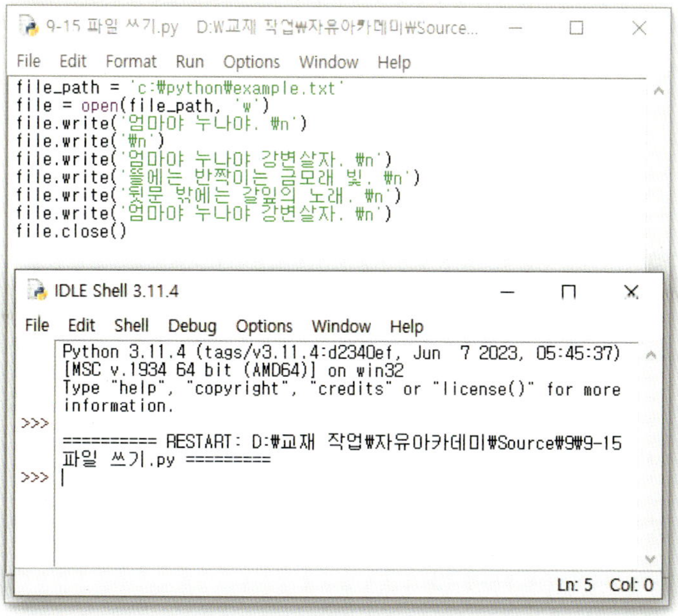

그림 23
파이썬의 작업 폴더의 빈 상태

Shell에서는 프로그램의 실행 결과를 아무것도 나타내지 않았다. 이제 폴더를 확인해 본다. file_path로 지정한 파일이 생성된 것을 확인할 수 있다. 'example.txt'을 메모장으로 열어서 내용을 확인해 보자. 프로그램에서 파일 쓰기를 한 데이터가 모두 저장되어 있음을 알 수 있다.

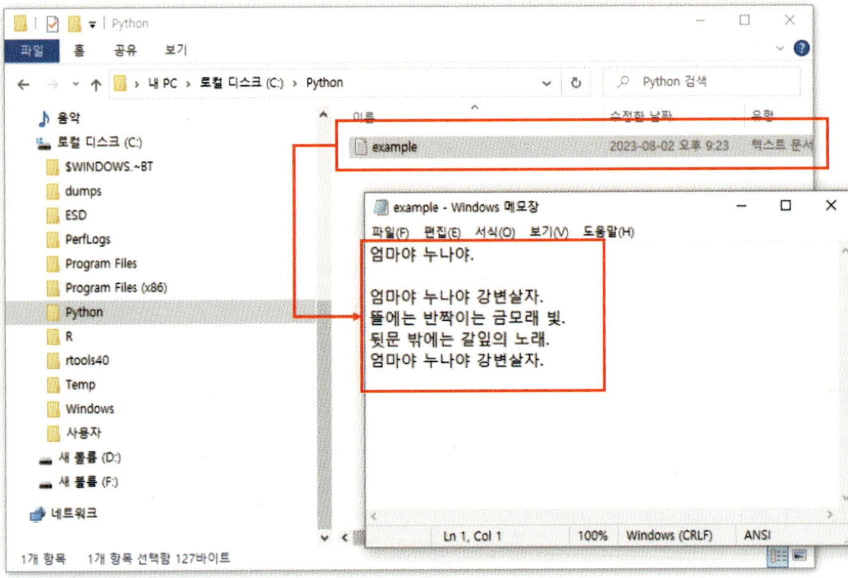

그림 24 파이썬의 작업 폴더에 생성된 결과 파일과 내용

5. 파일 읽기

파일 읽기는 프로그램에서 해당 폴더 안에 읽고자 하는 파일이 있을 경우 그 내용을 읽어와서 처리할 수 있다. 이때 다음과 같은 조건이 성립되어야 프로그램에서 정상적으로 파일을 읽어올 수 있다. 만일 이들 중 어느 하나라도 문제가 있다면 파일을 읽어오는 처리는 에러를 발생할 것이다.

- 찾고자 하는 파일이 있는 경로가 있을 것
- 해당 경로 안에 찾고자 하는 파일이 있을 것

- 파일의 내용이 손상되지 않을 것

파일 읽기 작업도 파일 쓰기 작업과 유사하며, **파일 열기 → 파일에서 데이터 읽기 → 파일 닫기**의 단계로 실행된다.

5.1 파일 열기

파일을 읽기 위해서는 파일 열기를 하는 작업은 파일 쓰기 작업과 유사하다. 다만 읽기 모드로 파일을 열기 위해 매개변수값(인수)만 다르다.

아래와 같이 파일 쓰기 작업을 통해 생성했던 'example.txt'을 읽어오기 위해 파일을 열어본다.

```
file_path = 'c:\python\example.txt'
file = open(file_path, 'r')
```

5.2 파일에서 데이터 읽기

파일을 읽기 위해서는 읽기 모드로 연 파일 변수 file에 read( ) 함수를 사용하면 된다.

```
txt = file.read()
print(txt)
```

file.read( ) 함수를 이용해 지정한 파일의 내용을 가져와서 txt에 저장한다. print(txt)를 통해 파일로부터 가져온 내용을 출력하자.

5.3 파일 닫기

파일 닫기는 파일 쓰기에서의 내용과 동일하다.

```
file.close()
```

다음과 같이 실습해 보자.

예제 16 파일 읽기

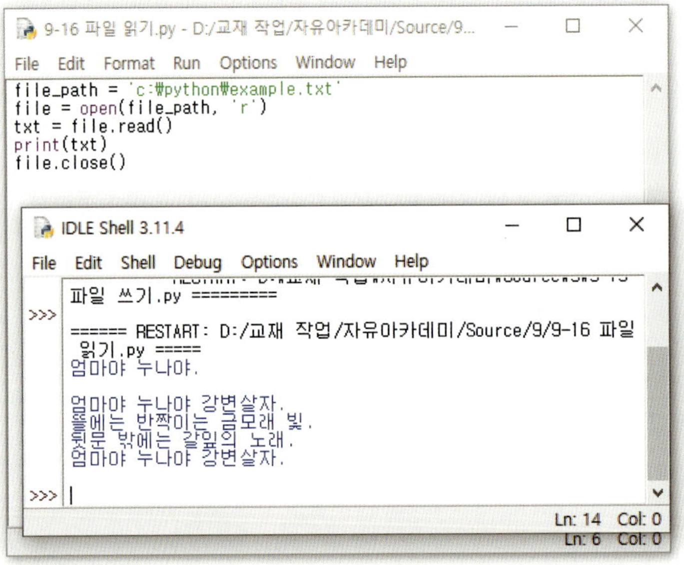

그림 25
파일 읽기 실습

6. 파일 읽기/쓰기 예제

6.1 예외 처리와 함께 사용하는 파일 읽기

만일 해당 폴더나 파일이 없을 경우 파일 읽기를 실행하면 에러를 발생한다. 따라서 파일 읽기를 할 때 위 예제와 같이 바로 파일에 접근하면 안 된다. 이러한 경우 예외 처리를 같이 사용한다. 즉, 파일을 읽기 위해 open( ) 함수를 실행하는 코드는 파일이 없는 경우 에러를 발생할 가능성이 있으므로 try 내에 구성한다. 이는, 만일 파일이 없어서 에러가 발생해도 except에서 받아 처리할 수 있기 때문이다. 다음과 같이 실습해 보자.

예제 17 파일 읽기 예외 처리

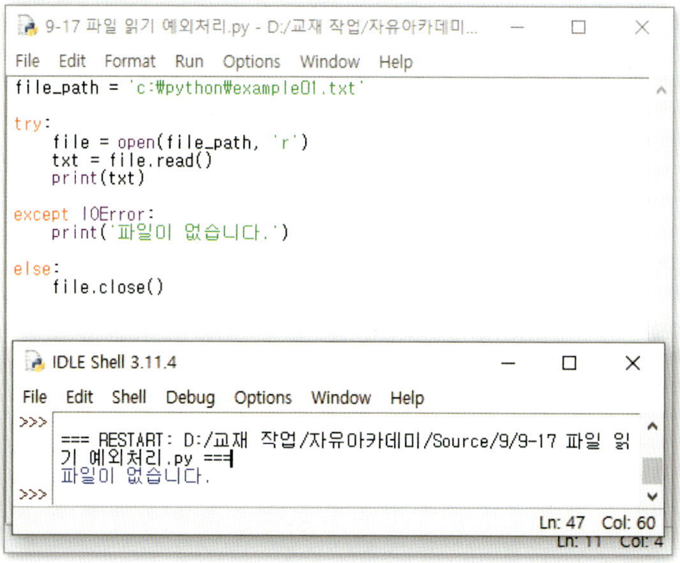

그림 26
파일 읽기의 예외 처리 적용

```
file_path = 'c:\python\example01.txt'
```

파일 읽기 에러를 만들기 위해 작업 폴더에 없는 파일을 지정해 보았다. 이 경우 try 문 안에 있는 open( )에서 파일을 열 때 에러가 발생한다.

```
try:
    file = open(file_path, 'r')
    txt = file.read()
    print(txt)
```

open(file_path, 'r')에서 해당 파일이 없기 때문에 에러가 발생하면 except에 설정된 예외를 찾아 실행한다.

```
except IOError:
    print('파일이 없습니다.')
```

파일의 열기 에러이기 때문에 IOError 예외가 발생한다. IOError는 입출력(Input Output) Error를 뜻한다.

```
else:
    file.close()
```

try 내에 에러가 발생하지 않으면 정상 실행된 것이니 else에 작성된 file.close( )를 실행한다.

6.2 파일 한 줄씩 읽기

파일을 한 줄씩 읽어서 그 내용을 나타낼 수 있다. 아래와 같이 실습해 보자.

예제 18 파일 한 줄 읽기 예외 처리

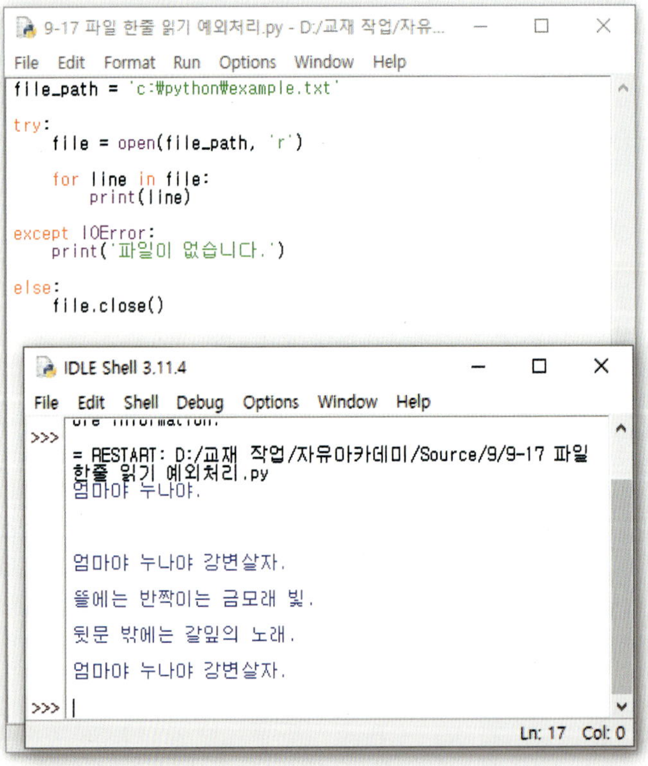

그림 27
파일 한 줄씩 읽기

위 내용에서 파일을 open( ) 후에 반복문을 이용하여 파일의 내용을 줄 단위로 출력한다.

```
file_path = 'c:\python\example.txt'
try:
    file = open(file_path, 'r')
    for line in file:
        print(line)
```

for line in file:에서는 파일 경로에 따라 해당 파일을 open( )한 후에 for 반복문에서 file의 내용을 직접 한 줄씩 출력하였다. 이와 같이 파일을 open( )하고 난 후 직접 파일을 출력하는 방법으로 파일의 내용을 모두 출력할 수 있었는데, 이와 동일한 기능의 함수로 readline( )을 사용할 수 있다. 다음과 같이 실습해 보자.

예제 19 파일 한 줄 읽기 readline( )

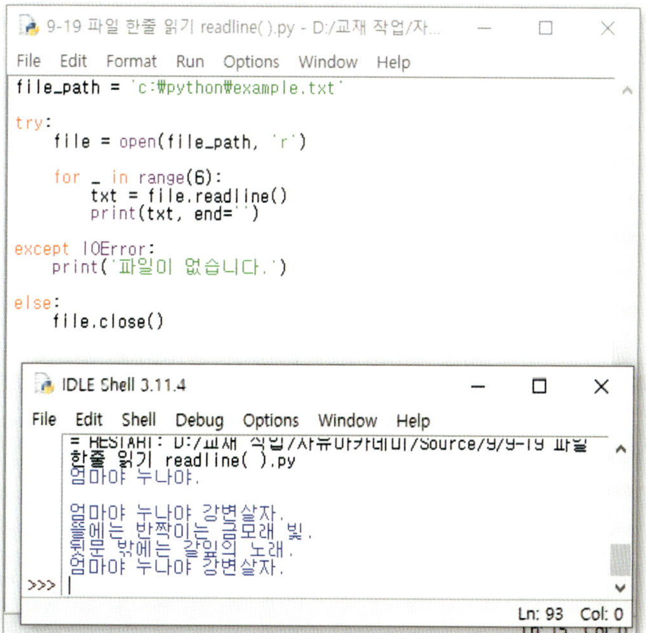

그림 28
readline( ) 실습하기

```
for _ in range(6):
    txt = file.readline()
    print(txt, end='')
```

for 반복문에서 range(6)을 한 이유는 읽을 파일이 6 line이기 때문이다. 한 줄씩 읽어서 내용을 출력할 것이기 때문에 6번 반복을 설정한다. txt = file.readline( )은 readline( ) 함수를 통해 open( )으로 열린 file의 내용을 한 줄씩 가져와서 txt에 저장하는 명령이다. print(txt, end='')는 내용을 출력할 때 줄 바꿈이 연속적으로 나타나지 않도록 설정한 것이다. 만일 end=''를 설정하지 않으면 [그림 27]과 같이 연속적으로 줄 바꿈이 나타난 결과를 볼 수 있다.

6.3 파일 내용 추가하기

파일의 내용을 저장할 때 기존의 내용에 덮어쓰지 않고 새로운 내용을 뒤에 추가할 수 있다. 파일을 open( )할 때 'a+'를 사용하면 된다. 다음과 같이 실습해 보자.

예제 20 파일 내용 추가하기

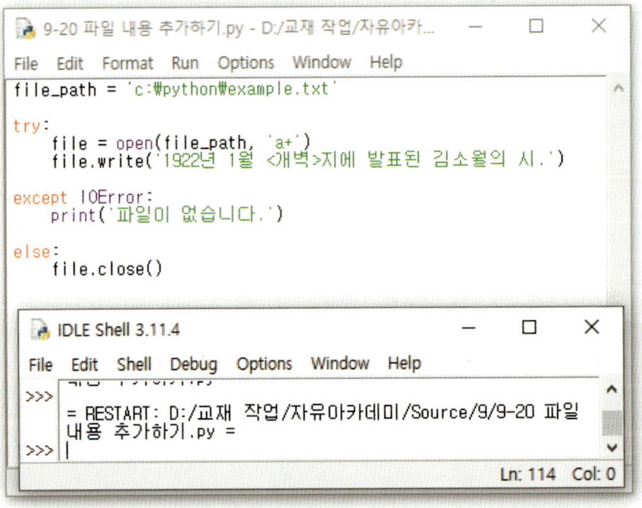

그림 29
파일의 내용 추가하기

```
file_path = 'c:\python\example.txt'
try:
    file = open(file_path, 'a+')
    file.write('1922년 1월 <개벽>지에 발표된 김소월의 시.')
```

open(file_path, 'a+')으로 열린 파일은 내용을 저장할 때 덮어쓰기가 아니라 기존의 내용을 그대로 두고 뒤에 붙여 쓴다. 위 코드를 실행한 후 저장된 'c:\python\

example.txt'의 파일을 확인하면 아래와 같다. file.write('1922년 1월 〈개벽〉지에 발표된 김소월의 시.')를 통해 파일의 맨 마지막 '1922년 1월 〈개벽〉지에 발표된 김소월의 시.'가 추가된다.

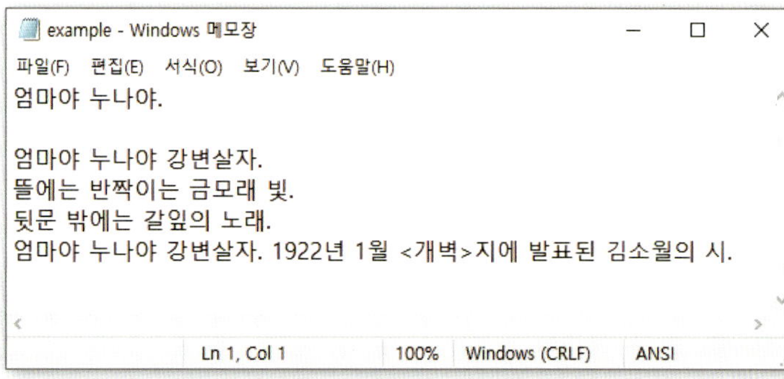

그림 30 파일의 내용 추가한 파일의 내용

7. with

with 구문은 코드 블록 전후에 특정 연산이 수행되도록 함으로써 파일, 네트워크 연결 또는 데이터베이스 연결과 같은 리소스 관리를 편리하게 사용할 수 있다. 또한 코드블록 안에 있는 파일 open과 같은 코드에서 예외가 발생하더라도 파일 리소스가 적절하게 열리고 해제될 수 있도록 해준다. 다음은 with의 일반적인 구문이다.

```
with context_manager_expression as variable:
```

context_manager_expression은 context manager 객체로 나타낸다. 이는 __enter_( ) 및 __exit_( ) 메서드를 구현하는 인스턴스일 수 있다. variable은 옵션으로 생략도 가능하지만, 컨텍스트 매니저의 __enter_( ) 메서드에 의해 반환되는 결과를 받는 변수가 된다. 특히 with를 file open과 close를 사용하는 예제에 사용하면, with는 파일의 open과 close를 자동으로 수행해준다. 또한 들여쓰기된 코드 블록에서 with를 사용하면 __enter_( ) 이후에 이 블록이 종료되었을 때 컨텍스트 매니저의 __exit_( ) 메서드가 자동으로 호출된다. 다음과 같이 실습해 보자.

예제 21 with

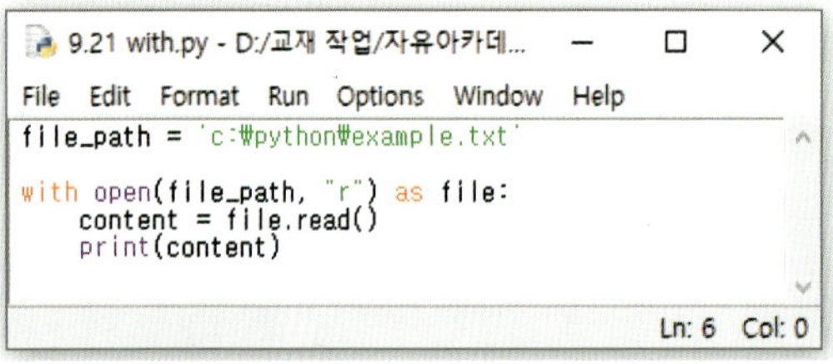

그림 31 with 예제

```
file_path = 'c:\python\example.txt'
with open(file_path, "r") as file:
    content = file.read()
    print(content)
```

with open(file_path, “r”) as file: 에서 with를 사용함으로써 file_path을 open( ) 후 close( )하는 작업이 모두 자동으로 진행된다. 또한 as file을 함으로써 file_path을 열은 정보를 file로 지칭하게 된다. 따라서 file 변수는 open(file_path, “r”) 작업 후의 정보를 가리키게 되어 코드블록 안에 있는 file.read( )를 실행할 수 있게 된다. 그런데 open(file_path, “r”)을 실행할 때 파일이 없거나 경로가 없어서 해당 파일이 제대로 실행이 안 되는 경우는 어떻게 될까? 이러한 경우는 file.read( )은 실행되지 않으며, 자동으로 file.close( )가 실행된다. with를 사용하는 장점은 파일이 제대로 열리지 않아 에러를 발생할 수 있는 경우 때문에 예외 처리인 try-except문을 사용했었는데 with는 에러가 발생하는 경우에도 자동으로 처리가 되니 try-except문을 사용할 필요가 없다. 다음은 [예제 21]을 실행한 결과이다.

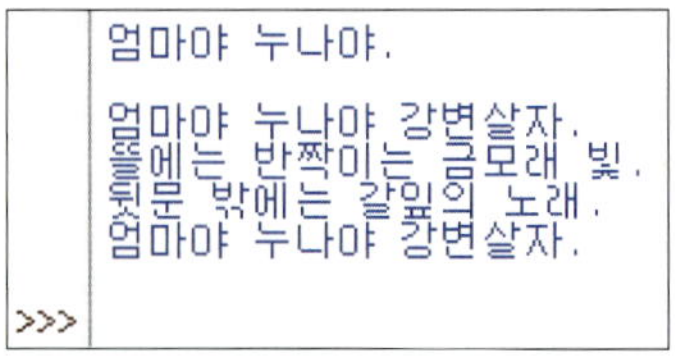

그림 32 [예제 21] 실행 결과

연습문제

01. 아래의 코드를 실행 후 10을 입력하였다. x의 값은?

```
x = int(input('값을 입력하세요.'))
```

① 10　　② 10.0
③ '10'　　④ '10.0'

02. 아래의 코드를 실행 후 10을 입력하였다. x의 값은?

```
x = float(input('값을 입력하세요.'))
```

① 10　　② 10.0
③ '10'　　④ '10.0'

03. 아래의 코드를 실행 후 'hello'를 입력하였다. a의 값은?

```
a = input().capitalize()
```

① hello　　② Hello
③ HELLO　　④ h e l l o

04. 아래의 코드를 입력 후 입력 메시지로 나타나는 것은?

```
>>> name = input('이름을 입력하세요. ')
>>> 이름을 입력하세요. 홍길동
>>> age = int(input("나이를 입력하세요, %s 님: " % name))
```

① 나이를 입력하세요, %s 님:
② 나이를 입력하세요, name 님:
③ 나이를 입력하세요, 홍길동 님:
④ 나이를 입력하세요, '홍길동'님:

05. 지정된 구분자를 기반으로 문자열을 부분 문자열로 분할하는 내장 메소드이며, 특히 여러 요소를 포함하는 문자열이 공통 문자(예 공백, 쉼표, 하이픈 등)로 분리되어 있을 때 개별 요소를 별도의 문자열로 분리 및 추출하고자 할 때 유용하게 사용하는 것은?

① split ② slice ③ extract ④ export

06. 아래 코드의 실행 결과는?

```
text = '안녕하세요. 좋은 아침 입니다.'
words = text.split()
print(words)
```

① '안녕하세요. 좋은 아침 입니다.'
② '안녕하세요', '좋은 아침 입니다.'
③ ['안녕하세요.', '좋은', '아침', '입니다.']
④ {'안녕하세요.', '좋은', '아침', '입니다.'}

07. 반복 가능한 모든 항목(예 리스트, 튜플 등)에 주어진 함수를 적용하고 결과를 반환하는 내장 함수는?

① map( ) ② for( )
③ while( ) ④ itable( )

08. 아래의 코드를 실행 후 1 2 3 4를 입력하였다. 이때 c의 값은?

```
a, b, c, d = map(float, input().split())
```

① 2 ② 2.0
③ 3 ④ 3.0

09. 아래의 코드와 실행 결과를 보고 (A)에 알맞은 명령을 고르시오.

```
>>> a = (   A  )
>>> 10 20 30 40 50
>>> a
>>> [10, 20, 30, 40, 50]
```

① list((int, input( ).split( ))) ② list(map(input( ).split( )))
③ list(map(int, input( ))) ④ list(map(int, input( ).split( )))

10. 특정 변수를 지정하지 않거나 변수의 자리는 있지만 생략하고자 할 때 사용하는 것은?

① _
② ?
③ >
④ *

11. 아래 코드의 실행 결과는?

```
>>> x = 5
>>> y = 10
>>> _ = x + y
>>> _ * 2
```

① 2
② 5
③ 10
④ 30

12. 잠재적인 이름 충돌을 피하기 위해 클래스 내의 속성 이름을 더 고유하게 만드는 방법으로 이중 언더스코어("__")로 시작하는 이것은?

① 네임 맹글링
② 네임 스페이스
③ 네이밍
④ 네임 벨류

13. 아래의 코드에서 (A)에 알맞은 것은?

```
try:
    a = int(input('첫번째 수 입력. '))
    b = int(input('두번째 수 입력. '))
    c = a / b
    print('나누기 결과는:', c)
except (   A   )
    print('Error: 0으로 나눌 수 없습니다.')
```

① Error:
② DivisionError:
③ ZeroError:
④ ZeroDivisionError:

14. 아래의 코드에서 (A)에 알맞은 것은?

```
def divide_ab(a, b):
    if b == 0:
        (   A   )('0으로 나눌 수 없습니다')
    return a / b
try:
    c = divide_ab(10, 0)
    print(c)
except ValueError as e:
    print('에러:', str(e))
```

① ValueError

② raise ValueError

③ send ValueError

④ retrun ValueError

15. 아래의 코드가 있을 때 옳지 않은 설명은?

```
file_path = "c:\python\example.txt"
file = open(file_path, "w")
```

① "c:\python\example.txt"은 "c:\python" 경로에 example.txt 파일을 지정하였다.

② file_path를 읽기 모드로 파일을 열어서 file 변수에 저장한다.

③ 파일을 여는 작업은 open( ) 함수를 사용하였다.

④ 파일 경로 정보는 file_path에 저장하였다.

10101
01010

제10장

파이썬 라이브러리 사용하기

1. 파이썬 라이브러리
2. 표준 라이브러리(datetime.date, time, math.gcd, math.lcm)
3. 표준 라이브러리(숫자와 수학 모듈)
4. 표준 라이브러리(파일과 디렉터리 액세스)
5. 표준 라이브러리(멀티미디어 서비스, wave)

1. 파이썬 라이브러리

라이브러리란 무엇일까? 라이브러리는 패키지와 모듈들을 모아둔 것을 말한다. 아래의 그림은 라이브러리에 대한 개념을 도식화한 것이다.

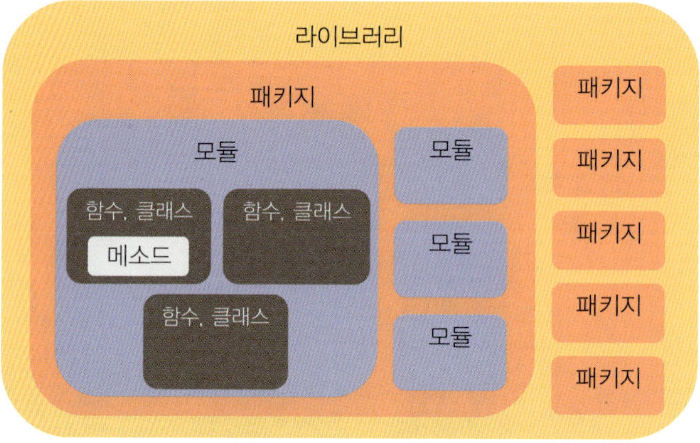

그림 1 라이브러리의 관계

각 관계들이 정확하게 "어떤 영역은 함수이고, 어떤 영역은 모듈이다"라고 명확한 경계가 있는 것은 아니다. 그러나 일반적으로 함수나 클래스 내에 하나 또는 여러 개의 메소드들을 가지고 있을 수 있다. 함수나 클래스들을 기능이나 특징에 따라 묶어 놓은 것을 모듈이라 한다. 관련된 기능이나 내용에 따라 모듈들을 묶어 놓은 것이 패키지이다. 그리고 패키지들을 묶어 놓은 것이 라이브러리가 된다. 이러한 라이브러리를 왜 사용할까? 미리 작성해 놓은 특정 기능이나 관련된 내용들을 묶어서 저장하거나 등록해 놓으면, 필요할 때 해당 기능들을 실행하는 코드를 작성할 것이 아니라 라이브러리에 등록된 기능들을 사용할 수 있으며, 이렇게 되면 프로그램의 재사용성도 높이면서 프로그래밍의 효율성도 높일 수 있기 때문이다. 이러한 코드 재사용성은 프로그램 개발 과정에서 시간과 노력을 절약할 수 있다.

파이썬 라이브러리는 일반적으로 패키지로 배포되는데, 이는 관련 모듈 및 서브 패키지들을 묶어 놓은 것이다. 라이브러리에 대한 주요 사항은 다음과 같다.

• **기능**

라이브러리는 수학 연산, 데이터 조작, 네트워킹, 웹 개발, 그래픽 사용자 인터페이스(GUI), 과학 컴퓨팅, 기계 학습 등을 포함한 다양한 기능을 제공한다.

• **가져오기**

파이썬 코드에서 라이브러리를 사용하려면 먼저 라이브러리를 가져와야 한다. 이 작업은 import 키워드와 라이브러리 이름을 사용하여 수행된다. 예를 들어, random을 사용하려면 import random을 먼저 작성하여야 한다.

• **네임스페이스**

라이브러리를 가져올 때 라이브러리의 기능, 클래스 및 상수에 액세스할 수 있는 네임스페이스를 코드에 만든다. 라이브러리의 이름을 사용하여 라이브러리의 요소에 액세스한다. 예를 들어 random 라이브러리에서 randrange( ) 함수를 사용하려면 random.randrange(10)과 같이 사용한다.

• **타사 라이브러리**

파이썬은 커뮤니티나 다른 개발자들에 의해 만들어진 라이브러리를 활용할 수 있다. 일반적으로 NumPy, Pandas, Matplotlib, TensorFlow, PyTorch, Django, Flask 등의 라이브러리가 사용된다.

• **표준 라이브러리**

파이썬은 표준 라이브러리를 제공한다. 표준 라이브러리에는 문자열 처리, 파일 I/O, 정규식, 수학 연산 등과 같은 기본 기능을 제공하는 모듈이 포함되어 있다. 타사 라이브러리와 달리 파이썬 설치와 함께 제공되므로 표준 라이브러리를 사용하기 위해 별도의 설치 없이 바로 사용할 수 있다.

• **설명서**

대부분의 파이썬 라이브러리에는 기능, 용도 및 예제에 대한 자세한 정보를 제공하는 설명서가 함께 제공된다. 라이브러리의 기능과 올바른 사용 방법을 이해하려면 설명서를 참조하는 것이 좋다.

2. 표준 라이브러리(datetime.date, time, math.gcd, math.lcm)

2.1 datetime.date

datetime 모듈은 날짜와 시간 작업을 위한 기능을 제공한다. 이때 datetime.date는 특별히 시간 정보 없이 날짜를 독립적으로 작업할 수 있도록 한다. 아래와 같이 실습해 보자.

datetime.date를 사용하려면 먼저 아래와 같이 datetime 모듈을 가져와야 한다.

```
import datetime
```

datetime.date( )는 현재 또는 특정 날짜를 나타내는 날짜에 관한 계산을 할 수 있다. 다음과 같이 실습해 보자.

예제 1 datetime.date

```
10-1 datetime.date.py - D:/교재 작업/자유아카데미/Source/10/10-1 dateti...
File Edit Format Run Options Window Help
import datetime

date_set = datetime.date(2023, 8, 3)
print(date_set)
print('-----------------')

today = datetime.date.today()
print(today)
print('-----------------')
print(today.year)
print(today.month)
print(today.day)
weekday = today.weekday()
print('요일은', weekday)

print('-----------------')
date1 = datetime.date(2023, 8, 3)
date2 = datetime.date(2023, 9, 3)
difference = date2 - date1
print('2023, 8, 3과 2023, 9, 3의 차이는', difference)

add_date = date1 + datetime.timedelta(days=10)
new_date = add_date.strftime("%Y-%m-%d")
print('새로운 날짜는', new_date)

print('-----------------')
d_string = "2023-08-03"
date_string = datetime.datetime.strptime(d_string, "%Y-%m-%d").date()
print(date_string)

Ln: 30 Col: 0
```

그림 2 datetime.date

```
import datetime
```

datetime 모듈을 포함시킨다.

```
date_set = datetime.date(2023, 8, 3)
print(date_set)
print('----------------')
```

datetime.date( )에 매개변수값으로 날짜를 지정하면 해당 날짜로 설정할 수 있다. datetime.date(2023, 8, 3)은 2023년 8월 3일로 설정하여 date_set에 저장한다. date_set을 출력하면 설정된 날짜가 나타난다. print('----------------')는 여러 개의 출력내용이 있어서 내용을 구분하기 위해 편의상 작성한 것이다.

```
today = datetime.date.today()
print(today)
print('----------------')
```

datetime.date.today( )는 오늘 날짜를 가져온다. print(today)를 통해 출력하면 오늘 날짜가 출력된다.

```
print(today.year)
print(today.month)
print(today.day)
weekday = today.weekday()
print('요일은', weekday)
```

print(today.year), print(today.month), print(today.day)는 각각 년, 월, 일을 나누어 출력한다. today.weekday( )는 오늘 날짜가 어떤 요일인지 나타낸다. 요일을 나타내는 구분은 아래와 같다. print('요일은', weekday)를 실행하면 weekday는 요일을 반환하는 것이 아니라 해당 요일에 맞는 반환값 0, 1, 2,..6과 같이 값을 나타낸다. 따라서 0이면 월요일을 나타낸다.

요일	월	화	수	목	금	토	일
반환 값	0	1	2	3	4	5	6

```
print('----------------')
date1 = datetime.date(2023, 8, 3)
date2 = datetime.date(2023, 9, 3)
difference = date2 - date1
print('2023, 8, 3과 2023, 9, 3의 차이는', difference)
```

date1과 date2에 각각 다른 날짜를 설정해놓고 두 개의 날짜를 빼면 두 날짜 사이의 간격(차이)을 알 수 있다.

```
add_date = date1 + datetime.timedelta(days=10)
new_date = add_date.strftime("%Y-%m-%d")
print('새로운 날짜는', new_date)
```

datetime.timedelta(days=10)은 매개변수값으로 설정된 days=10을 날짜에 더해준다. 즉, 날짜는 숫자로 표현된 형식이지만 정수형이나 실수형이 아니기 때문에 단순히 숫자를 덧셈하듯이 더할 수는 없으며 관련 timedelta( )와 같은 함수를 이용해서 더해줘야 한다. 따라서 date1 + datetime.timedelta(days=10)은 date1에 설정된 날짜에 10일을 더해주는 코드이다. strftime( ) 함수는 표현하는 날짜의 형식을 설정한다. 따라서 "%Y-%m-%d"은 "년-월-일"과 같은 형식으로 날짜를 설정하라는 의미이며, new_date = add_date.strftime("%Y-%m-%d")은 "년-월-일" 형식으로 설정된 날짜를 new_date에 저장하는 명령이다. print('새로운 날짜는', new_date)를 실행하면 "새로운 날짜는 2023-08-13"과 같이 나타나는 것을 알 수 있다. 만일 아래와 같이 수정하면 어떻게 될까?

```
new_date = add_date.strftime("%Y: %m: %d")
print('새로운 날짜는', new_date)
```

새로운 날짜는 2023: 08: 13과 같이 날짜 형식이 바뀌어 출력된다.

```
d_string = "2023-08-03"
date_string = datetime.datetime.strptime(d_string, "%Y-%m-%d").date()
print(date_string)
```

날짜 형식으로 날짜 정보를 문자열로 저장된 데이터를 날짜 데이터로 변경하고자 한다면 어떻게 할까? d_string = "2023-08-03"과 같이 d_string에는 문자열로 날짜 데이터를 저장하고 있다. 그러나 이것은 날짜를 나타내는 것이 아니라 단순히 문자열 정보라고 할 수 있으며, 위 내용과 같이 년도, 월, 일 등으로 나누거나 요일을 확인하는 함수에 d_string을 이용할 수는 없다. 문자열로 된 날짜 정보는 datetime.datetime.strptime( ) 함수로 변경할 수 있다. 이때 매개변수값으로 (d_string, "%Y-%m-%d")을 사용했는데 d_string 문자열을 "년-월-일" 형식으로 .date( )를 통해 변경하여 date_string에 저장하는 코드이다. 따라서 print(date_string)의 실행 결과는 "2023-08-03" 날짜를 문제없이 출력한다.

위 예제를 모두 실행한 결과는 다음과 같다.

```
2023-08-03
-----------------
2023-08-04
-----------------
2023
8
4
요일은 4
-----------------
2023, 8, 3과 2023, 9, 3의 차이는 31 days, 0:00:00
새로운 날짜는 2023-08-13
-----------------
2023-08-03
>>>
```

그림 3 datetime.date 예제의 실행 결과

2.2 calendar

calendar 모듈은 달력, 날짜 등과 관련된 다양한 작업 및 기능을 제공한다. 다음과 같이 실습해 보자.

예제 2 calendar

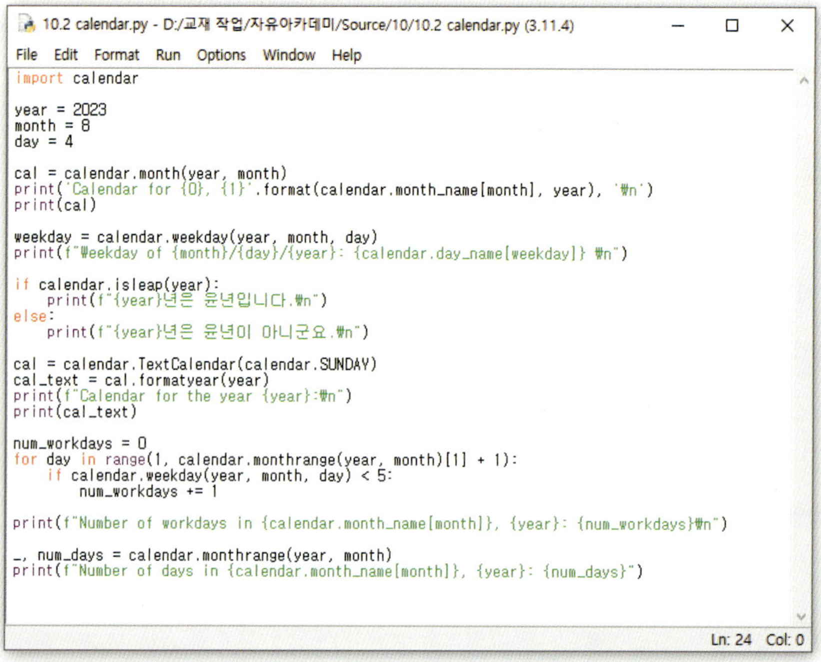

그림 4
calendar 예제

```
import calendar
```

calendar 모듈을 포함한다.

```
year = 2023
month = 8
day = 4
```

년, 월, 일의 날짜를 설정해 보자. 물론 today( )를 통해 현재의 날짜를 불러와도 좋다.

```
cal = calendar.month(year, month)
print('Calendar for {0}, {1}'.format(calendar.month_name[month], year), '\n')
print(cal)
```

calendar.month(year, month)를 통해 년, 월만 cal에 저장하도록 한다. format 함수 안의 calendar.month_name[month]은 8을 August로 변경해 준다. 따라서 print('Calendar for {0}, {1}'.format(calendar.month_name[month], year), '\n')은 "Calendar for

August, 2023"을 화면에 나타낸다. print(cal)에서 cal에는 년도와 월이 저장되어 있으므로 년도, 월에 해당되는 달력을 다음 그림과 같이 출력해 준다.

```
Calendar for August, 2023

    August 2023
Mo Tu We Th Fr Sa Su
    1  2  3  4  5  6
 7  8  9 10 11 12 13
14 15 16 17 18 19 20
21 22 23 24 25 26 27
28 29 30 31
```

그림 5 calendar.month( )

```
weekday = calendar.weekday(year, month, day)
print(f"Weekday of {month}/{day}/{year}: {calendar.day_name[weekday]} \n")
```

calendar.weekday(year, month, day)에서 weekday( )는 월요일은 0, 화요일은 1, 일요일은 6과 같이 요일의 값을 숫자로 반환해 준다. print(f"Weekday of {month}/{day}/{year}: {calendar.day_name[weekday]} \n")에서는 f-string을 사용하였다. 이에 따라 print("... {month}/{day}/{year}"...)의 내용은 문자열이 아니라 해당 변수의 값을 문자열로 나타낸다. {calendar.day_name[weekday]는 요일의 이름을 반환해 준다. 만일 weekday = 0이라면 {calendar.day_name[weekday]의 결과는 "Monday"가 된다. 설정된 날짜는 2023.08.04.이므로 "Friday"가 된다. 실행 결과는 아래와 같다.

```
Weekday of 8/4/2023: Friday
```

그림 6 calendar.weekday( )

```
if calendar.isleap(year):
    print(f"{year}년은 윤년입니다.\n")
else:
    print(f"{year}년은 윤년이 아니군요.\n")
```

calendar.isleap(year)은 매개변수값이 윤년이면 True를, 아니면 False를 반환해 준다. 실행 결과는 [그림 7]과 같다.

```
2023년은 윤년이 아니군요.
```

그림 7 calendar.isleap( )

```
cal = calendar.TextCalendar(calendar.SUNDAY)
cal_text = cal.formatyear(year)
print(f"Calendar for the year {year}:\n")
print(cal_text)
```

calendar.TextCalendar( ) 함수는 특정 년도의 월을 출력할 수 있다. 매개변수값으로 calendar.SUNDAY을 설정한 것은 특정 년도의 달력을 나타낼 때 시작을 일요일부터 나타내라는 것이다. cal.formatyear(year)은 해당 년도의 달력 정보를 여러 줄의 m−열(m−column) 달력으로 가져오는 기능을 수행한다. print(f"Calendar for the year {year}:\n")를 통해 해당 년도를 나타내고, print(cal_text)는 전체 달력을 출력해 준다.

실행 결과는 다음과 같다. 달력은 일요일(Su)부터 출력된 것을 알 수 있다.

```
Calendar for the year 2023:

                                  2023

      January                   February                   March
Su Mo Tu We Th Fr Sa      Su Mo Tu We Th Fr Sa      Su Mo Tu We Th Fr Sa
 1  2  3  4  5  6  7                1  2  3  4                1  2  3  4
 8  9 10 11 12 13 14       5  6  7  8  9 10 11       5  6  7  8  9 10 11
15 16 17 18 19 20 21      12 13 14 15 16 17 18      12 13 14 15 16 17 18
22 23 24 25 26 27 28      19 20 21 22 23 24 25      19 20 21 22 23 24 25
29 30 31                  26 27 28                  26 27 28 29 30 31

       April                      May                       June
Su Mo Tu We Th Fr Sa      Su Mo Tu We Th Fr Sa      Su Mo Tu We Th Fr Sa
                   1          1  2  3  4  5  6                   1  2  3
 2  3  4  5  6  7  8       7  8  9 10 11 12 13       4  5  6  7  8  9 10
 9 10 11 12 13 14 15      14 15 16 17 18 19 20      11 12 13 14 15 16 17
16 17 18 19 20 21 22      21 22 23 24 25 26 27      18 19 20 21 22 23 24
23 24 25 26 27 28 29      28 29 30 31               25 26 27 28 29 30
30

        July                     August                  September
Su Mo Tu We Th Fr Sa      Su Mo Tu We Th Fr Sa      Su Mo Tu We Th Fr Sa
                   1             1  2  3  4  5                      1  2
 2  3  4  5  6  7  8       6  7  8  9 10 11 12       3  4  5  6  7  8  9
 9 10 11 12 13 14 15      13 14 15 16 17 18 19      10 11 12 13 14 15 16
16 17 18 19 20 21 22      20 21 22 23 24 25 26      17 18 19 20 21 22 23
23 24 25 26 27 28 29      27 28 29 30 31            24 25 26 27 28 29 30
30 31

      October                   November                  December
Su Mo Tu We Th Fr Sa      Su Mo Tu We Th Fr Sa      Su Mo Tu We Th Fr Sa
 1  2  3  4  5  6  7                1  2  3  4                      1  2
 8  9 10 11 12 13 14       5  6  7  8  9 10 11       3  4  5  6  7  8  9
15 16 17 18 19 20 21      12 13 14 15 16 17 18      10 11 12 13 14 15 16
22 23 24 25 26 27 28      19 20 21 22 23 24 25      17 18 19 20 21 22 23
29 30 31                  26 27 28 29 30            24 25 26 27 28 29 30
                                                    31
```

그림 8 cal.formatyear( )

```
num_workdays = 0
for day in range(1, calendar.monthrange(year, month)[1] + 1):
    if calendar.weekday(year, month, day) < 5:
        num_workdays += 1
print(f"Number of workdays in {calendar.month_name[month]}, {year}: {num_workdays}\n")
```

이 과정은 1년 중 현재가 몇 주가 되는지 알아보는 것이다. 그래서 현재 날짜를 기준으로 1월 1일부터 1주씩 계산하여 현재까지 몇 번째 주가 되는지 반복문을 통해 계산하게 된다. for day in range(1, calendar.monthrange(year, month)[1] + 1):는 1 (1월 1일의 한 주)부터 calendar.monthrange(year, month)[1] (현재의 월)까지 num_workdays를 누적한다. 이때 calendar.weekday(year, month, day) < 5를 확인하여 5주가 넘지 않으면 한 주씩 누적하는 방식이다. num_workdays는 현재까지의 누적 주의 수가 된다. 결과가 23이라면 1월 1일부터 현재까지의 누적 주의 수는 23주라는 의미이다.

```
_, num_days = calendar.monthrange(year, month)
print(f"Number of days in {calendar.month_name[month]}, {year}: {num_days}")
```

calendar.monthrange(year, month)는 해당 월의 일수를 반환한다. 즉 1월은 31일, 2월은 28일 또는 29일까지 있다. 그런데 반환받을 변수를 _, num_days와 같이 사용하였다. 예를 들어 1월이라면 calendar.monthrange( ) 함수는 시작과 끝을 나타내어 1, 31을 반환하여, num_days에 31이 저장된다. 이때 매달 시작은 1이므로 첫 번째 반환값 1은 큰 의미가 없다. 따라서 굳이 변수를 지정하지 않고 '_'으로 대체한 것이다. print(f"Number of days in {calendar.month_name[month]}, {year}: {num_days}")의 코드는 현재의 월 이름과 년도, 해당 월이 며칠까지 있는지를 출력한다.

```
Number of workdays in August, 2023: 23
Number of days in August, 2023: 31
```

그림 9 윤년과 월의 일수 출력

3. 표준 라이브러리(숫자와 수학 모듈)

파이썬에서는 다양한 수학 함수나 상수들은 math 모듈을 통해 제공한다.

예제 3 math

```
*10.3 math.py - D:₩교재 작업₩자유아카데미₩Source₩10₩10.3 math.py (3....
File Edit Format Run Options Window Help
import math

a = 25
b = 2

sqr = math.sqrt(a)
print(a, '의 제곱근은', sqr)

sin = math.sin(math.radians(a))
print(a, '의 사인값은', sin)
cos = math.cos(math.radians(a))
print(a, '의 코사인값은',cos)

exp = math.exp(b) # e^2
print(f"e^{b} 값은 {exp}")

log = math.log(10) # 자연 로그
print(a, '의 자연로그 값은', log)

pi = math.pi # 수학 상수
e = math.e
print('상수 pi 값은', pi)
print('상수 e 값은', e)

number = round(pi, 2)
print(pi, '값을 소수점 2자리까지 반올림하면', number)
pi_floor = math.floor(pi)
print('pi값을 내림하면', pi_floor)
pi_ceil = math.ceil(pi)
print('pi값을 올림하면', pi_ceil)

po = math.pow(b, 3)
print(b, '의 3승은', po)
fac = math.factorial(a)
print(f"{a}! 값은 {fac}")
Ln: 36 Col: 0
```

그림 10
math 모듈 실습

```
import math
```

math 모듈을 포함한다.

```
a = 25
b = 2
sqr = math.sqrt(a)
print(a, '의 제곱근은', sqr)
```

math.sqrt(a)는 math에 있는 sqrt( ) 함수를 호출해서 실행한다. 매개변수값으로는 a

값을 넣었다. 즉, 25의 제곱근은 5.0을 출력하는데, 이때 실수형으로 값이 반환된다.

```
sin = math.sin(math.radians(a))
print(a, '의 사인값은', sin)
cos = math.cos(math.radians(a))
print(a, '의 코사인값은',cos)
```

math.sin( )과 math.cos( )는 sine과 cosine을 구하는 함수이다. 이때 매개변수값으로는 math.radians( )을 호출하여 얻는다.

```
exp = math.exp(b) # e^2
print(f"e^{b} 값은 {exp}")
```

math.exp(b)는 e^b를 구하는 함수로 b = 2이므로 e^2의 값을 반환한다. f-string을 사용하여 print(f"e^{b}값은 {exp}")을 출력하면 e^2 값은 7.38905609893065가 나타난다.

```
log = math.log(10) # 자연로그
print(a, '의 자연로그값은', log)
```

math.log(10)은 자연로그값을 구하는 것으로 ln10의 값을 반환한다. 만일 10의 값에 대한 밑이 10인 상용로그값을 구한다면 math.log10(10)과 같이 하면 되고, 밑이 2인 로그값을 구하려면 math.log2(10)로 하면, $\log_2 10$ 의 값을 구하게 된다.

```
pi = math.pi # 수학 상수
e = math.e
print('상수 pi 값은', pi)
print('상수 e 값은', e)
```

math 모듈은 수학 상수도 포함하고 있는데 대표적으로 파이값이나 e값을 들 수 있다. 파이값은 math.pi에, e값은 math.e에 있다.

```
number = round(pi, 2)
print(pi, '값을 소수점 2자리까지 반올림하면', number)
pi_floor = math.floor(pi)
print('pi값을 내림하면', pi_floor)
```

```
pi_ceil = math.ceil(pi)
print('pi값을 올림하면', pi_ceil)
```

round(매개변수값, 소수점 이하 반올림할 자릿수)이며, 따라서 round(pi, 2)는 pi값을 소수점 이하 2자리에서 반올림한 값을 반환한다. math.floor(pi)는 pi값을 내림하여 얻은 값이다. 예를 들어 2.85를 내림하면 2가 된다. 따라서 pi값 3.14를 내림하면 소수점 이하 값은 모두 무시되어 3이 된다. 반대로 math.ceil(pi)는 올림을 한다. 즉, 올림하면 소수점 이하의 어떤 값이 있을 때 값을 올려서 반환하므로, 값 3.14를 올림하면 4가 된다.

```
po = math.pow(b, 3)
print(b, '의 3승은', po)
```

math.pow(b, 3)은 b^3을 구한다.

```
fac = math.factorial(a)
print(f"{a}! 값은 {fac}")
```

math.factorial(a)는 a!를 구하므로 25! 값을 반환한다.

```
==========
25 의 제곱근은 5.0
25 의 사인값은 0.42261826174069944
25 의 코사인값은 0.9063077870366499
e^2 값은 7.38905609893065
25 의 자연로그 값은 2.302585092994046
상수 pi 값은 3.141592653589793
상수 e 값은 2.718281828459045
3.141592653589793 값을 소수점 2자리까지 반올림하면 3.14
pi값을 내림하면 3
pi값을 올림하면 4
2 의 3승은 8.0
25! 값은 15511210043330985984000000
>>>
```

그림 11 math 모듈 실습 실행 결과

3.1 random

난수를 구하는 함수들을 묶어 놓은 모듈이다. 특히 난수는 시뮬레이션, 게임, 암호화 응용 프로그램 등 무작위 데이터 생성이 필요한 작업에서 유용하게 사용할 수 있다. 아래의 내용을 실습해 보자.

예제 4 random

10.4 random.py - D:₩교재 작업₩자유아카데미₩Source₩10₩10.4 random.py (3.11.4)

File Edit Format Run Options Window Help

```
import random

rand_int = random.randint(1, 10)
print('1~10의 정수 중 무작위 수 =', rand_int, '₩n')

rand_float = random.random()
print('0~1의 실수 중 무작위 수 =', rand_float, '₩n')

rand_range = random.uniform(0.5, 2.5)
print('0.5~2.5의 실수 중 무작위 수 =', rand_range, '₩n')

menu = ['카페오레', '아메리카노', '카페라테', '카푸치노', '모카라테', '우유']
rand_choice = random.choice(menu)
print('메뉴 =', menu)
print('메뉴 중에서 무작위로 선택하면 =', rand_choice, '₩n')

menu_price = ['카페오레', 2500, 3000, '아메리카노', '카페라테', 2000, '카푸치노', '모카라테', 5000, 4000, 6000, '우유']
print('menu_price =', menu_price, '₩n')
random.shuffle(menu_price)
print('menu_price를 섞으면 =', menu_price, '₩n')

rand_list = list(range(1, 51))
print('리스트의 값은', rand_list, '₩n')
rand_sample = random.sample(rand_list, 6)
print('리스트에서 6개의 숫자를 뽑으면 =', rand_sample, '₩n')

rand_name = random.choice(['홍길동', '김길동', '박길동'])
print('이름중에 무작위로 뽑으면 =', rand_name)
```

Ln: 8 Col: 0

그림 12 random 모듈 예제

```
import random
```

random 모듈을 포함한다.

```
rand_int = random.randint(1, 10)
print('1~10의 정수 중 무작위 수 =', rand_int, '\n')
```

random.randint(1, 10)는 매개변수값 1에서 10까지의 수 중에서 무작위로 정수 하나를 추출하여 반환한다.

```
rand_float = random.random()
print('0~1의 실수 중 무작위 수 =',rand_float, '\n')
```

random.random( )은 0~1까지의 수 중에서 무작위로 추출한 실수를 반환한다.

```
rand_range = random.uniform(0.5, 2.5)
print('0.5~2.5의 실수 중 무작위 수 =',rand_range, '\n')
```

random.uniform(0.5, 2.5)은 정해진 실수의 범위 중에서 무작위로 실수 하나를 추출한다. random.random( )와 다른 점은 실수의 범위를 지정할 수 있다는 데 있다.

```
menu = ['카페오레', '아메리카노', '카페라테', '카푸치노', '모카라테', '우유']
rand_choice = random.choice(menu)
print('메뉴 =', menu)
print('메뉴 중에서 무작위로 선택하면 =',rand_choice, '\n')
```

menu = ['카페오레', '아메리카노', '카페라테', '카푸치노', '모카라테', '우유']를 사용하여 리스트 menu를 만들었다. random.choice(menu)는 만들어진 리스트 menu 중에서 무작위로 하나를 추출하여 반환한다. 실행 결과로는 print('메뉴 =', menu)를 통해 먼저 저장된 리스트를 나타내고, print('메뉴 중에서 무작위로 선택하면 =', rand_choice, '\n')를 통해 리스트 menu 중에서 하나를 추출한 rand_choice를 출력한다.

```
menu_price = ['카페오레', 2500, 3000, '아메리카노', '카페라테', 2000, '카푸치노', '
모카라테', 5000, 4000, 6000, '우유']
print('menu_price =', menu_price, '\n')
random.shuffle(menu_price)
print('menu_price를 섞으면 =', menu_price, '\n')
```

리스트 menu_price에는 문자와 숫자가 섞인 데이터를 저장하였다. random.shuffle( ) 전후의 비교를 위해 menu_price의 내용을 먼저 출력해 보고, random.shuffle(menu_price) 후에 변화된 데이터를 출력하였다. random.shuffle(menu_price)은 리스트 menu_price의 내용을 뒤섞는 작업을 한다.

```
rand_list = list(range(1, 51))
print('리스트의 값은', rand_list, '\n')
rand_sample = random.sample(rand_list, 6)
print('리스트에서 6개의 숫자를 뽑으면 =', rand_sample, '\n')
```

list(range(1, 51))에서 range(1, 51)을 통해 1 ~ 51까지의 숫자를 설정하고 list( )를

통해 데이터를 리스트로 만든다. random.sample( ) 전후의 비교를 위해 rand_list 값을 먼저 출력한 후 random.sample(rand_list, 6)을 실행한 결과를 rand_sample에 저장 후 나타낸다. random.sample(rand_list, 6) 코드는 매개변수값으로 설정된 rand_list의 데이터 중에서 6개를 무작위로 추출한 값을 반환한다.

```
rand_name = random.choice(['홍길동', '김길동', '박길동'])
print('이름 중에 무작위로 뽑으면 =', rand_name)
```

random.choice(['홍길동', '김길동', '박길동'])는 매개변수값으로 설정된 ['홍길동', '김길동', '박길동'] 리스트값들 중에서 하나를 추출하여 반환한다. 이때 매개변수값으로 리스트가 아닌 random.choice('홍길동', '김길동', '박길동')과 같이 사용하면 에러를 발생한다. 이것은 ['홍길동', '김길동', '박길동']로 사용하면 하나의 리스트 값으로서 매개변수값은 한 개이지만, '홍길동', '김길동', '박길동'으로 사용하면 각각 매개변수값으로 설정되기 때문이다.

다음은 random 모듈을 활용한 예제의 실행 결과를 나타낸다.

```
1~10의 정수 중 무작위 수 = 7

0~1의 실수 중 무작위 수 = 0.8076571799596144

0.5~2.5의 실수 중 무작위 수 = 0.9955306225350293

메뉴 = ['카페오레', '아메리카노', '카페라테', '카푸치노', '모카라테', '우유']
메뉴 중에서 무작위로 선택하면 = 아메리카노

menu_price = ['카페오레', 2500, 3000, '아메리카노', '카페라테', 2000, '카푸치노',
'모카라테', 5000, 4000, 6000, '우유']

menu_price를 섞으면 = ['카푸치노', 4000, 3000, '우유', '모카라테', '아메리카노',
'카페오레', 2000, '카페라테', 5000, 2500, 6000]

리스트의 값은 [1, 2, 3, 4, 5, 6, 7, 8, 9, 10, 11, 12, 13, 14, 15, 16, 17, 18, 19,
20, 21, 22, 23, 24, 25, 26, 27, 28, 29, 30, 31, 32, 33, 34, 35, 36, 37, 38, 39, 4
0, 41, 42, 43, 44, 45, 46, 47, 48, 49, 50]

리스트에서 6개의 숫자를 뽑으면 = [28, 16, 41, 29, 38, 6]

이름중에 무작위로 뽑으면 = 홍길동
>>>
```

그림 13 random 모듈 실습 실행 결과

3.2 statistics

statistics 모듈은 수학 통계함수들을 묶어 놓은 것이다. [예제 5]와 같이 실습해 보자.

예제 5 statistics

10.5 statistics.py - D:/교재 작업/자유아카데미/Source/1...

File Edit Format Run Options Window Help

```
import statistics

data = [5, 10, 15, 10, 20, 25, 20, 10, 25, 3]
mean = statistics.mean(data)
print(data, '₩n')
print('산술 평균값 =', mean, '₩n')
g_mean = statistics.geometric_mean(data)
print('기하 평균값 =', g_mean, '₩n')
h_mean = statistics.harmonic_mean(data)
print('조화 평균값 =', h_mean, '₩n')

median = statistics.median(data)
print('데이터의 중앙값 =', median, '₩n')
median_l = statistics.median_low(data)
print('데이터의 낮은 중앙값 =', median_l, '₩n')
median_h = statistics.median_high(data)
print('데이터의 높은 중앙값 =', median_h, '₩n')

mode = statistics.mode(data)
print('이산 또는 범주 데이터의 단일 최빈값 =', mode, '₩n')
mul_mode = statistics.multimode(data)
print('이산 또는 범주 데이터의 최빈값 =', mul_mode, '₩n')

var = statistics.variance(data)
print('데이터의 표본 분산 =', var, '₩n')
std = statistics.stdev(data)
print('표본 표준 편차 =', std, '₩n')

pva = statistics.pvariance(data)
print('모집단 분산 =', pva, '₩n')

s_var = statistics.variance(data)
print('표본분산 =', s_var, '₩n')

p_std_dev = statistics.pstdev(data)
print('모집단 표준편차 =', p_std_dev, '₩n')
```

Ln: 28 Col: 0

그림 14
statistics 모듈 예제

```
import statistics
```

statistics 모듈을 포함한다.

```
data = [5, 10, 15, 10, 20, 25, 20, 10, 25, 3]
```

리스트형 data의 값을 설정하자. 이 값들은 아래의 수함 함수들을 이용한 계산에 활용된다.

```
mean = statistics.mean(data)
print(data, '\n')
print('산술 평균값 =', mean, '\n')
```

statistics.mean(data)는 매개변수값인 data의 산술 평균값을 구하여 반환한다.

```
g_mean = statistics.geometric_mean(data)
print('기하 평균값 =', g_mean, '\n')
```

statistics.geometric_mean(data)는 data를 실수형(float)으로 변환하여 기하평균을 구한다. 기하평균은 주어진 n개 양수의 곱의 b 제곱근의 값을 의미한다.

```
h_mean = statistics.harmonic_mean(data)
print('조화 평균값 =', h_mean, '\n')
```

statistics.harmonic_mean(data)은 data의 조화평균을 구한다. 조화평균은 data 값의 역수를 구하여 산술평균을 구한 후 다시 역수를 구한다.

```
median = statistics.median(data)
print('데이터의 중앙값 =', median, '\n')
```

statistics.median(data)는 data의 중앙값을 구한다. data의 값들을 크기순으로 정렬한 후 가장 가운데에 있는 수를 추출한 것이 중앙값이다.

```
median_l = statistics.median_low(data)
print('데이터의 낮은 중앙값 =', median_l, '\n')
```

statistics.median_low(data)는 data의 낮은 중앙값을 구한다.

```
median_h = statistics.median_high(data)
print('데이터의 높은 중앙값 =', median_h, '\n')
```

statistics.median_high(data)는 data의 높은 중앙값을 구한다.

```
mode = statistics.mode(data)
print('이산 또는 범주 데이터의 단일 최빈값 =', mode, '\n')
```

statistics.mode(data)는 data의 값들 중 최빈값을 구한다. 최빈값은 리스트 데이터

(data)에서 가장 자주 나타나는 값을 의미한다. data = [5, 10, 15, 10, 20, 25, 20, 10, 25, 3]이므로 10이 3번 나타나므로 리스트 data에서 가장 빈도수가 높다. 따라서 최빈값은 10이 된다.

```
mul_mode = statistics.multimode(data)
print('이산 또는 범주 데이터의 최빈값 =', mul_mode, '\n')
```

statistics.multimode(data)는 data에서 먼저 발견되는 순서대로 가장 자주 나타나는 값의 리스트를 반환한다. data = [5, 10, 15, 10, 20, 25, 20, 10, 25, 3]에서 10이 3번, 25가 2번 나타나서 리스트로 [10]을 반환하였다.

만일 data = [5, 10, 15, 10, 20, 25, 20, 10, 25, 3, 25]라면 어떻게 될까? 10이 3번, 25가 3번 나타난다. 따라서 statistics.multimode(data)를 실행하면 [10, 25]을 반환한다. 같은 data로 statistics.mode(data)를 수행한다면 10을 반환한다. statistics.mode(data)은 10과 25의 빈도수가 같더라도 먼저 자주 나타나는 수 하나만 반환하기 때문에 10을 반환하게 된다.

```
var = statistics.variance(data)
print('데이터의 표본 분산 =', var, '\n')
```

statistics.variance(data)는 data값의 표본분산을 구해 반환한다.

```
std = statistics.stdev(data)
print('표본 표준 편차 =', std, '\n')
```

statistics.stdev(data)는 data값의 표본표준편차를 구해 반환한다.

```
pva = statistics.pvariance(data)
print('모집단 분산 =', pva, '\n')
```

statistics.pvariance(data)는 data값의 분산을 구해 반환한다.

```
s_var = statistics.variance(data)
print('표본분산 =', s_var, '\n')
```

statistics.variance(data)는 data값의 표본분산을 구해 반환한다.

```
p_std_dev = statistics.pstdev(data)
print('모집단 표준편차 =', p_std_dev, '\n')
```

statistics.pstdev(data)는 data값의 표준편차를 구해 반환한다.

```
[5, 10, 15, 10, 20, 25, 20, 10, 25, 3]
산술 평균값 = 14.3
기하 평균값 = 11.885357589266647
조화 평균값 = 9.25925925925926
데이터의 중앙값 = 12.5
데이터의 낮은 중앙값 = 10
데이터의 높은 중앙값 = 15
이산 또는 범주 데이터의 단일 최빈값 = 10
이산 또는 범주 데이터의 최빈값 = [10]
데이터의 표본 분산 = 62.67777777777778
표본 표준 편차 = 7.916929820187733
모집단 분산 = 56.41
표본분산 = 62.67777777777778
모집단 표준편차 = 7.51065909225016
>>>
```

그림 15 statistics 모듈 실습 실행 결과

4. 표준 라이브러리(파일과 디렉터리 액세스)

4.1 pathlib

pathlib는 파일 시스템의 경로 및 파일 작업을 위한 기능들을 제공하는 모듈이다. 파일 및 디렉터리 조작과 관련된 작업들을 지원하며 파이썬 개발자가 파일에 관한 접근, 수정 등의 작업을 원활하게 할 수 있도록 다양한 함수들을 지원해 준다. [예제 6]과 같이 실습해 보자.

예제 6 pathlib

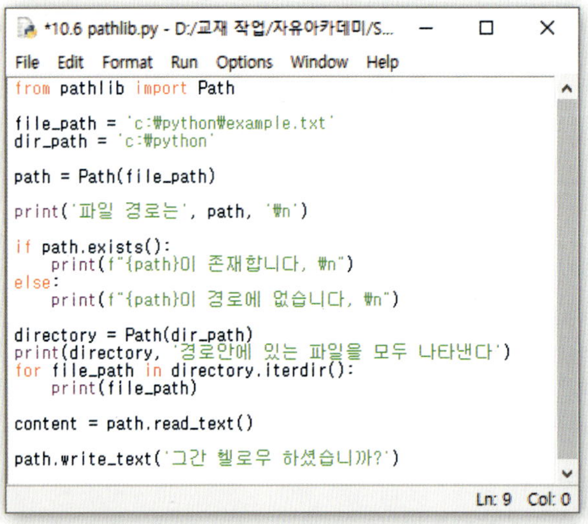

그림 16
statistics 모듈 실습 실행 결과

```
from pathlib import Path
```

Path에 있는 pathlib를 포함한다.

```
file_path = 'c:\python\example.txt'
dir_path = 'c:\python'
```

file_path은 파일 경로를, dir_path는 폴더경로를 설정해 놓는다.

```
path = Path(file_path)
print('파일 경로는', path, '\n')
```

file_path는 파일의 경로를 문자열로 나타낸 것이다. 이것을 Path(file_path)를 통해 파일 경로로 저장한다. 아래는 Shell에서 file_path를 설정하고, path = Path(file_path) 후의 path 정보를 출력하여 비교한 것이다. file_path는 문자열로 경로를 나타내었지만, path는 WindowsPath('c:/python/example.txt')와 같이 경로 정보를 나타낸 것을 알 수 있다.

```
>>> file_path = 'c:\python\example.txt'
>>> file_path
'c:\\python\\example.txt'
```

```
>>> path = Path(file_path)
>>> path
WindowsPath('c:/python/example.txt')
```

```
if path.exists():
    print(f"{path}이 존재합니다, \n")
else:
    print(f"{path}이 경로에 없습니다, \n")
```

path.exists( )는 설정된 경로가 있는지 확인하여 있다면 True, 없다면 False를 반환한다.

```
directory = Path(dir_path)
print(directory, '경로안에 있는 파일을 모두 나타낸다')
for file_path in directory.iterdir():
    print(file_path)
```

directory = Path(dir_path)의 명령은 파일 경로가 아니라 디렉터리, 즉 폴더의 경로를 저장한다. 이는 폴더 안의 파일들을 검색하여 어떤 파일들이 있는지 나타내려는 것이기 때문에 파일 경로가 아닌 폴더경로를 설정한 것이다. for file_path in directory.iterdir( ): 코드에서는 directory.iterdir( )를 통해 경로 안의 파일들이 있다면 file_path는 헤당 파일 이름을 가리키게 된다. 반복문 안의 print(file_path)는 찾아낸 파일 이름을 출력한다. for 문을 통해 해당 폴더 안의 파일들을 모두 찾을 때까지 반복하여 파일 이름을 출력한다. 폴더 안의 파일 이름을 출력하는 내용이기에 example 파일의 복사본을 몇 개 만들어 놓았다.

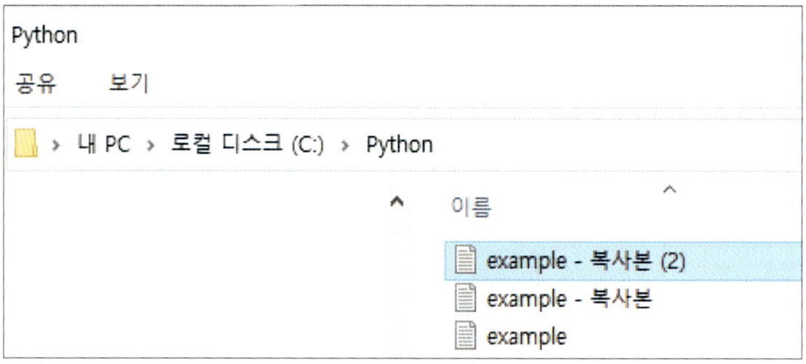

그림 17
대상 폴더 안의 example 파일 복사본들

위 코드를 실행한 후의 결과는 아래와 같이 나타난다.

```
c:\python 경로안에 있는 파일을 모두 나타낸다
c:\python\example - 복사본 (2).txt
c:\python\example - 복사본.txt
c:\python\example.txt
```

그림 18 대상 폴더 안의 example 파일 복사본들

```
content = path.read_text()
```

path.read_text( )에서 path는 path = Path(file_path)를 통해 파일의 경로를 나타냈었다. 따라서 path.read_text( )는 해당 파일을 읽으라는 명령이며, 읽은 내용은 content에 저장된다. 이때 print(content)를 실행하면 파일 안의 내용을 다음과 같이 출력한다.

```
파일 경로는 c:\python\example.txt

c:\python\example.txt이 존재합니다.

c:\python 경로안에 있는 파일을 모두 나타낸다
c:\python\example - 복사본 (2).txt
c:\python\example - 복사본.txt
c:\python\example.txt
엄마야 누나야.

엄마야 누나야 강변살자.
뜰에는 반짝이는 금모래 빛.
뒷문 밖에는 갈잎의 노래.
엄마야 누나야 강변살자.
>>>
```

그림 19 path.read_text( )의 실행

```
path.write_text('그간 헬로우 하셨습니까?')
```

반대로 path.write_text(매개변수값)은 해당 파일에 매개변수값을 저장하라는 명령으로서 기존의 내용을 모두 지우고 덮어쓰게 된다. 이 코드를 실행 후 example 파일을 열었을 때 나타난 내용은 다음과 같다.

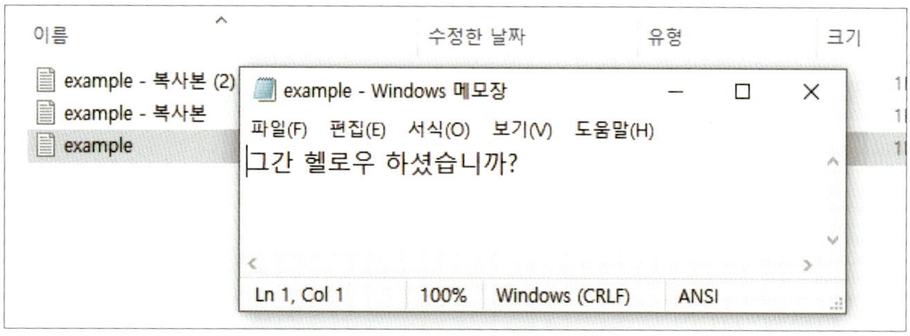

그림 20 path.write_text( )의 실행 결과

4.2 filecmp과 stat

filecmp 모듈은 파일과 디렉터리를 비교하는 기능을 제공하며, 두 개의 파일이나 디렉터리가 같은지를 판단하거나 둘 간의 차이를 찾을 때 사용한다. stat는 파일이나 디렉터리의 상태정보를 얻는다. 다음과 같이 실습해 보자.

예제 7 filecmp과 stat

```
File  Edit  Format  Run  Options  Window  Help
import filecmp

file01 = 'c:\python\example.txt'
file02 = 'c:\python\example2.txt'

f_cmp = filecmp.cmp(file01, file01)
if f_cmp:
    print('두개의 파일이 같습니다. \n')
else:
    print('파일이 서로 다릅니다. \n')

f_cmp = filecmp.cmp(file01, file02)
if f_cmp:
    print('두개의 파일이 같습니다. \n')
else:
    print('파일이 서로 다릅니다. \n')

filecmp.clear_cache()


import os
import stat

f_status = os.stat(file01)

permissions = stat.filemode(f_status.st_mode)
print(f"접근권한: {permissions}. \n")

f_size = f_status.st_size
print(f"파일 사이즈: {f_size} bytes. \n")

modi_time = f_status.st_mtime
print(f"수정 시간: {modi_time}")
```

그림 21
path.write_text( )의 실습 코드

```
import filecmp
file01 = 'c:\python\example.txt'
file02 = 'c:\python\example2.txt'
```

filecmp를 포함한 후, file01과 file02에 각각 example.txt, example2.txt를 지정한다. 이때 example.txt에는 '그간 헬로우 하셨습니까?'라는 문자열이, example2.txt에는 이전에 저장되었던 "엄마야 누나야 ~~"의 내용이 저장되어 있다.

```
f_cmp = filecmp.cmp(file01, file01)
if f_cmp:
    print('두 개의 파일이 같습니다. \n')
else:
    print('파일이 서로 다릅니다. \n')
```

filecmp.cmp(file01, file01)은 file01과 file01을 비교하여 같으면 True, 다르면 False를 반환한다. 따라서 같은 파일을 비교한 것으로 f_cmp 에는 True가 저장된다.

```
f_cmp = filecmp.cmp(file01, file02)
if f_cmp:
    print('두 개의 파일이 같습니다. \n')
else:
    print('파일이 서로 다릅니다. \n')
```

filecmp.cmp(file01, file02)은 file01과 file02를 비교한 것으로 False를 반환한다. 따라서 '파일이 서로 다릅니다. \n'를 출력한다.

```
filecmp.clear_cache()
```

filecmp.clear_cache( )은 filecmp가 점유하고 있던 캐시를 지운다.

```
import os
import stat
```

stat 모듈을 사용하기 위해 os와 stat를 포함한다.

```
f_status = os.stat(file01)
```

파일 및 디렉터리 경로 정보를 얻기 위해 os.stat( )를 이용하여 file01에 대한 정보를 f_status에 저장한다.

```
permissions = stat.filemode(f_status.st_mode)
print(f"접근권한: {permissions}. \n")
```

stat.filemode( )는 '-rwxrwxrwx'와 같은 형식으로 파일에 대한 접근권한 정보를 반환한다. 이때 r은 파일의 읽기 권한, w는 파일의 쓰기 권한, x는 파일의 실행 권한을 나타낸다.

```
f_size = f_status.st_size
print(f"파일 사이즈: {f_size} bytes. \n")
```

f_status.st_size에서 st_size는 파일의 크기를 나타내며 바이트(byte) 단위로 정보를 표현한다.

```
modi_time = f_status.st_mtime
print(f"수정 시간: {modi_time}")
```

f_status.st_mtime에서 st_mtime는 파일 데이터의 최근 수정 시간을 나타낸다. 그런데 출력값이 "수정 시간: 1691394050.81675"와 같이 나타난다. 참고로 st mtime은 최근 수정 시간을 나타낸 것과 같이, st_atim은 최근 접근 시간, st_ctim은 최근 상태 변경 시간을 나타낸다.

여기서 잠깐

"수정 시간: 1691394050.81675"와 같이 출력되면 이것을 어떻게 읽을까? 이것은 유닉스의 timestamp의 형식으로 출력된 것이다. 따라서 아래와 같은 방법으로 time 모듈을 사용하여 시간을 구한 뒤 출력하면 된다.

```
from datetime import datetime

modi_time = os.path.getmtime(file01)
```

```
modi_time = datetime.fromtimestamp(modi_time)
print("수정 시간:", modi_time)
```

getmtime(file01)을 통해 file01의 수정 시간을 구하면 유닉스의 timestamp 형식으로 값을 반환한다. 이것을 fromtimestamp(modi_time) 함수를 사용하면 "%Y-%m-%d %H:%M:%S"(년-월-일 시:분:초)의 형식으로 반환받는다. 이것을 출력하면 "수정 시간: 2023-08-07 16:40:50.816750"과 같은 형식으로 출력할 수 있다.

[예제 7]을 실행하면 아래와 같이 나타난다.

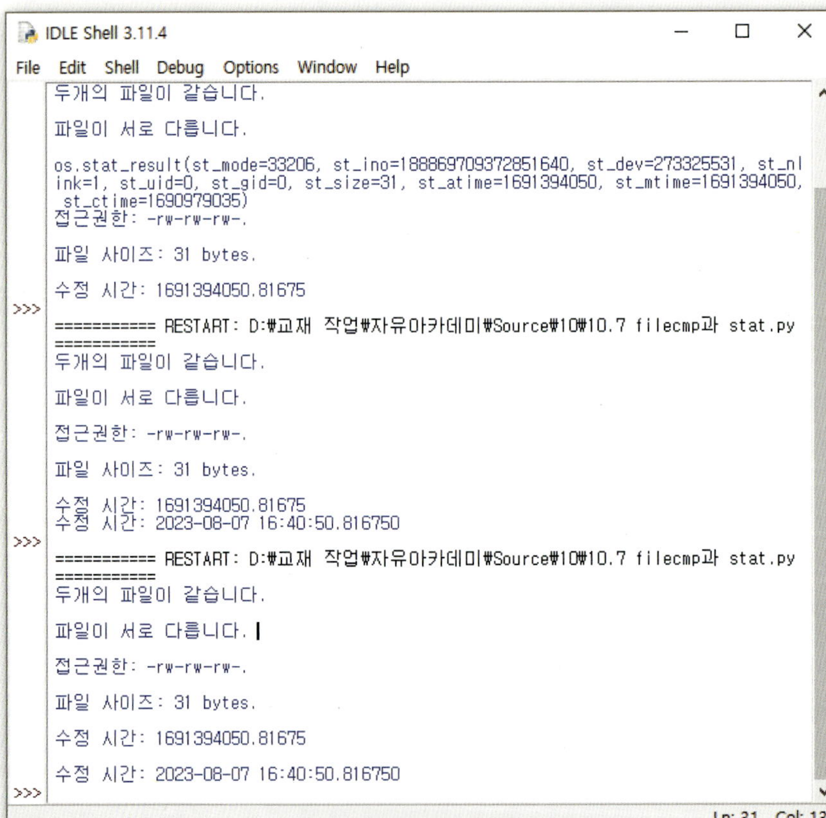

그림 22 [예제 7] 실행 결과

5. 표준 라이브러리(멀티미디어 서비스, wave)

wave 모듈은 WAV (Waveform Audio File Format) 오디오 파일을 읽고 쓰는 데 사용된다. wav 형식으로 된 오디오 파일을 읽고 오디오 샘플 정보를 확인하고, 오디오 데이터를 wav로 저장하고, 오디오 파일의 속성을 얻는 등의 작업을 수행할 수 있다.

예제 8 wave

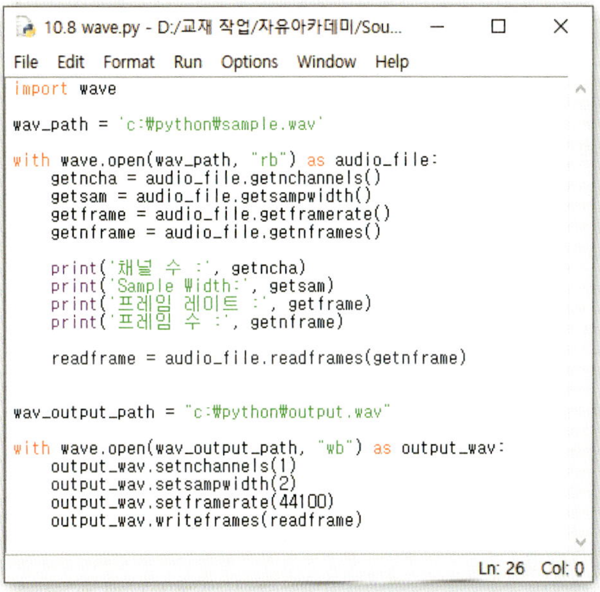

그림 23 [예제 8]의 실습 코드

```
import wave
wav_path = 'c:\python\sample.wav'
```

wave 모듈을 포함하고 wav_path에 해당 오디오 파일 경로를 저장한다.

```
with wave.open(wav_path, "rb") as audio_file:
    getncha = audio_file.getnchannels()
    getsam = audio_file.getsampwidth()
    getframe = audio_file.getframerate()
    getnframe = audio_file.getnframes()
    print('채널 수 :', getncha)
```

```
    print('Sample Width:', getsam)
    print('프레임 레이트 :', getframe)
    print('프레임 수 :', getnframe)
    readframe = audio_file.readframes(getnframe)
```

with를 이용해 wave.open(wav_path, "rb")를 수행한 결과를 audio_file의 이름으로 지칭한다. 이때 "rb"는 오디오 데이터 읽기 모드를, "wb"는 쓰기 모드를 나타낸다. audio_file.getnchannels( )은 오디오 파일의 채널 정보를 가져오는데, 1이면 모노, 2이면 스테레오를 뜻한다. audio_file.getsampwidth( )는 오디오 파일의 샘플 폭을 바이트 단위값으로 반환하고, audio_file.getframerate( )는 오디오 파일의 프레임 레이트 값을 반환한다. audio_file.getnframes( )는 오디오 파일의 프레임 수를 반환한다. 이러한 정보를 바탕으로 실행된 결과는 다음과 같다. audio_file.readframes(getnframe)은 오디오 파일의 프레임 수를 매개변수값으로 입력하여 호출하며, 바이트 단위로 반환한다.

그림 24 wav 코드의 정보 출력 실행 결과

```
wav_output_path = "c:\python\output.wav"
```

새로 저장할 오디오 파일의 경로를 설정한다.

```
with wave.open(wav_output_path, "wb") as output_wav:
    output_wav.setnchannels(1)
    output_wav.setsampwidth(2)
    output_wav.setframerate(44100)
    output_wav.writeframes(readframe)
```

wave.open(wav_output_path, "wb")에서는 저장할 용도로 오디오 파일을 open하는 것이라서 "wb"로 설정한 후 output_wav로 이름으로 사용한다. output_wav.setnchannels(1)에서 매개변수값이 1이므로 저장할 오디오 파일을 모노 채널로 설정한다는 것이며, output_wav.setsampwidth(2)는 오디오 파일의 샘플 폭을 2만큼, 샘플 당 2바이트로 설정하고, output_wav.setframerate(44100)은 프레임 레이트를 44100, 즉 44.1 kHz로 설정한다. 이 의미는 무엇일까? 초당 44,100번으로 오디오 데이터를 샘플링 했다는 것이다. 저장할 오디오 파일의 속성값들을 설정하였다면 output_wav.writeframes(readframe)을 통해 지정된 경로에 파일을 저장한다. 이 코드의 실행 후 결과는 오디오 파일의 저장이므로 화면에 나타나지 않는다. 아래 그림은 위 코드의 실행 전화 후의 결과를 나타낸다. 실행 전의 화면에서 없었던 'output.wav' 파일이 실행 후의 결과에서 나타난 것을 알 수 있다.

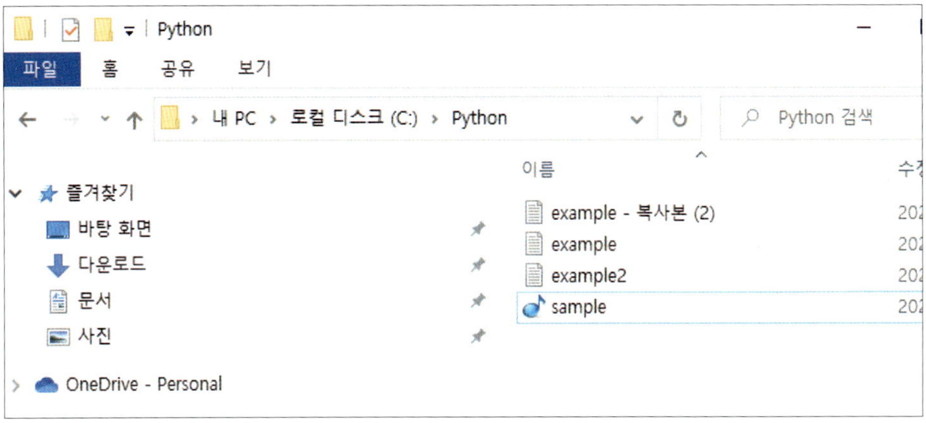

그림 25 output_wav.writeframes(readframe) 실행 전의 폴더 내용

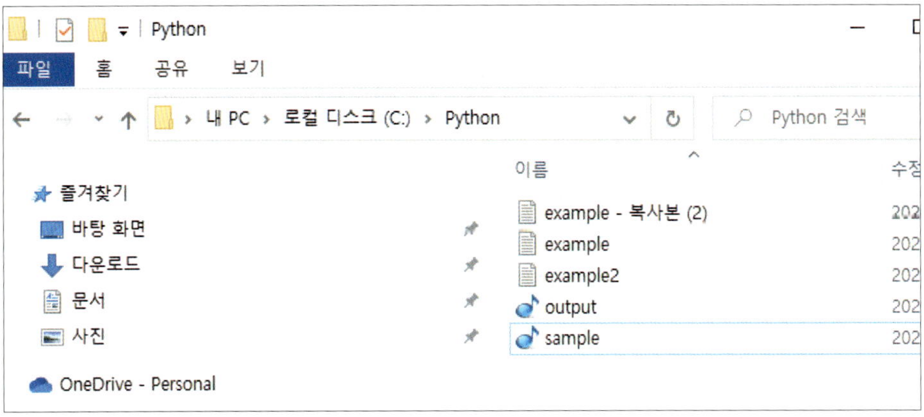

그림 26 output_wav.writeframes(readframe) 실행 후의 폴더 내용

연습문제

01. 패키지와 모듈들을 모아둔 것을 무엇이라 하는가?

① 라이브러리　② 함수
③ 도서관　④ 모듈 묶음

02. 오늘은 화요일이다. weekday = today.weekday( )을 실행한 후 weekday의 값은?

① 0　② 1
③ 2　④ 3

03. 아래의 코드를 실행 후 2023-11-03을 출력하려 한다. (　A　)에 알맞은 것은?

```
d_string = "2023-11-03"
date_string = (    A    )(d_string, "%Y-%m-%d").date()
print(date_string)
```

① print　② datetime
③ datetime.strptime　④ datetime.datetime.strptime

04. cal = calendar.month(year, month)의 설명으로 옳은 것은?

① calendar 모듈을 통해 년, 월만 cal에 저장한다.
② calendar 모듈을 통해 년, 월에 해당하는 날짜를 cal에 저장한다.
③ calendar 모듈을 통해 년, 월에 해당하는 주차 정보를 cal에 저장한다.
④ calendar 모듈을 통해 년, 월에 해당하는 요일을 cal에 저장한다.

05. 윤년을 확인하는 코드이다. (A) 안에 알맞은 것은?

```
if (   A   )
    print(f"{year}년은 윤년입니다.\n")
else:
    print(f"{year}년은 윤년이 아니군요.\n")
```

① calendar(year):　② isleap(year):
③ calendar.isleap(year):　④ cal.isleap(year):

06. 아래 그림과 같이 특정 년도의 월을 출력할 수 있는 함수는?

```
Calendar for the year 2023:

                                  2023

      January                   February                   March
Su Mo Tu We Th Fr Sa      Su Mo Tu We Th Fr Sa      Su Mo Tu We Th Fr Sa
 1  2  3  4  5  6  7                1  2  3  4                1  2  3  4
 8  9 10 11 12 13 14       5  6  7  8  9 10 11       5  6  7  8  9 10 11
15 16 17 18 19 20 21      12 13 14 15 16 17 18      12 13 14 15 16 17 18
22 23 24 25 26 27 28      19 20 21 22 23 24 25      19 20 21 22 23 24 25
29 30 31                  26 27 28                  26 27 28 29 30 31

       April                      May                       June
Su Mo Tu We Th Fr Sa      Su Mo Tu We Th Fr Sa      Su Mo Tu We Th Fr Sa
                   1          1  2  3  4  5  6                   1  2  3
 2  3  4  5  6  7  8       7  8  9 10 11 12 13       4  5  6  7  8  9 10
 9 10 11 12 13 14 15      14 15 16 17 18 19 20      11 12 13 14 15 16 17
16 17 18 19 20 21 22      21 22 23 24 25 26 27      18 19 20 21 22 23 24
23 24 25 26 27 28 29      28 29 30 31               25 26 27 28 29 30
30

        July                     August                  September
Su Mo Tu We Th Fr Sa      Su Mo Tu We Th Fr Sa      Su Mo Tu We Th Fr Sa
                   1             1  2  3  4  5                      1  2
 2  3  4  5  6  7  8       6  7  8  9 10 11 12       3  4  5  6  7  8  9
 9 10 11 12 13 14 15      13 14 15 16 17 18 19      10 11 12 13 14 15 16
16 17 18 19 20 21 22      20 21 22 23 24 25 26      17 18 19 20 21 22 23
23 24 25 26 27 28 29      27 28 29 30 31            24 25 26 27 28 29 30
30 31

      October                   November                  December
Su Mo Tu We Th Fr Sa      Su Mo Tu We Th Fr Sa      Su Mo Tu We Th Fr Sa
 1  2  3  4  5  6  7                1  2  3  4                      1  2
 8  9 10 11 12 13 14       5  6  7  8  9 10 11       3  4  5  6  7  8  9
15 16 17 18 19 20 21      12 13 14 15 16 17 18      10 11 12 13 14 15 16
22 23 24 25 26 27 28      19 20 21 22 23 24 25      17 18 19 20 21 22 23
29 30 31                  26 27 28 29 30            24 25 26 27 28 29 30
                                                    31
```

① calendar.TextCalendar( )　　② calendar.Calendar( )

③ calendar.Month( )　　④ calendar.Days( )

07. 다양한 수학 함수나 상수들을 제공하는 파이썬 모듈은?

① calculate　　② mathematics

③ math　　④ functions

08. b^3을 계산하는 것과 동일한 코드는?

① math.pow(b, 3)　　② mathematics.pow(b, 3)

③ mathematics.power(b, 3)　　④ maths.pow(b, 3)

09. 난수를 구하는 함수들을 묶어 놓은 모듈은?

① random ② randomize

③ randomly ④ rand

10. 1에서 10까지의 수 중에서 무작위로 정수 하나를 추출하는 명령은?

① random.range(1, 10) ② random.randint(1, 10)

③ random(1, 10) ④ random.randrange(1, 10)

11. ['홍길동', '김길동', '박길동'] 리스트값들 중에서 하나를 추출하는 명령은?

① random.choice(['홍길동', '김길동', '박길동'])

② random.choice['홍길동', '김길동', '박길동']

③ random.choice('홍길동', '김길동', '박길동')

④ random.choice(홍길동, 김길동, 박길동)

12. 아래와 같이 [5, 10, 15, 10, 20, 25, 20, 10, 25, 3]의 값이 있을 때 statistics 모듈을 사용하여 평균을 구하는 명령은?

```
data = [5, 10, 15, 10, 20, 25, 20, 10, 25, 3]
mean = (    A   )
```

① statistics.averagre(data) ② statistics.middle(data)

③ statistics.mean(data) ④ statistics.mean.value(data)

13. 아래 data의 표본 분산을 statistics 모듈을 사용하여 구하는 (A) 명령은?

```
data = [5, 10, 15, 10, 20, 25, 20, 10, 25, 3]
var = (    A    )
print('데이터의 표본 분산 =', var, '\n')
```

① statistics.variance(data) ② statistics.variance(data)

③ statistics.variable(data) ④ statistics.values(data)

14. Path에 있는 pathlib를 포함하는 명령으로 옳은 것은?

① import pathlib from Path

② from pathlib import Path

③ inculde pathlib from Path

④ from pathlib include Path

15. 아래와 같이 file01, file02 두 개의 파일이 같은지를 비교하는 (A) 명령으로 옳은 것은?

```
import filecmp
file01 = 'c:\python\example.txt'
file02 = 'c:\python\example2.txt'
f_cmp = ( A )
```

① filecmp(file01, file01)

② filecmp.compare(file01, file01)

③ filecmp.cmp(file01, file01)

④ filecmp.equal(file01, file01)

제11장

객체지향 프로그래밍 개요

1. 객체지향 프로그래밍이란?
2. 객체지향 프로그래밍의 특징과 이점
3. 클래스의 개요
4. 클래스와 객체
5. __str__ 메소드
6. __dict__
7. 객체지향 프로그래밍의 특징 예제

1. 객체지향 프로그래밍이란?

객체지향 프로그래밍(OOP; Object-Oriented Programming)은 "객체"의 개념을 중심으로 진행되는 프로그래밍 패러다임이다. 즉, 소프트웨어 개발에서 실세계의 개체들과 그들의 상호작용 등을 모델링하는 방법으로서 복잡한 시스템들을 조직하고 효율적으로 관리할 수 있도록 하는 프로그램 개발 방법의 접근법이다. 객체지향 프로그래밍은 다음과 같은 주요 특징들이 있다.

그림 1 객체지향 프로그래밍의 특징

- **클래스(class)**

객체의 구조와 행동을 정의하는 템플릿이다. 해당 클래스의 인스턴스(객체)를 생성하기 위한 프로토타입 역할을 하며, 변수와 함수(또는 메소드)로 구성된다.

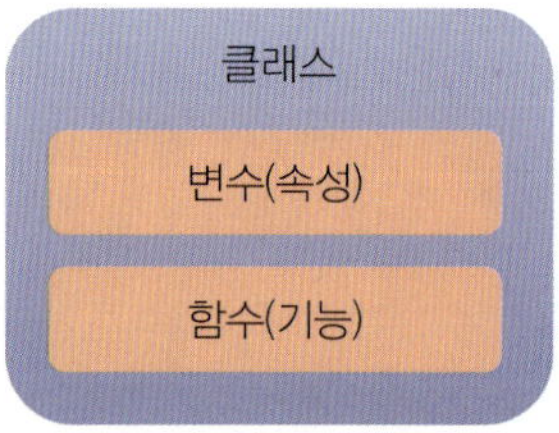

그림 2 클래스(class)

- **객체(object)**

클래스의 인스턴스(instance)라고 하며, 클래스를 이용하는 실질적인 주체가 된다.

데이터의 구조, 즉 변수(속성)와 해당 데이터에 대해 동작하는 함수 또는 메소드(기능)들을 실질적으로 이용하는 대상이 된다.

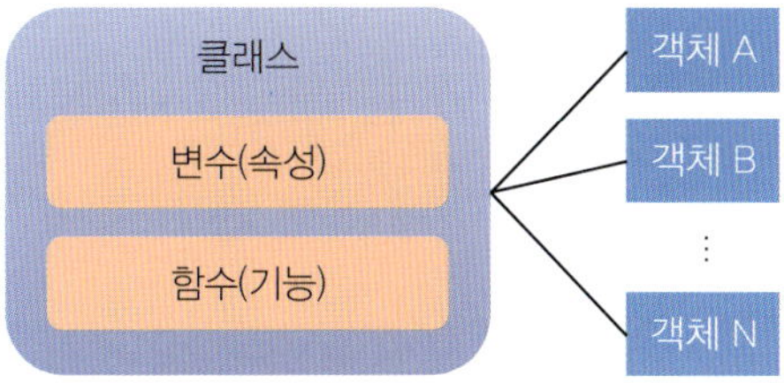

그림 3 객체(object)

- **캡슐화(encapsulation)**

객체 내에서 데이터에 대해 동작하는 변수(속성) 및 메소드(기능)를 묶어 놓은 것이다. 이렇게 하는 이유는 객체의 내부 세부 정보를 숨기고 필요한 정보는 인터페이스를 통해 제어함으로써 데이터에 대한 접근을 공개 또는 비공개하여 구체적인 내용들을 보호할 수 있기 때문이다.

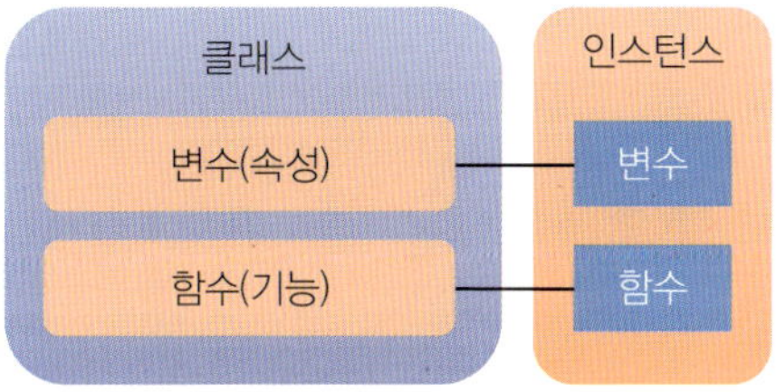

그림 4 캡슐화(encapsulation)

- **상속(Inheritance)**

상속을 통해 클래스(하위 클래스 또는 파생 클래스)는 다른 클래스(부모 클래스 또는 기본 클래스)에서 변수(속성) 및 메소드(기능)를 가져와서 자신의 것처럼 사용할 수 있다. 상속을 이용함으로써 코드의 재사용성을 높일 수 있고 계층의 구조화를 향상시킬 수 있다. 하위 클래스는 부모 클래스의 변수(속성) 및 메소드(기능)를 확장하거나 재정의할 수 있다. 즉, [그림 5]에서 클래스 B는 클래스 A를 상속받았으며, 따라서 클래스 B는 클래스 A의 변수 1, 함수 1을 자신의 것처럼 사용할 수 있다.

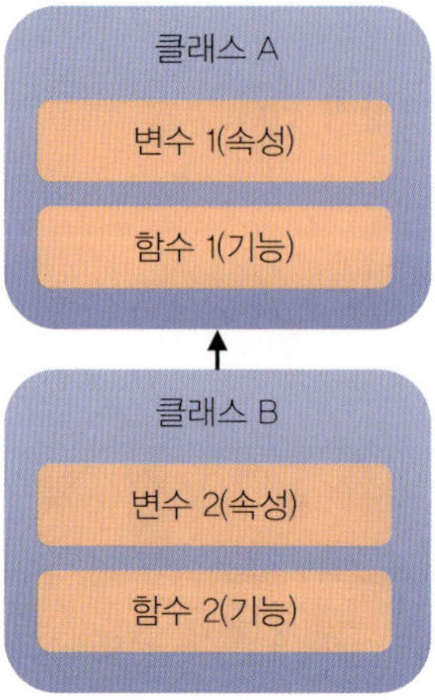

그림 5 상속(Inheritance)

- **다형성(Polymorphism)**

다형성은 다른 클래스의 객체들이 공통의 부모 클래스의 객체로 취급될 수 있도록 한다. 다형성에는 크게 오버라이딩, 오버로딩, 함수형 인터페이스를 들 수 있다. 아래의 그림에서 클래스 B는 클래스 A의 함수 1을 자신의 것처럼 사용할 수 있다. 그러나 이것을 수정하여 같은 이름으로 함수 1을 만들어 사용할 수 있는데 이것이 오버라이딩이다.

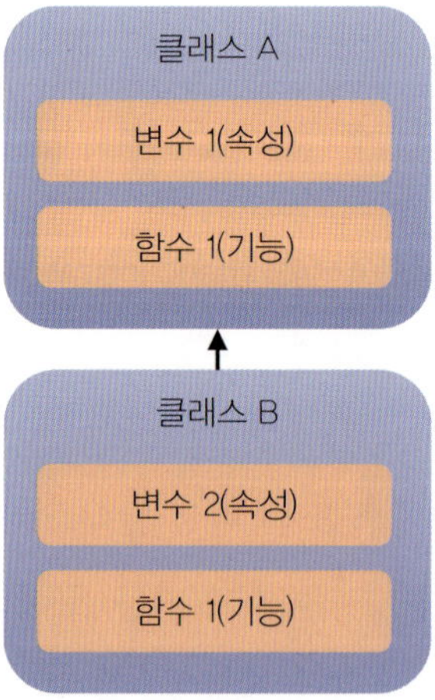

그림 6 다형성(Polymorphism)

- **추상화(Abstration)**

추상화는 클래스의 본질적인 속성을 기반으로 한 모델링으로서 복잡한 사실이나 개념을 단순화하는 것이다. 즉, 추상화는 관련 세부 사항을 강조하고 불필요한 복잡성을 무시함으로써 클래스의 개념화 및 단순화하는 데 매우 효율적이다. 아래의 그림과 같이 경비행기, 수송기, 여객기, 전투기는 모두 그 속성이나 특징이 다르다. 그렇지만 개념적인 특성을 보면 모두 비행하는 특징을 가지고 있다. 주 날개, 운전석, 착륙 바퀴 등 모두 공통으로 가지고 있는 속성들이 있으며 세부 사항은 다르지만 사용 용도는 비행을 하기 위해 탈것이라는 공통적인 특성은 변경되지 않는다. 이와 같이 여러 특성들을 가진 클래스가 나타내는 본질적인 개념인 은 비행기라는 사실을 추출하여 사용하게 되면 복잡한 각각의 사실들을 모두 알지 못하더라도 기본 개념을 파악하고 이용할 수 있다.

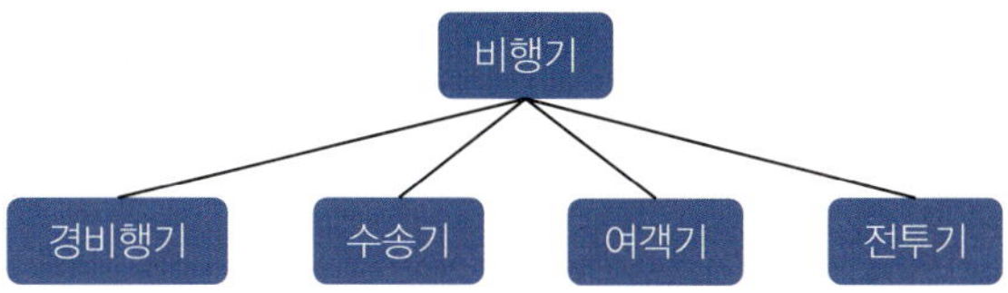

그림 7 추상화(Abstration)

2. 객체지향 프로그래밍의 특징과 이점

일반적으로 객체지향 프로그래밍의 장점은 아래와 같다.

- **모듈식 설계**: 객체지향 프로그래밍은 모듈식 설계가 가능하여 프로그램 구성을 체계적으로 나눌 수 있고 유지보수가 쉽다.
- **재사용 가능성**: 객체와 클래스를 분리함에 따라 기능별, 개념별, 특징별로 구분이 가능하여 소프트웨어 프로젝트 전반에 걸쳐 각 클래스나 객체를 재사용할 수 있어서 소프트웨어 개발 시간과 노력을 줄일 수 있다.
- **확장성**: 객체지향 프로그래밍은 점진적인 개발 및 향상을 지원함으로써 소프트웨어 개발 및 유지보수 시에 프로그램의 수정 및 업데이트가 용이하고, 다른 소프트웨어

개발 시에도 관련 기능이나 특성을 재사용할 수 있어서 프로그램의 확장에 매우 유용하다.

- **유지보수성**: 캡슐화 및 추상화를 통해 시스템의 다른 부분에 영향을 주지 않고도 프로그램 코드를 쉽게 수정하고 확장할 수 있다.
- **협업**: 객체 간의 명확한 인터페이스와 명확한 상호 작용이 가능하여 협업 개발이 용이하다.

객체지향 프로그래밍 구성의 특징으로는 아래와 같다.

- **생성자**: 클래스의 인스턴스가 생성될 때 개체의 특성을 초기화할 때 사용한다. 즉, 클래스에서 생성자는 클래스를 이용하는 객체가 호출될 때 자동으로 실행되는 함수(메소드)를 말하며 일반적으로 개체 특성에 대한 초기값을 설정하는 데 사용된다.
- **소멸자**: 소멸자는 객체가 더는 사용되지 않을 때 리소스를 정리하는 작업을 수행한다.
- **수정자 액세스**: 다른 클래스 및 개체에 대한 클래스 구성원(속성 및 메서드)의 가시성 및 액세스 가능성을 제어한다.
- **접근 수식어**: 객체지향 프로그래밍에서 클래스, 함수 등은 아래와 같은 접근 수식어를 가진다.
  - ▸ public: 어디에서나 접근 가능
  - ▸ private: 클래스 내에서만 접근 가능
  - ▸ protected: 클래스와 그 하위 클래스 내에서 접근 가능
  - ▸ package-private: 기본값, 동일한 패키지 내에서 접근 가능

3. 클래스의 개요

클래스는 객체를 생성하기 위한 틀이라고 할 수 있으며, 객체가 가질 데이터를 저장하는 변수(속성)와 함수(기능)들을 정의한다. 클래스는 객체지향 프로그래밍의 시작이라 할 수 있다. 다음의 예시를 보자,

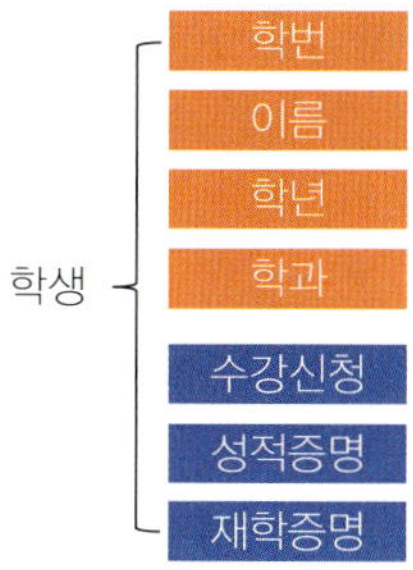

그림 8 학생 클래스의 개요

학생을 나타내는 구조는 학번, 이름, 학년, 학과의 데이터를 가지며, 수강신청, 성적증명, 재학증명 등의 작업을 수행할 수 있다. 물론 이것 말고도 매우 많은 데이터와 작업이 있지만 여기서는 이것만 고려해 보자.

여기서 학번, 이름, 학년, 학과는 학생의 데이터로 저장해야 하는 것으로 변수에 해당된다. 수강신청, 성적증명, 재학증명은 데이터를 저장하는 것이 아니라 학생이 수행하는 작업에 해당되며 이는 함수로 구성할 수 있다. 그렇다면 변수로 정의할 수 있는 학번, 이름, 학년, 학과에서 학번은 숫자, 이름은 문자, 학년은 숫자, 학과는 문자 등으로 데이터가 저장되어야 한다. 또한 수강신청은 학생이 수강신청을 할 때 필요한 변수, 예를 들어 학번, 이름, 학과 등이 매개변수값으로 입력되어 수강신청 처리를 해야 하며, 수강신청이 완료되면 신청이 정상적으로 이루어진 것인지 아닌지에 대한 결과값을 반환받아야 할 것이다. 성적이나 재학증명도 학생에서 필요한 변수들을 매개변수값으로 입력하여 호출 처리되어야 한다. 이때 학생은 클래스 이름이 되고, 학번, 이름, 학년, 학과는 학생 클래스의 변수(속성)가 되며, 수강신청, 성적증명, 재학증명은 학생 클래스의 함수(기능)가 된다. 이것은 아래와 같이 표기한다.

학생
–학번 : int –이름 : string –학년 : int –학과 : string
+수강신청(in 학번 : int, in 학과 : string, in 이름 : string) +성적증명(in 학번 : int) +재학증명(in 학번 : int)

그림 9 학생 클래스의 개요

파이썬으로 클래스를 구성하는 형식은 아래와 같다.

```
class 클래스 이름 ( ):
        변수
        def 함수( ):
                함수 내의 실행 코드
```

class 다음에 클래스 이름을 작성하고 함수처럼 괄호( )를 넣고 콜론(:)으로 마무리한다. 클래스 내의 변수나 함수는 반드시 들여쓰기하여 작성하며, 함수는 파이썬에서 작성하는 함수의 작성형식과 동일하게 작성하면 된다.

따라서 위 학생 클래스는 아래와 같이 코딩할 수 있다.

예제 1 class overview

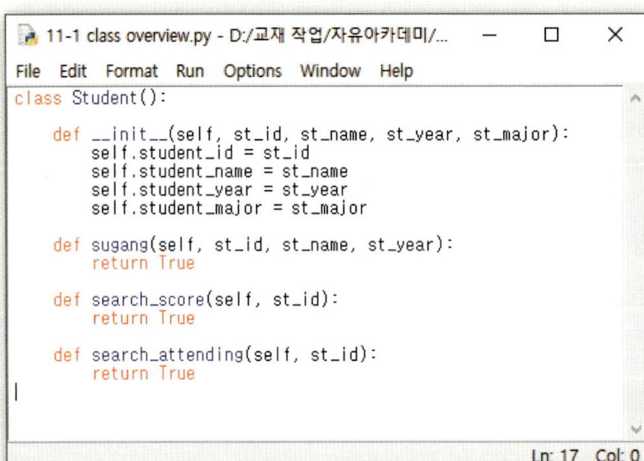

그림 10
학생 클래스의 구성

```
class Student():
    def __init__(self, st_id, st_name, st_year, st_major):
        self.student_id = st_id
        self.student_name = st_name
        self.student_year = st_year
        self.student_major = st_major
```

학생 클래스의 처음 선언은 class Student( ):과 같이 “class 클래스이름”으로 명시한다. 클래스 이름 설정 후 __init__method(매개변수)의 형식을 가지는 구성은 생략이 가능한 옵션이지만, 사용할 경우 Student 클래스를 호출해서 인스턴스를 생성하여 객체를 만들때 자동으로 실행되는 생성자의 역할을 한다. 이를 파이썬에서는 컨스트럭터(__init__method)라고 하며, 객체의 속성을 초기화할 때 구성한다.

```
def sugang(self, st_id, st_name, st_year):
    return True
def search_score(self, st_id):
    return True
def search_attending(self, st_id):
    return True
```

Student 클래스의 내부 함수로 sugang(self, st_id, st_name, st_year), search_score(self, st_id), search_attending(self, st_id)을 구성하였다. 각 함수에는 return문만 코딩하였다.

4. 클래스와 객체

객체란 무엇일까? 클래스와 인스턴스, 객체에 대한 관계를 살펴보자. 앞서 설명한 것처럼 클래스는 객체를 생성하기 위한 틀, 형식 또는 템플릿이다. 인스턴스는 클래스가 제공한 템플릿을 기반으로 생성된 클래스의 사용 주체가 된다. 클래스 내부에 설정된 변수나 함수들을 이용하여 각 속성을 구체화하는 것이다. 일반적으로 프로그래밍에서 "객체"와 "인스턴스"라는 용어를 혼용되어 사용한다. 즉, 객체는 클래스의 인스턴스를 만들 때 생성되는 것으로 클래스의 속성과 동작을 가진 구체적인 개체를 가리킨다. [그림 11]을 살펴보자.

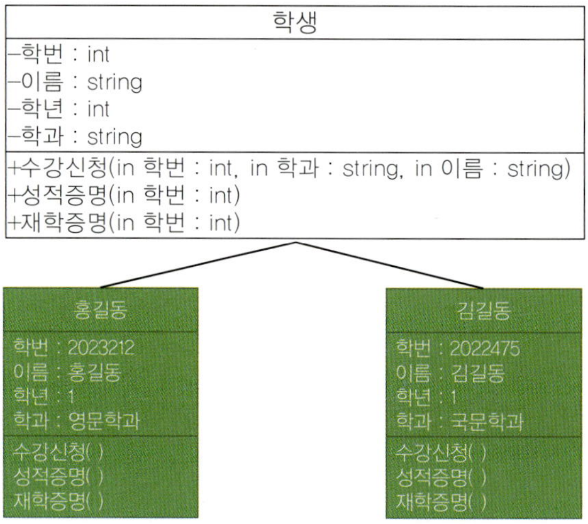

그림 11 학생 객체의 구성

[그림 11]은 학생 클래스를 구성하였는데, 이것은 학생을 나타내는 데이터와 함수들을 구성해 놓은 것이다. 이러한 형식을 실제로 이용하는 주체는 홍길동, 김길동과 같은 실제 학생이 된다. 홍길동을 표현하는 항목들은 학번 : 2023212, 이름 : 홍길동, 학년 : 1, 학과 : 영문학과와 같은 데이터를 가지고 수강신청( ), 성적증명( ), 재학증명( )과 같은 작업을 수행한다. 그런데 학교에는 홍길동만 존재하는 것이 아니고 많은 학생들이 다닌다. 따라서 학생 클래스를 이용하는 실제 학생은 홍길동, 김길동과 같이 여러 명의 학생 데이터가 존재하고, 각 학생은 자신의 수강신청( ), 성적증명( ), 재학증명( )을 처리할 것이다.

예를 들어, 인스턴스는 홍길동이 학생 클래스에 있는 항목대로 학번, 이름 등의 데이터를 저장하고 수강신청과 같은 작업을 처리하기 위해 학생 클래스를 호출할 때 발생한다. 이때 홍길동, 김길동이 객체가 된다. 즉, 인스턴스가 발생할 때 객체가 생성되므로 종종 이 둘의 개념이 혼용해서 사용되는 것이다. 위 [그림 11]의 개념을 파이썬으로 완성해 보자.

예제 2 class object

11-2 class object.py - D:/교재 작업/자유아카데미/So...

File Edit Format Run Options Window Help

```
class Student():

    def __init__(self, st_id, st_name, st_year, st_major):
        self.student_id = st_id
        self.student_name = st_name
        self.student_year = st_year
        self.student_major = st_major

    def sugang(self):
        print(self.student_name+'의 수강신청입니다.\n')
        return True

    def search_score(self):
        print(self.student_name+'의 성적증명입니다.\n')
        return True

    def search_attending(self):
        print(self.student_name+'의 재학증명입니다.\n')
        return True

Hong = Student(2023212, '홍길동', 1, '영문학과')
Hong.sugang()
Hong.search_score()
Hong.search_attending()

Kim = Student(2022475, '김길동', 1, '국문학과')
Kim.sugang()
Kim.search_score()
Kim.search_attending()
```

Ln: 25 Col: 0

그림 12
학생 클래스와 객체

class Student( ) 안에 학번 (student_id), 이름(student_name), 학년(student_year), 학과(student_major)를 저장하는 변수를 설정하였다. 이들 변수는 Student 클래스가 호출되어 인스턴스를 생성할 때 매개변수로 받아 초기화한다. 현재의 단계에서는 클래스와 객체의 연관 및 사용에 설명을 맞추었으므로 구체적인 실체 수강신청 처리를 하는 것이 아니라 간단한 메시지 출력으로 함수의 실행을 대신한다.

```
def sugang(self):
    print(self.student_name+'의 수강신청입니다.\n')
    return True

def search_score(self):
    print(self.student_name+'의 성적증명입니다.\n')
    return True

def search_attending(self):
    print(self.student_name+'의 재학증명입니다.\n')
    return True
```

따라서 클래스 내부의 함수인 sugang(self), search_score(self), search_attending(self)은 매개변수를 모두 삭제하고 각각 내부 변수를 사용하여 '~~의 수강신청입니다', '~~의 성적증명입니다', '~~의 재학증명입니다'를 출력하는 간단한 기능만을 구성하였다.

```
Hong = Student(2023212, '홍길동', 1, '영문학과')
Hong.sugang()
Hong.search_score()
Hong.search_attending()
```

Student(2023212, '홍길동', 1, '영문학과')은 2023212, '홍길동', 1, '영문학과'로 Student 클래스를 호출하면서 인스턴스를 발생시키고, Hong = Student(2023212, '홍길동', 1, '영문학과') 해당 인스턴스를 Hong에 저장한다. 여기서 Hong이 객체가 된다. Hong은 학번이 2023212, 이름은 '홍길동', 1학년, '영문학과'의 데이터를 가지며, Student(2023212, '홍길동', 1, '영문학과')와 같이 Student 클래스에 매개변수값을 넣어 직접 호출하기 때문에 생성자가 자동으로 실행된다. Student 클래스의 생성자는 __init__(self, st_id, st_name, st_year, st_major)이다. 즉, 매개변수값 2023212, '홍길동', 1, '영문학과'는 __init__( )에서 각각 st_id, st_name, st_year, st_major에 해당되며, Student 클래스의 내부 변수 self.student_id, self.student_name, self.student_year, self.student_major에 각각 저장된다. 이러한 관계는 다음 그림과 같다.

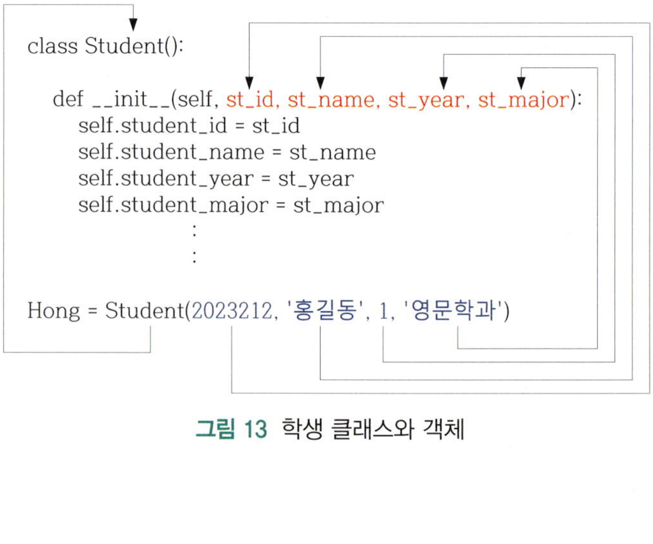

그림 13 학생 클래스와 객체

Hong은 Student 클래스의 객체가 되므로 Student 클래스 내부의 변수와 함수를 모두 이용하며, 이때는 (.)으로 객체와 내부 변수 또는 함수 호출을 구분한다. 따라서 Hong.sugang( )은 2023212, '홍길동', 1, '영문학과'로 등록된 객체에서 수강신청 처리 함수인 sugang( )을 호출하는 것이다. Hong.search_score( )와 Hong.search_attending( )도 모두 같은 방식이다.

```
Kim = Student(2022475, '김길동', 1, '국문학과')
Kim.sugang()
Kim.search_score()
Kim.search_attending()
```

Student 클래스를 이용하는 객체로 Hong뿐만 아니라 Kim도 만들었다. Kim.sugang( )과 Hong.sugang( )은 완전히 다른 데이터를 기반으로 수강신청 처리 (sugang( ))를 실행한다. 이때, 같은 클래스를 사용해도 객체가 다르기 때문에 처리는 비슷하지만 결과는 다르게 나타난다.

[예제 2]를 실행하면 다음과 같이 나타난다.

```
홍길동의 수강신청입니다.
홍길동의 성적증명입니다.
홍길동의 재학증명입니다.
김길동의 수강신청입니다.
김길동의 성적증명입니다.
김길동의 재학증명입니다.
>>>
```

그림 14 [예제 2] class object의 실행 결과

5. __str__ 메소드

__str__ 메소드는 생성자인 __int__와 같이 클래스 내에서 정의하는 특별한 방법으로, 기본 제공되는 str( ) 함수를 사용하거나 개체를 직접 인쇄할 때 해당 클래스의 인

스턴스가 문자열로 표시되는 방식이다. 아래와 같이 실습해 보자.

예제 3 __str__

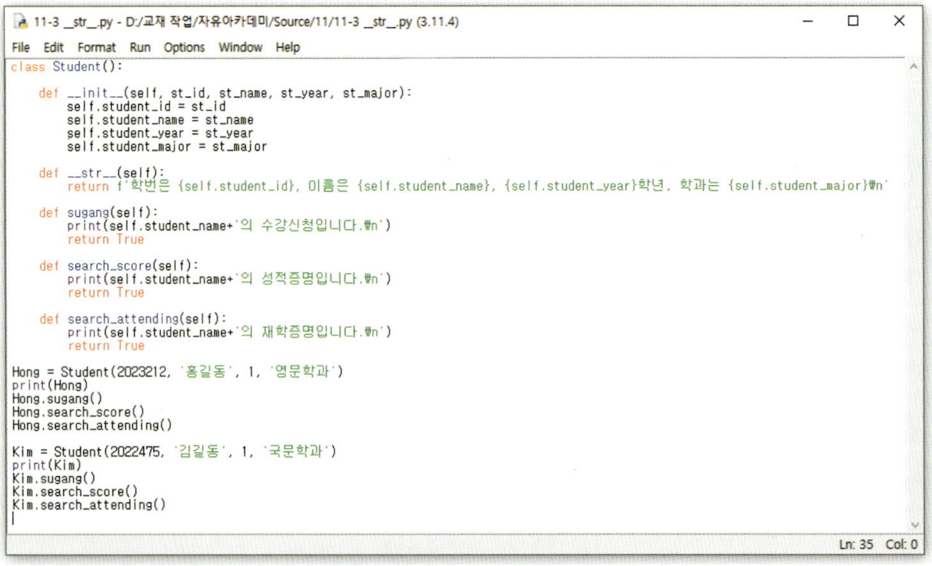

```
11-3 __str__.py - D:/교재 작업/자유아카데미/Source/11/11-3 __str__.py (3.11.4)
File  Edit  Format  Run  Options  Window  Help
class Student():

    def __init__(self, st_id, st_name, st_year, st_major):
        self.student_id = st_id
        self.student_name = st_name
        self.student_year = st_year
        self.student_major = st_major

    def __str__(self):
        return f'학번은 {self.student_id}, 이름은 {self.student_name}, {self.student_year}학년, 학과는 {self.student_major}₩n'

    def sugang(self):
        print(self.student_name+'의 수강신청입니다.₩n')
        return True

    def search_score(self):
        print(self.student_name+'의 성적증명입니다.₩n')
        return True

    def search_attending(self):
        print(self.student_name+'의 재학증명입니다.₩n')
        return True

Hong = Student(2023212, '홍길동', 1, '영문학과')
print(Hong)
Hong.sugang()
Hong.search_score()
Hong.search_attending()

Kim = Student(2022475, '김길동', 1, '국문학과')
print(Kim)
Kim.sugang()
Kim.search_score()
Kim.search_attending()
|
Ln: 35  Col: 0
```

그림 15 __str__ 예제

[예제 2]에서 추가된 사항은 아래와 같다.

```
class Student():
            :
            :
    def __str__(self):
        return f'학번은 {self.student_id}, 이름은 {self.student_name}, {self.student_
              year}학년, 학과는 {self.student_major}\n'
            :
Hong = Student(2023212, '홍길동', 1, '영문학과')
print(Hong)
```

def __str__(self):과 같이 언더스코어(_)를 메소드 앞뒤에 두 번 사용하면 특수한 처리를 나타내며, __int__에서도 함수의 이름을 별도로 명시하지 않아도 생성자의 역할을 수행하는 것과 같은 의미이다. 학생 클래스는 학번, 이름, 학년, 학과로 클래스의 변수를 설정하였고 생성자에서 이들을 매개변수로 하여 각 변수에 저장하였다.

__str__ 메소드는 형식화된 문자열 표현을 반환한다. 즉 print(Hong) 또는 str(Hong)을 사용하면 파이썬은 Hong 객체에 대해 __str__ 메서드를 호출하며, return 문에서 작성된 문자열 f'학번은 {self.student_id}, 이름은 {self.student_name}, {self.student_year}학년, 학과는 {self.student_major}\n'을 반환한다. __str__ 방법을 사용하면 객체에 정보를 주는 문자열 표현을 명확하게 확인할 수 있어서 코드를 더욱 가독성 있게 만들 수 있다. 이 방법을 사용하는 것은 디버깅할 때 파이썬 개발자에게 객체 생성이나 활용에 대한 내용을 쉽게 확인할 수 있게 하여 매우 유용하다. 다음은 예제 프로그램의 실행 결과를 나타낸다.

```
학번은 2023212, 이름은 홍길동, 1학년, 학과는 영문학과
홍길동의 수강신청입니다.
홍길동의 성적증명입니다.
홍길동의 재학증명입니다.
학번은 2022475, 이름은 김길동, 1학년, 학과는 국문학과
김길동의 수강신청입니다.
김길동의 성적증명입니다.
김길동의 재학증명입니다.
>>>
```

그림 16 [예제 3]의 실행 결과

6. __dict__

__dict__ 속성을 사용하는 것은 클래스를 사용하는 객체가 클래스 안의 어떤 변수를 사용하는지 확인할 수 있어서 프로그램 코딩을 할 때나 디버깅을 할 때 매우 유용하게 사용할 수 있다. 다만 이중 언더스코어(__)를 사용하는 것은 속성이 파이썬 내부에서 사용되도록 의도된 것이므로 코드에서 직접 수정해서는 안 된다. 다음과 같이 실습해 보자. 위 예제에서 아래 내용을 추가하였다.

```
Hong = Student(2023212, '홍길동', 1, '영문학과')
a = Hong.__dict__
print(a, '\n')
```

Hong.__dict__ 을 사용하면 Hong 객체가 Student 클래스에 매개변수값을 넘겨서 클래스 안에서 어떤 변수들로 사용되는지 알아볼 수 있다.

예제 4 __dict__

```
11-4.py - D:/교재 작업/자유아카데미/Source/11/11-4.py...
File Edit Format Run Options Window Help
class Student():

    def __init__(self, st_id, st_name, st_year, st_major):
        self.student_id = st_id
        self.student_name = st_name
        self.student_year = st_year
        self.student_major = st_major

    def sugang(self):
        print(self.student_name+'의 수강신청입니다.\n')
        return True

    def search_score(self):
        print(self.student_name+'의 성적증명입니다.\n')
        return True

    def search_attending(self):
        print(self.student_name+'의 재학증명입니다.\n')
        return True

Hong = Student(2023212, '홍길동', 1, '영문학과')
a = Hong.__dict__
print(a)
Hong.sugang()
Hong.search_score()
Hong.search_attending()

Kim = Student(2022475, '김길동', 1, '국문학과')

Kim.sugang()
Kim.search_score()
Kim.search_attending()
                                        Ln: 32  Col: 22
```

그림 17 __dict__ 예제

[예제 4]의 실행 결과는 다음과 같다.

```
{'student_id': 2023212, 'student_name': '홍길동', 'student_year': 1, 'student_ma
jor': '영문학과'}
홍길동의 수강신청입니다.

홍길동의 성적증명입니다.

홍길동의 재학증명입니다.

김길동의 수강신청입니다.

김길동의 성적증명입니다.

김길동의 재학증명입니다.

>>>
```

그림 18 [예제 4]의 실행 결과

이때 실행 결과에서 __dict__로 인해 "{'student_id': 2023212, 'student_name': '홍길동', 'student_year': 1, 'student_major': '영문학과'}"가 나타나는데, Hong = Student(2023212, '홍길동', 1, '영문학과')를 통해 Hong 객체가 Student 클래스 안에서 어떻게 연결되고 있는지 확인할 수 있게 한다.

7. 객체지향 프로그래밍의 특징 예제

7.1 클래스 멤버변수와 함수

이제 [그림 11]의 사항을 구체적으로 구성해 보자. 클래스에는 클래스 자체에서 가지고 있는 멤버변수(학번, 이름, 학년, 학과)가 있고 멤버함수(수강신청, 성적증명, 재학증명)이 있다. 멤버변수는 클래스가 가지는 변수로 메인 프로그램에서 변수 이름만 바로 사용하면 정의되지 않았다는 에러를 발생한다. 즉, 멤버변수는 클래스에서 정의되고 사용되는 변수이고, 함수도 마찬가지이다. 멤버함수는 위 예제에서도 다루었으니 멤버변수와 멤버함수를 같이 구성해 본다. 아래와 같이 실습해 보자.

예제 5 클래스 변수

11-5 클래스 변수.py - D:/교재 작업/자유아카데미/Source/11/...

File Edit Format Run Options Window Help

```
class Student():

    id_list = 0
    name_list = ''
    yesr_list = 0
    major_list = ''

    def add_list(self, st_id, st_name, st_year, st_major):
        self.id_list = st_id
        self.name_list = st_name
        self.yesr_list = st_year
        self.major_list = st_major


Hong = Student()
Hong.add_list(2023212, '홍길동', 1, '영문학과')
Kim = Student()
Kim.add_list(2022475, '김길동', 1, '국문학과')
print('Hong 객체의 id =', Hong.id_list, '이름 =', Hong.name_list,
      '학년 =', Hong.yesr_list, '학과 =', Hong.major_list, '\n')
print('Kim 객체의 id =', Kim.id_list, '이름 =', Kim.name_list,
      '학년 =', Kim.yesr_list, '학과 =', Kim.major_list, '\n')
```

Ln: 22 Col: 6

그림 19
[예제 5]의 코드

위 예제에서는 클래스의 멤버변수와 멤버함수를 구분해서 구성하였다. class Student( ): 아래의 변수는 Student 클래스의 멤버변수가 되며, 본 예제에서는 숫자형 변수는 0, 문자형 변수는 ' '으로 초기화하였다.

```
id_list = 0
name_list = ''
yesr_list = 0
major_list = ''
```

Student 클래스의 멤버함수는 add_list(self, st_id, st_name, st_year, st_major)이며, 매개변수값으로 받은 학번, 이름, 학년, 학과를 Student 클래스의 멤버변수에 저장하는 일을 수행한다.

```
Hong = Student()
```

를 통해 Student 클래스를 이용하는 Hong 객체를 만든다. 이때 생성자를 사용하지 않았기에 Student( ) 안에 매개변수값을 넣지는 않았다. 이제 Hong 객체가 만들어졌다.

```
Hong.add_list(2023212, '홍길동', 1, '영문학과')
```

Hong 객체를 통해 Student 클래스 안의 멤버함수인 add_list(self, st_id, st_name, st_year, st_major)를 호출한다. 이때 각 매개변수에 맞게 매개변수값을 넣어야 한다. 단 self는 매개변수가 아니니 이 자리에는 값을 입력하지 않는다. 이때 주의할 것은 클래스의 멤버함수를 호출할 때는 Hong.add_list( )와 같이 반드시 해당 객체를 통하여야 한다. add_list( )만 호출하면 에러를 발생하니 객체 단위로 클래스에 접근하여야 한다. 같은 방법으로 Kim 객체도 만든다.

```
Kim = Student()
Kim.add_list(2022475, '김길동', 1, '국문학과')
```

Hong과 Kim 객체는 같은 Student 클래스를 이용하지만 다른 것이다. 따라서 멤버변수나 멤버함수의 실행 후 결과도 각각 다르게 나타나야 한다.

```
print('Hong 객체의 id =', Hong.id_list, '이름 =', Hong.name_list, '학년 =',
      Hong.yesr_list, '학과 =', Hong.major_list, '\n')
print('Kim 객체의 id =', Kim.id_list, '이름 =', Kim.name_list, '학년 =',
      Kim.yesr_list, '학과 =', Kim.major_list, '\n')
```

각 객체의 add_list( ) 멤버함수의 실행 결과를 확인하기 위해 print( ) 함수를 통해 각 객체의 멤버변수를 출력해보면 아래와 같이 해당 객체에 대한 결과가 나타나는 것을 알 수 있다.

```
Hong 객체의 id = 2023212 이름 = 홍길동 학년 = 1 학과 = 영문학과
Kim 객체의 id = 2022475 이름 = 김길동 학년 = 1 학과 = 국문학과
>>>
```

그림 20 [예제 5]의 실행 결과

7.2 캡슐화

캡슐화는 앞에서 설명한 것처럼 객체의 내부 상태에 대한 액세스를 제어할 수 있고, 구현 세부 사항이 외부에서 나타나지 않도록 하는 것으로 모듈성 및 유지보수성을 향상시킬 수 있다. 캡슐화를 이루는 코딩에서는 속성이나 메소드는 비공개로 간주되어야 하며 클래스 외부에서 직접 액세스하지 않아야 한다. 일반적으로 언더스코어(_)로 시작하는 이름은 비공개로 간주되며 클래스 자체 내에서만 사용되도록 하는데, 이는 엄격하게 다루어지는 문법이라기보다는 지켜야 하는 규칙이라고 할 수 있다.

[예제 6]과 같이 실습해 보자.

예제 6 **캡슐화 개요**

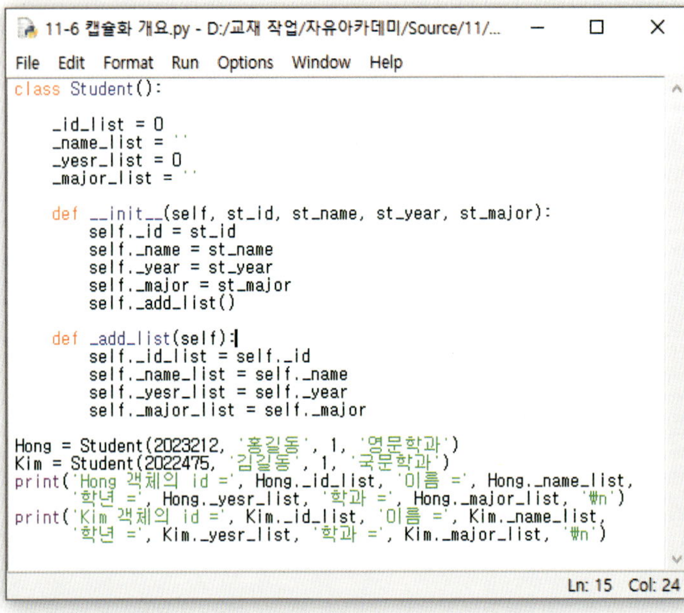

11-6 캡슐화 개요.py - D:/교재 작업/자유아카데미/Source/11/...

File Edit Format Run Options Window Help

```
class Student():

    _id_list = 0
    _name_list = ''
    _yesr_list = 0
    _major_list = ''

    def __init__(self, st_id, st_name, st_year, st_major):
        self._id = st_id
        self._name = st_name
        self._year = st_year
        self._major = st_major
        self._add_list()

    def _add_list(self):
        self._id_list = self._id
        self._name_list = self._name
        self._yesr_list = self._year
        self._major_list = self._major

Hong = Student(2023212, '홍길동', 1, '영문학과')
Kim = Student(2022475, '김길동', 1, '국문학과')
print('Hong 객체의 id =', Hong._id_list, '이름 =', Hong._name_list,
      '학년 =', Hong._yesr_list, '학과 =', Hong._major_list, '\n')
print('Kim 객체의 id =', Kim._id_list, '이름 =', Kim._name_list,
      '학년 =', Kim._yesr_list, '학과 =', Kim._major_list, '\n')
```

Ln: 15 Col: 24

그림 21
[예제 6]의 코드

위 예제에서는 클래스의 멤버변수에 언더스코어(_)를 붙여서 클래스 내부에서 사용하는 비공개 변수임을 명시하였다. 그러나 (_)를 앞에 붙인다고 해서 파이썬의 문법에서 비공개가 되는 것이 아니라 (_)를 붙였으니 클래스 내부에서만 사용하자는 규칙임을 알아야 한다.

```
_id_list = 0
_name_list = ''
_yesr_list = 0
_major_list = ''
```

멤버변수뿐만 아니라 멤버함수도 (_)를 붙여 클래스 내부에서 사용하는 함수임을 명시할 수 있다.

```
def _add_list(self):
```

실행 결과는 [예제 5]의 실행 결과와 같다.

캡슐화를 위해 멤버변수에 접근하기 위한 get/set 방법을 사용할 수 있다. 멤버변수에 직접 접근하여 값을 변경하는 것이 아니라 값을 설정하거나 변경할 때 별도의 멤버함수 get( ) 또는 set( )을 만들어 사용함으로써 직접적인 접근으로 인한 멤버변수의 변경이 안 되도록 보호할 수 있다.

이제 다음과 같이 실습해 보자.

예제 7 캡슐화 get-set

11-7 캡슐화 get-set.py - C:₩새 폴더₩자유아카데미₩Source₩11₩...

File Edit Format Run Options Window Help

```
class Student():

    _id_list = 0
    _name_list = ''
    _yesr_list = 0
    _major_list = ''

    def __init__(self, st_id, st_name, st_year, st_major):
        self._id = st_id
        self._name = st_name
        self._year = st_year
        self._major = st_major
        self._add_list()

    def _add_list(self):
        self._id_list = self._id
        self._name_list = self._name
        self._yesr_list = self._year
        self._major_list = self._major

    def set_year(self, year):
        self._yesr_list = year

    def set_major(self, major):
        self._major_list = major

    def get_year(self):
        return self._yesr_list

    def get_major(self):
        return self._major_list

Hong = Student(2023212, '홍길동', 1, '영문학과')
Kim = Student(2022475, '김길동', 1, '국문학과')
Hong.set_year(2)
Hong.set_major('일본어학과')
Kim.set_year(3)
Kim.set_major('사학과')
print('홍길동은', Hong.get_major(), Hong.get_year(), '학년입니다')
print('김길동은', Kim.get_major(), Kim.get_year(), '학년입니다')
```

Ln: 41 Col: 0

그림 22
[예제 7]의 코드

[예제 6]에서 추가된 부분은 Student 클래스에서 set_year(self, year), set_major(self, major), get_year(self), get_major(self)이다.

```
def set_year(self, year):
    self._yesr_list = year
def set_major(self, major):
    self._major_list = major
```

```
def get_year(self):
    return self._yesr_list
def get_major(self):
    return self._major_list
```

set_year(self, year)에서는 매개변수 year를 받아서 Student 클래스 멤버변수인 _yesr_list에 저장하는 것이며, set_major(self, major)에서는 매개변수 major를 받아서 Student 클래스 멤버변수인 _major_list에 저장한다.

```
Hong = Student(2023212, '홍길동', 1, '영문학과')
Kim = Student(2022475, '김길동', 1, '국문학과')
```

Student 클래스는 생성자를 가지고 있으므로 2023212, '홍길동', 1, '영문학과'를 매개변수값으로 한 Hong 객체를 생성한다. 2022475, '김길동', 1, '국문학과'를 매개변수값으로 하여 Kim 객체도 만든다.

```
Hong.set_year(2)
Hong.set_major('일본어학과')
Kim.set_year(3)
Kim.set_major('사학과')
```

그런데 '홍길동'은 학년과 학과가 "2학년, 일본어학과"로 변경되었다. 이때 Student 클래스의 멤버변수를 메인 프로그램에서 직접 변경하기보다는 Student 클래스의 멤버함수를 이용하여 멤버변수를 변경하자. 이때 이용하는 방법이 set_year( ), set_major( )이다. set_year(2)는 매개변수값 2를 통해 Student 클래스의 멤버변수 _yesr_list의 값을 2로 변경한다. set_major('일본어학과')도 매개변수값 '일본어학과'을 멤버변수 _major_list를 저장하여 변경되는 학과를 업데이트한 것이다. 같은 방식으로 김길동의 데이터도 "3학년 사학과"로 변경한다.

```
print('홍길동은', Hong.get_major(), Hong.get_year(), '학년입니다')
print('김길동은', Kim.get_major(), Kim.get_year(), '학년입니다')
```

set_year( )와 set_major( )를 통해 변경된 멤버변수값이 변경되는지 알아보자. print('홍길동은', Hong.get_major( ), Hong.get_year( ), '학년입니다')에서 Hong.get_major( )은 홍길동의 학과정보를 Student 클래스에서 반환받는다. 그렇다면 원래의 데이터 "홍길동, 1학년, 영문학과"가 "홍길동, 2학년, 일본어학과"로 변경되었을까? 아래의 결과를 보면 홍길동뿐만 아니라 김길동도 3학년 사학과로 변경하였다.

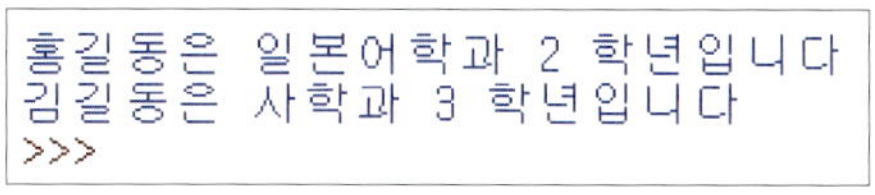

그림 23 [예제 7]의 실행 결과

7.3 클래스의 상속

클래스 상속을 통해 기존 클래스의 변수와 함수(메소드)를 그대로 사용할 수 있는 새 클래스를 만들 수 있다. 아래의 내용을 살펴보자.

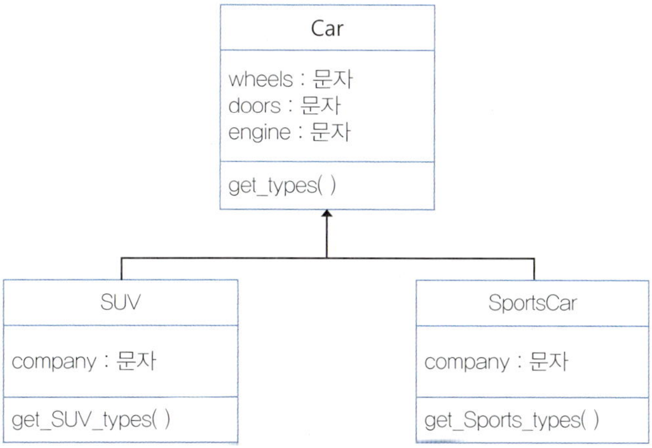

그림 24 Car 상속

Car 클래스에는 자동차 바퀴 수를 저장하는 wheels, 자동차 문 수를 저장하는 doors, 자동차 엔진 종류를 나타내는 engine의 멤버변수를 가지며, 자동차의 정보를 반환하는 get_types( )의 멤버함수를 가진다. Car의 속성을 가지는 클래스로 SUV,

SportsCar를 구성한다. SUV 클래스에는 제조사를 나타내는 멤버변수 company와 저장된 SUV 정보를 반환하는 멤버함수 get_SUV_types( )이 있고, SportsCar 클래스에도 제조사를 나타내는 멤버변수 company와 저장된 SportsCar 정보를 반환하는 멤버함수 get_Sports_types( )을 구성한다. 이때 SUV와 SportsCar 클래스는 멤버변수로 company만을 가지지만 부모 클래스인 Car의 속성, 즉 멤버변수 모두 사용할 수 있으며, 자신의 함수 (get_SUV_type( ), get_Sports_type( ))뿐만 아니라 부모 클래스의 멤버함수인 get_types( )도 사용할 수 있다. 아래와 같이 실습해 보자.

예제 8 상속

11-8 상속.py - D:/교재 작업/자유아카데미/Source/11/11-8 상속.py (3.11.4)

File Edit Format Run Options Window Help

```python
class Car:
    def __init__(self, Wheels, Doors, Engine):
        self.num_wheels = Wheels
        self.num_doors = Doors
        self.type_engine = Engine

    def get_types(self):
        wheels_str = '바퀴는 ' + self.num_wheels + '개, '
        doors_str = '문은 ' + self.num_doors + '개, '
        engine_str = '엔진은 ' + self.type_engine + 'cc, '
        return wheels_str+doors_str+engine_str

class SUV(Car):
    def __init__(self, Wheels, Doors, Engine, Cor):
        super().__init__(Wheels, Doors, Engine)
        self.company = Cor

    def get_SUV_type(self):
        return 'SUV의 ' + super().get_types() + '제조사는 ' + self.company

class SportsCar(Car):
    def __init__(self, Wheels, Doors, Engine, Cor, Col):
        super().__init__(Wheels, Doors, Engine)
        self.company = Cor
        self.color = Col

    def get_Sports_type(self):
        return '스포츠카의 '+ super().get_types() + '제조사는 ' + self.company + ', 색상은' + self.color

suv = SUV('4', '4', '2000cc', 'Kia')
sport = SportsCar('4', '4', '2000cc', 'Kia', '빨강')

print(suv.get_SUV_type())
print(sport.get_Sports_type())
```

Ln: 32 Col: 0

그림 25 [예제 8]의 코드

```python
class Car:
    def __init__(self, Wheels, Doors, Engine):
        self.num_wheels = Wheels
        self.num_doors = Doors
        self.type_engine = Engine
```

Car 클래스의 생성자로서, 매개변수로 받은 Wheels, Doors, Engine를 각각 내부 멤버변수인 num_wheels, num_doors, type_engine에 저장한다.

```
def get_types(self):
    wheels_str = '바퀴는 ' + self.num_wheels + '개, '
    doors_str = '문은 ' + self.num_doors + '개, '
    engine_str = '엔진은 ' + self.type_engine + 'cc, '
    return wheels_str + doors_str + engine_str
```

Car 클래스의 멤버함수인 get_types( )은 매개변수로 받은 바퀴, 문, 엔진의 데이터를 통해 자동차의 정보를 조합하여 값을 반환한다. 문자열로 조합한 정보이므로 반환값도 문자열이다.

```
class SUV(Car):
    def __init__(self, Wheels, Doors, Engine, Cor):
        super().__init__(Wheels, Doors, Engine)
        self.company = Cor
    def get_SUV_type(self):
        return 'SUV의 ' + super().get_types() + '제조사는 ' + self.company
```

SUV 클래스는 Car 클래스를 상속받는다. 따라서 클래스를 선언할 때 class SUV(Car)와 같이 부모 클래스를 명시하게 된다. 이렇게 하면 SUV 클래스는 Car 클래스를 상속받음을 나타낸다. SUV 클래스 생성자에서 매개변수를 Wheels, Doors, Engine, Cor로 받았으며, Wheels, Doors, Engine은 super( ).__init__(Wheels, Doors, Engine)을 통해 부모 클래스의 생성자로 호출한다. 이때 Car 클래스의 멤버변수들의 값이 저장된다. super( )는 부모 클래스를 지칭한다. 따라서 super( ).__init__( )의 의미는 부모 클래스의 __init__( )를 실행하라는 것이다. 마지막 매개변수인 Cor는 SUV 제조사를 나타낸 것이므로 SUV 클래스의 멤버변수로 구성한다. 멤버함수인 get_SUV_type( )은 SUV의 정보를 반환하는 역할을 하며, 이때 부모 클래스를 통해 처리된 자동차 정보와 SUV 클래스의 self.company를 조합하여 SUV 정보를 반환한다. 이때 super( ).get_types( )은 부모 클래스의 get_types( )를 호출하여 결과값을 반환받으라는 의미이다.

```
class SportsCar(Car):
    def __init__(self, Wheels, Doors, Engine, Cor, Col):
```

```
        super().__init__(Wheels, Doors, Engine)
        self.company = Cor
        self.color = Col
    def get_Sports_type(self):
        return '스포츠카의 '+ super().get_types() + '제조사는 ' + self.company + ',
               색상은' + self.color
```

SportsCar(Car) 클래스도 SUV 클래스와 같은 방식으로 처리한다. 다만 색상 정보를 저장하는 매개변수 Col을 추가한다. Cor와 Col은 내부 멤버변수인 self.company와 self.color에 각각 저장하고 Wheels, Doors, Engine은 부모 클래스의 생성자 매개변수로 호출한다. 멤버함수인 get_Sports_type( )은 스포츠카의 정보를 부모 클래스인 super( ).get_types( )을 호출하여 받고 자신의 멤버변수인 self.company와 self.color을 조합하여 정보를 반환한다.

```
suv = SUV('4', '4', '2000cc', 'Kia')
sport = SportsCar('4', '4', '2000cc', 'Kia', '빨강')
```

SUV('4', '4', '2000cc', 'Kia') 클래스를 SUV 정보를 매개변수값과 함께 호출함으로써 인스턴스를 생성하고 suv 객체를 만든다. SportsCar('4', '4', '2000cc', 'Kia', '빨강') 클래스도 호출하여 sport 객체를 생성한다.

```
print(suv.get_SUV_type())
print(sport.get_Sports_type())
```

suv.get_SUV_type( )은 SUV 클래스의 get_SUV_type( )을 호출함으로써 SUV 정보를 출력하게 된다. sport.get_Sports_type( )은 색상 정보까지 포함하여 스포츠카의 정보를 출력하게 된다. 아래는 이 예제를 실행한 결과를 나타낸다.

```
SUV의 바퀴는 4개, 문은 4개, 엔진은 2000cccc, 제조사는 Kia
스포츠카의 바퀴는 4개, 문은 4개, 엔진은 2000cccc, 제조사는 Kia, 색상은빨강
>>>
```

그림 26 [예제 8]의 실행 결과

7.4 다형성

다형성은 함수가 여러 가지 형태를 가지는 것을 말한다. 다형성을 이해하기 위하여 아래 내용을 실습해 보자.

예제 9 다형성

11-9 다형성.py - D:/교재 작업/자유아카데미/Source/11/11-9 다형성.py (3.11.4)

File Edit Format Run Options Window Help

```
class Car:
    def __init__(self, Wheels, Doors, Engine):
        self.num_wheels = Wheels
        self.num_doors = Doors
        self.type_engine = Engine

    def get_types(self):
        wheels_str = '바퀴는 ' + self.num_wheels + '개, '
        doors_str = '문은 ' + self.num_doors + '개, '
        engine_str = '엔진은 ' + self.type_engine + 'cc, '
        return wheels_str+doors_str+engine_str

class SUV(Car):
    def __init__(self, Wheels, Doors, Engine, Cor):
        super().__init__(Wheels, Doors, Engine)
        self.company = Cor

    def get_inform(self):
        return 'SUV의 ' + super().get_types() + '제조사는 ' + self.company

class SportsCar(Car):
    def __init__(self, Wheels, Doors, Engine, Cor, Col):
        super().__init__(Wheels, Doors, Engine)
        self.company = Cor
        self.color = Col

    def get_inform(self):
        return '스포츠카의 '+ super().get_types() + '제조사는 ' + self.company + ', 색상은' + self.color

def print_car(obj):
    print(obj.get_inform())

suv = SUV('4', '4', '2000cc', 'Kia')
sport = SportsCar('4', '4', '2000cc', 'Kia', '빨강')

print_car(suv)
print_car(sport)
```

Ln: 37 Col: 17

그림 27 [예제 9]의 코드

[예제 8]에서 변경된 부분을 중심으로 설명하면 다음과 같다.

```
class SUV(Car):
    def __init__(self, Wheels, Doors, Engine, Cor):
        super().__init__(Wheels, Doors, Engine)
        self.company = Cor
    def get_inform(self):
        return 'SUV의 ' + super().get_types() + '제조사는 ' + self.company
```

SUV 클래스에서 자동차의 정보를 반환하는 멤버함수를 get_inform(self)으로 한다. 이 함수의 이름은 아래 SportCar 클래스에서도 같은 이름을 사용한다.

```
class SportsCar(Car):
    def __init__(self, Wheels, Doors, Engine, Cor, Col):
        super().__init__(Wheels, Doors, Engine)
        self.company = Cor
        self.color = Col
    def get_inform(self):
        return '스포츠카의 '+ super().get_types() + '제조사는 ' + self.company + ',
              색상은' + self.color

def print_car(obj):
    print(obj.get_inform())
```

함수 print_car(obj)는 클래스에 속한 멤버함수가 아니라 메인 프로그램에서 만든 함수이다. 기능은 객체를 매개변수로 받아서 해당 객체의 get_inform( ) 멤버함수를 호출하여 그 결과값을 출력하는 것이다.

```
suv = SUV('4', '4', '2000cc', 'Kia')
sport = SportsCar('4', '4', '2000cc', 'Kia', '빨강')
print_car(suv)
print_car(sport)
```

suv, sport 객체를 만드는 방식은 동일하나 함수를 호출해서 해당 객체의 get_inform( ) 방법이 다르다. 즉, print_car(suv)와 print_car(sport)를 호출하면 매개변수값은 데이터가 아닌 suv, sport 객체를 보낸다. 같은 함수를 호출하는 것이지만 각기 다른 객체를 매개변수값으로 받은 print_car(obj) 함수 안에서는 print(obj.get_inform( ))를 실행하는 데, 매개변수값이 suv일 경우는 print(suv.get_inform( ))이 되어 SUV 클래스 안에 있는 get_inform( )을 수행하고, sport일 경우는 print(sport.get_inform( ))가 되어 SportsCar 클래스 안에 있는 get_inform( )을 수행한다. 비록 클래스가 다를지라도 get_inform( )과 같이 동일한 이름의 함수들이 존재할 수 있으며, 호출되는 객체에 따라서 해당 멤버함수가 호출되어 실행되는 것을 알 수 있다. 실행 결과는 다음과 같다.

```
SUV의 바퀴는 4개, 문은 4개, 엔진은 2000cccc, 제조사는 Kia
스포츠카의 바퀴는 4개, 문은 4개, 엔진은 2000cccc, 제조사는 Kia, 색상은빨강
>>> |
```

그림 28 [예제 9]의 실행 결과

7.5 메소드 오버라이딩

메소드 오버라이딩은 부모 클래스에서 정의된 메소드를 필요에 따라 하위 클래스에 재정의하는 방식을 일컫는다. 아래의 예시를 살펴보자.

예제 10 메소드 오버라이딩

```
11-10 오버라이딩.py - D:/교재 작업/자유아카데미/Source/11/11-10 오버라이딩.py (3.11.4)
File Edit Format Run Options Window Help
class Car:
    def __init__(self, Wheels, Doors, Engine):
        self.num_wheels = Wheels
        self.num_doors = Doors
        self.type_engine = Engine

    def get_inform(self):
        wheels_str = '바퀴는 ' + self.num_wheels + '개, '
        doors_str = '문은 ' + self.num_doors + '개, '
        engine_str = '엔진은 ' + self.type_engine + 'cc, '
        return wheels_str+doors_str+engine_str

class SUV(Car):
    def __init__(self, Wheels, Doors, Engine, Cor):
        super().__init__(Wheels, Doors, Engine)
        self.company = Cor

    def get_inform(self):
        return 'SUV의 ' + super().get_inform() + '제조사는 ' + self.company

class SportsCar(Car):
    def __init__(self, Wheels, Doors, Engine, Cor, Col):
        super().__init__(Wheels, Doors, Engine)
        self.company = Cor
        self.color = Col

    def get_inform(self):
        return '스포츠카의 '+ super().get_inform() + '제조사는 ' + self.company + ', 색상은' + self.color

def print_car(obj):
    print(obj.get_inform())

suv = SUV('4', '4', '2000cc', 'Kia')
sport = SportsCar('4', '4', '2000cc', 'Kia', '빨강')

print_car(suv)
print_car(sport)
                                                                    Ln: 33  Col: 36
```

그림 29 [예제 10]의 코드

위의 [예제 9]와 동일하지만, Car 클래스의 멤버함수를 get_inform(self)로 함으로써 SUV 클래스의 get_inform(self), SportsCar 클래스의 get_inform(self)이 모두 동일하다. 즉, 부모 클래스인 Car에서 이미 get_inform(self)를 통해 해당 함수의 구성이 되어 있

으나, SUV나 SportsCar 클래스는 자신에 맞게 변경하여 사용할 수 있다. 즉, 부모 클래스에 있는 get_inform(self)을 하위 클래스에서 다시 구성할 수 있는 것이다. 그렇다면 이때의 우선권은 어디에 있을까? 즉, suv.get_inform( )을 호출하면 SUV 클래스에 있는 get_inform( )을 실행할까? 아니면 부모 클래스에 있는 get_inform( )을 실행할까? suv 객체를 통해 get_inform( )을 호출한 것이므로 SUV 안에 있는 get_inform( )이 실행된다. 즉, 부모 클래스에 있는 메소드를 재정의하는 경우 자신의 메소드 실행이 우선이다. 이 예제의 실행 결과는 [예제 9]의 실행 결과와 동일하다.

7.6 추상화

클래스의 상속에서 추상화를 설명하면 부모 클래스에서 어떤 기능들이 있다는 정도만 명시하고 실제로 구체화 된 기능들은 하위 클래스에서 구현하는 형태를 나타낸다. 추상화를 이해하기 위해 아래와 같이 실습해 보자.

예제 11 추상화

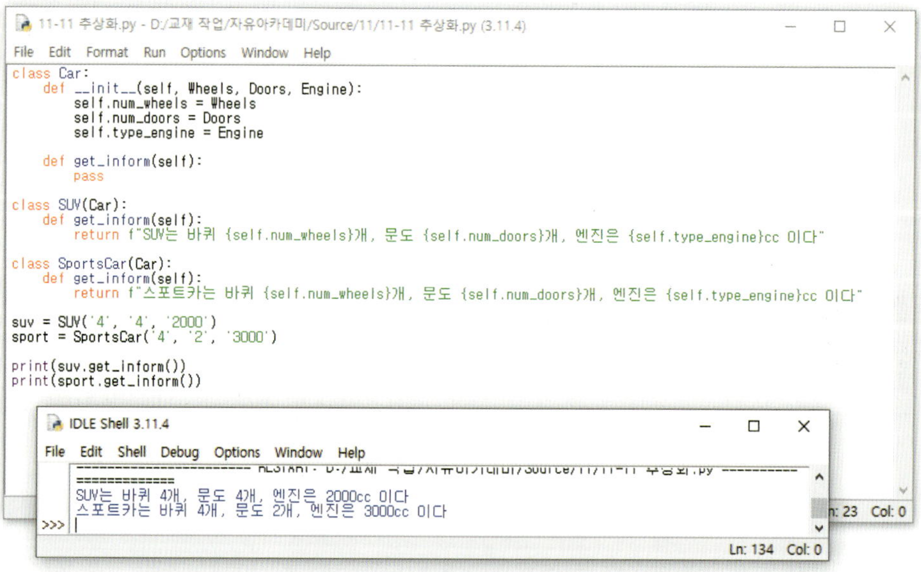


```
class Car:
    def __init__(self, Wheels, Doors, Engine):
```

```
        self.num_wheels = Wheels
        self.num_doors = Doors
        self.type_engine = Engine
    def get_inform(self):
        pass
```

Car 클래스는 Wheels, Doors, Engine을 매개변수로 가지는 생성자가 있다. 또한 멤버함수로 get_inform(self)를 가지는데, 실제 기능을 구현하지 않고 pass만을 코딩함으로써 Car를 상속받는 하위 클래스들은 get_inform(self) 멤버함수를 구체화한다는 것을 명시해 준다.

```
class SUV(Car):
    def get_inform(self):
        return f"SUV는 바퀴 {self.num_wheels}개, 문도 {self.num_doors}개,
              엔진은 {self.type_engine}cc 이다"
```

Car 클래스를 상속받은 SUV 클래스는 부모 클래스에서 추상화된 get_inform(self) 멤버함수를 자신의 형태에 맞게 구성한다. 이때 부모 클래스의 멤버변수인 self.num_wheels, self.num_doors, self.type_engine을 이용할 수 있다.

```
class SportsCar(Car):
    det get_ıntorm(self):
        return f"스포트카는 바퀴 {self.num_wheels}개, 문도 {self.num_doors}개,
              엔진은 {self.type_engine}cc 이다"
```

Car 클래스를 상속받은 SportsCar 클래스도 같은 방식으로 구성한다.

```
suv = SUV('4', '4', '2000')
sport = SportsCar('4', '2', '3000')
```

SUV('4', '4', '2000') 호출을 통해 suv 객체를 생성한다. SportsCar('4', '2', '3000')를 통해 sport 객체 생성도 같은 방식이다. 그런데 이상한 점이 있다. SUV 클래스나 SportsCar 클래스는 생성자가 없다. 그런데 suv, sport 객체를 생성할 때 SUV('4', '4', '2000'), SportsCar('4', '2', '3000')과 같이 매개변수값을 넣어서 호출되었다. 이것은

SUV('4', '4', '2000')가 호출되면 SUV 클래스에는 생성자가 없지만, 부모 클래스인 Car 클래스에 생성자가 있으며, 매개변수값은 부모 클래스의 생성자 형식을 따름으로 Wheels, Doors, Engine에 맞게 3개의 값을 넣어서 호출해야 한다. SportsCar('4', '2', '3000')도 같은 방식이다.

```
print(suv.get_inform())
print(sport.get_inform())
```

suv 객체의 get_inform( )과 sport 객체의 get_inform( )의 실행 결과를 출력하면 아래와 같이 나타난다.

```
SUV는 바퀴 4개, 문도 4개, 엔진은 2000cc 이다
스포트카는 바퀴 4개, 문도 2개, 엔진은 3000cc 이다
```

연습문제

01. 아래의 설명은 어떤 속성을 설명한 것인가?

> 객체 내에서 데이터에 대해 동작하는 변수(속성) 및 메소드(기능)를 묶어 놓은 것이다. 이렇게 하는 이유는 객체의 내부 세부 정보를 숨기고 필요한 정보는 인터페이스를 통해 제어함으로써 데이터에 대한 접근을 공개 또는 비공개하여 구체적인 내용들을 보호할 수 있기 때문이다.

① 상속(Inheritance) ② 캡슐화(encapsulation)
③ 객체(object) ④ 클래스(class)

02. 이것은 다른 클래스의 객체들이 공통의 부모 클래스의 객체로 취급될 수 있도록 하며, 크게 오버라이딩, 오버로딩, 함수형 인터페이스를 들 수 있다. 이것은 무엇인가?

① 다형성(Polymorphism) ② 추상화(Abstration)
③ 캡슐화(encapsulation) ④ 객체(object)

03. 이것은 클래스의 본질적인 속성을 기반으로 한 모델링으로서 복잡한 사실이나 개념을 단순화하는 것이며, 관련 세부 사항을 강조하고 불필요한 복잡성을 무시함으로써 클래스의 개념화 및 단순화하는 데 매우 효율적이다. 이것은 무엇인가?

① 다형성(Polymorphism) ② 추상화(Abstration)
③ 캡슐화(encapsulation) ④ 객체(object)

04. 객체지향 프로그래밍의 장점과 거리가 먼 것은?

① 모듈식 설계 ② 재사용 가능성
③ 문서화의 체계성 ④ 유지보수성

05. 객체지향 프로그래밍 구성의 특징으로 거리가 먼 것은?

① 생성자 ② 수정자 액세스
③ 접근 수식어 ④ 절차적 처리

06. 접근 수식어에 대한 설명으로 잘 못 짝지은 것은?

① common – 어디에서나 접근 가능

② protected – 클래스와 그 하위 클래스 내에서 접근 가능

③ private – 클래스 내에서만 접근 가능

④ package-private – 기본값, 동일한 패키지 내에서 접근 가능

07. 아래의 그림에서 클래스 이름은 무엇인가?

학생
-학번 : int -이름 : string -학년 : int -학과 : string
+수강신청(in 학번 : int, in 학과 : string, in 이름 : string) +성적증명(in 학번 : int) +재학증명(in 학번 : int)

① 학번 ② 이름

③ 수강신청 ④ 학생

08. Student 클래스를 작성하려 한다. 선언에서 옳은 코드는?

① class Student ② class Student:

③ class Student( ) ④ class Student( ):

09. 아래 명령에서 Student 클래스의 생성자를 만들려 한다. (A) 안에 알맞은 것은?

```
class Student():
    (      A      )
```

① def Student( ): ② def __init__( ):

③ def Student(self): ④ def __init__(self):

10. 아래의 설명에 해당되는 속성은?

> 클래스를 사용하는 객체가 클래스 안의 어떤 변수를 사용하는지 확인할 수 있어서 프로그램 코딩을 할 때나 디버깅을 할 때 매우 유용하게 사용할 수 있다.

① _dict_　　② dict

③ __dict__　　④ __dict

11. 아래의 명령에서 '홍길동', 1, '영문학과'를 add_list 함수를 이용하여 저장하려 한다. 옳은 코드는? (단, 객체이름은 Hong으로 한다.)

```
class Student():
    def add_list(self):
        self.name_list.append(self._name)
        self.yesr_list.append(self._year)
        self.major_list.append(self._major)
```

①

Hong = Student

Hong.add_list('홍길동', 1, '영문학과')

②

Hong = Student( ):

Hong.add_list('홍길동', 1, '영문학과')

③

Hong = Student:

Hong.add_list('홍길동', 1, '영문학과')

④

Hong = Student( )

Hong.add_list('홍길동', 1, '영문학과')

12. 아래와 같이 클래스가 있을 때 인스턴스를 만들어 객체를 생성하는 명령으로 옳은 것은? (단, 객체이름은 Hong으로 한다.)

```
class Student():
    def __init__(self, st_id, st_name, st_year, st_major):
        self._id = st_id
        self._name = st_name
        self._year = st_year
        self._major = st_major
```

① Hong = Student( )

② Hong = Student('홍길동', 1, '영문학과')

③ Hong = Student(2023212, '홍길동', 1, '영문학과')

④ Hong = Student(2023212, '홍길동', 1, '영문학과');

13. 아래의 그림을 보고 SUV 클래스를 선언하는 명령으로 옳은 것을 고르시오.

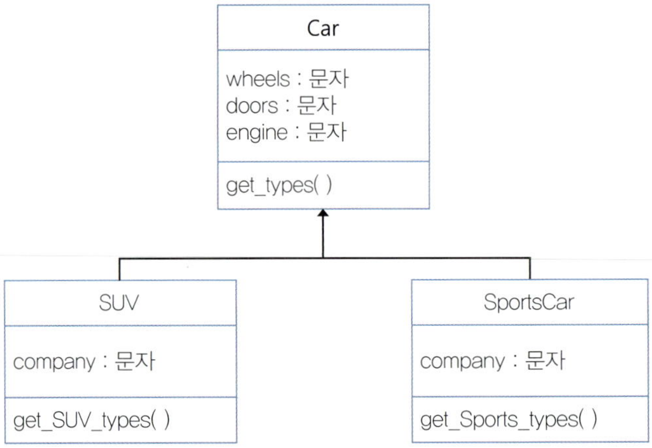

① class SUV(Car):

② class SUV( ) form Car:

③ class SUV( ):

④ class SUV( ) class(Car):

14. 부모 클래스에서 정의된 메소드를 필요에 따라 하위 클래스에 재정의하는 방식을 무엇이라 하는가?

① 메소드 오버로딩

② 메소드 오버라이딩

③ 메소드 오버라이팅

④ 메소드 재정의

15. 아래와 같이 명령이 있을 때, get_inform 함수가 SUV와 SportsCar 클래스 모두 가지고 있다. 이와 연관된 속성은?

```
class Car:
    def __init__(self, Wheels, Doors, Engine):
        self.num_wheels = Wheels
        self.num_doors = Doors
        self.type_engine = Engine

    def get_types(self):
        wheels_str = '바퀴는 ' + self.num_wheels + '개, '
        doors_str = '문은 ' + self.num_doors + '개, '
        engine_str = '엔진은 ' + self.type_engine + 'cc, '
        return wheels_str+doors_str+engine_str

class SUV(Car):
    def __init__(self, Wheels, Doors, Engine, Cor):
        super().__init__(Wheels, Doors, Engine)
        self.company = Cor

    def get_inform(self):
        return 'SUV의 ' + super().get_types() + '제조사는 ' + self.company

class SportsCar(Car):
    def __init__(self, Wheels, Doors, Engine, Cor, Col):
        super().__init__(Wheels, Doors, Engine)
        self.company = Cor
        self.color = Col

    def get_inform(self):
        return '스포츠카의 '+ super().get_types() + '제조사는 ' + self.company
               + ', 색상은' + self.color
```

① 다형성 ② 다중성
③ 다양성 ④ 다방성

제12장 ››››

객체지향 프로그래밍 설계

1. 객체지향 프로그래밍 설계
2. 유즈 케이스 다이어그램
3. 클래스 다이어그램
4. 시퀀스 다이어그램
5. 상태 머신 및 활동 다이어그램
6. 패키지 다이어그램과 배치 다이어그램

1. 객체지향 프로그래밍 설계

1.1 객체지향 프로그래밍 개발 방법의 역사

소프트웨어 개발 방법은 소프트웨어 시스템을 효율적이고 안정적이며 고품질로 구축할 수 있도록 다양한 방법들이 제시 및 적용되면서 진화하였다. 객체 지향 프로그래밍(Object Oriented Programming; OOP) 도구와 방법들도 초기의 객체 지향 프로그래밍 패러다임에서부터 Unified Modeling Language(UML)까지 진화되면서 현대의 소프트웨어 개발 방법의 적용에 매우 중요한 역할을 하고 있다. 객체지향 프로그래밍 개발 방법이 변화되어오는 과정을 간략히 나타내면 다음과 같다.

- **1960–1970년대: 객체 지향 프로그래밍 패러다임**

객체 지향 프로그래밍 패러다임(Object-Oriented Programming Paradigm; OOPP)의 기반은 Simula(1967), Smalltalk(1972)와 같은 언어의 발전에 기틀이 되었으며, 초기 언어들은 클래스, 객체, 상속, 동적 바인딩과 같은 개념을 도입했다.

- **1980년대: 부치 방법**

그래디 부치(Grady Booch)는 OOP를 위한 최초의 방법론 중 하나인 부치 방법(Booch Method)을 제시하였는데, 클래스, 객체, 상속, 집계와 같은 개념의 표기법을 소개했다.

- **1980년대: 객체 모델링 기법**

제임스 룸바우(James Rumbaugh)는 OOP 개념을 모델링 기법으로 공식화하는 것을 목표로 하는 객체 모델링 기법(Object Modeling Technique; OMT)을 제안했으며, 계층, 객체, 상속, 관계(연관, 집합)의 개념을 도입하였다.

- **1980년대: 객체지향 소프트웨어 엔지니어링**

이바 자콥슨(Ivar Jacobson)은 개발 과정과 실용적인 소프트웨어 엔지니어링 관행에 초점을 맞추어 객체지향 소프트웨어 공학(Object-Oriented Software Engineering; OOSE)을 개발했다. 이때 OOSE는 기능적 요구사항을 포착하고 설계 프로세스를 추진하기 위한 방법으로 사용 사례를 소개했다.

• **1990년대: 통합 방법**

그래디 부치, 제임스 룸바우, 이바 자콥슨은 소프트웨어 통합 방법을 논의하여 부치, OMT, OOSE의 가장 좋은 측면을 통합하는 통합 방법을 제시하였다. 통합 방법(Unified Method)은 클래스, 객체 및 프로세스에 대한 표기법과 함께 OOP에 대한 포괄적인 접근법을 제공했다.

• **1990년대: 통합 모델링 언어**

그래디 부치, 제임스 룸바우, 이바 자콥슨은 표준화된 시각 모델링 언어인 통합 모델링 언어를 만들기 위해 통합 방법을 더욱 구체화하였다. 통합 모델링 언어(Unified Modeling Language; UML)는 다양한 OOP 방법론의 개념을 통합하고 소프트웨어 시스템 모델링을 위한 공통 표기법을 제공하기 위해 설계되었다. 그 구성에는 클래스 다이어그램, 객체 다이어그램, 사용 사례 다이어그램, 시퀀스 다이어그램 등과 같은 다이어그램 유형이 포함하였다. UML은 1997년 객체 관리 그룹(Object Management Group; OMG)에 의해 표준으로 채택되었다.

• **1990년대 – 현재: OOP IDE 및 도구(OOP IDEs and Tools)**

OOP 방법론의 등장으로 C++, 자바, C#과 같은 OOP 언어에 맞춘 통합 개발 환경(IDE)이 개발되었다. 이클립스, 인텔리제이 IDEA, 비주얼 스튜디오와 같은 IDE는 클래스와 객체의 코드 편집, 디버깅, 시각적 디자인을 위한 도구를 제공한다.

• **2000년대 – 현재: UML 및 OOP 관행의 진화(Evolution of UML and OOP Practices)**

UML은 기존 다이어그램을 더욱 명세화하고 새로운 다이어그램(활동 다이어그램, 상태 기계 다이어그램 등을 추가)을 도입하는 등 새로운 버전으로 계속 진화했다. 이에 따라 UML 다이어그램 생성과 코드 생성을 지원하는 도구와 소프트웨어는 OOP 설계를 모델링하고 구현하는 데 필수적인 요소가 되었다. UML은 소프트웨어 개발자들이 복잡한 소프트웨어 시스템을 시각화, 설계 및 통신할 수 있도록 하는 OOP 방법을 더욱 체계화하고 명세화하는 방법으로 인식되고 있다.

1.2 UML의 소개

UML(Unified Modeling Language)은 소프트웨어 시스템, 특히 객체 지향적인 시스템을 설계하고 문서화하는 데 사용되는 표준화된 시각적 모델링 언어이다. UML은 소프트웨어 개발자, 설계자 및 이해 관계자가 시스템의 아키텍처, 구조, 거동 및 상호 작용을 소통하고 이해하는 데 도움이 되는 그래픽 표기법 및 도구 세트를 제공한다. 소프트웨어 설계 및 요구사항의 시각적 표현을 생성하기 위해 소프트웨어 개발 산업 전반에 걸쳐 널리 사용된다. UML의 발전 단계는 다음과 같다.

- **1996년대**

  국제 기술 표준 컨소시엄인 객체 관리 그룹(OMG)은 UML을 표준으로 채택했다. UML 1.0은 9개의 다른 다이어그램 유형으로 구성된 첫 번째 공식 버전으로 정식 출시되었다.

- **1990년대 후반 – 2000년대 초반**

  UML은 유연성과 포괄성, 그리고 공급업체 중립성 때문에 소프트웨어 산업에서 널리 채택되었다. 소프트웨어 개발과 시스템 모델링의 다양한 측면을 다루기 위해 추가적인 다이어그램 유형이 도입되었다.

- **2005년대**

  UML 2.0이 출시되어 언어의 대대적인 개편이 되었다. 이때 복잡한 모델링 시나리오를 지원하기 위해 보다 정밀한 사양, 표준화된 표기법 및 개선점을 도입하였다.

- **2015년대**

  UML 2.5는 최신 버전의 표준으로 출시되었다. 이전 버전에서 개선 사항을 소개하고 사양을 명확히 하며 불일치를 해결했다.

1.3 UML의 구성

UML은 다양한 환경이나 구현하고자 하는 토픽, 역할, 시스템의 구분, 내용에 따라 적용할 수 있는 많은 다이어그램을 제시한다. 각 다이어그램의 특징을 살펴보면 다음과 같다.

- **클래스 다이어그램(Class Diagram)**

  소프트웨어의 정적 구조를 나타낸다. 이때 클래스, 속성, 메서드, 연결, 상속, 집계 및 합성 등을 포함한다. 표기 기호는 클래스(멤버변수 및 멤버함수), 연관성(클래스 간의 관계), 상속(일반화), 집계(전체 부분 관계), 구성(더 강한 형태의 집계) 및 다중성 표기 등을 포함한다.

- **개체 다이어그램(Object Diagram)**

특정 시간의 클래스 인스턴스와 해당 클래스의 관계에 대한 스냅샷을 나타낸다. 또한 클래스(객체) 및 해당 속성/값의 구체적인 인스턴스를 묘사할 수 있다. 이는 특정 시나리오에서 개체가 어떻게 협업하고 상호 작용하는지 설명하는 데 사용한다.

- **유즈 케이스 다이어그램(Use Case Diagram)**

사용자의 요구사항을 소프트웨어 설계할 때 반영해야 하는 내용들을 표현한다. 이를 위해 특정 목표를 달성하기 위한 행위자(외부 개체)와 시스템 간의 상호 작용을 나타낸다. 표현 방법은 사용 사례(기능), 행위자(사용자 또는 외부 시스템) 및 관계(연관, 확장, 포함)를 포함한다. 유즈 케이스 다이어그램은 시스템의 높은 수준의 요구사항과 사용자 상호 작용을 포착할 수 있도록 해주는 좋은 방법으로 알려져 있다.

- **시퀀스 다이어그램(Sequence Diagram)**

순차 또는 순서 다이어그램이라고도 하며, 시간의 순서에 따라 개체 간의 상호 작용을 나타낸다. 표현 방법은 객체, 라이프 라인(객체의 존재를 나타내는 가로줄), 메시지(객체 간 통신), 활성화(동작 실행)로 구성된다. 이 방법은 객체 간의 동적 동작 및 메시지 흐름을 설명하는 데 유용하다.

- **활동 다이어그램(Activity Diagram)**

소프트웨어에서 객체 또는 프로세스 간의 활동과 워크플로우의 흐름을 나타낸다. 표현 방법은 노드(활동 상태), 에지(전환), 초기 및 최종 노드, 결정 및 포크/조인트로 표기한다. 이 다이어그램은 비즈니스 프로세스, 알고리즘 및 복잡한 동작을 모델링하는 데 사용된다.

- **상태 머신 다이어그램(State Machine Diagram)**

개체 또는 시스템에 있을 수 있는 다양한 상태와 해당 상태 간의 전환 및 변화를 나타낸다. 표현 방법은 상태, 전환, 이벤트, 작업 및 보호자를 포함한다. 이 다이어그램은 시스템 이벤트에 응답하여 상태를 변경하는 개체의 동작을 나타내는 데 유용하다.

- **구성 요소 다이어그램**(Component Diagram)

  시스템의 물리적 구성 요소와 모듈들의 관계를 나타낸다. 표현 방법은 구성 요소, 인터페이스, 종속성 및 연결을 포함한다. 이 다이어그램은 소프트웨어 시스템의 아키텍처 및 고급 구조를 묘사하는 데 사용한다.

- **배포 다이어그램**(Deployment Diagram)

  하드웨어의 요소들을 노드로 표현하여 소프트웨어 구성 요소들과의 물리적인 배포 또는 배치를 나타낸다. 표현 방법은 노드(하드웨어), 구성 요소 및 구성 요소와 노드 간의 연결을 나타내며, 네트워크의 시스템 배포 및 구성, 시스템과 소프트웨어의 관계 구성을 나타내는 데 사용한다.

- **통신 다이어그램** (Communication Diagram)

  시퀀스 다이어그램과 비슷하지만 개체 간의 상호 작용에 초점을 맞추었다. 따라서 통신 관계, 메시지 및 메시지 교환 순서를 나타낸다.

- **패키지 다이어그램**(Package Diagram)

  소프트웨어 모듈 또는 라이브러리와 같은 관련 요소(클래스, 구성 요소, 사용 사례)들을 패키지로 구성할 수 있는데, 패키지 다이어그램은 이들 간의 종속성 및 관계를 나타낼 때 사용한다. 특히 구성 요소를 논리적 그룹으로 만들어 복잡한 시스템을 관리할 때 유용하다.

다음은 각 다이어그램 중 일반적으로 많이 사용하는 다이어그램을 위주로 설명한다.

2. 유즈 케이스 다이어그램

2.1 유즈 케이스 다이어그램의 소개

유즈 케이스 다이어그램(Use Case Diagram)은 소프트웨어 엔지니어링 및 시스템 분석 분야에서 상이한 액터(사용자 또는 외부 엔티티)가 특정 목표 또는 작업을 달성하기 위해 시스템과 상호 작용하는 방법을 기호로 나타내는 도식화 표현이다. 소프트웨어 시스템의 다양한 측면을 시각적으로 묘사하기 위해 널리 사용되는 통합 모델링 언어(UML)의 일부이다. 유즈 케이스 다이어그램은 다음과 같은 이점이 있다.

- **명확성 및 커뮤니케이션**

  유즈 케이스 다이어그램은 사용자와 시스템이 상호 작용하는 방식을 시각적으로 명확하게 표현하여 이해 관계자가 요구사항과 기능을 쉽게 이해할 수 있다.
- **요구사항 검증**

  제안된 시스템이 사용자 요구 및 목표에 부합하는지 확인할 수 있다.
- **누락된 기능 식별**

  초기 분석 과정에서 간과했던 내용들이 있는지 유즈 케이스 다이어그램을 통해 파악할 수 있다.
- **테스트 사례의 근거**

  시스템 기능을 검증하기 위한 테스트 사례를 설계하는 데 기초가 될 수 있다.
- **개발 계획**

  소프트웨어 개발자는 유즈 케이스 다이어그램을 참조하여 필요한 기능을 구현할 수 있다.

유즈 케이스 다이어그램 구성 요소로는 크게 액터(Actors), 유즈 케이스(Use Case), 시스템 경계(System Boundary)로 나타낸다.

- **액터**

  액터는 구현되는 시스템을 실제로 사용하는 사용자 또는 외부 엔티티들(예를 들어, 관리자 또는 시스템의 외부 접근자)을 들 수 있다. 즉, 시스템을 사용하는 주체들이며 사람들뿐만 아니라 소프트웨어 시스템, 또는 하드웨어 장치도 이에 해당된다.
- **유즈 케이스**

  액터가 시스템에서 실행하는 작업들을 나타내며, 이 작업들과의 상호작용도 포함한다. 구축되는 시스템에서 액터가 필요로 하는 작업이나 처리가 이에 해당된다.

- **시스템 경계**

  소프트웨어 시스템의 범위를 정의한다.

유즈 케이스 다이어그램을 구성하려면 먼저 액터를 식별하여야 한다. 사용자, 관리자, 외부 접근자 등은 누구이고, 어떤 기능들을 사용하는 사람들인지 파악하여야 하고, 필요한 기능 수행을 위한 장치는 무엇인지에 대한 정의가 있어야 한다. 이를 통해 실제 작업이나 처리를 나타내는 유즈 케이스와의 연계, 상호작용, 연관관계 등을 명확히 하여야 한다. 액터와 유스 케이스 사이에는 다음과 같은 관계가 성립된다.

- **연관**(Association)

  액터와 유즈 케이스 사이의 연결을 나타내며, 액터가 해당 유즈 케이스에 관련되어 있음을 나타낸다.
- **관계 포함**(Include Relationship)

  하나의 유즈 케이스가 다른 유즈 케이스의 기능을 포함함을 나타낸다. 여러 유즈 케이스에 의해 공통의 하위 작업이 수행될 때를 나타낸다.
- **관계 확장**(Extend Relationship)

  하나의 유즈 케이스가 다른 유즈 케이스에 의해 확장될 수 있으며, 선택적 또는 예외적인 동작을 나타낸다.
- **일반화**(Generalization)

  하나의 유즈 케이스가 다른 유즈 케이스 간의 상속 관계를 나타낸다.

유즈 케이스 다이어그램은 어떻게 적용될까? 예를 들어 온라인 쇼핑몰에서, 행위자는 고객, 관리자 및 결제 게이트웨이 등이 될 수 있고, 유즈 케이스는 상품을 브라우징하고, 카트에 아이템을 추가하고, 결제를 처리하는 것 등이 된다. 이러한 기능들을 적용할 때 다음과 같은 특징이 있다.

- **사용 사례 우선 순위**

  유즈 케이스 다이어그램은 어떤 기능을 먼저 구현할지에 대한 우선순위를 정하는

데 참조가 된다. 사용자에게 중요한 가치들을 우선적으로 고려해야 하는 기능이나 내용을 먼저 생각하거나 필수 비즈니스 요구사항을 충족하는 중요한 사용 사례를 식별함으로써 소프트웨어 개발 프로세스 초기에 가장 중요한 기능부터 노력을 집중할 수 있다.

- **반복 개발 및 정교화**

유즈 케이스 다이어그램은 프로젝트가 진행됨에 따라 업데이트될 수 있다. 프로젝트가 진행됨에 따라 요구사항 또는 사용자 피드백의 변화 등이 반영되면서 수정 및 업데이트될 수 있으며 이러한 반복적인 요구사항 추가 및 업데이트 방법은 시스템이 사용자 요구사항에 맞게 진행되는 과정의 일부분이다.

- **사용자 인터페이스(UI) 및 사용자 환경 (UX) 설계**

유즈 케이스 다이어그램은 사용자 인터페이스(User Interface; UI) 및 사용자 경험(User Experience; UX)의 설계에 영향을 줄 수 있다. 유즈 케이스 다이어그램을 통해 사용자가 시스템과 어떻게 상호 작용하고 목표를 달성하기 위해 처리되는 단계를 이해함으로써 소프트웨어 설계자는 직관적이고 사용자 친화적인 사용자 인터페이스를 생성할 수 있다.

- **시스템 통합**

복잡한 시스템, 특히 외부 엔티티 또는 제3자 시스템과의 상호작용을 수반하는 시스템에서, 유즈 케이스 다이어그램은 통합 포인트를 이해하는 데 참고가 된다.

- **교육 및 문서화**

유즈 케이스 다이어그램은 시스템에 대한 사용자 설명서, 교육 자료 및 문서를 생성하기 위한 기초 역할을 할 수 있다. 특히 시스템이 어떻게 사용되어야 하는지에 대한 구조화된 개요를 제공하고 사용자가 소프트웨어를 더 쉽게 학습하고 채택할 수 있도록 다양한 상호 작용을 통해 가이드라인을 제공한다.

- **리스크 완화 및 검증**

유즈 케이스 다이어그램은 시스템 설계에서 잠재적인 위험이나 도전 과제를 식별하는 데 참고된다. 소프트웨어 개발팀은 다양한 사용 사례와 시나리오를 계획함으로써 오류, 보안 취약점 또는 사용성 문제가 발생할 수 있는 영역을 식별할 수 있다. 이러한 사전 예방적 접근 방식을 통해 소프트웨어 개발팀은 개발 프로세스 초기에 다양한 문제 가능성들을 확인할 수 있다.

- **유지보수 및 업그레이드**

업데이트 또는 업그레이드가 필요할 때 유즈 케이스 다이어그램은 기존 기능을 이해하고 변화가 시스템에 어떤 영향을 미칠 수 있는지를 이해하기 위한 기준점을 제공할 수 있다.

2.2 표현 기호

유즈 케이스 다이어그램은 다이어그램 내의 서로 다른 요소와 관계를 나타내기 위해 다음과 같이 다양한 기호가 사용된다.

표 1 유즈 케이스 다이어그램 기호

기호	이름	내용
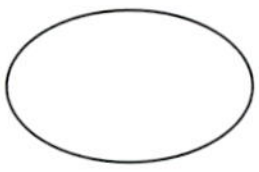	유즈 케이스	유즈 케이스는 시스템에서 실제로 제공해야 하는 기능들 또는 사용자가 시스템에서 하는 작업을 나타낸다.
	액터	액터는 시스템과 상호 작용하는 외부 엔티티를 나타낸다. 일반적으로 막대 인물이나 작은 아이콘으로 묘사되며 시스템 경계 밖에서 배치된다.
	연관	관계 기호는 액터와 유즈 케이스 사이에 화살표, 직선 등의 라인을 사용하여 표현한다. 이때 연관은 형태에 따라 다음과 같이 구체적으로 세분화될 수 있다. • **실선**: 액터와 유즈 케이스 간의 연관성을 나타내며 유즈 케이스에 액터가 참여했음을 나타낸다. • **화살표가 있는 점선**: "포함" 관계를 나타내며, 하나의 유즈 케이스가 흐름의 일부로 다른 유즈 케이스를 포함함을 나타낸다. • **화살표가 열린 점선**: "확장" 관계를 나타내며, 한 유즈 케이스에서 다른 유즈 케이스에 의해 트리거될 수 있는 선택적 또는 예외적인 동작을 나타낸다. • **상속 화살표**: 전문적인 유즈 케이스가 보다 일반적인 유즈 케이스로부터 특성을 상속하는 "일반화" 관계를 나타낸다.
	시스템 경계	박스로 표현되는 시스템 경계는 시스템과 관련된 모든 유즈 케이스와 액터를 둘러싸는 경계를 나타낸다.

아래의 그림은 인사관리에 대한 유즈 케이스 다이어그램을 나타낸다. 이때 액터는 인사 관리자가 되며, 시스템 경계는 인사관리 시스템, 유즈 케이스는 사원정보 관리, 사원이력 조회, 각종 증명 발급 등이 있다. 사원정보 관리에는 사원 등록, 사원 조회, 사원 정보 변경을 포함하고 있으며, 사원이력 조회는 인사정보 조회, 경력정보 조회와 확장(extends)의 관계가 있다. 각종 증명 발급에서도 경력 증명과 재직/퇴사 증명 발급 처리는 확장(extends)의 관계를 이룬다. 이렇게 인사 관리자가 시스템에서 처리해야 하거나 실행해야 하는 기능들과의 관계를 표현할 때 유즈케이스 다이어그램으로 나타낸다.

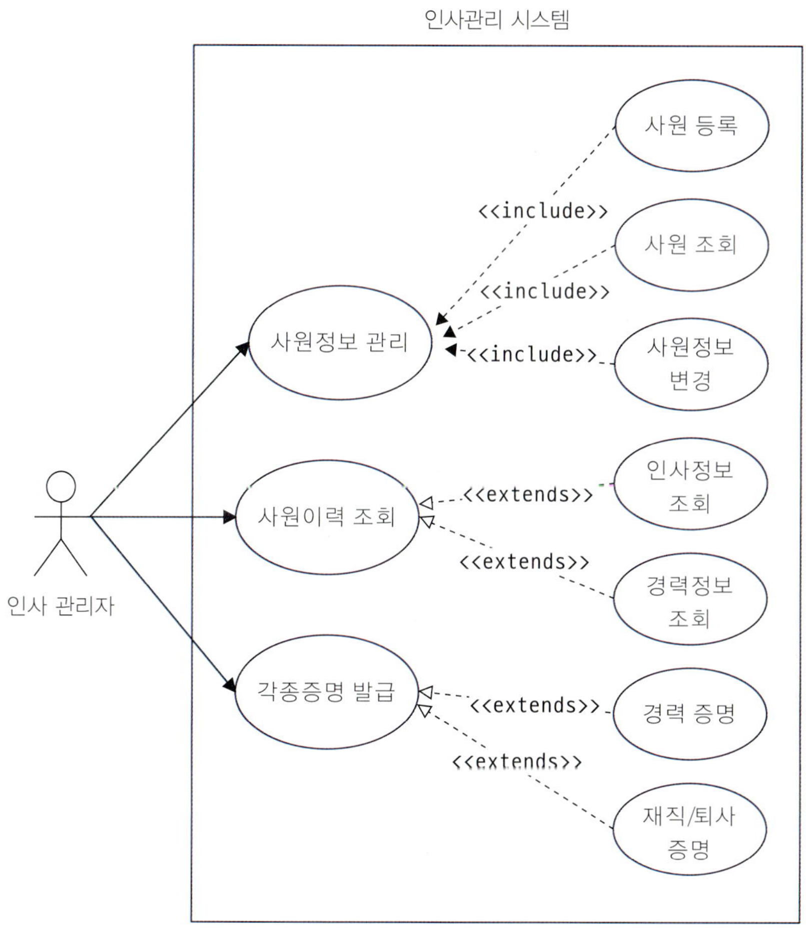

그림 1 인사관리 유즈 케이스 다이어그램

3. 클래스 다이어그램

3.1 소개

클래스 다이어그램(Class Diagram)은 소프트웨어 시스템 설계에서 클래스, 속성, 방법 및 시스템 간의 관계를 시각적으로 표현하는 다이어그램이다. 즉, 소프트웨어 시스템의 정적 구조를 나타내며, 시스템 내에서 클래스가 어떻게 구성되고 상호 작용하는지 표현할 수 있다.

클래스 다이어그램의 구성 요소는 다음과 같다.

- **클래스(Classes)**

객체지향 소프트웨어 시스템의 기본 구성 요소를 나타낸다. 클래스는 세 개의 칸으로 구성된 직사각형으로 표현하는데, 맨 위 칸은 클래스 이름을 나타내고, 가운데 칸은 클래스 변수(속성)들을 나열하며, 맨 아래 칸은 클래스의 함수들(메소드)을 나타낸다.

- **변수(속성)(Attributes)**

클래스의 속성 또는 멤버변수들 나타내며, 변수 이름과 데이터 유형을 표시한다.

- **연관(Associations)**

클래스 간의 관계를 나타내며, 한 클래스의 인스턴스가 다른 클래스의 인스턴스와 어떻게 연관되는지 표현한다. 클래스 간의 연결은 클래스와 클래스만 연결할 수도 있고, 각 측면에 관련된 다양한 인스턴스의 수를 지정할 수도 있다.

- **인터페이스(Interfaces)**

클래스가 준수해야 하는 규칙이나 규율을 나타낸다. 인터페이스는 클래스와 유사하게 묘사되지만 키워드를 "인터페이스"로 표시한다.

클래스 다이어그램의 특징으로는 다음과 같이 정리된다.

- **가시성(Visibility)**

클래스 멤버변수 및 함수의 액세스 권한을 나타낸다. 일반적으로 공개는 +, 비공개는 -, 보호는 #, 패키지 수준은 ~으로 나타낸다.

- **관계(Relationships)**

 클래스 간의 연관성 및 종속성을 나타낸다. 여기에는 연관성, 집계, 구성, 일반화(상속) 및 실현(인터페이스) 등이 있다.

- **다중도(Multiplicities)**

 연결에서 다른 클래스의 인스턴스와 관련된 한 클래스의 인스턴스 수를 나타낸다. 예를 들어 학생은 학기 중에 여러 개의 수업을 수강할 수 있다. 이때 학생 클래스는 여러 개의 수업 인스턴스(1..*: 최소 1개 이상부터 여러 개의 다수를 나타냄)와 수강이라는 연관성을 가진다.

- **상속 및 일반화(Inheritance and Generalization)**

 실선 또는 삼각형 끝 화살표가 있는 화살표로 표현하며, 하위 클래스(자식)가 상위 클래스(부모)로부터 속성 및 메소드를 상속하는 계층을 나타낸다.

- **집계 및 구성(Aggregation and Composition)**

 집합과 구성 모두 클래스 간의 "전체 부분" 관계를 나타낸다. 집합은 부분이 전체와 독립적으로 존재할 수 있음을 나타내는 약한 형태이며, 구성은 더 강력한 형태로서, 부분이 전체의 필수적인 부분이며 분리되어 존재할 수 없음을 의미한다.

- **종속성(Dependencies)**

 한 클래스가 다른 클래스에 의존하지만 강력한 결합을 갖지 않는 관계를 나타낸다. 일반적으로 화살표가 열린 점선 화살표 선은 종속성을 나타내는 데 사용된다.

- **실현(Realization)**

 클래스와 클래스가 구현하는 인터페이스 간의 관계를 나타낸다. 클래스가 인터페이스에 정의된 메서드에 대한 구현을 제공함을 표현한다.

- **패키지(Packages)**

 관련 클래스를 함께 그룹화하여 패키지로 구성할 수 있다. 패키지는 복잡한 다이어그램을 관리하고 구조화하는 데 매우 효율적이다.

- **가시성 및 캡슐화(Visibility and Encapsulation)**

 가시성 수식자(공개, 비공개, 보호, 패키지 수준)는 클래스 구성원에 대한 액세스 권한을 정의한다. 캡슐화를 통해 클래스 내부의 세부 정보가 다른 클래스로부터 숨겨지도록 하여 정보 보호가 가능하고 이를 이용하여 모듈화를 만들어갈 수 있다.

3.2 표현 기호

클래스 다이어그램의 기호와 표기법은 다음과 같다. 클래스 간의 관계를 명시하는 데 다양한 연결방식을 제시하고 있다.

표 2 클래스 다이어그램의 표기법

기호	이름	내용
클래스 이름 −멤버 변수1 −멤버 변수2 +멤버 함수()	클래스	직사각형에서 각 구획에 따라 클래스 이름, 멤버변수, 멤버함수로 나누어 표현한다. +는 공개, −는 비공개 등으로 멤버변수나 함수의 접근 권한을 설정할 수 있다.
	연관	클래스 다이어그램에서 가장 일반적인 관계를 표현하는 방법이다. 한 개의 인스턴스가 다른 인스턴스와 연결되어 있다는 것을 나타내며, 여러 개의 인스턴스와 연결되어 있을 때의 다중성을 표현하기도 한다.
	직접 연관	연관과의 내용은 동일하나 차이점은 방향성을 가진다.
	의존	한 클래스의 변화가 다른 클래스에 영향을 미칠 수 있는 경우와 같이 어떤 방식으로든 다른 클래스에 의존하는 클래스 간의 관계가 있다는 것을 나타낸다. 해당 클래스가 다른 클래스를 참조하는 경우도 해당된다.
	일반화	상속은 "is−a" 관계를 나타내며, 한 클래스(하위 클래스)가 다른 클래스(상위 클래스)로부터 멤버변수와 함수를 상속한다는 것을 나타낸다.
	실체화	클래스가 특정 인터페이스 또는 추상 클래스를 구현하는 것을 나타낸다. 또한 클래스와 그 클래스가 구현하는 인터페이스 또는 그 클래스가 확장하는 추상 클래스와의 관계를 나타내는 데 사용된다. 즉 인터페이스나 정의만 있는 메소드를 실제 기능으로 구성하는 것을 뜻한다.
	집합	집합은 하나의 클래스가 전체를 나타내는 반면 다른 클래스는 전체의 일부를 나타내는 특정한 결합 형태이며, "has−a" 관계를 나타낸다.
	집합 연관	집합과 같은 내용이지만 방향성을 가진다.
	합성	클래스 간의 연결을 통해 전체를 이루는 특수한 형태의 결합을 나타낸다.
	복합 연관	합성과 같은 내용이지만 방향성을 가진다.

3.3 사용 예제

클래스 다이어그램을 나타내는 예는 다음과 같다.

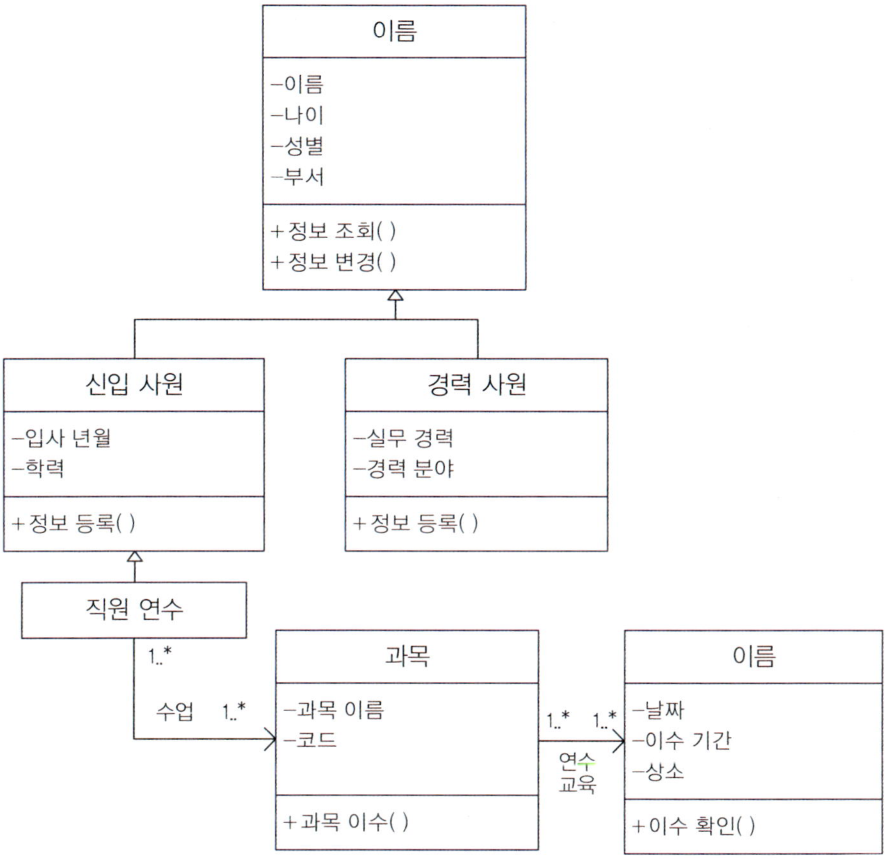

그림 2 사원 클래스 다이어그램

사원 클래스 다이어그램에서는 사원에 신입사원과 경력사원이 있다. 이 두 클래스의 개념은 사원 클래스로부터 그 내용을 상속받는다. 따라서 신입사원의 경우 입사 연월, 학력을 저장하는 멤버변수를 가지며, 사원정보를 나타내는 이름, 나이, 성별, 부서는 부모 클래스의 멤버변수를 활용한다. 경력사원도 실무경력, 경력 분야의 정보를 저장하는 멤버변수를 가지며, 사원에 해당되는 변수는 부모 클래스의 멤버변수를 활용한다.

또한, 신입사원의 경우 직원 연수를 받아야 한다. 직원 연수에는 여러 개의 과목을 기반으로 신입사원들의 업무 적응을 위한 기초 교육을 실행한다. 따라서 연수 교육에는 여러 개의 과목이 있으며, 회사에서는 직원 연수 또한 필요에 따라 여러 개를 운영할 수 있다. 따라서 1..*의 의미는 최소 1개 이상 여러 개(*)를 나타낸다. 과목 클래스에서도 과목이름과 과목 코드를 멤버변수로 저장하며, 과목 이수와 관련된 진행사항을 확인하는 과목 이수 멤버함수를 가진다.

연수 교육의 과목에는 연수 기간이 있다. 이에 해당되는 연수 날짜, 이수 기간 및 장소를 저장하는 멤버변수를 가진다. 또한 연수 교육을 모두 무사히 마쳤는지 확인하는 이수 확인 기능을 멤버함수로 가진다. 연수에는 1개 이상 여러 개의 과목을 대상으로 각 과목에 대한 1개 이상 여러 개의 연수 기간을 가질 수 있다. 특히, 연수원의 경우 1개 과목을 연수 기간만 다르게 하여 여러 개의 강좌로 운영하는 경우도 있다. 따라서 관계는 양쪽 모두 1..*로 나타낸다.

4. 시퀀스 다이어그램

4.1 소개

시퀀스 다이어그램(Sequence Diagram)은 클래스 다이어그램으로부터의 객체 또는 시스템 내의 구성 요소 간에 교환되는 메시지의 상호 작용 및 순서를 나타내는 일종의 상호 작용 다이어그램이다. 이벤트의 시간 순서적 흐름에 초점을 맞추고, 서로 다른 객체가 특정 행동 또는 시나리오를 달성하기 위해 어떻게 협업하는지를 나타낸다. 즉, 시간에 따라 객체 간 또는 구성 요소 간의 처리 흐름을 나타내므로 동적 행동을 모델링하는 데 유용하다. 시퀀스 다이어그램의 요소는 다음과 같다.

- **라이프 라인(Lifeline)**

객체 또는 구성 요소들의 인스턴스들이 시간의 순서에 따라 상호 작용을 표현할 때 해당 객체 사이의 이벤트가 활성화되어 있는 기간을 표현하는 기준선으로 나타낸다. 따라서 맨 위에 개체 또는 인스턴스에서부터 내려오는 수직선(흔히 점선으로 표시됨)으로 표시된다.

- **활성화 막대(Activation Bar or Execution Occurrence)**

객체가 메시지를 상호작용하면서 진행 중인 이벤트가 처리되고 있음을 나타낸다. 라이프 라인에서 수직선으로부터 연결된 수평선으로 표시한다.

- **메시지(Message)**

한 객체에서 다른 객체로의 메서드 호출, 이벤트 등을 나타내는 라이프 라인 간의 통신을 표현한다. 즉, 발신자 객체의 생명줄에서 수신자 객체의 생명줄까지의 화살표로 표시하며, 이때 화살표 방향은 통신 방향을 나타낸다.

- **메시지 반환(Return Message)**

수신자 객체가 송신자 객체에 호출에 대한 응답으로 전달하는 반송 처리를 나타낸다. 이전 메시지에 대한 응답으로 점선 화살표로 표시한다.

- **자체 메시지(Self-Message)**

객체가 자신에게 메시지를 보내는 메시지를 나타내며, 동일한 생명줄로 다시 순환하는 화살표로 표시한다. 일반적으로 내부 처리 또는 재귀 동작을 설명하는 데 사용된다.

- **생성 메시지(Creation Message)**

새 객체의 작성을 나타내며, "생성(create)" 키워드가 있는 점선 화살표로 표시한다. 이는 새 객체가 인스턴스화되고 있음을 나타내는 것이다.

- **메시지 파기(Destroy Message)**

색제의 소멸을 나타내며, "파괴(destroy)" 키워드가 있는 화살표로 표시한다. 이는 객체의 수명이 종료됨을 나타낸다.

- **상호작용 조각(Interaction Fragments)**

루프, 조건 및 병렬 실행과 같은 요소를 포함하여 시퀀스 내에서보다 복잡한 동작을 모델링한다.

시퀀스 다이어그램의 특징으로는 다음과 같다.

- **시나리오 시각화**

시간이 지남에 따라 객체가 상호 작용하는 방식을 명확하게 시각적으로 표현하여 시나리오의 이벤트 흐름을 더 쉽게 이해할 수 있다.

- **요구사항 설명**

특정 사용 사례나 요구사항을 충족하는 데 필요한 상호 작용과 행동을 나타내는 데 유용하다.

- **설계 유효성 검사**

시스템의 설계에 대해 유효성을 검사하고 의도된 상호 작용이 시스템의 아키텍처와 일치하는지 확인하는 데 유용하다.

- **병목 현상 식별**

객체 간의 이벤트 흐름을 상호 작용 순서에 따라 나타냄으로써 각 기능에 대한 병목 현상이나 비효율성을 확인할 수 있다.

- **문서**

시스템의 동적 동작을 문서화함으로써 각 처리에 대한 흐름의 이해와 향후 유지 보수 관리에 참조가 된다.

4.2 표현 기호

시퀀스 다이어그램은 아래의 기호를 통해 객체 간의 이벤트나 처리를 표현한다.

표 3 시퀀스 다이어그램의 표기법

기호	이름	내용
객체 : 클래스	라이프 라인	이벤트나 메시지를 보내거나 받을 수 있는 객체를 표현한다. 이때 "객체 이름 : 클래스 이름"의 형식으로 기술한다.
	활성화 막대	이벤트 또는 메시지가 처리되고 있음을 나타낸다. 세로로 긴 형태를 가지며, 세로 막대의 맨 윗부분은 이벤트나 메시지가 생성 또는 활성화되어 처리를 시작함을 나타내고, 맨 아랫부분은 객체가 해당 이벤트 또는 메시지 처리를 종료함을 나타낸다.
	정지	라이프 라인의 끝부분에 사용하며, 해당 라이프 라인의 종료를 의미한다.
	동기 메시지	객체로부터의 처리 또는 이벤트의 흐름을 의미한다. 동기 메시지는 보내거나 객체로부터 이 메시지가 종료될 때까지 대기하게 된다. 화살표 위에 해당 메시지의 이름을 붙여주며 괄호( )를 붙여 매개변수값(인수)을 넣을 수 있다.

기호	이름	내용
→	비동기 메시지	동기 메시지와 다른 점은 처리에 있다. 비동기 메시지는 해당 이벤트나 처리가 완료될 때까지 기다리지 않고 다음 메시지나 이벤트를 처리한다.

객체로부터의 이벤트나 메시지 처리에 대한 구간 또는 구분을 위해 다음과 같은 복합 프래그먼트를 기술할 수 있다.

표 4 시퀀스 다이어그램에서의 복합 프래그먼트

이름	명칭	내용
Alternatives	alt	if else와 같은 조건 분기를 나타낸다.
Option	opt	if와 같이 조건이 만족될 때만 실행되는 처리를 나타낸다.
Parallel	par	이벤트나 메시지의 병렬처리를 나타낸다.
Consider	Consider	중요한 처리를 나타낸다.
Loop	loop	반복 처리를 나타낸다.
Break	break	if 조건이 만족했을 때 중단을 나타낸다.

4.3 사용 예제

위에서 사용했던 사원 연수에 대한 예시를 시퀀스 다이어그램에서도 작성해 본다.

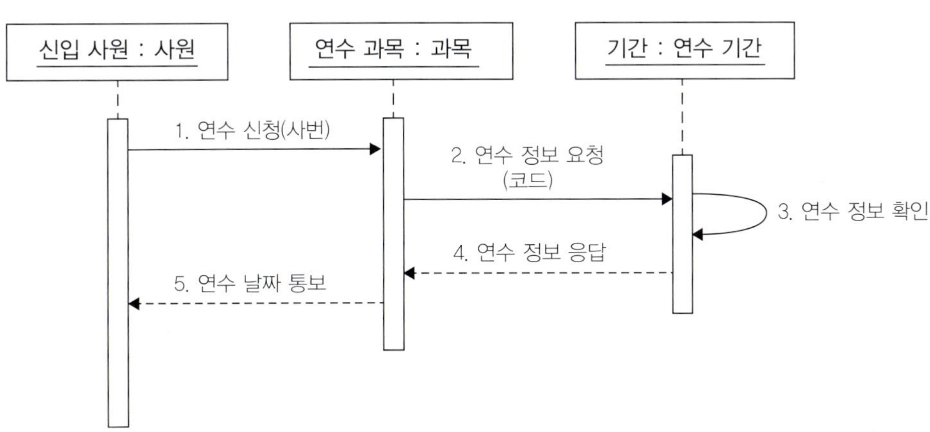

그림 3 신입사원 연수 신청 시퀀스 다이어그램

사원 클래스로부터 신입사원 객체, 과목 클래스로부터 연수과목 객체, 연수 기간 클래스로부터 기간 객체를 가져온다. 위 클래스 다이어그램에서는 신입사원이 사원 클래스로부터 상속받은 하위 클래스로 명시하였지만, 여기서는 편의상 객체로 활용하여 설명하도록 한다. 신입사원 객체는 연수 신청을 할 수 있는데, 이때 매개변수값으로 사번을 같이 호출한다. 연수과목 객체는 연수 신청 메시지를 받아 해당 연수가 있는지, 연수 진행이 가능한지를 확인하기 위해 연수 정보 요청 메시지를 기간 객체에 보내게 된다. 이때 매개변수값으로 연수과목 코드를 함께 호출하여 해당 과목의 연수를 확인할 수 있도록 한다.

기간 객체는 연수 정보 확인을 자신이 가지고 있는 정보를 기반으로 진행한다. 이때 연수 날짜, 기간, 장소 등의 정보를 확인한다. 정보 확인이 종료되면 기간 객체는 연수 정보 응답 메시지를 연수과목 객체에 보낸다. 이후 이 정보를 기반으로 신입 사원에게 연수 날짜를 통보함으로써 연수 신청 처리를 종료하게 된다. 이렇게 시퀀스 다이어그램은 시간의 순서, 메시지의 흐름 순서에 따라 처리 과정을 표현할 수 있어서 각 객체 사이의 상호작용을 구체적으로 표현할 수 있다.

그렇다면 [표 4]에 있는 복합 프래그먼트는 어떠한 경우에 사용할까? 예를 들어, 주로 사용하는 몇 가지 사항으로 살펴보기로 한다.

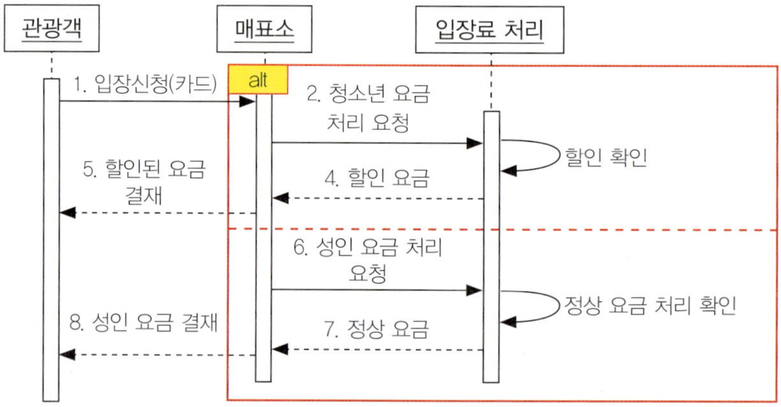

그림 4 신입사원 연수 신청 시퀀스 다이어그램(alt)

[표 4]에서 alt 는 if else를 나타내는 조건 분기 처리이다. 위 예시에서는 관광객이 매표소에 입장료를 내고 처리되는 과정을 나타낸다. 이때 입장료는 청소년 할인과 성

인 요금으로 나뉜다면, 관광객의 입장료 징수에는 청소년인지 성인인지에 따라 입장료가 달라져야 한다.

1번 메시지는 관광객이 입장 신청을 할 때 매표소에 카드를 주면서 요청한 것이다. 이때 사각형 박스로 묶여 있는 상단에 alt가 표현된 것을 확인할 수 있다. 즉 사각형 박스가 두 개의 영역으로 구분되어 있는데 상단은 청소년 할인 요금 처리이고 하단은 성인 요금 처리이다. 따라서 아래의 과정을 나타낼 수 있다.

```
if 관광객 == 청소년:
        청소년 요금 할인 결재
else:
        성인 요금 결재
```

복합 프래그먼트에서 break는 처리의 중단을 의미한다. 프로그래밍을 하다 보면 break가 필요한 상황이 종종 나타나는데 반복문에서 조건에 따라 처리가 중단되어야 하는 상황이거나 조건문에서 특정한 상황에 따라 처리가 중단되어야 하는 상황이 있다. 아래의 그림은 학생의 수강신청 처리에 관한 내용이다. LMS(학습 관리 시스템: Learning Management System)은 학생들의 수강신청을 도와주는 학사 지원 시스템을 말하며, 수강정보 시스템이 학생 수강신청을 돕는다. 학생은 학번과 과목코드를 통해 수강신청을 한다. 이때 요청 메시지를 받은 LMS는 수강 잔여석 확인 요청을 수강 정보 시스템에 보내게 된다. 수강정보 시스템은 수강 잔여석을 확인하여 LMS에 해당 정보를 보내게 되는데, 이때 잔여석이 없다면 (수강 잔여석 <= 0) 해당 과목의 수강신청이 계속 진행되지 못하도록 수강신청이 중단되어야 한다. 여기서 break가 작동한다. break에는 관련 메시지에 [ ] 사이에 조건을 명시함으로써 어떤 조건에서 break가 되는지 나타낸다.

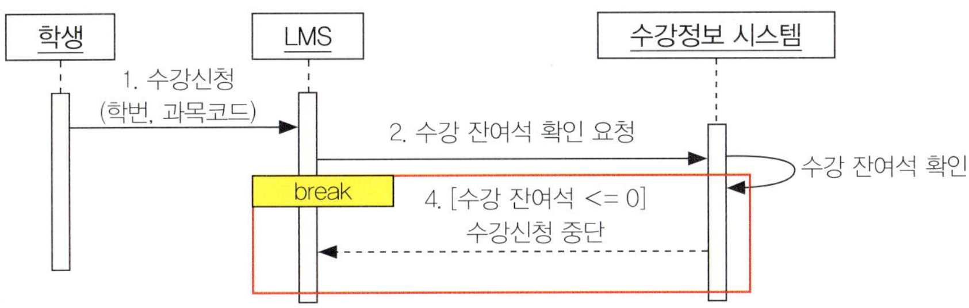

그림 5 수강신청 시퀀스 다이어그램(break)

5. 상태 머신 및 활동 다이어그램

5.1 소개

상태 머신 다이어그램(State Machine Diagram)은 상태도(State Chart Diagram)라고도 알려져 있으며, 객체 또는 시스템이 이벤트에 응답하여 나타날 수 있는 다양한 상태들과 변화들을 나타낸다. 특히 소프트웨어 시스템과 프로세스의 동적 측면을 시각화하고 설계하는 데 사용한다.

상태 머신 다이어그램의 요소와 특징은 다음과 같다.

- **상태(States)**

객체 또는 시스템이 속할 수 있는 뚜렷한 조건 또는 단계를 나타낸다. 표현은 내부에 상태 이름이 있는 둥근 사각형으로 나타내며, 상태는 종종 진입 및 분기 작업과 같은 추가 작업들도 포함한다.

- **초기 및 최종 상태(Initial and Final States)**

초기 상태는 개체의 수명 주기의 시작점을 나타내며, 상태 머신 다이어그램의 시작을 의미한다. 표현은 검은색 원으로 표시하고, 최종 상태는 개체의 수명 주기의 끝점으로 나타낸다.

- **전환(Transitions)**

개체 또는 처리가 한 상태에서 다른 상태로 이동하거나 변화하는 것을 나타낸다. 표현은 상태를 연결하는 화살표로 표시되며, 전환을 유발하는 트리거 이벤트 또는 조건을 나타내는 레이블로 표시한다.

- **이벤트(Events)**

한 상태에서 다른 상태로 전환을 트리거라고 하는데, 트리거에 의한 상태 전환을 나타낸다. 이러한 트리거는 내부(자체 트리거) 또는 외부(외부 요인에 의해 발생)로부터 발생할 수 있으며, 사건은 작은 직사각형으로 표현한다.

- **작업(Actions)**

상태가 진입하거나 종료될 때 실행되는 작업 또는 동작을 나타낸다. 이는 상태 변경 중에 수행된 활동을 나타내는 전환과도 연결될 수 있다.

- **복합 상태(Composite States)**

여러 상태 및 전환을 단일 단위로 그룹화할 때 사용하며, 복잡한 상태 시스템을 단순화하는 데 유용하다.

- **동시성(Concurrency)**

동시에 활성화할 수 있는 병렬 또는 동시 상태를 나타내며, 동시 영역은 수직 점선을 사용하여 나타낸다.

- **모델링 행동(Modeling Behavior)**

개체나 시스템이 다른 상태를 지나면서 활동이 어떻게 변하는지 시각적으로 나타낸다.

- **라이프사이클 표현(Lifecycle Representation)**

객체 또는 시스템이 라이프사이클 동안 변화되는 상태들을 확인할 수 있다.

- **복잡한 논리(Complex Logic)**

여러 상태, 전환 및 동시성을 가진 복잡한 행동을 묘사할 수 있다.

- **프로토콜 모델링(Protocol Modeling)**

통신 프로토콜이나 사용자 인터페이스와 같은 시스템에서 객체의 상호 작용과 프로토콜을 모델링하는 데 사용된다.

- **소프트웨어 설계(Software Design)**

소프트웨어 개발자가 사용자 인터페이스, 워크플로우 시스템 및 제어 시스템과 같은 상태 기반 논리를 구현할 수 있도록 지침을 제공한다.

또한, 활동도(Activity Diagram)는 시스템이나 프로세스에서 활동, 행동, 전환의 흐름을 나타낸다. 워크플로우, 비즈니스 프로세스, 소프트웨어 알고리즘 및 복잡한 절차를 모델링하는 데 사용하며 시스템 내에서 행동, 의사결정 지점 및 동시 활동의 시퀀스를 시각화할 수 있다.

- **활동(Activity)**

시스템 또는 프로세스 내의 작업 또는 작업 단위를 나타낸다. 표현은 활동 이름이 안쪽에 있는 둥근 직사각형으로 나타내며 단순한 활동과 복잡한 과정을 모두 나타낼 수 있다.

- **초기 노드(Initial Node)**

활동 다이어그램의 시작점을 나타내며, 검은색 원에 "Initial"이라는 라벨을 표시할 수 있다.

- **최종 노드(Final Node)**

활동 다이어그램의 끝점을 나타내며, "최종"이라는 라벨이 붙은 더 큰 원으로 둘러싸인 채워진 원으로 표시한다.

- **작업(Action)**

활동의 일부로 수행되는 작업을 나타내며, 내부에 작업 이름이 있는 직사각형으로 표시한다.

- **제어 흐름 화살표(Control Flow Arrow)**

한 활동에서 다른 활동으로의 제어 흐름을 나타내며, 실행 순서를 나타내는 활동을 연결하는 화살표로 표시한다.

- **결정 노드(Decision Node)**

결정에 따라 제어 흐름이 분산될 수 있는 점을 나타내며, 결정 조건이 있는 다이아몬드 모양으로 표시한다.

- **노드 병합(Merge Node)**

병렬 실행 후 여러 제어 흐름이 수렴하는 점을 나타내며, 다이아몬드 모양으로 표시하여 흐름의 병합을 나타낸다.

- **포크 노드(Fork Node)**

제어 흐름이 여러 개의 병렬 경로로 분할되는 점을 나타내며, 두 개 이상의 제어 흐름 화살표가 나오는 막대로 표시한다.

- **조인 노드(Join Node)**

평행 제어 흐름이 수렴하는 점으로 나타내며, 두 개 이상의 제어 흐름 화살표가 병합된 막대로 표시한다.

- **개체 노드(Object Node)**

활동에서 개체의 존재를 나타내며, 내부에 개체 이름이 있는 직사각형으로 표현한다.

- **최종 노드 흐름(Flow Final Node)**

활동 내의 특정 흐름의 끝점을 나타내며, 안쪽에 십자가가 있는 원으로 표시되어 해당 흐름의 종료를 나타낸다.

5.2 표현 기호

상태 머신 다이어그램과 활동 다이어그램은 아래의 기호를 통해 객체 간의 이벤트나 처리를 표현한다. 특히 두 다이어그램은 표기법이 비슷하여 같이 설명한다.

표 5 상태 머신 다이어그램의 표기법

기호	이름	내용
	초기 상태 (Initial States)	상태 머신 다이어그램의 시작을 나타낸다.
	최종 상태 (Final States)	상태 머신 다이어그램에서 전체 프로세스의 종료를 의미한다.
	상태 (States)	처리가 변하는 상태를 나타낸다.
	분기(판단) (Choice)	상태로부터의 이벤트가 나뉘는 분기점을 의미한다.
	전환 (Transitions)	한 상태에서 다른 상태로의 이동을 의미한다.
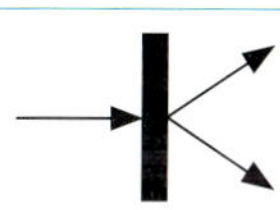	전환: 포크 (Transitions Fork)	한 상태에서 두 개 이상의 상태로 분리되는 전환을 나타낸다.
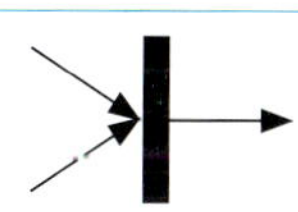	전환: 포크 (Transitions Join)	두 개 이상의 상태에서 하나의 상태로 합쳐지는 상황을 나타낸다

표 6 활동 다이어그램의 표기법

기호	이름	내용
	초기 노드 (Initial Node)	활동 다이어그램의 시작을 나타낸다.
	최종 노드 (Final Node)	활동 다이어그램에서 전체 프로세스의 종료를 의미한다.
	활동 (Action)	처리가 실행되는 실제의 활동을 나타낸다.
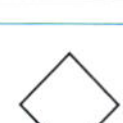	결정 노드 (Decision Node)	조건이나 논리에 따라 분기가 일어나는 지점을 의미한다.

기호	이름	내용
	제어 흐름 화살표 (Control Flow Arrow)	활동과 활동 사이의 이동을 의미한다.
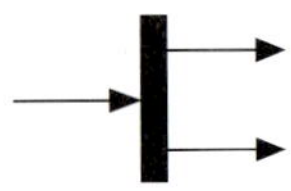	포크 노드 (Fork Node)	한 활동에서 두 개 이상의 활동으로 분리되는 전환을 나타낸다.
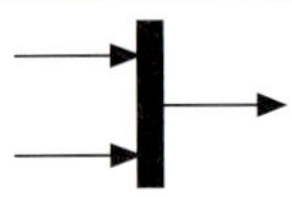	조인 노드 (Join Node)	두 개 이상의 활동에서 하나의 활동으로 합쳐지는 상황을 나타낸다.

5.3 사용 예제

아래의 그림은 카페에 들어가서 메뉴를 고르고 음료를 받아 마시기까지의 과정을 담은 상태 다이어그램이다. 상태 다이어그램은 상태를 기점으로 변화되는 상황을 묘사하는 것이기에 상태와 상태 사이의 전환을 나타내는 화살표에 메시지를 기술하여 전 상태에서 후 상태의 전환이 왜 이루어지는지를 나타낸다.

시작에서부터의 메시지는 "카페에 들어간다"이다. 그 후 메뉴를 고르는 중에서는 마실 음료와 가격을 보고 메뉴를 선택한다. 이때 무한정으로 메뉴를 선택하기보다는 금액을 계산하면서 주문할 메뉴를 결정하게 된다. 메뉴 선택이 끝나면 "선택 완료" 상태가 된다. 직원에게 카드를 주는 행위를 하면 결재를 진행하고 "결재 완료" 상태가

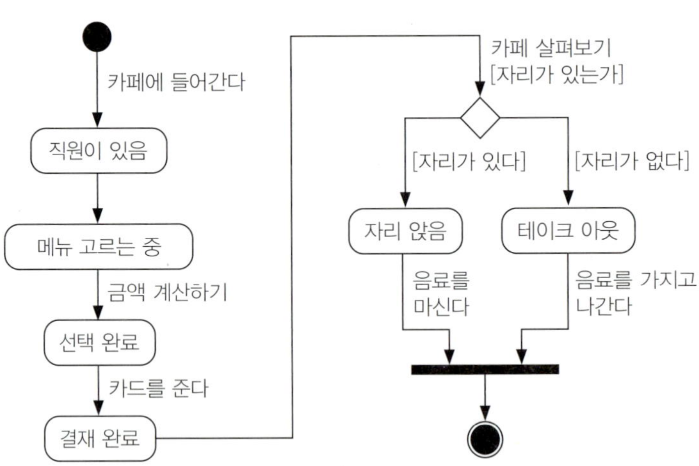

그림 6 카페 메뉴 고르기 상태 다이어그램

된다. 카페를 둘러보고 빈자리가 있는지 살펴본다. 만일 자리가 있으면 “자리 앉음” 상태가 되고 해당 자리에 앉아 음료를 마시면 된다. 그러나 자리가 없다면 “테이크아웃” 상태로 음료를 가지고 나가야 한다. 모든 과정이 마쳐지면 상태 다이어그램은 종료된다.

다음 [그림 7]은 카페 메뉴 고르기 활동 다이어그램을 나타낸다. 위 상태 다이어그램과 유사하지만 보는 관점은 상태가 아니라 활동, 즉 처리나 기능이 되는 것이 다르다. 먼저 시작에서는 “카페에 들어간다”의 활동이 수행되고, 카페에서 “음료를 고른다” 또는 “빵을 고른다”의 활동을 한다. 음료나 빵 고르기가 완료되면 “주문을 한다“의 처리를 수행한다. 카페 직원에게 주문을 할때 ”카드를 준다“의 활동이 수행되면 직원은 ”결재를 한다“의 활동을 한다. 결재 후 직원이 건네주는 ”호출벨을 받는다”의 활동을 하고 나면 카페에서는 음료나 빵을 준비하게 된다. “호출벨이 울리면” 이라는 조건을 통해 내 호출벨인지 아닌지를 판별하게 된다. 내 것이 아닌 경우 “대기 한다”의 활동을 계속 하여야 하지만, 내 것인 경우는 “음료와 빵을 받는다”의 활동을 하게 된다. 그 후 “자리에 앉아서 먹는다”의 활동이 이루어지면 전체 활동 다이어그램의 처리가 종료된다.

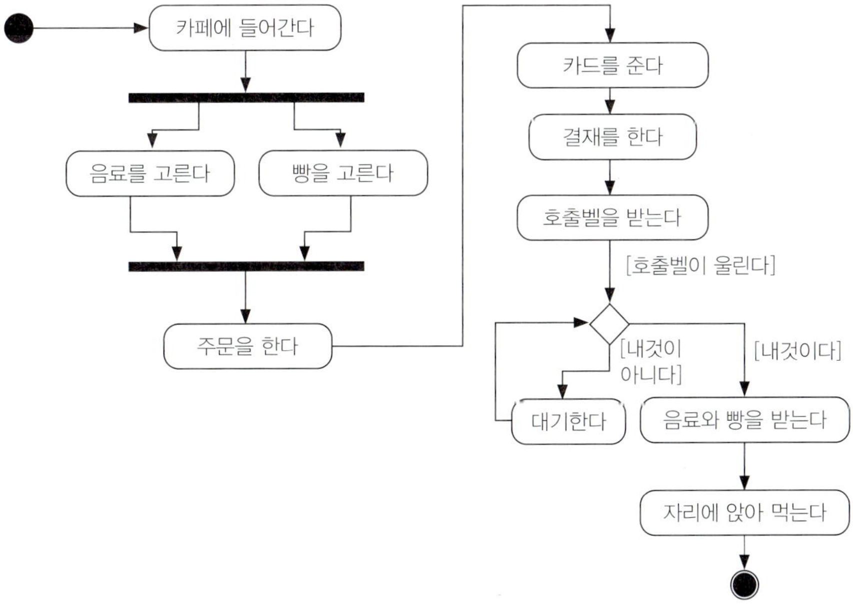

그림 7 카페 메뉴 고르기 활동 다이어그램

6. 패키지 다이어그램과 배치 다이어그램

6.1 소개

패키지 다이어그램(Package Diagram)은 시스템의 다양한 요소를 패키지 또는 네임스페이스로 구성하는 것을 나타내는 구조도이다. 이는 시스템의 서로 다른 구성 요소 또는 모듈 간의 관계, 종속성 및 계층을 보여주는 데 사용되어 대규모 소프트웨어 아키텍처의 복잡성을 관리할 때 유용하다. 특히, 명확한 조직 및 모듈화가 필요한 대규모 소프트웨어 프로젝트를 다룰 때 시스템의 상위 수준 구조를 설계하고 문서화하는 데 사용한다.

패키지 다이어그램의 요소는 다음과 같다.

- **패키지(Package)**

클래스, 인터페이스 또는 기타 패키지와 같은 관련 요소 집합에 대한 논리적 그룹 또는 컨테이너를 나타낸다. 표현은 패키지 이름이 안에 있는 직사각형으로 나타내며, 패키지는 시스템의 구성 요소를 구성하고 관리하는 데 사용된다.

- **종속 관계(Dependency Relationship)**

한 패키지의 변경 사항이 다른 패키지에 영향을 미칠 수 있는 관계를 의미하며, 종속성의 유형을 나타내는 선택적 레이블이 있는 점선 화살표로 표현한다.

- **일반화 관계(Generalization Relationship)**

패키지 간의 계층 또는 상속 관계를 나타내며, 관계 유형을 나타내는 옵션 레이블이 있는 실선 화살표로 표현한다.

- **관계 가져오기(Import Relationship)**

한 패키지의 요소가 다른 패키지에서 사용되는 관계를 나타내며, 가져오기 유형을 나타내는 선택적 레이블이 있는 점선 화살표로 표현한다.

- **액세스 관계(Access Relationships)**

패키지가 클래스 및 인터페이스와 같은 다른 패키지의 내용에 액세스하는 방법을 나타내며, 레이블이 있는 대시 화살표 또는 선으로 표현한다.

• **네스팅 관계(Nesting Relationships)**

한 패키지가 다른 패키지 내에 중첩되는 방법을 나타내며, 중첩된 패키지와 포함된 패키지를 연결하는 실선으로 표현한다.

• **패키지 병합 관계(Package Merge Relationship)**

둘 이상의 패키지가 하나의 패키지로 결합되는 상황을 나타내며, 점선 화살표가 단일 패키지로 병합되는 것으로 표현한다.

• **패키지 다이어그램 프레임(Package Diagram Frame)**

패키지 다이어그램의 경계를 나타내며, 요소를 그룹화하고 다이어그램의 범위를 표현한다.

패키지 다이어그램은 특징으로는 다음과 같은 사항을 들 수 있다.

• **구조적 구성(Structural Organization)**

요소가 패키지로 구성되는 방법을 보여주며, 시스템 아키텍처의 개요를 나타낼 수 있다.

• **모듈성 및 재사용성(Modularity and Reusability)**

대형 시스템을 관리 가능한 모듈로 분해하여 복잡성을 관리할 수 있다.

• **종속성(Dependencies)**

서로 다른 패키지와 구성 요소 간의 관계와 종속성을 나타낸다.

• **시스템 설계(System Design)**

시스템 설계 및 개발에 있어서 프로그램에서 사용하는 모듈이나 패키지의 전반적인 설정 및 구성 환경을 파악할 수 있다.

배치 다이어그램(Deployment Diagram)은 하드웨어 노드, 소프트웨어 구성 요소 및 시스템 내의 상호 작용의 물리적 배열을 나타낸다. 또한 소프트웨어 구성 요소가 네트워크 환경에서 서로 다른 하드웨어 장치나 노드가 어떻게 구성되는지 표현할 수 있다.

배치 다이어그램의 요소는 다음과 같다.

- **노드(Node)**

서버, 데스크톱 컴퓨터, 모바일 장치 또는 네트워크 스위치와 같은 물리적 컴퓨팅 리소스를 나타내며. 내부에 노드 이름이 있는 네모 박스로 표현한다.

- **컴포넌트(Component)**

소프트웨어 부품 즉, 컴포넌트를 나타낸다. 컴포넌트란 소프트웨어의 로직이나 프로세스를 작은 단위 또는 일정 단위의 묶음으로 만들고 해당 로직이나 프로세스에 접근할 수 있는 별도의 인터페이스를 열어 두고 전체 내용은 소프트웨어 부품처럼 별도로 만들어 놓은 것이다. 이렇게 사용함으로써 소프트웨어 구현을 캡슐화하고 특정 기능을 제공하는 소프트웨어 시스템의 모듈화를 구성할 수 있고 소프트웨어 컴포넌트들을 합성하여 전체 소프트웨어를 구성할 수 있다. 표현은 구성 요소의 이름이 안에 있는 직사각형으로 표시한다.

- **아티팩트(Artifact)**

소프트웨어 개발 프로세스에 의해 사용되거나 생성되는 물리적 정보를 나타내며, 내부에 아티팩트의 이름이 있는 직사각형으로 표현한다.

- **연관성(Association)**

노드 간의 통신 경로 또는 관계를 나타내며, 노드, 구성 요소 또는 아티팩트를 연결하는 점선으로 표현한다.

- **종속성(Dependency)**

성분 또는 아티팩트 간의 관계를 나타내며, 하나는 다른 하나에 의존한다는 것을 나타내며, 선택적 의존성 고정관념이 있는 점선으로 표현한다.

- **배포 관계(Deployment Relationship)**

노드에 대한 구성 요소 또는 아티팩트의 할당을 나타내고, 선택적 고정관념이 있는 실선으로 표현한다.

- **통신 경로(Communication Path)**

노드 간의 통신 링크를 나타내며 데이터를 교환하거나 상호 작용하는 방법을 나타내며, 노드를 연결하는 선으로 표시되며, 종종 통신 방향을 나타내는 화살표와 함께 표현한다.

- **노드 사용(Use of Node)**

특정 노드에 대한 구성 요소 또는 아티팩트의 배포를 나타내고, 구성 요소 또는 아티팩트에 연결하는 선이 있는 노드에 연결된 작은 원으로 표현한다.

배치 다이어그램은 특징으로는 다음과 같은 사항을 들 수 있다.

- **하드웨어-소프트웨어 매핑(Hardware-Software Mapping)**

배치 다이어그램은 소프트웨어 구성 요소가 분산 시스템의 하드웨어 노드에 매핑되는 방법을 나타낼 수 있다.

- **네트워크 토폴로지(Network Topology)**

하드웨어 노드 간의 네트워크 토폴로지 및 통신 경로를 나타낸다.

- **시스템 배포(System Deployment)**

시스템 구성 요소가 물리적 리소스에 어떻게 배포되는지에 대한 확인이 가능하다.

- **리소스 할당(Resource Allocation)**

서버, 데이터베이스 및 장치와 같은 리소스 할당을 계획하고 관리하는 데 참조할 수 있다.

6.2 표현 기호

패키지 다이어그램과 배치 다이어그램의 표기법같이 설명하면 다음과 같다.

표 7 패키지 다이어그램의 표기법

기호	이름	내용
	패키지 (Package)	프로그램이나 시스템 요소들을 나타내며, 패키지 이름을 박스 안에 표기한다.
	관계 (Relation)	패키지와 패키지 사이의 관계를 나타낸다.

표 8 배치 다이어그램의 표기법

기호	이름	내용
	노드 (Node)	장치나 리소스 등을 나타낸다.
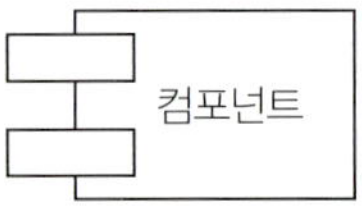	컴포넌트 (Component)	소프트웨어 단위 블록, 부품을 나타낸다.
	인터페이스 (Interface)	컴포넌트의 연결 및 접근 방법을 나타낸다.
	종속성 또는 의존성 (Dependency)	해당 객체가 다른 컴포넌트의 일부라는 것을 나타내며, 요소들 사이의 의존성을 나타낸다.

6.3 사용 예제

사용 예제로는 ERP 시스템 중에서 사원관리 프로그램의 경우를 살펴보기로 한다. 사원에는 많은 프로그램 로직을 가지는데, 사원들의 연봉과 같은 급여를 책정하고 계산하는 급여 관리, 사원들의 근무 성적을 반영하는 근태 관리, 직급, 직위, 입사 구분, 자격 등 인사관리 처리에 필요한 내용을 관리하는 인사관리, 퇴직자들의 퇴직금 계산, 퇴직 급여 계산, 퇴직자의 원천세 신고 내역 등을 관리하는 퇴직 관리, 일용직 근로자의 근무내역 및 급여 계산 등을 관리하는 일용직 관리, 사원들의 연말정산 내역을 관리하고 환급금 처리를 도와주는 연말정산 관리 등이 실행된다. 이들 각각의 기능에 따라 모두 패키지로 구현하고, 사원 관리는 이 패키지들을 호출하거나 사용하여 회사에서 필요한 사원 관리 처리를 수행할 수 있다. 이러한 관계를 패키지 다이어그램으로 표현하면 다음과 같다.

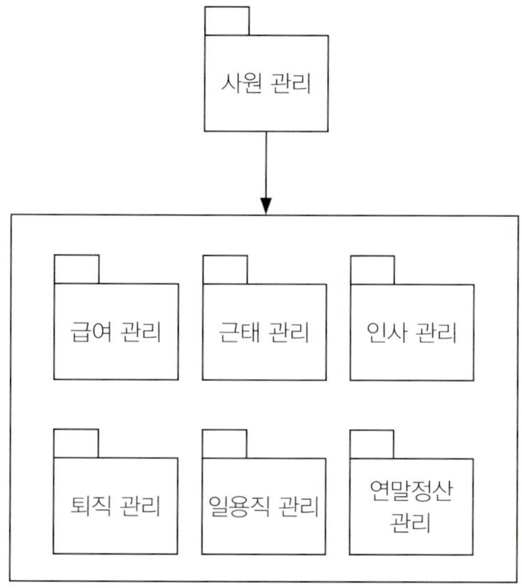

그림 8 ERP에서 사원 관리 패키지 다이어그램

아래의 그림은 ERP 시스템의 배치 다이어그램을 나타낸다. 이때 서버와 사용자(클라이언트)가 있으며, 서버에 연결된 ERP 시스템에서는 각 기능에 따라 컴포넌트로 구현된 사원 관리, 구매 관리, 재고 관리, 발주 관리, 생산 관리, 제조 관리, 유통 관리 등이 있다. 또한 각 컴포넌트들 사이에는 이들의 연결을 위한 인터페이스가 있어서 컴포넌트 사용을 위한 접근을 허용하고 있다.

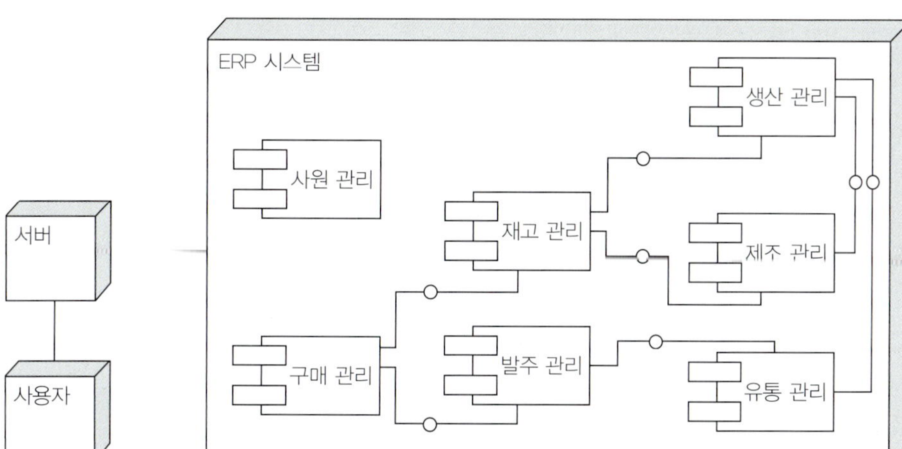

그림 9 ERP 시스템의 배치 다이어그램

연습문제

01. UML 다이어그램에 속하지 않는 것은?

① 클래스 다이어그램　　② 배경 다이어그램
③ 순차 다이어그램　　④ 상태 다이어그램

02. 유즈 케이스 다이어그램에서 시스템을 실제로 사용하는 사용자 또는 외부 엔티티들을 무엇으로 표현하는가?

① 유저　　② 엔드유저
③ 접근자　　④ 액터

03. 액터와 유스 케이스 사이의 관계에 해당되지 않는 것은?

① 연관　　② 일반화
③ 상속　　④ 관계 확장

04. 아래의 기호는 유즈 케이스 다이어그램에서 무엇을 나타내는가?

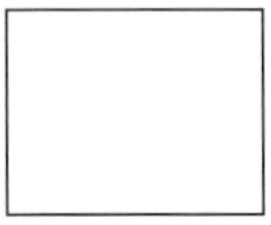

① 시스템 경계　　② 유즈 케이스
③ 액터　　④ 요구사항 블록

05. 클래스 다이어그램의 특징으로 거리가 먼 것은?

① 명확성　　② 가시성
③ 종속성　　④ 일반화

06. ----------> 은 클래스 다이어그램에서 무엇을 나타내는가?

① 일반화　　② 실체화
③ 의존　　④ 연관

07. - - - - - - - - -▷은 클래스 다이어그램에서 무엇을 나타내는가?

① 일반화　　② 실체화
③ 의존　　④ 연관

08. 아래 그림의 설명으로 옳지 않은 것은?

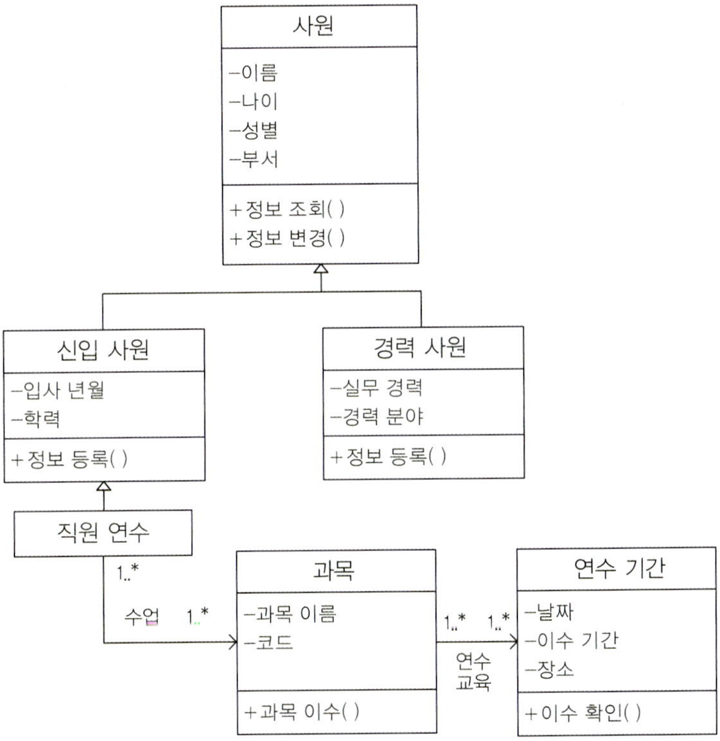

① 경력사원은 사원 클래스를 상속받는다.
② 신입사원은 사원 클래스를 상속받는다.
③ 과목은 직원과 직접 연관관계를 가진다.
④ 연수기간은 신입사원을 상속받는다.

09. 시퀀스 다이어그램은 객체 또는 구성 요소들의 인스턴스들이 시간의 순서에 따라 상호 작용을 표현할때 해당 객체 사이의 이벤트가 활성화되어 있는 기간을 나타내는 데 사용하는 기준선은?

① 라이프 라인　　② 활성화 블록
③ 메시지 블록　　④ 이벤트 라인

10. ———→은 시퀀스 다이어그램에서 무엇을 나타내는가?

① 동기 메시지　　② 비동기 메시지
③ 연관　　④ 활성화

11. 시퀀스 다이어그램에서 if else와 같은 조건 분기를 나타내는 복합 프래그먼트는?

① alt　　② par
③ opt　　④ loop

12. 상태 머신 다이어그램에서 한 상태에서 다른 상태로 전환을 트리거라고 하는데, 이 트리거에 의한 상태 전환을 무엇이라 하는가?

① 전환　　② 작업
③ 이벤트　　④ 복합 상태

13. ◉은 상태 머신 다이어그램에서 무엇을 나타내는가?

① 초기상태　　② 최종상태
③ 전환　　④ 상태

14. 배치 다이어그램에서 서버, 데스크톱 컴퓨터, 모바일 장치 또는 네트워크 스위치와 같은 물리적 컴퓨팅 리소스를 나타내며. 내부에 노드 이름이 있는 네모 박스로 표현하는 이것은?

① 노드　　② 컴포넌트
③ 아티팩트　　④ 연관성

15. ○———은 배치 다이어그램에서 무엇을 나타내는가?

① 노드　　② 컴포넌트
③ 인터페이스　　④ 종속성

10101
01010

제13장 >>>>

UML 모델링 설계

1. UML 모델링 설계
2. 웹 사이트, 회원 관리 시스템에 대한 프로그램 기획하기
3. 회원 가입, 수정 등의 사용자 요구사항 다이어그램 설계
4. 회원 관리에 대한 클래스 다이어그램 설계
5. 회원 관리 시스템의 시퀀스 다이어그램 설계
6. 회원 관리 시스템의 상태 다이어그램 설계

1. UML 모델링 설계

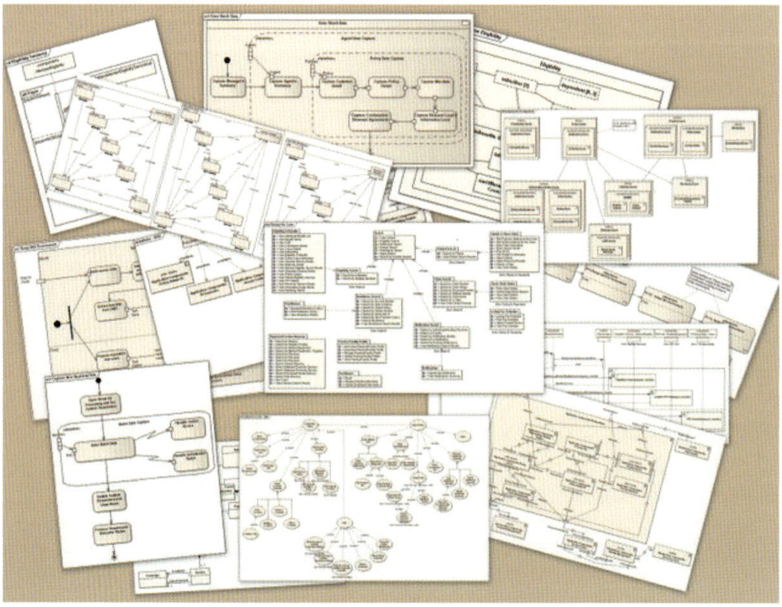

그림 1 UML (출처: Wikimedia, Kishorekumar 62)

UML(Unified Modeling Language)로 소프트웨어를 설계하는 것은 표준화된 다이어그램을 사용하여 소프트웨어 시스템의 시각적 표현을 만드는 일이다. 앞장에서 설명하였던 것처럼 UML은 소프트웨어 시스템을 시각화, 구체화, 구성 및 문서화하는 매우 유용한 도구이다.

소프트웨어 시스템을 기획할 때 UML을 이용하려면 무엇을 고민해야 할까?

- **UML 개념 이해**

UML에 대한 개념을 충분히 숙지해야 한다. 이때 고려해야 하는 요소로는 클래스, 객체, 관계, 행동 및 상태 다이어그램과 설계 항목과 내용을 알아야 한다.

- **목적 식별**

UML 모델링의 목적을 정해야 한다. 하고자 하는 시스템이 새로운 시스템을 설계하는 것인지 아니면 기존 시스템을 문서화하는 것인지 등을 명확히 해야 한다.

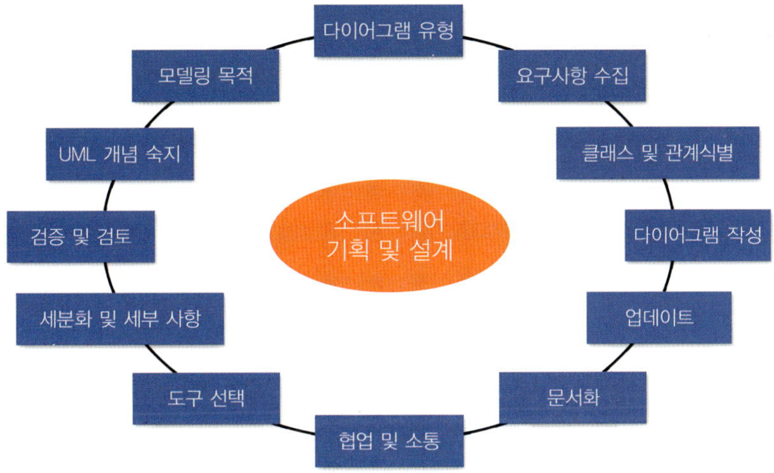

그림 2 UML을 이용하여 소프트웨어 설계 시 고려사항

- **다이어그램 유형 선택**

다이어그램의 유형을 선택해야 한다. UML에는 많은 다이어그램이 있다. 어떤 다이어그램을 활용할 것인지 정해야 한다.

- **요구 사항 수집**

시스템의 요구사항과 기능을 이해한다. 시스템에서 주요 행위자, 사용 사례 및 상호 작용 등이 무엇인지 식별해야 한다.

- **클래스 및 관계식별**

시스템의 주요 클래스와 속성 및 방법을 식별해야 한다. 연결, 집계 및 상속과 같은 클래스 간의 관계를 정의하는 것도 필요하다.

- **다이어그램 작성**

시스템의 상위 구조를 나타내는 다이어그램을 작성한다. 예를 들어, 사용자 요구사항 분석과 시스템 기능들의 연관을 나타내는 유즈 케이스 다이어그램과 클래스와 클래스의 관계를 묘사하는 클래스 다이어그램 등을 우선 작성한다. 또한 각 클래스로부터 파생되는 객체 간의 메시지 교환 및 상호작용, 시간에 따른 처리를 나타내는 시퀀스 다이어그램의 작성이 필요하다.

- **세분화 및 세부 사항**

구성된 다이어그램을 세분화하고 자세한 내용을 추가한다. 활동, 상태, 배치 다이어그램과 같은 시스템의 다양한 측면을 나타낼 수 있는 추가 다이어그램을 작성할 수 있다.

- **검증 및 검토**

UML 다이어그램을 정기적으로 검토함으로써 정확성과 일관성을 유지한다. 의도된 설계대로 정확하게 다이어그램에 반영하였는지를 검증한다.

- **도구 선택**

기획한 내용에 맞는 UML 모델링 도구를 선택한다. UML 다이어그램을 생성하고 관리하기 위한 기능을 제공하는 다양한 도구가 무료와 상용 둘 다 이용할 수 있다.

- **협업 및 소통**

UML 다이어그램은 소프트웨어 프로젝트 이해관계자 간의 의사소통 수단의 역할을 한다. 개발 팀원, 개발자 및 기타 이해관계자와 협력하여 모두가 설계를 이해할 수 있어야 한다. 이때 UML은 중요한 소통 수단이 된다.

- **문서**

주석 및 설명을 제공하여 UML 다이어그램을 문서화한다. 이 설명서는 다른 사람들이 설계 결정 및 이론적 근거를 이해하는 데 도움이 된다.

- **업데이트**

UML을 사용하여 소프트웨어를 설계하는 것은 반복적인 프로세스이다. 소프트웨어 프로젝트가 발전함에 따라 설계의 변경 및 개선 사항을 반영하도록 UML 다이어그램을 업데이트해야 한다.

UML은 소프트웨어 설계를 돕기 위한 도구이지 그 자체로 목적이 아니라는 것을 기억하자. UML의 목표는 복잡한 소프트웨어 시스템을 이해하고 설계하고 기획하는 데 필요한 명확한 설계 다이어그램을 만드는 것이다.

2. 웹 사이트, 회원 관리 시스템에 대한 프로그램 기획하기

본 예제에서는 웹 사이트에서도 회원 관리 시스템의 경우를 고려하기로 한다. 회원 관리 시스템을 이용하는 주체는 회원과 시스템 관리자가 될 것이므로, 이들 두 객체는 액터가 된다. 이들이 이용하는 회원 관리 시스템에서의 기능은 다음과 같다.

- 회원 가입
- 회원 인증
- 회원 탈퇴
- 회원 조회
- 회원 정보 수정
- 회원 등급 관리

일반적인 회원 가입 창은 다음 그림과 같다.

그림 3 웹 사이트의 회원 가입 양식 예시

이때 미리 고려할 사항은 각 아이템마다 구성되는 데이터 타입이다. 이는 다음과 같이 정의할 수 있다.

표 1 회원 가입 아이템에 대한 구성

아이템	데이터 타입	내용
ID	문자 및 숫자	문자와 숫자의 조합으로 최소 8자 이상이다.
비밀번호	문자, 숫자, 특수문자	문자, 숫자, 특수문자의 조합으로 최소 10자 이상이다. 단, 주소, 전화번호 등 특정 개인 정보를 활용한 비밀번호는 불가하다.
이름	문자	문자열로 구성한다.
Email 주소	문자, 숫자, 특수문자	메일 주소를 명시한다.
주소	문자, 숫자	문자와 숫자로 주소를 입력한다. 단, 옵션이므로 반드시 입력해야 하는 사항은 아니다.
연락처	숫자	개인 연락처를 명시한다. 단, 옵션이므로 반드시 입력해야 하는 사항은 아니다.

회원 가입 시에 ID, 비밀번호의 이름 만드는 주의사항과 규칙, 데이터 타입의 조합 등을 명시하여 보안성을 강화할 수 있다. 회원 가입의 규칙과 정보의 정의가 완료되었으면 이들을 어떻게 설계 및 기획할지에 대하여 UML 다이어그램으로 나타내 보자.

3. 회원 가입, 수정 등의 사용자 요구사항 다이어그램 설계

회원 가입에서 액터는 회원과 시스템 관리자이다. 이들이 필요한 기능들을 유즈 케이스 다이어그램으로 나타내면 아래와 같다.

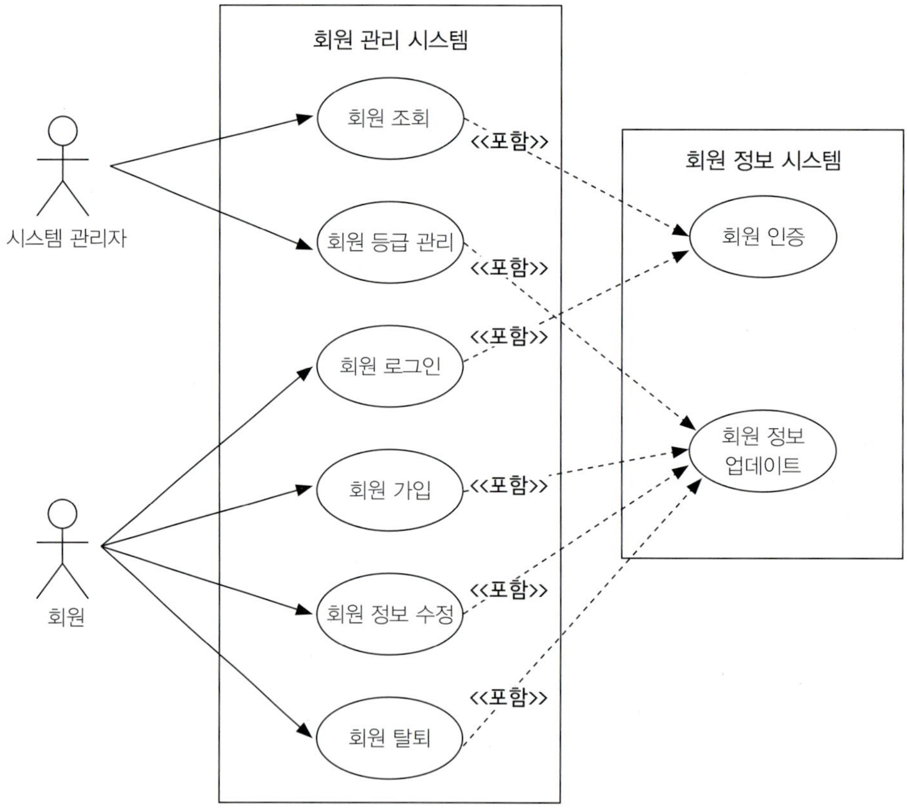

그림 4 웹 사이트의 회원 관리 유즈 케이스 다이어그램

이때 회원이 이용하는 기능들은 회원 로그인, 회원 가입, 회원 정보 수정, 회원 탈

퇴이다. 회원이 사이트 이용을 위하여 로그인을 실행하면 회원 정보 시스템에 있는 회원 인증을 통해 등록된 회원인지 아닌지를 확인할 수 있다. 회원이 회원 관리 시스템을 통해 회원 가입을 하면 입력된 정보를 바탕으로 회원 정보 시스템의 회원 정보 업데이트가 진행된다. 이때 회원 가입 프로세스는 입력된 정보가 규칙에 맞는지, 데이터 타입과 일치하는지 등을 확인하고 만일 해당 규칙과 맞지 않을 경우 회원 가입 정보를 다시 입력하도록 안내하게 된다. 회원 정보 수정은 등록된 회원 데이터가 변경되었거나 수정이 필요한 경우 실행되는 기능으로서 회원 정보가 수정되면 회원 정보 시스템에 있는 회원 정보 업데이트 처리가 이루어져야 한다. 회원 탈퇴의 경우는 회원이 더는 회원의 자격을 가지지 않으려는 것으로 등록된 회원 정보에서도 회원에 관한 모든 데이터를 삭제하도록 한다. 따라서 회원 가입과 회원 탈퇴는 회원 정보 업데이트 처리와 《포함》 관계를 가진다.

시스템 관리자는 회원 조회를 할 수 있으며, 이때 회원 정보 시스템의 회원 인증 처리를 실행함으로써 정상적인 회원인지 아닌지를 판별하게 된다. 시스템 관리자가 접근하는 회원 등급 관리에서는 회원의 등급에 따라 차별화된 서비스를 제공할 수 있기 때문에 웹 사이트에서는 중요한 요인이 된다. 이때 회원 등급 관리는 회원 정보 업데이트를 통해 회원 등급이 변경되었을 때 바로 반영될 수 있도록 한다.

4. 회원 관리에 대한 클래스 다이어그램 설계

회원 관리에 대한 정적인 정보 구조를 나타내는 클래스 다이어그램은 클래스의 정의뿐만 아니라 클래스 간의 관계도 명시할 수 있다. 회원 관리 클래스 다이어그램은 편의상 액터에 따라 회원이 수행하는 기능과 시스템 관리자가 수행하는 기능의 단위로 나누어 구성하였다.

4.1 액터: 회원의 관점

액터가 회원의 관점에서 처리되는 회원 관리 클래스 다이어그램을 나타낸다.

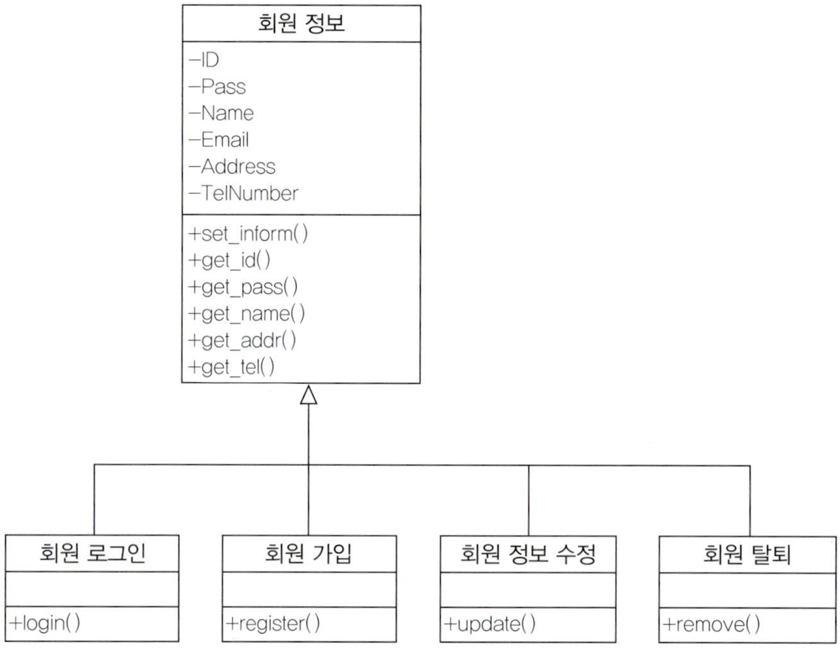

그림 5 웹 사이트의 회원 관리 클래스 다이어그램(액터: 회원)

- **회원 정보 클래스**

회원 정보 클래스를 부모 클래스로 두고 "회원 가입", "회원 정보 수정", "회원 탈퇴" 클래스를 하위 클래스로 두어 부모 클래스의 내용을 상속받을 수 있는 구조이다. 부모 클래스인 회원 정보 클래스에는 ID, Pass, Name, Email, Address, TelNumber의 변수가 있고, 회원 정보를 갱신하는 멤버함수들이 있다.

- **회원 로그인**

회원이 로그인할 때 회원 인증을 통해 등록된 회원인지 아닌지를 확인하는 과정을 멤버함수인 login( )에서 수행한다.

- **회원 가입 클래스**

부모 클래스인 멤버변수들을 상속받을 수 있으므로 따로 멤버변수들을 가지지 않는다. 다만 자신의 멤버함수인 register( )를 갖는데, 이는 회원 가입 처리를 담당한다.

- **회원 정보 수정 클래스**

필요한 멤버변수는 부모 클래스의 변수들을 활용하고, 자신의 멤버함수인 update( )를 가진다. 이 함수는 회원 정보 갱신 처리를 수행한다.

• **회원 탈퇴 클래스**

회원 관련 정보들은 부모 클래스의 멤버변수들을 활용하며, 회원 정보 삭제 처리를 수행하는 remove( ) 멤버함수를 가진다.

위 클래스 구조는 파이썬으로 아래와 같이 코딩할 수 있다.

```
class Member_Inform:
    def set_inform(self, ID, Pass, Name, Address, TelNumber):
        _member_id = ID
        _member_pass = Pass
        _member_name = Name
        _member_addr = Address
        _member_tel = TelNumber
    def get_id(self):
        return _member_id
    def get_pass(self):
        return _member_pass
    def get_name(self):
        return _member_name
    def get_addr(self):
        return _member_addr
    def get_tel(self):
        return _member_tel

class Login_Member(Member_Inform):
    def login(self, ID, Pass):
        pass

class Join_Member(Member_Inform):
    def __init__(self, ID, Pass, Name, Address, TelNumber):
        super().set_inform(ID, Pass, Name, Address, TelNumber)
    def register(self):
        pass

class Update_Member(Member_Inform):
    def update(self, ID, Pass, Name, Address, TelNumber):
        pass

class Remove_Member(Member_Inform):
    def remove(self, ID):
        pass
```

코드에서 pass의 의미는 함수를 정의하였지만 구체적인 처리는 아직 정해지지 않았으므로 나중에 구성한다는 의미로서 파이썬을 컴파일할 때는 에러를 발생하지 않는다. 또한 Login_Member(Member_Inform), Join_Member(Member_Inform), Update_Member(Member_Inform), Join_Member(Member_Inform)의 각 클래스들은 부모 클래스인 Member_Inform으로부터 상속받음을 의미한다.

class Login_Member(Member_Inform)는 회원 로그인을 수행하는 것으로 멤버함수인 login(self, ID, Pass)을 통해 ID, Pass를 비교하여 등록된 사용자인지 아닌지를 확인하게 된다. 현재의 예제에서는 로그인 처리를 위한 구체적인 프로세스를 설정하지 않았기 때문에 pass로 두었다.

class Join_Member(Member_Inform)는 회원 가입을 실행하는 내용으로 [그림 3]에서 입력된 정보들을 회원 정보로 저장하는 역할을 수행한다. 따라서 함수에서는 매개변수값으로 Pass, Name, Address, TelNumber을 모두 받아서 super( ).set_inform(ID, Pass, Name, Address, TelNumber)을 통해 부모 클래스에 있는 변수들에게 값을 등록하게 된다. 또한 화면을 통해 입력된 값들은 등록 정보들은 get_id( ), get_pass( ), get_name( ), get_addr( ), get_tel( ) 멤버함수를 통해서 등록 정보들을 가져온다.

class Update_Member(Member_Inform)는 멤버함수인 update( )를 통해 매개변수값으로 받은 회원 정보를 갱신한다.

class Remove_Member(Member_Inform)는 회원 정보를 삭제하는 작업을 수행하므로 멤버함수인 remove( )만 구성하며, 회원 정보를 삭제할 때는 회원 ID만 알면 되므로 ID를 기준으로 연관된 정보를 삭제하는 작업을 수행한다.

4.2 액터: 시스템 관리자의 관점

시스템 관리자가 수행하는 회원 조회와 회원 등급 관리에 대한 클래스 다이어그램은 [그림 6]과 같다.

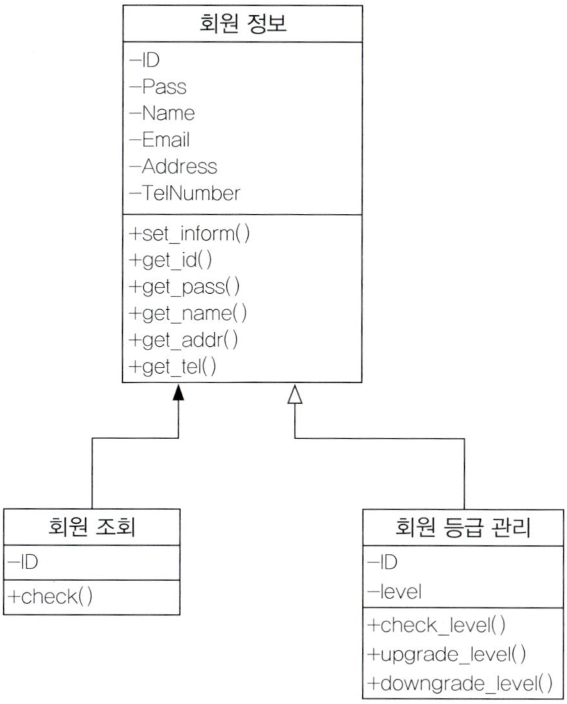

그림 6 웹 사이트의 회원 관리 클래스 다이어그램(액터: 시스템 관리자)

각각의 클래스 내용은 다음과 같다.

- **회원 정보 클래스**

[그림 5]의 내용과 동일하다.

- **회원 조회**

시스템 관리자가 회원 조회를 할 때 회원의 ID를 확인하여 회원 정보를 가져올 수 있다. 시스템 관리자는 회원의 비밀번호를 알아야 할 필요는 없으며, ID만으로도 조회할 수 있기 때문이다. 멤버함수인 check( )를 통해 회원을 조회한다.

- **회원 등급 관리**

회원 등급을 조회할 때도 관리자는 회원의 ID를 통해 조회한다. 이때 실행하는 멤버함수는 check_level( )이다. 또한 회원의 등급 정보는 멤버변수인 level에 저장한다. upgrade_level( )은 회원 등급을 상향하는 것이고, downgrade_level( )은 하향하는 것이다.

위 클래스 다이어그램을 파이썬으로 코딩하면 아래와 같다.

```
class Member_Inform:
    def set_inform(self, ID, Pass, Name, Address, TelNumber):
        _member_id = ID
        _member_pass = Pass
        _member_name = Name
        _member_addr = Address
        _member_tel = TelNumber
    def get_id(self):
        return _member_id
    def get_pass(self):
        return _member_pass
    def get_name(self):
        return _member_name
    def get_addr(self):
        return _member_addr
    def get_tel(self):
        return _member_tel

class Check_Member( ):
    def check(self, ID):
        pass

class Member_Level(Member_Inform):
    def __init__(self, ID, Level):
        self.ID = ID
        self.Level = Level
    def check_level(self):
        pass
    def upgrade_level(self):
        pass
    def downgrade_level(self):
        pass
```

Member_Inform 클래스는 전과 동일하다.

Check_Member 클래스는 멤버함수로 check( )를 가지는데 매개변수로는 ID를 가진다. 회원을 확인할 때 매개변수로 가져온 ID 값이 이용된다.

Member_Level(Member_Inform) 클래스는 회원 등급을 관리하는데 생성자에서 ID와 Level을 매개변수로 가져와서 멤버변수인 self.ID와 self.Level에 저장한다. check_level( ) 멤버함수는 회원 등급을 확인하는 기능을 수행하며, upgrade_level( ) 함수는 회원 등급을 상향하고, downgrade_level( ) 함수는 등급을 하향한다. 클래스 다이어그램은 클래스의 멤버변수나 멤버함수를 모두 구체적으로 구성하는 것이 아니라 클래스의 구성을 이루는 것이다. 구체적인 프로세스의 흐름은 다음에 구성할 시퀀스 다이어그램에서 작성한다.

5. 회원 관리 시스템의 시퀀스 다이어그램 설계

시퀀스 다이어그램에서도 액터가 회원인 경우와 시스템 관리자의 경우를 나누어 구성하였다.

5.1 액터: 회원의 관점

시퀀스 다이어그램에서는 위 클래스 다이어그램에서 구성한 클래스들로부터 생성된 객체들 사이의 메시지 교환, 이벤트 등의 구체적인 프로세스 흐름을 구성하게 된다. 아래의 그램은 회원의 로그인 과정을 나타낸다.

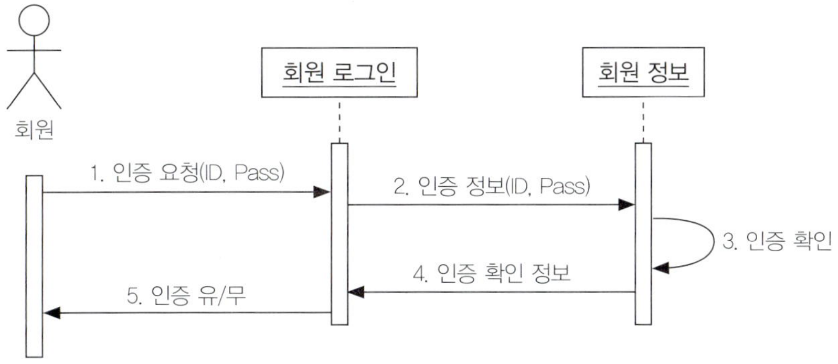

그림 7 웹 사이트의 회원 로그인 시퀀스 다이어그램

액터인 회원은 회원 로그인 객체에게 웹 사이트의 화면을 통해 ID, Password를 입력하고 인증 요청을 보낸다. 회원 로그인 객체는 이 정보를 받아 회원 정보 객체에게 인증 정보를 ID, Pass 매개변수값과 함께 호출하여 회원 정보를 확인할 수 있도록 한다. 회원 정보는 가지고 있는 회원 정보를 기반으로 ID와 Pass가 맞는지 확인하는 인증 절차를 거친다. 저장된 회원의 정보와 일치한다면 인증 성공을, ID 또는 Pass 둘 중 하나라도 틀리면 인증 실패를 회원 로그인 객체에게 리턴한다. 회원 로그인 객체는 이를 받아 회원에게 그 결과를 통보하면 회원 로그인 프로세스가 종료된다. 이러한 과정은 아래의 파이썬 코드로 나타낼 수 있다. 다만 아래의 코드는 완전히 실행 가능한 코드를 나타낸 것이 아니라 위 설계에 따라 구성된 코드이다.

```
class Member_Inform:
    def set_inform(self, ID, Pass, Name, Address, TelNumber):
                 :
                 :
    def get_id(self):
        return _member_id
    def get_pass(self):
        return _member_pass
                 :
                 :
class Login_Member(Member_Inform):
    def login(self, ID, Pass):
        if super.get_id( ) == ID:
                if super.get_pass( ) == Pass:
                        return True
        return False

m_id = input('ID를 입력하세요')
m_pass = input('비밀번호도 입력하세요')
member = Login_Member( )
if member.login(m_id, m_pass):
        print('로그인 성공하였습니다.')
else:
        print('ID 또는 비밀번호가 맞지 않습니다.')
```

Login_Member(Member_Inform) 클래스는 Member_Inform 클래스를 상속받은 클래스임을 나타낸다. login(self, ID, Pass) 멤버함수는 매개변수로 받은 ID와 Pass를 통해 부모 클래스의 멤버변수인 ID아 Pass를 가져와서 각각을 비교한 후 모두 일치하면 True를, 그렇지 않으면 False를 반환한다.

메인 프로그램에서는

```
m_id = input('ID를 입력하세요')
```

을 통해 ID를 입력받아 m_id에 저장하고,

```
m_pass = input('비밀번호도 입력하세요')
```

에서 비밀번호를 받아 m_pass에 저장한다.

```
member = Login_Member( )
```

은 Login_Member 클래스로 부터 member 객체를 생성한다.

```
member.login(m_id, m_pass):
```

생성된 member 객체를 통해 login(m_id, m_pass)멤버함수를 호출함으로써 회원 로그인 프로세스를 실행하게 된다.

회원 가입을 위한 시퀀스 다이어그램은 아래와 같다.

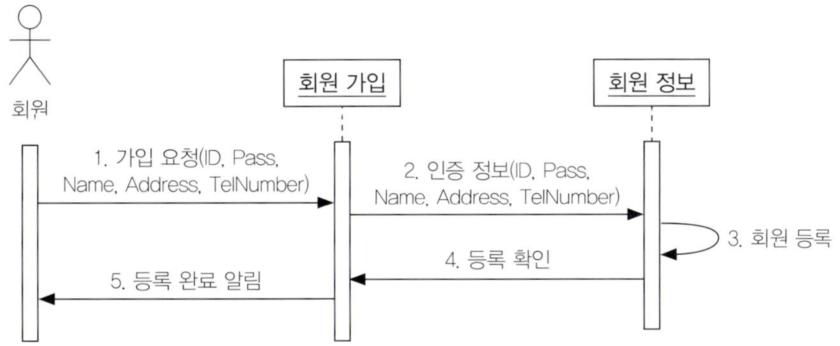

그림 8 웹 사이트의 회원 가입 시퀀스 다이어그램

회원은 회원 가입을 위해 웹 사이트의 회원 정보를 입력받아 ID, Pass, Name, Address, TelNumber의 정보를 회원 가입 객체에게 보내준다. 회원 가입에서는 이 값들을 등록 정보로 하여 회원 정보 객체에 보내주면, 회원 정보에서는 변수에 회원 정보를 등록 및 저장한다. 이들 처리가 완료되면 회원 정보에서는 등록 확인 메시지를 회원 가입에 반환하고, 회원 가입에서는 회원에게 등록 완료 알림 메시지를 보내주면 회원 가입을 위한 전체 프로세스가 종료된다.

이러한 과정을 파이썬으로 코딩하면 다음과 같다.

```
class Member_Inform:
    def set_inform(self, ID, Pass, Name, Address, TelNumber):
        _member_id = ID
        _member_pass = Pass
        _member_name = Name
        _member_addr = Address
        _member_tel = TelNumber
    def get_id(self):
         return _member_id
    def get_pass(self):
         return _member_pass
    def get_name(self):
         return _member_name
    def get_addr(self):
         return _member_addr
    def get_tel(self):
         return _member_tel

class Join_Member(Member_Inform):
    def __init__(self, ID, Pass, Name, Address, TelNumber):
        super().set_inform(ID, Pass, Name, Address, TelNumber)
    def register(self):
         return 'ID =', super().get_id(). '이름 =', super().get_name(), '주소
=',
                  super().get_addr(), '연락처 =', super().get_tel()

print('회원 가입을 정보를 입력하세요')
m_id = input('원하는 ID를 입력하세요. 문자와 숫자의 조합으로 8자 이상이어야 합
니다.')
```

```
m_pass = input('비밀번호를 입력하세요. 문자, 숫자, 특수문자의 조합으로 최소 10
            자 이상이어야 합니다.')
m_pass_chk = input('비밀번호를 확인하기 위하여 다시 입력하세요.')
m_name = input('이름을 입력하세요.')
m_email = input('E-mail을 입력하세요.')
m_addr = input('주소를 입력하세요.')
m_tell = input('연락처를 입력하세요.')

for pass in range(5):
        if m_pass == m_pass_chk:
                print('비밀번호가 맞습니다. 회원 가입을 시작합니다.')
                break
        else:
                pirnt('비밀번호가 맞지 않습니다.')
                m_pass_chk = input('비밀번호를 확인하기 위하여 다시 입력하세요.')

member = Join_Member(m_id, m_pass, m_name, m_email, m_addr, m_tell)
print('가입을 위해 등록된 정보는 다음과 같습니다.')
print(member.register())
```

Join_Member(Member_Inform) 클래스에서는 생성자로 회원 가입 정보를 매개변수값으로 받음으로써 객체를 생성함과 동시에 등록이 이루어지게 하였다.

```
def __init__(self, ID, Pass, Name, Address, TelNumber):
    super().set_inform(ID, Pass, Name, Address, TelNumber)
```

멤버함수인 register( )는 등록된 정보를 확인해주어서 회원이 자신이 등록한 정보가 제대로 저장되는지 알려줄 수 있도록 한다. 이때 반환값으로 'ID = '과 같은 문자열과 부모 클래스에 등록된 변수값들을 불러와서 등록된 정보를 조합하여 문자열로 반환한다.

```
def register(self):
    return 'ID =', super().get_id(). '이름 =', super().get_name(), '주소 =',
           super().get_addr(), '연락처 =', super().get_tel()
```

회원 가입을 위한 메인 프로그램은 사용자가 회원 가입에 필요한 사항을 입력하는 것부터 시작한다.

```
print('회원 가입을 정보를 입력하세요')
m_id = input('원하는 ID를 입력하세요. 문자와 숫자의 조합으로 8자 이상이어야 합니다.')
m_pass = input('비밀번호를 입력하세요. 문자, 숫자, 특수문자의 조합으로 최소 10자
              이상이어야 합니다.')
m_pass_chk = input('비밀번호를 확인하기 위하여 다시 입력하세요.')
m_name = input('이름을 입력하세요.')
m_email = input('E-mail을 입력하세요.')
m_addr = input('주소를 입력하세요.')
m_tell = input('연락처를 입력하세요.')
```

회원 가입을 위해 회원이 ID, 비밀번호, 이름, E-mail, 주소, 연락처를 입력하게 한다. 이때 비밀번호는 확인용으로 두 번 입력받아서 각각 다른 변수에 저장한다.

```
for pass in range(5):
        if m_pass == m_pass_chk:
                print('비밀번호가 맞습니다. 회원 가입을 시작합니다.')
                break
        else:
                pirnt('비밀번호가 맞지 않습니다.')
                m_pass_chk = input('비밀번호를 확인하기 위하여 다시 입력하세요.')
```

비밀번호 확인 과정이다. for 반복문에서 reange(5)는 비밀번호 입력 오류의 횟수를 지정하는 것으로 5번 이상 비밀번호 입력이 잘못되었다면 입력된 비밀번호가 일치하지 않는 것으로 처리한다.

```
member = Join_Member(m_id, m_pass, m_name, m_email, m_addr, m_tell)
print('가입을 위해 등록된 정보는 다음과 같습니다.')
print(member.register())
```

Join_Member(m_id, m_pass, m_name, m_email, m_addr, m_tell) 클래스를 호출할 때 회원으로부터 입력받은 각 정보들을 매개변수값으로 한다. 이 정보를 통해 Join_Member 클래스의 생성자는 부모 클래스인 Member_Inform의 set_inform( )을

호출함으로써 부모 클래스의 멤버변수에 정보를 저장하게 된다. 이때 부모 클래스인 Member_Inform의 생성자와 직접 연결하지 않은 것은 추후 다른 클래스나 객체가 정보를 등록할 때 함수 호출을 통해 이용할 수 있도록 하기 위함이다. 회원 가입을 위한 member 객체가 생성되었으므로 member.register( )를 통해 가입된 정보를 확인받는다.

회원 정보 수정과 탈퇴는 아래와 같이 함께 구성해 본다.

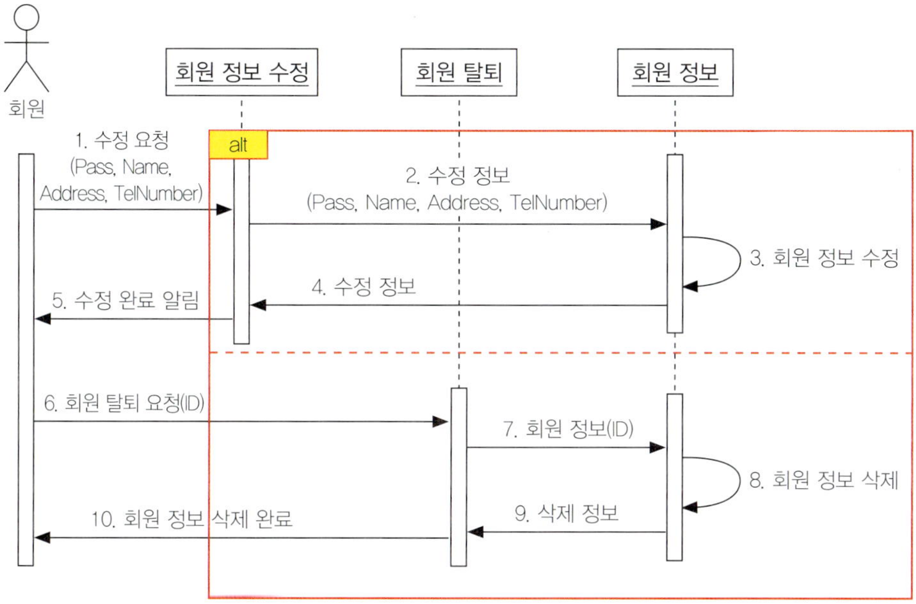

그림 9 웹 사이트의 회원 정보 수정 및 탈퇴 시퀀스 다이어그램

회원은 회원 정보 수정을 요구하거나 회원 탈퇴를 할 수 있다. 이때 회원으로부터 수정요청이면 회원 정보 수정 프로세스를 실행하고, 탈퇴인 경우는 회원 정보를 삭제하도록 한다. 따라서 회원의 요청이 회원 정보 수정과 회원 탈퇴로 선택되어 처리하므로 시퀀스 다이어그램에서는 alt로 구분한다. 회원 정보 수정은 회원이 수정하고자 하는 정보, Pass, Name, Address, TelNumber를 입력받아 웹 사이트의 회원 정보 수정에 보내주면 이 정보를 회원 정보 객체를 통해 회원 정보 수정을 실행한다. 그 후 수정된 정보는 회원 정보 수정에 전달되고 수정 완료 메시지가 최종으로 회원에 나타낸다.

회원 탈퇴는 회원이 회원 탈퇴 요청을 하는데 이때 ID만 있으면 된다. 즉 회원 ID에 맞는 회원의 정보를 모두 삭제하는 작업을 수행하면 된다. 따라서 회원이 탈퇴 요청을 ID와 함께 회원 탈퇴에 보내면 회원 ID 정보를 회원 정보에 보내어 삭제 요청을 하게 된다. 회원 정보는 ID에 맞는 회원 정보를 삭제하고 삭제된 정보를 회원 탈퇴에 반환한다. 회원 탈퇴는 회원 정보가 성공적으로 삭제되었음을 회원에게 알린다.

이러한 과정을 파이썬으로 코딩하면 아래와 같다.

```
class Member_Inform:
    def set_inform(self, ID, Pass, Name, Address, TelNumber):
        _member_id = ID
        _member_pass = Pass
        _member_name = Name
        _member_addr = Address
        _member_tel = TelNumber
    def get_id(self):
         return _member_id
    def get_pass(self):
         return _member_pass
    def get_name(self):
         return _member_name
    def get_addr(self):
         return _member_addr
    def get_tel(self):
         return _member_tel

class Update_Member(Member_Inform):
    def update(self, ID, Pass, Name, Address, TelNumber):
           super().set_inform(ID, Pass, Name, Address, TelNumber)

    def check(self):
         return 'ID =', super().get_id(). '이름 =', super().get_name(), '주소 =',
                 super().get_addr(), '연락처 =', super().get_tel()

class Remove_Member(Member_Inform):
    def remove(self, ID):
          super().set_inform(ID, '0', '0', '0', '0')
```

```
m_change = int(input('회원 정보 수정은 1번, 탈퇴는 2번을 입력하세요.'))
m_id = input('ID를 입력하세요.')
m_pass = input('비밀번호를 입력하세요.')
if m_change == 1:
    m_name = input('변경하고자 하는 이름을 입력하세요.')
    m_email = input('변경하고자 하는 E-mail을 입력하세요.')
    m_addr = input('변경하고자 하는 주소를 입력하세요.')
    m_tell = input('변경하고자 하는 연락처를 입력하세요.')
    member = Update_Member( )
    member.update(m_id, m_pass, m_name, m_email, m_addr, m_tell)
    print(member.check( ), '으로 수정되었습니다')
else:
    member = Remove_Member( )
    member.remove(m_id)
    print(m_id, '의 정보가 모두 초기화되었습니다.')
```

회원 정보를 가지는 Member_Inform 클래스는 변함이 없다. Update_Member(Member_Inform) 클래스는 update( )와 check( ) 멤버함수를 가지며, update( )는 회원이 입력한 정보로 기존의 정보를 덮어써서 저장한다. check( ) 함수는 수정된 정보를 반환함으로써 회원이 자신이 변경하고자 하는 정보가 제대로 수정이 되었는지 확인하여 준다. Remove_Member(Member_Inform) 클래스는 remove(ID) 함수를 통해 매개변수값으로 받은 ID와 연관된 모든 변수를 '0'으로 초기화한다. 다만 ID와 연관된 정보를 초기화하는 것은 ID에 대한 정보를 지우기보다는 '0'으로 재저장하는 것이므로 정확히는 삭제한다는 의미와 거리가 있다. 현재에서는 개념적으로 변수에 저장하거나 삭제하는 형태로 설명하고 있으나, 실행 가능한 실제 코딩으로 작성한다면 전역변수로 2차원 리스트 또는 딕셔너리의 형태로 구성한 후 각 클래스들이 접근하는 방식으로 변경하는 것이 더 효율적이다.

메인 프로그램에서 아래와 같이 Update_Member 또는 Remove_Member 클래스에 접근하도록 한다.

```
m_change = int(input('회원 정보 수정은 1번, 탈퇴는 2번을 입력하세요.'))
m_id = input('ID를 입력하세요.')
m_pass = input('비밀번호를 입력하세요.')
```

회원 정보 수정 또는 탈퇴를 선택하여 m_change에 저장한다.

```
if m_change == 1:
    m_name = input('변경하고자 하는 이름을 입력하세요.')
    m_email = input('변경하고자 하는 E-mail을 입력하세요.')
    m_addr = input('변경하고자 하는 주소를 입력하세요.')
    m_tell = input('변경하고자 하는 연락처를 입력하세요.')
    member = Update_Member( )
    member.update(m_id, m_pass, m_name, m_email, m_addr, m_tell)
    print(member.check( ), '으로 수정되었습니다')
else:
    member = Remove_Member( )
    member.remove(m_id)
    print(m_id, '의 정보가 모두 초기화되었습니다.')
```

m_change == 1 인 경우는 회원 정보 수정이므로 변경하고자 하는 정보들을 입력받는다. 회원 정보 수정을 실행하는 Update_Member 클래스 호출을 통해 member 객체를 생성한다. member.update(m_id, m_pass, m_name, m_email, m_addr, m_tell)는 사용자로부터 입력받은 정보들을 매개변수값으로 호출하여 정보를 갱신한다. 갱신된 정보는 member.check( )을 호출하여 저장된 정보를 확인하면 회원 정보 수정 프로세스가 종료된다.

만일 m_change == 1 이 아니라면 회원은 탈퇴를 원하는 것으로, 탈퇴 처리를 실행하는 Remove_Member 클래스를 호출하여 member 객체를 생성한다. member.remove(m_id) 호출을 통해 m_id에 맞는 모든 정보를 초기화하고 회원에게 초기화가 진행되었음을 알려주면 탈퇴 프로세스가 종료된다.

5.2 액터: 시스템 관리자의 관점

시스템 관리자는 회원 조회와 등급 관리를 실행한다.

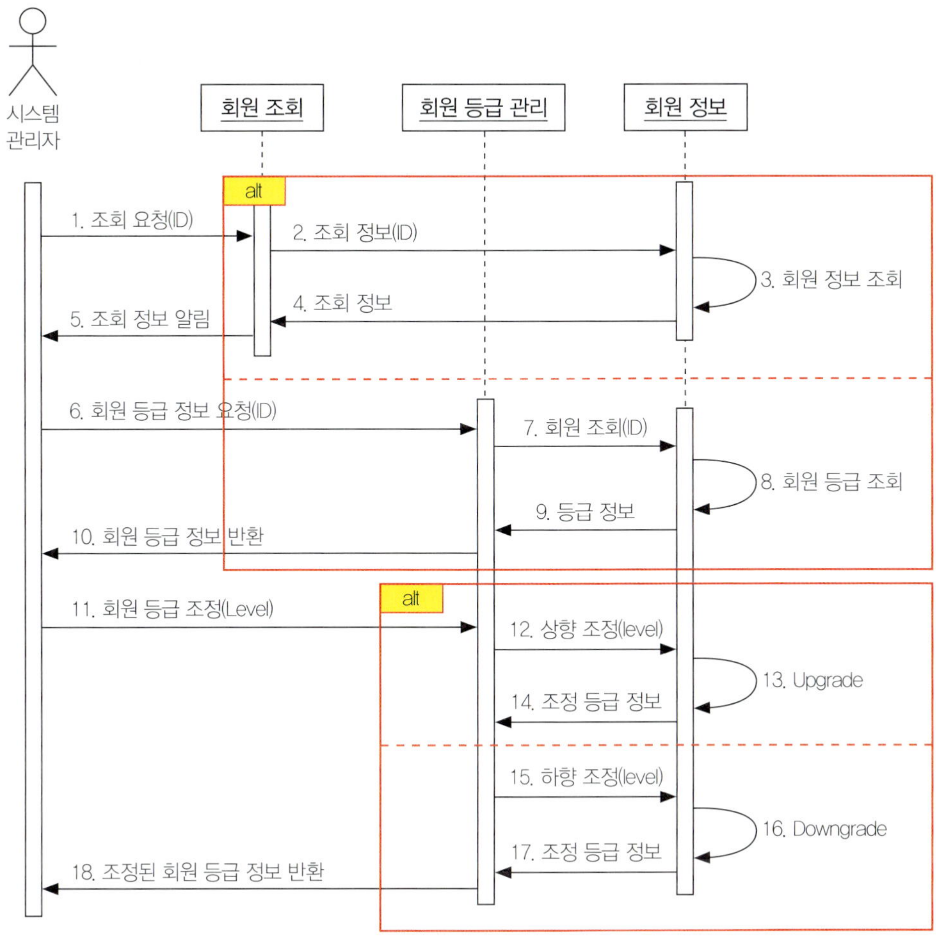

그림 10 웹 사이드의 회원 조회 및 등급 관리 시퀀스 다이어그램

시스템 관리자는 회원 조회와 회원 등급 관리를 선택하여 작업을 할 수 있기에 alt 로 구성한다. 먼저 관리자가 회원의 ID를 기준으로 조회 요청을 회원 조회에 하게 되면, 회원 조회는 조회 정보를 회원 정보에 보내게 된다. 회원 정보는 자신이 가지고 있는 회원 정보를 기반으로 회원 정보 조회를 실행하고, 해당 조회 정보를 회원 조회에 반환한다. 만일 회원 등급 조회를 하고자 한다면 회원의 ID를 통해 회원 등급 정보 요청을 회원 등급 관리에 보낸다. 회원 등급 관리에서도 등급 상향 조정인지 하향 조정인지에 따라 처리가 나뉘므로 alt 로 구성한다. 이러한 과정을 파이썬으로 코딩하면 다음과 같다.

```
class Member_Inform:
    def set_inform(self, ID, Pass, Name, Address, TelNumber):
        _member_id = ID
        _member_pass = Pass
        _member_name = Name
        _member_addr = Address
        _member_tel = TelNumber
    def set_level(self, level):
        _member_level = level
    def get_id(self):
         return _member_id
    def get_pass(self):
         return _member_pass
    def get_name(self):
         return _member_name
    def get_addr(self):
         return _member_addr
    def get_tel(self):
         return _member_tel
    def get_level(self):
         return _member_level

class Check_Member( ):
    def check(self, ID):
         self.check_level = Member_Inform( )
         self.level = check_level.get_level( )
         return 'ID =', super().get_id(). '이름 =', super().get_name(), '주소 =',
                  super().get_addr(), '연락처 =', super().get_tel(), '등급은 =',
                  self.level

class Member_Level(Member_Inform):
    def __init__(self, ID, Level):
        self.ID = ID
        self.Level = Level
        super.set_level(self.Level)
    def check_level(self):
        return super.get_level( )
    def upgrade_level(self, degree):
        self.level += degree
    def downgrade_level(self, degree):
```

```
            self.level -= degree

    m_choice = int(input('회원 정보 조회는 1번, 등급 관리는 2번을 입력하세요.'))
    m_id = input('회원의 ID를 입력하세요.')
    m_level = input('회원의 등급을 입력하세요.')
    if m_choice == 1:
        member = Check_Member( )
        search_info = member.check(m_id)
        print('조회 결과는', search_info)
    else:
        member = Member_Level(m_level)
        m_input_level = int(input('회원 등급 조회는 1번, 등급 상향은 2번, 하향은
                                  3번을 입력하세요.'))
        if m_input_level == 1:
            print('조회된 회원 등급은 ', member.check_level())
        elif m_input_level == 2:
            m_change_level = int(input('높이고자 하는 등급은 '))
            member.upgrade_level(m_change_level)
        else:
            m_change_level = int(input('낮추고자 하는 등급은 '))
            member.downgrade_level(m_change_level)
```

Check_Member 클래스는 시스템 관리자가 회원 정보 조회를 하는 처리를 가진다. 멤버함수인 check(ID)는 회원 정보를 가지는 Member_Inform 클래스를 호출하여 check_level 객체를 생성하고 이 객체를 통해 Member_Inform에 있는 get_level( ) 함수를 호출하여 회원의 등급 정보를 가져온다. return은 Member_Inform에 있는 회원 정보들을 가져와서 문자열로 조합하여 정보를 반환한다.

```
class Check_Member( ):
    def check(self, ID):
        check_level = Member_Inform( )
        self.level = check_level.get_level( )
        return 'ID =', check_level.get_id(). '이름 =', check_level.get_name(), '주소 =',
            check_level.get_addr(), '연락처 =', check_level.get_tel(), '등급은 =',
            self.level
```

Member_Level 클래스는 회원의 등급 관리를 처리하며, Member_Inform 클래스를 상속받는다. 생성자는 ID와 Level을 매개변수값으로 받아 부모 클래스인 Member_Inform의 회원 정보에 저장한다.

```
class Member_Level(Member_Inform):
    def __init__(self, ID, Level):
        self.ID = ID
        self.Level = Level
        super.set_level(self.Level)
    def check_level(self):
        return super.get_level( )
    def upgrade_level(self, degree):
        self.level += degree
        super.set_level(self.Level)
    def downgrade_level(self, degree):
        self.level -= degree
        super.set_level(self.Level)
```

check_level( ) 함수는 부모 클래스의 get_level( )을 실행하여 회원의 등급 정보를 가져온다. upgrade_level(self, degree)은 매개변수값 degree만큼 더하여 회원 등급을 상향 조정한다. 반대로 downgrade_level(self, degree)은 degree만큼 빼서 회원 등급을 하향 조정한다.

```
m_choice = int(input('회원 정보 조회는 1번, 등급 관리는 2번을 입력하세요.'))
m_id = input('회원의 ID를 입력하세요.')
m_level = input('회원의 등급을 입력하세요.')
```

관리자에게 회원 정보 조회나 등급 관리를 선택하게 하여 m_choice에 저장한다.

```
if m_choice == 1:
    member = Check_Member( )
    search_info = member.check(m_id)
    print('조회 결과는', search_info)
```

m_choice가 1일 경우에는 회원 정보 조회이므로 Check_Member 클래스의 객체를 생성하여 check(m_id)를 실행 후 저장된 회원 정보를 가져온다.

```
else:
    member = Member_Level(m_level)
     m_input_level = int(input('회원 등급 조회는 1번, 등급 상향은 2번, 하향은 3번을 입력하세요.'))
```

m_choice가 1이 아닌 경우는 회원 등급 관리를 처리하는 것이므로 관리자에게 회원 등급 조회, 등급 상향, 등급 하향 중에 선택을 받아 처리한다.

```
    if m_input_level == 1:
        print('조회된 회원 등급은 ', member.check_level())
```

m_input_level이 1인 경우는 회원 등급 조회이므로 member.check_level( )을 통해 정보를 가져온다.

```
    elif m_input_level == 2:
        m_change_level = int(input('높이고자 하는 등급은 '))
        member.upgrade_level(m_change_level)
```

그러나 m_input_level이 2인 경우는 등급을 높이고자 하는 작업이므로 높이고 싶은 등급을 관리자로부터 입력받아 member.upgrade_level(m_change_level)을 호출해서 등급을 상향 조정한다.

```
    else:
        m_change_level = int(input('낮추고자 하는 등급은 '))
         member.downgrade_level(m_change_level)
```

마지막으로 m_input_level이 3인 경우 (1 또는 2가 아닌 경우)는 등급을 낮추고자 하는 작업이므로 낮추고 싶은 등급을 관리자로부터 입력받아 member.downgrade_level(m_change_level)을 호출해서 등급을 하향 조정한다.

지금까지 클래스 다이어그램, 시퀀스 다이어그램을 통해 코딩과 같이 연결하여 설명하였으나, 이는 실행하여 바로 사용할 수 있는 예제라기보다는 다이어그램과 코딩의 연관에 중점을 두고 구성한 내용이다. 실제로 사용할 수 있는 예제로 하려면 전역변수, 지역변수 등의 관계를 더 고려해야 한다.

6. 회원 관리 시스템의 상태 다이어그램 설계

회원 관리 상태 머신 다이어그램도 액터인 회원과 시스템 관리자로 나누어 상태의 변화를 구성한다. 회원의 관점에서는 로그인, 회원 정보 수정, 회원 탈퇴의 처리가 이루어진다. 회원은 로그인을 위해 ID와 Pass를 가지고 회원 인증을 요청하면 시스템은 ID와 Pass가 등록된 정보와 맞는지 확인한다. 만일 ID와 Pass가 등록된 정보와 맞지 않아 인증이 안 되는 경우는 회원 가입으로 처리가 넘어간다.

회원 가입은 회원이 등록 정보를 입력하고 가입 정보가 전송되어 시스템에 저장 및 등록되면 가입 처리가 종료된다. 만일 인증이 성공하여 로그인이 완료되면 회원은 종료, 회원 정보 수정, 회원 탈퇴의 3가지 선택을 할 수 있다. 종료를 선택하면 로그인 후 바로 시스템을 나가게 되는 것이며. 정보 수정을 선택하면 회원의 수정 정보가 전송되고 시스템에 저장되면 회원 정보 수정 처리가 완료된다. 만일 회원 탈퇴를 선택하면 회원의 정보는 시스템에 전송되고 해당 회원의 정보가 삭제되는 것으로 처리가 종료된다. 이와 같은 처리는 다음의 상태 다이어그램으로 나타낸다.

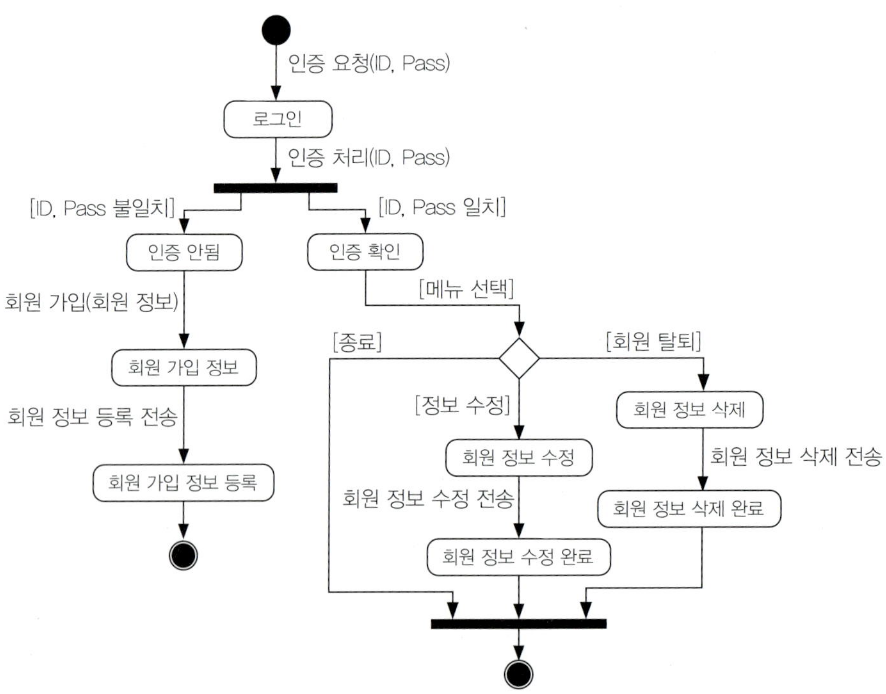

그림 11 웹 사이트의 회원 관리 상태 다이어그램(회원)

액터가 시스템 관리자인 경우는 어떨까? 관리자는 시스템 접속 후 회원 조회와 등급 관리의 두 가지 메뉴를 선택할 수 있다. 만일 회원 조회를 선택한 경우는 시스템에 회원 정보 조회를 요청하게 되고 시스템은 조회된 회원 정보를 반환하는 것으로 처리가 종료된다. 등급 관리를 선택한 경우는 등급 조회, 등급 상향, 등급 하향의 3가지 메뉴에서 선택할 수 있다. 등급 조회의 경우는 회원 등급 조회를 시스템에 요청하여 조회 정보를 반환받는 것으로 처리가 종료된다. 등급 상향을 선택하는 경우는 상향 정보를 보내 시스템이 Upgrade를 실행하여 상향된 정보가 저장되면 처리가 종료된다. 등급 하향의 경우에도 하향 정보를 시스템에 보내면 시스템은 Downgrade를 실행하여 하향된 정보를 저장하고 처리를 종료한다. 이러한 일련의 과정들은 다음 그림과 같이 나타낸다.

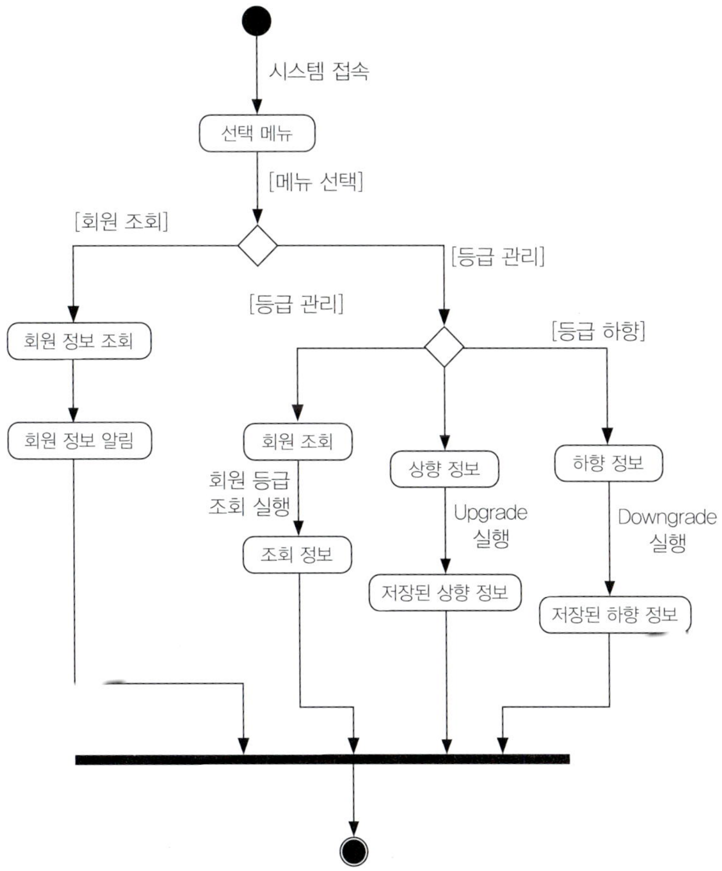

그림 12 웹 사이트의 회원 관리 상태 다이어그램(시스템 관리자)

이외에도 UML은 활동, 배치, 패키지 다이어그램 등 많은 다이어그램이 있다. 본 예시에서는 회원 관리 시스템의 경우에만 중점을 두었기에 배치나 패키지 다이어그램을 구성할 만큼 프로그램이 크지 않아 생략하였으며, 상태 다이어그램이 상태 변환 위주로 구성이 되었다면 활동 다이어그램은 활동(기능)을 중심으로 구성이 되어 유사한 점이 많이 상태 다이어그램을 구성한 것으로 가늠한다. 그러나 시스템 사이즈가 크게 되면 활동, 배치, 패키지 다이어그램들을 구성하는 것이 바람직할 것이다.

연습문제

01. UML을 이용하여 소프트웨어 설계 시 고려할 사항이 아닌 것은?

① 검증 및 검토
② 요구 사항 수집
③ 구출하고자 하는 소프트웨어 가격
④ 모델링 목적

02. 회원 가입 아이템에 대한 구성으로 아이템과 데이터 타입이 맞지 않는 것은?

① ID: 문자 및 숫자
② 이름: 숫자
③ 주소: 문자, 숫자
④ 연락처: 숫자

03. 아래의 유즈 케이스 다이어그램에 대한 설명으로 옳지 않은 것은?

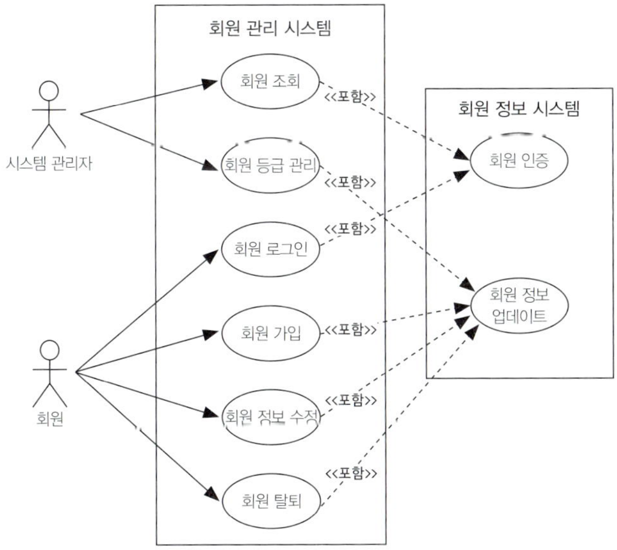

① 회원은 회원 로그인을 통해 회원 정보 업데이트를 수행할 수 있다.
② 시스템 관리자는 회원 조회를 통해 회원 인증을 수행할 수 있다.
③ 회원은 회원 가입을 통해 회원 정보 업데이트를 수행할 수 있다.
④ 회원은 회원 탈퇴를 통해 회원 정보 업데이트를 수행할 수 있다.

04. 아래의 클래스 다이어그램에 대한 설명으로 옳지 않은 것은?

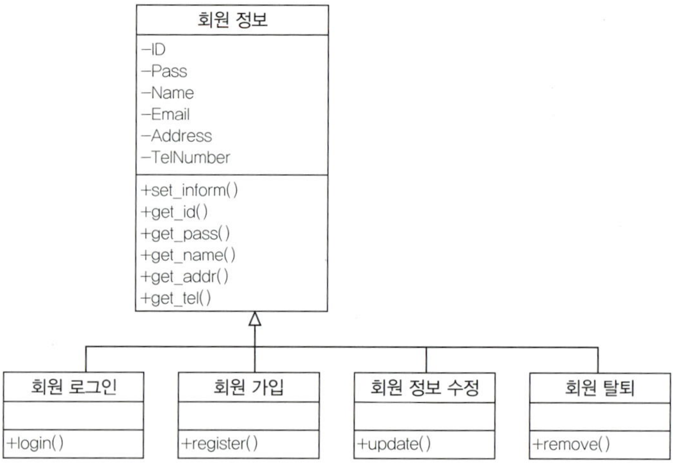

① 회원 정보 클래스는 부모 클래스이고, "회원 로그인", "회원 가입", "회원 정보 수정", "회원 탈퇴" 클래스는 하위 클래스로 두어 부모 클래스의 내용을 상속받을 수 있는 구조이다.

② 회원이 로그인할 때 회원 인증을 통해 등록된 회원인지 아닌지를 확인하는 과정을 멤버함수인 login( )에서 수행한다.

③ 부모 클래스인 멤버변수들을 상속받을 수 있으므로 따로 멤버변수들을 가지지 않는다. 다만 자신의 멤버함수인 register( )를 갖는데, 이는 회원 가입 처리를 담당한다.

④ 회원 탈퇴 클래스는 회원 정보 수정 클래스의 멤버변수들을 활용하며, 회원 정보 삭제 처리를 수행하는 remove( ) 멤버함수를 가진다.

05. 아래의 클래스 다이어그램에 대한 설명으로 옳지 않은 것은?

① 회원 조회 클래스는 check_level( ) 함수를 사용할 수 있다.

② 회원 정보 클래스는 ID, Pass, Name 등의 멤버변수를 가진다.

③ 회원 조회 클래스는 get_addr( ) 함수 호출을 할 수 있다.

④ 회원 등급 관리 클래스는 get_pass( ) 함수를 호출할 수 있다.

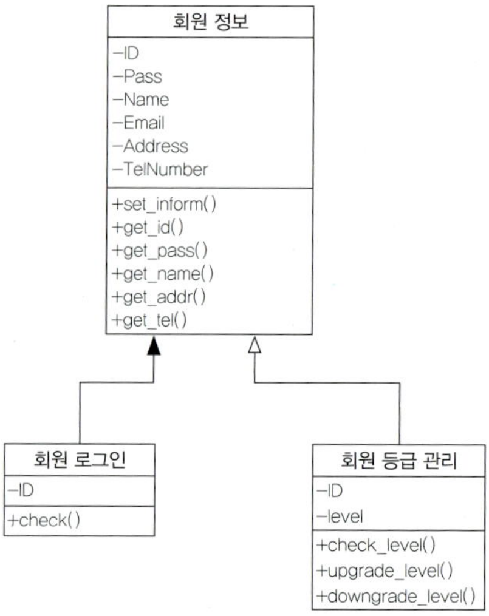

06. 아래의 시퀀스 다이어그램에 대한 설명으로 옳지 않은 것은?

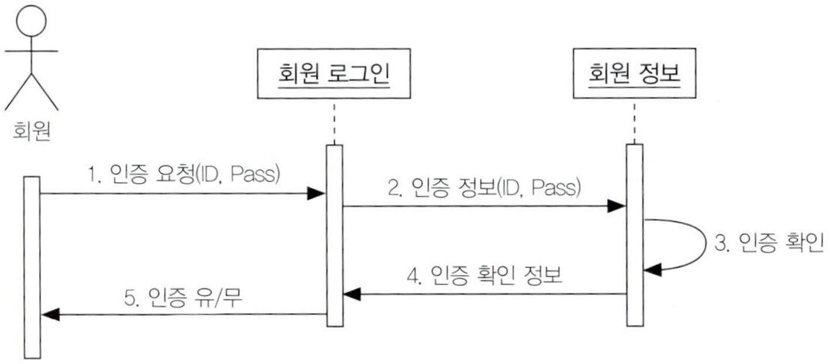

① 회원 로그인 객체는 회원으로부터 인증 요청 정보를 받아 회원 정보 객체에게 인증 정보를 ID, Pass 매개변수값과 함께 호출하여 회원 정보를 확인할 수 있도록 한다.

② 회원 정보는 가지고 있는 회원 정보를 기반으로 ID와 Pass가 맞는지 확인하는 인증 절차를 거친다.

③ 회원 정보는 저장된 회원의 정보와 일치한다면 인증 성공을, ID 또는 Pass 둘 중 하나라도 틀리면 인증 실패를 회원 로그인 객체에 리턴한다.

④ 회원 로그인 객체는 ID 또는 Pass를 받아 회원 정보에 그 결과를 통보하면 회원 로그인 프로세스가 종료된다.

07. 5번 이상 비밀번호 입력이 잘못되었다면 입력된 비밀번호가 일치하지 않는 것으로 처리하려 한다. (A) 안에 알맞은 것은?

```
m_pass = input('비밀번호를 입력하세요. 문자, 숫자, 특수문자의 조합으로 최소
             10자 이상이어야 합니다.')
m_pass_chk = input('비밀번호를 확인하기 위하여 다시 입력하세요.')
(        A      )
        if m_pass == m_pass_chk:
                print('비밀번호가 맞습니다. 회원 가입을 시작합니다.')
                break
        else:
                pirnt('비밀번호가 맞지 않습니다.')
                m_pass_chk = input('비밀번호를 확인하기 위하여 다시 입력하
                                   세요.')
```

① for pass in range(5):

② for range(5):

③ for pass in 5

④ for pass in range(0: 5):

08. 아래의 시퀀스 다이어그램에 대한 설명으로 옳지 않은 것은?

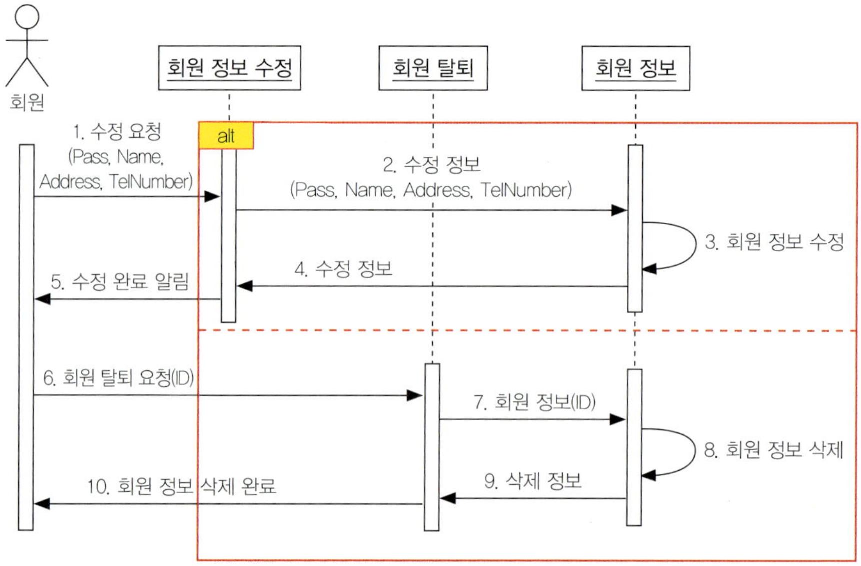

① 회원은 회원 정보 수정을 요구하거나 회원 탈퇴를 할 수 있다.

② 회원의 요청이 회원 정보 수정과 회원 정보로 선택되어 처리하므로 시퀀스 다이어그램에서는 alt로 구분한다.

③ 회원 정보 수정은 회원이 수정하고자 하는 정보, Pass, Name, Address, TelNumber을 입력받아 웹 사이트의 회원 정보 수정에 보내주면 이 정보를 회원 정보 객체를 통해 회원 정보 수정을 실행한다.

④ 회원이 탈퇴 요청을 ID와 함께 회원 탈퇴에 보내면 회원 ID 정보를 회원 정보에 보내어 삭제 요청을 하게 된다.

09. 아래의 시퀀스 다이어그램에 대한 설명으로 옳지 않은 것은?

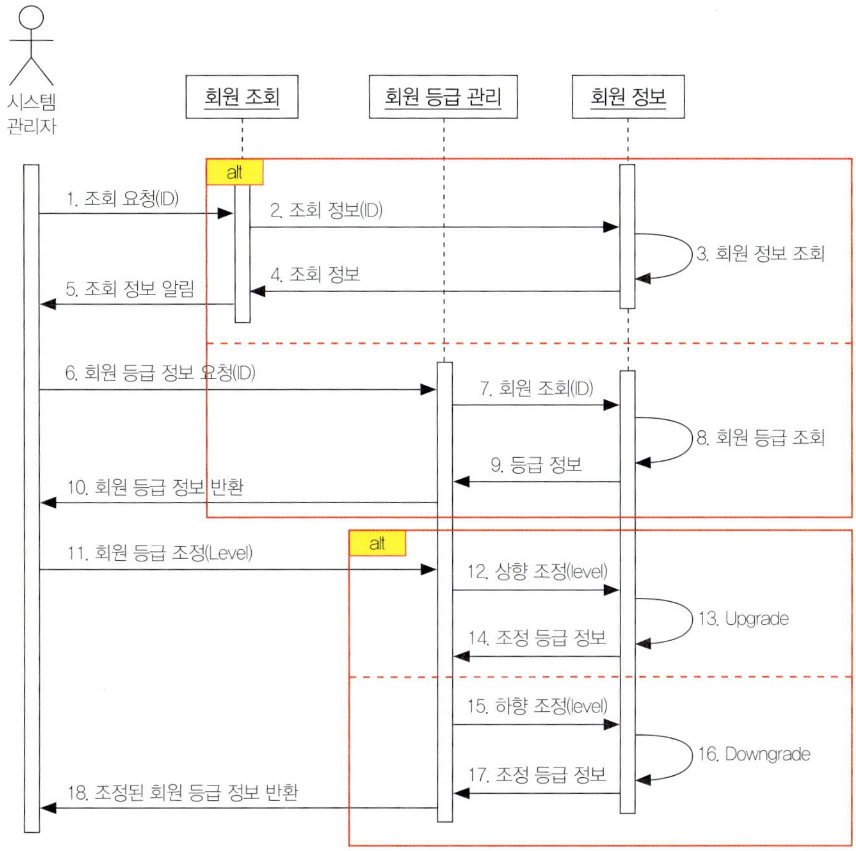

① 시스템 관리자는 회원 조회와 회원 등급 관리를 선택하여 작업을 할 수 있기에 alt 로 구성한다.

② 회원 정보는 자신이 가지고 있는 회원 정보를 기반으로 회원 정보 조회를 실행하고, 해당 조회 정보를 회원 조회에 반환한다.

③ 만일 회원 등급 조회를 하고자 한다면 회원의 ID를 통해 회원 등급 정보 요청을 회원 등급 관리에 보낸다.

④ 회원은 회원 조회에 조회 요청과 회원 등급 조정 요청을 한꺼번에 수행할 수 있다.

10. 아래의 상태 다이어그램에 대한 설명으로 옳지 않은 것은?

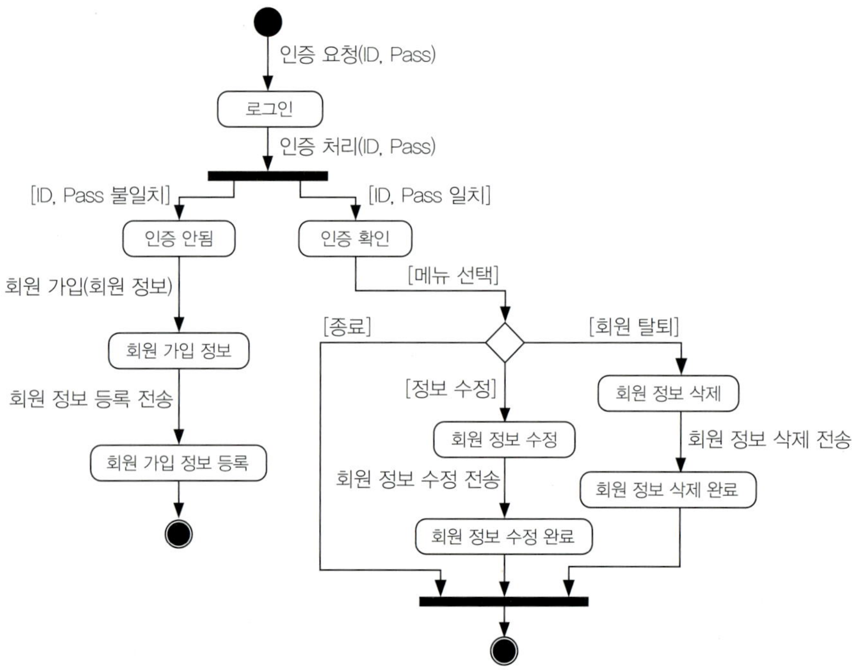

① 회원은 로그인을 위해 ID와 Pass를 가지고 회원 인증을 요청하면 시스템은 ID와 Pass가 등록된 정보와 맞는지 확인한다.

② 회원 가입은 회원이 등록 정보를 입력하고 가입 정보가 전송되어 시스템에 저장 및 등록되면 가입 처리가 종료된다.

③ 만일 회원 인증이 성공하여 로그인이 완료되면 회원은 인증 안됨, 회원 정보 수정, 회원 탈퇴의 3가지 선택을 할 수 있다.

④ 회원 인증 후 만일 회원 탈퇴를 선택하면 회원의 정보는 시스템에 전송되고 해당 회원의 정보가 삭제되는 것으로 처리가 종료된다.

10101
01010

제14장 >>>>

프로그램 설계와 파이썬 코딩

1. 프로그램 설계와 파이썬 코딩

프로그램 설계에서는 아래 그림과 같이 프로그램을 사용하는 액터는 누구이고, 어떠한 목적을 지니는지, 어떻게 데이터 구조를 가져가야 할 것인지, 모듈은 어떻게 할 것인지, 무엇을 목적으로 어떠한 기능을 수행할 것인지 등의 구상이 있어야 한다. 또한 프로그램을 작성할 때 기능의 범위는 어디까지 할 것인지, 어떠한 처리를 해서 결론은 어떻게 나타낼지 등의 고려가 있어야 한다. 물론 이외에도 프로그램을 구상할 때 고려해야 하는 사항은 무수히 많다. 다만 모든 사항을 고려하기보다는 프로그램의 사이즈, 특성에 맞게 적정한 항목들에 대해 고민하면 된다.

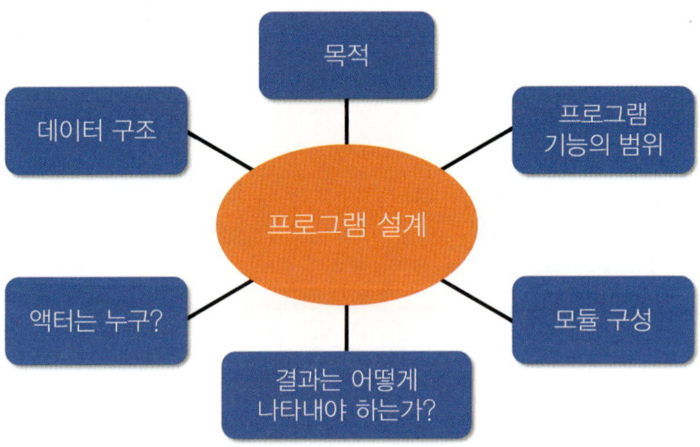

그림 1 프로그램 설계에서 고려할 사항

2. 수강신청 시스템 문제의 개요 및 구상

2.1 수강신청 시스템의 기능

수강신청 시스템은 각 기능의 범위는 어떻게 설정할까? 우선 시스템 관리자와 학생으로 액터가 나뉜다. 시스템 관리자는 과목의 등록과 수정, 삭제 등의 작업을 수행하고, 학생은 등록된 과목에 대해 수강신청 처리를 할 수 있어야 한다. 따라서 시스템 관리자가 해야 하는 작업을 구상하면 아래와 같다.

- **개설과목 등록**

  개설과목을 시스템에 저장한다. 필요한 경우 개설과목을 추가로 등록하게 될 경우에도 해당 과목을 추가할 수 있어야 한다.

- **개설과목 코드 확인**

  개설된 과목의 과목 코드를 조회할 수 있다. 해당 과목들은 모두 과목 코드를 부여하고 이를 통해 조회, 등록 등의 작업을 수행한다.

- **개설과목의 수강 할당 인원수 확인**

  각 과목들은 수강생이 수강할 수 있는 인원수가 정해져 있다. 시스템 관리자는 각 과목들에 대해 과목당 수강 인원수를 설정할 수 있어야 한다.

- **개설과목의 수강생 수 확인**

  개설과목에 대하여 현재까지 수강한 학생 수를 조회할 수 있다.

학생의 관점은 어떻게 될까? 학생은 수강신청과 관련하여 아래와 같은 작업을 할 수 있어야 한다.

- **로그인 관리**

  학생의 ID, 비밀번호를 통해 수강신청 시스템에 로그인 할 수 있어야 한다. 만일 등록된 정보와 다르게 되면 ID가 다른지 비밀번호가 다른지 알려주고 다시 입력받아서 로그인 과정을 수행해야 한다.

- **기존에 수강신청을 완료한 과목 리스트 조회**

  학생 자신이 이미 수강신청을 한 과목에 다시 수강신청을 할 수도 있다. 이때는 이미 수강신청이 완료된 과목임을 알려주어서 새로운 과목을 신청할 수 있도록 해야 한다.

- **새로운 과목의 수강신청**

  학생이 듣고 싶은 새로운 과목에 대해 수강신청을 할 수 있어야 한다. 이때 신청한 과목의 잔여석이 있는지 시스템이 조회하여, 만일 잔여석이 없는 경우 수강신청이 이루어질 수 없으니 다른 과목 신청을 받아서 수강신청이 이루어지게 해야 한다.

2.2 수강신청 시스템에서 사용하는 데이터 구성

시스템 관리자가 수강신청 시스템에 등록하는 과목 리스트 설계는 아래와 같이 [표 1]에 구상한다. 이 리스트를 기반으로 학생은 과목을 조회하고, 수강생 수에 맞춰서 수강신청을 할 수 있다.

표 1 수강신청의 과목 리스트

항목	변수명	자료형	내용
과목 코드	_cls[ ][0]	리스트(문자형)	개설과목에는 과목에 대한 과목 코드를 부여받는다. 이 코드는 과목을 조회할 때 사용된다.
년도	_cls[ ][1]	리스트(숫자형)	개설과목의 개설 년도를 나타낸다.
학기	_cls[ ][2]	리스트(숫자형)	개설과목의 개설 학기를 나타낸다.
개설과목	_cls[ ][3]	리스트(문자형)	개설과목의 이름을 나타낸다.
학점	_cls[ ][4]	리스트 (숫자형)	개설과목의 학점이 몇 학점인지를 나타낸다.
수강생수	_cls[ ][5]	리스트 (숫자형)	개설과목에 설정된 학생 수이다. 즉 해당 과목으로 신청 가능한 최대 수강생 수가 된다.
신청 학생수	_cls[ ][6]	리스트 (숫자형)	해당 과목에 현재까지 신청한 학생 수를 나타낸다. 따라서 신청 학생 수는 수강생 수를 초과할 수 없다.

특히, 과목 코드는 수강신청 과목 정보를 조회할 때 기준이 되는 값으로 기본키이다. 기본키는 값의 중복을 허용하지 않는 유일한 값이어야 하며, 해당 데이터 리스트를 조회할 때 기준이 되는 값을 가지는 항목을 지칭한다. 즉, 우리나라 국민을 조회할 때 주민등록번호로 찾는 것과 같은 방식으로 이때의 기본키는 주민등록번호가 된다.

[표 2]는 [표 1]의 구성에 맞춰 실제 입력하는 데이터의 예시를 나타낸다. 이때 과목 코드, 년도, 학기, 개설과목, 학기, 수강생 수는 모두 고정된 값을 가지며 입력된 후에 값이 변경되지 않는다. 그러나 신청 학생 수는 수강생 수의 범위 안에서 학생이 수강신청을 완료하게 되면 증가할 수 있다.

표 2 수강신청의 과목 리스트 예시

번호	과목 코드	년도	학기	개설과목	학점	수강생 수	신청 학생 수
1	A12345	2024	1	기초 파이썬	3	140	139
2	B12121	2023	2	인공지능	3	75	72
3	B02453	2024	1	딥러닝	3	40	40
4	A57431	2024	1	사물 인터넷	3	40	39
5	A31245	2023	2	그린 에너지 기술	3	40	38

[표 1]에서 과목 리스트의 전체 값들은 2차원 리스트로 구성하였는데, [표 2]의 예시를 통해 나타내면 아래와 같은 구조를 지닌다.

그림 2 수강신청의 과목 리스트와 변수

그런데 [표 1]에서는 _cls[ ][0]과 같이 구성하였을까? 과목 리스트의 개수가 정해지지 않았으며, 과목을 추가할 경우 리스트의 개수가 계속 증가할 것이므로 리스트 앞자리에는 [ ]로 설정된 것이다. 다만 리스트의 뒷자리는 인덱스 [0]은 과목 코드, [1]은 년도, [2]는 학기와 같이 이미 정해져 있으므로 해당 인덱스 자리를 설정한 것이다.

[표 3]은 액터가 학생인 경우에 이용하는 학생 정보 리스트를 나타낸다. 이때 ID는 학생 정보 리스트의 기본키가 되며, 값이 중복될 수 없다. 이것은 학생 정보를 조회할 때 기본키가 되는 ID를 통해 검색하며 수강 관련 정보들도 ID를 기반으로 저장함을

의미한다. 물론 학번도 기본키가 되지만 본 예제에서는 학생이 만든 ID를 기반으로 로그인을 진행하고 수강신청을 하는 것이므로 기본키의 역할을 ID로 하였다.

표 3 학생 정보 리스트

항목	변수명	자료형	내용
ID	_st[ ][0]	리스트(문자형)	로그인하기 위한 학생의 ID를 나타낸다.
비밀번호	_st[ ][1]	리스트(문자형)	로그인하기 위한 학생의 비밀번호를 나타낸다.
학번	_st[ ][2]	리스트(문자형)	학생의 학번을 나타낸다.
이름	_st[ ][3]	리스트(문자형)	학생의 이름을 나타낸다.
학과	_st[ ][4]	리스트(문자형)	학생의 소속 학과를 나타낸다.
학년	_st[ ][5]	리스트(숫자형)	학생이 몇 학년인지를 나타낸다.
수강신청 과목 코드	_st[ ][6]	리스트 (문자형 (튜플))	학생이 수강신청한 과목의 과목 코드를 나타낸다. 여러 과목을 수강신청하며, 언제나 수정할 수 없도록 수강신청이 완료되면 튜플로 저장한다.

[표 4]는 위 학생 정보 리스트의 구성에 따른 입력값의 예시이다. 이때 “수강신청한 과목 코드”는 데이터가 여러 개 존재한다. 즉 한 학생이 수강신청한 과목이 여러 개 있을 수 있기 때문이다. 예를 들어 홍길동은 A12345, B02453, A57431를 수강신청한 것을 의미하며, 해당 코드는 [표 2]에 따라 A12345는 “기초 파이썬”, B02453은 “딥러닝”, A57431은 “사물 인터넷”을 수강신청한 것을 나타낸다. 또한 여러 개의 데이터가 저장되지만 쉽게 변경되면 안 되는 내용이기에 튜플로 저장한다.

표 4 학생 정보 리스트 예시

번호	ID	비밀번호	학번	이름	학과	학년	수강신청한 과목 코드
1	abcde	1A2B3C	240532	홍길동	관광경영학과	1	A12345, B02453, A57431
2	aaaaa	QWERT	230315	김길동	국어국문학과	1	B12121, B02453
3	bbbbb	ZXCVB	240121	박동신	경영학과	2	B02453, A57431
4	ccccc	QAZXS	240111	이순찬	일어일문학과	1	A31245
5	ddddd	EDCVF	240123	김영선	무용학과	1	B02453, A57431

과목 리스트와 학생 정보 리스트 사이의 관계는 다음 그림과 같다. 즉, 학생 정보 리스트에서 수강신청 과목들은 과목 리스트의 기본키인 과목 코드를 참조한다. 학생이 어떤 과목을 수강신청하였는지 조회하면 개설과목 이름이 나타나는 것이 아니라 과목 코드를 나타낸다. 그러나 과목 코드는 과목 리스트의 기본키이므로 어떤 과목을 나타내는지 쉽게 검색할 수 있다.

과목 리스트 (기본키: 과목코드)

번호	과목코드	년도	학기	개설과목	학점	수강생 수	신청 학생 수
1	A12345	2024	1	기초 파이썬	3	140	139
2	B12121	2023	2	인공지능	3	75	72
3	B02453	2024	1	딥러닝	3	40	40
4	A57431	2024	1	사물 인터넷	3	40	39
5	A31245	2023	2	그린 에너지 기술	3	40	38

학생 정보 리스트 (기본키: ID)

번호	ID	비밀번호	학번	이름	학과	학년	수강신청한 과목코드
1	abcde	1A2B3C	240532	홍길동	관광경영학과	1	A12345, B02453, A57431
2	aaaaa	QWERT	230315	김길동	국어국문학과	1	B12121, B02453
3	bbbbb	ZXCVB	240121	박동수	경영학과	2	B02453, A57431
4	ccccc	QAZXS	240111	이순찬	일어일문학과	1	A31245
5	ddddd	EDCVF	240123	김영석	무용학과	1	B02453, A57431

그림 3 과목 리스트와 학생 정보 리스트 사이의 관계

3. 유즈 케이스 다이어그램

유즈 케이스 다이어그램은 액터와 기능들 사이의 관계를 명확히 하는 것이 중요하다. 시스템 관리자는 개설과목들을 관리하는 역할을 수행한다. 따라서 로그인 이후에

개설과목 관리를 통해 과목들의 수강 정보에 있는 과목 리스트 등록을 수행한다. 수강신청 시스템의 유저는 학생이다. 따라서 학생은 로그인 이후에 수강신청을 진행하는데, 이때 신청 과목의 수강 할당 인원을 조회해야 해당 과목에 수강할 수 있는 최대 인원을 알 수 있다. 또한 과목 수강생 수 조회는 해당 과목에 대해 현재까지 수강신청이 이루어진 수강생 수를 알아보는 것이며 개설과목들은 과목의 신청 수강생 수가 수강 할당 인원을 넘을 수 없다. 즉 과목의 신청 수강생 수 == 수강 할당 인원이 되는 순간 수강 인원이 모두 차서 잔여석이 없는 것으로 조회되고, 해당 과목의 수강신청이 이루어지지 않는다. 만일 아직 잔여석이 있는 경우는 개설과목 코드를 조회하여 과목 정보를 가져오고, 수강 인원을 업데이트한 후에 수강 리스트를 작성하게 된다. 수강 리스트는 개설과목들의 수강신청 현황을 저장한 정보를 의미한다.

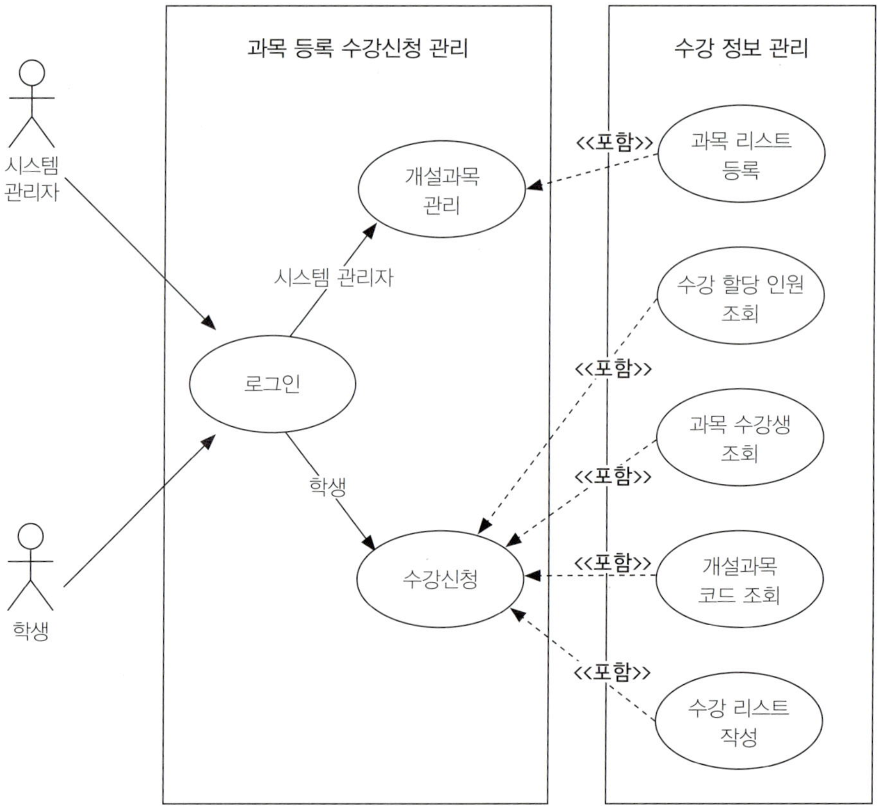

그림 4 수강신청 시스템 유즈 케이스 다이어그램

4. 클래스 다이어그램

액터와 기능들의 관계를 명시한 유즈 케이스 다이어그램이 완성되면, 클래스 간의 관계와 내용들을 구상한다. 개설과목들을 담당하는 2개의 클래스, 과목 관리와 개설과목을 두었으며, 학생 정보를 담당하는 수강 관리와 학생 리스트를 두었다. 이때 과목 관리와 학생 리스트 클래스는 주로 정보를 저장하는 역할을 하고, 실제 정보 조회나 수강신청 등은 과목 관리 클래스와 수강 관리 클래스로 구분한다. 개설과목 클래스는 멤버변수로 표 1에 있는 리스트에 따라 과목 코드, 년도, 학기, 개설과목, 학점, 수강생 수, 신청 학생 수를 가진다. 이러한 정보를 기반으로 개설과목을 등록하는데 멤버함수로 과목 등록( )을 가진다. 학생 리스트는 표 3과 같이 ID, 비밀번호, 학번, 이름, 학과, 학년, 수강신청 과목 코드를 멤버변수로 가진다. 이러한 정보를 기반으로 학생이 수강신청한 과목들의 내용을 조회하고, 새로이 수강신청하는 과목들을 추가할 수 있도록 한다.

과목 관리 클래스는 개설과목들의 정보를 등록하고 조회하는 작업들을 묶어놓은 것으로, 개설과목 정보를 저장하는 개설과목 등록( ), 과목 정보를 조회할 때 사용하는 인덱스 조회( ), 과목 이름이나 수강생 수 등을 조회할 때 사용하는 코드 조회( ), 과목 코드를 통해 과목 이름을 조회할 수 있는 과목 조회( ), 과목들의 수강생 수를 조회하는 수강생 수 조회( ), 해당 과목에 대해 현재까지 수강신청한 학생 수를 조회하는 신청 학생 수 조회( )를 멤버함수로 가지고 있다.

수강 관리 클래스는 해당 수강생의 수강신청 관련 정보들을 저장하는 수강생 리스트 등록( ), 학생 ID를 통해 수강 정보를 조회하기 위한 인덱스 조회( ), 학생의 ID 조회( ), 비밀번호 조회( ), 해당 학생이 수강신청을 완료한 정보들을 조회하는 수강 리스트 조회( )를 멤버함수로 가진다. 또한 과목 관리 클래스와 개설과목의 관계는 1 : N의 관계로 과목 관리 프로세스는 다수의 개설과목들을 등록할 수 있다. 수강 관리 클래스는 여러 명의 학생 리스트를 등록할 수 있으므로 1 : N의 관계이며 학생 수강 관리 처리를 진행한다. 또한 하나의 수강 관리 클래스는 여러 개의 개설과목들을 조회할 수 있으므로 개설과목 클래스와는 1 : N의 관계를 성립하며 과목조회를 처리한다.

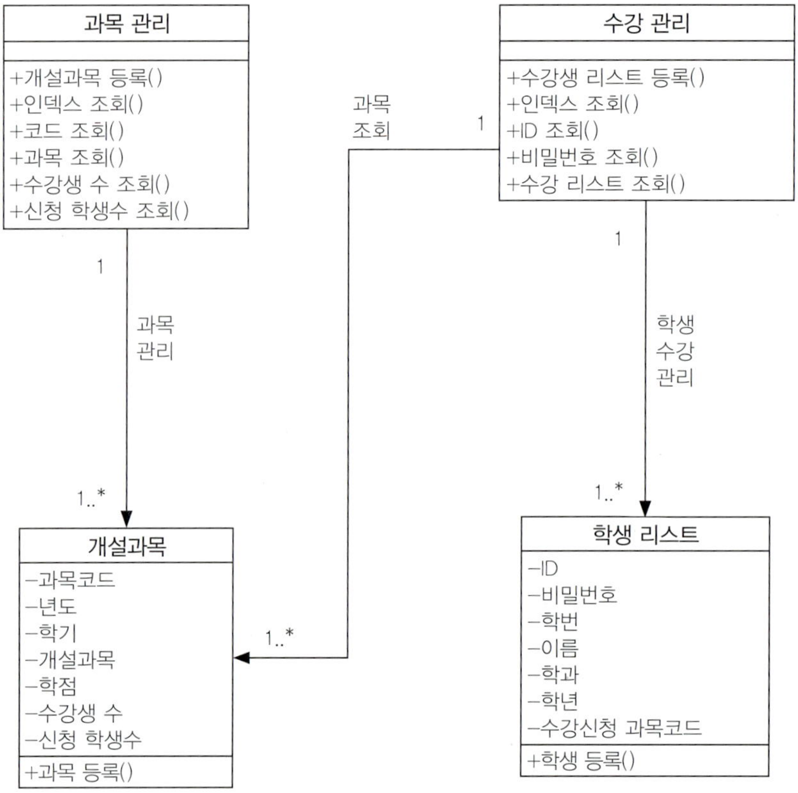

그림 5 수강신청 시스템 클래스 다이어그램

5. 시퀀스 다이어그램

위 클래스 다이어그램을 통해 각 객체 간의 메시지 상호작용을 나타내는 시퀀스 다이어그램을 나타낼 수 있다. 수강신청 시스템의 시퀀스 다이어그램에서, [그림 6]은 액터가 시스템 관리자 또는 학생의 경우를 하나로 묶어서 나타낸다. 이는 로그인 과정이므로 시스템 관리자나 학생 모두 로그인을 위해서는 ID와 비밀번호를 입력해야 처리를 진행할 수 있기 때문에 로그인 과정을 하나로 묶어서, 각각 저장되어있는 ID와 비밀번호를 확인하여 인증 과정을 거치도록 한다.

인증이 완료된 후에는 시스템 관리자인 경우 과목 정보를 기반으로 개설과목 등록을 과목 관리에 요청하여 개설과목 정보들을 저장하는 작업을 수행하게 되며, 학생인 경우는 신청 과목 코드를 기반으로 수강신청을 수강 관리에 요청하여 수강신청 작업을 처리하게 된다. 따라서 시스템 관리자와 학생에 따라 처리가 나뉠 수 있으므로 alt로 묶을 수 있다.

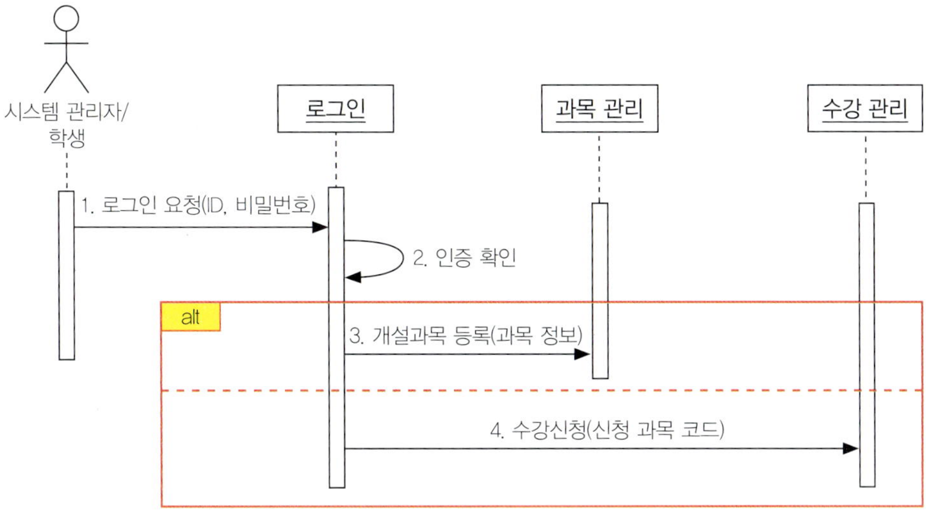

그림 6 수강신청 시스템 시퀀스 다이어그램

아래 그림은 로그인 인증 후의 시스템 관리자 모드의 시퀀스 다이어그램을 나타낸다. 시스템 관리자는 과목 정보를 기반으로 개설과목 등록을 과목 등록에 요청하게 되면, 과목 등록은 개설과목 정보를 저장한다. 저장이 완료되면 개설과목 저장 완료 메시지를 시스템 관리자에게 보내고 과목 등록 처리를 종료한다.

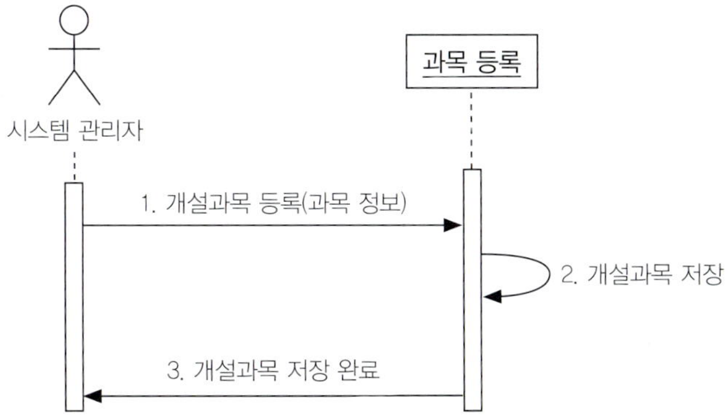

그림 7 시스템 관리자 모드의 시퀀스 다이어그램

학생은 로그인 인증 후에 과목 코드를 통해 수강신청 조회를 수강 관리에게 요청한다. 이 과정은 학생이 어떠한 과목을 수강신청을 했는지 조회하는 작업이며, 이는 이미 수강신청을 했던 과목임에도 또 중복해서 수강신청을 요청할 수도 있는 상황에 대비하여 기존에 신청 완료한 과목들과 새로이 요청하는 과목들의 비교를 수행할 수 있다. 학생 관리는 학생 ID를 기반으로 조회한 해당 학생의 수강 정보를 조회하여 수강 관리에게 학생이 수강신청한 정보 리스트를 반환하여 준다. 수강 관리는 해당 정보를 학생에게 나타냄으로써 수강 정보 알림 처리를 수행한다. 학생 자신이 어떠한 과목을 수강신청하였는지 확인이 되었다면 새로운 과목에 대한 과목 코드를 기반으로 수강신청을 수강 관리에게 요청한다. 이때 개설과목 조회는 학생이 요청한 새로운 과목 코드를 통해 개설과목에 대한 정보들을 조회한 후 과목 수강생 수를 확인한다. 이러한 과정은 이미 수강신청이 종료된 과목인지, 아니면 아직 잔여석이 남아있어서 수강신청이 가능한 과목인지 조회하는 과정으로 수강신청 처리에 반드시 필요한 사전 처리라고 할 수 있다. 만일 해당 과목의 수강생 수 조회에서 잔여석이 있다면 과목 코드와

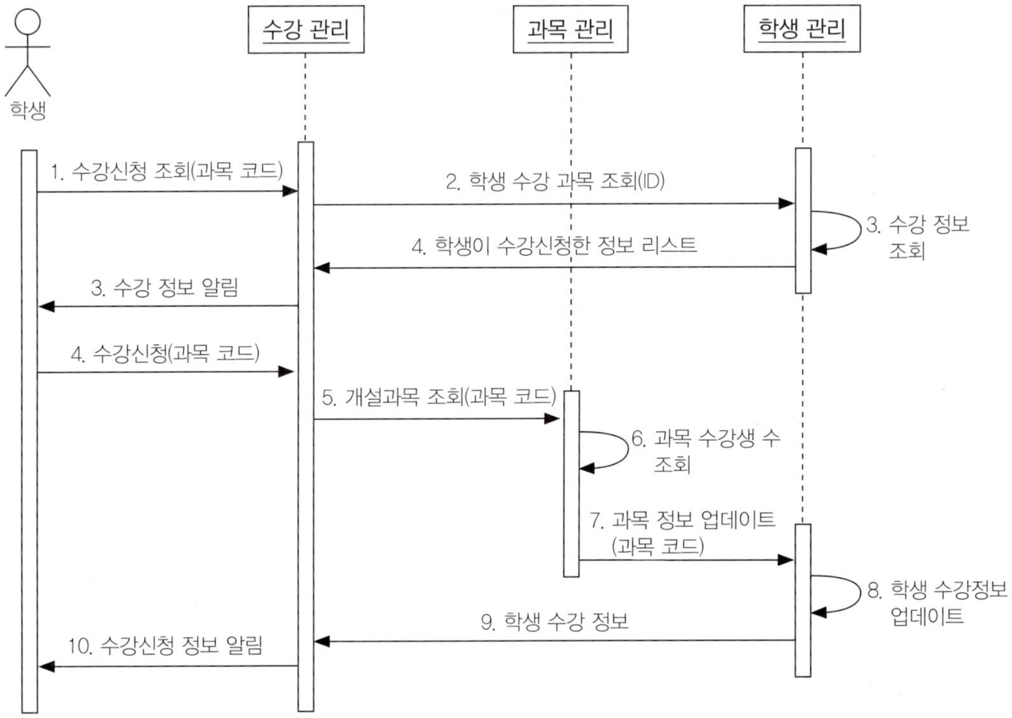

그림 8 학생 모드의 수강신청 시퀀스 다이어그램

함께 과목 정보 업데이트를 학생 관리에게 요청한다. 이는 과목에 대한 정보는 과목 관리에서 진행하지만, 학생이 수강신청한 정보들은 학생 정보를 담당하는 학생 관리에 있기 때문이다. 과목 코드를 받은 학생 관리는 학생이 수강신청을 완료한 것이므로 과목에 대한 수강신청 학생 수를 1명 더하여 학생 수강 정보를 업데이트한다. 이후 학생 수강 정보를 메시지로 반환하게 되면, 수강 관리는 학생에게 수강신청 정보 알림을 보냄으로써 해당 과정을 종료한다.

6. 패키지 다이어그램

설계된 다이어그램에 따라 과목 정보의 등록, 갱신 및 조회를 가지는 클래스 리스트 패키지(Class_list)와 학생 정보의 등록, 갱신 및 조회를 처리하는 학생 리스트 패키지(Student_list)를 구성하며, 이들 패키지를 이용하여 실제 수강신청 처리를 수행하는 메인 프로그램(Main)으로 나누었다. 클래스 리스트 패키지(Class_list)는 과목 관리 클래스와 개설과목 클래스를 가지며 Class_list.py에 저장한다. 학생 리스트 패키지(Student_list)는 수강 관리 클래스와 학생 리스트 클래스를 가지며 Student_list.py에 저장한다. 메인 프로그램은 두 개의 클래스를 모두 사용하여 시스템 관리자와 학생의 수강신청 처리를 수행하며 Main.py에 저장한다.

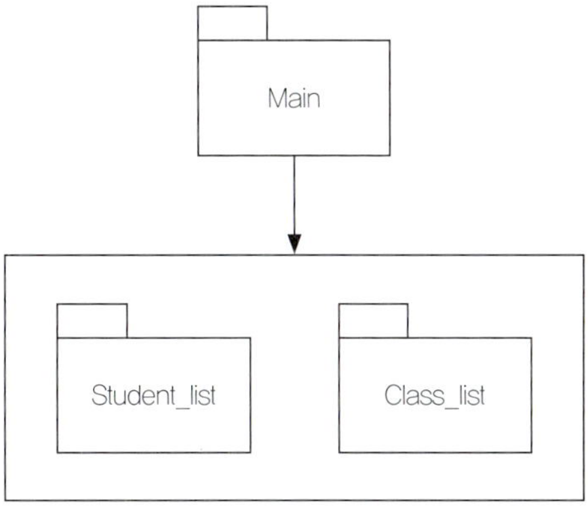

그림 9 수강신청 시스템의 패키지 다이어그램

7. 수강신청 시스템 파이썬 코딩

본 수강신청 시스템은 아래와 같이 2개의 패키지, 한 개의 메인 프로그램으로 구성한다.

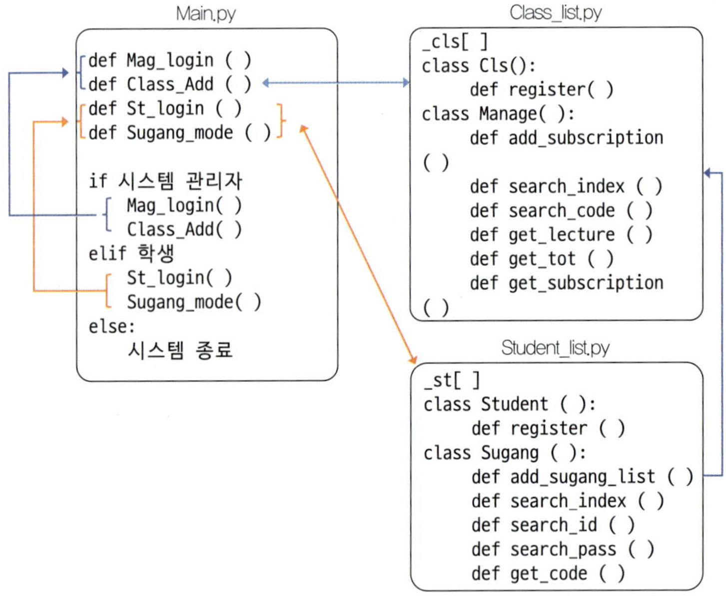

그림 10 수강신청 시스템의 프로그램 구성도

클래스 리스트 패키지(Class_list)의 구성은 아래와 같다.

- **_cls[ ]**

  개설과목 정보를 저장하는 전역변수 리스트

- **클래스 Cls**

  ▸ register ( ) 함수: 개설과목 정보를 저장한다.

- **클래스 Manage**

  ▸ add_subscription ( ) 함수: 신청 과목의 수강 인원이 모두 마감되었는지, 아니면 잔여석이 있으면 수강신청 데이터를 업데이트한다.

  ▸ search_index ( ): 학생이 신청한 과목 코드를 찾아 개설과목 정보를 가져올 수 있도록 해당 인덱스를 반환한다.

▸ search_code ( ): 학생이 신청한 과목 코드가 개설과목 정보에 있는 과목인지 아닌지를 확인한다.

▸ get_lecture ( ): 학생이 신청한 과목 코드를 찾아 과목 이름을 반환한다.

▸ get_tot ( ): 학생이 신청한 과목 코드를 찾아 해당 과목의 수강신청한 학생 수를 반환한다.

▸ get_subscription ( ): 학생이 신청한 과목 코드를 찾아 해당 과목의 수강생 수를 반환한다.

학생 리스트 패키지(Student_list)의 구성은 아래와 같다.

- **_st[ ]**

학생 수강 정보를 저장하는 전역변수 리스트

- **클래스 Student**

▸ register ( ) 함수: 학생 수강 정보를 저장한다.

- **클래스 Sugang**

▸ add_sugang_list ( ) 함수: 학생 수강 정보에서 수강신청한 과목의 과목 코드를 찾아 학생이 이미 수강신청했던 과목들의 정보에 현재 수강신청한 과목 코드를 추가한다.

▸ search_index ( ): 학생 수강 정보에서 학생 ID를 찾아 해당 인덱스를 반환한다.

▸ search_id ( ): 학생 수강 정보에서 학생 ID가 있는지 찾는다. 이는 로그인을 할 때 사용된다.

▸ search_pass ( ): 학생 수강 정보에서 학생 ID에 맞는 비밀번호를 찾아 반환한다. 이는 로그인을 할 때 사용된다.

▸ get_code ( ): 학생 수강 정보에서 학생이 신청한 수강 과목 리스트를 반환한다.

이들 두 개의 패키지를 사용하는 메인 프로그램의 함수는 아래와 같이 구성한다.

- **St_login( ) 함수**

학생 수강 정보를 저장되어 있는 ID와 비밀번호를 찾아 인증 과정을 수행한다.

- **Sugang_mode( ) 함수**

수강신청한 과목 코드를 학생 수강 정보에서 찾아 이미 수강신청을 한 과목인지 아닌지를 확인한다. 수강신청이 안 되어 있는 과목이고 아직 잔여석이 있다면 해당 과목 코드를 찾아 수강신청을 진행한다.

- **Mag_login( ) 함수**

시스템 관리자의 로그인 과정을 진행한다.

- **Class_Add( ) 함수**

개설과목 정보를 기반으로 과목을 등록한다.

메인 프로그램에서 학생은 St_login( ) 함수와 Sugang_mode( ) 함수를 사용하는데, St_login( )은 학생 리스트 패키지(Student_list)에서 학생 정보에 등록되어 있는 ID와 비밀번호를 통해 로그인 인증을 하고, Sugang_mode( )는 학생 리스트 패키지(Student_list)의 멤버함수와 클래스 리스트 패키지(Class_list)의 멤버함수를 이용하여 과목 확인과 수강 등록을 진행한다.

7.1 클래스 리스트 패키지(Class_list)

클래스 리스트 패키지는 아래와 같이 구성된다.

```
_cls = [ ]
```

개설과목 정보를 저장하는 전역변수로서 빈 리스트로 만든다. 이 정보는 추후 시스템 관리자가 과목 정보를 계속 추가할 수 있도록 리스트의 크기를 지정하지 않았다. 또한 [그림 2]와 같이 2차원 리스트로 작성한다.

```
class Cls( ):
    def __init__(self):
        pass
```

Cls 클래스의 생성자 함수이다. 현재는 따로 생성자 함수의 내용을 기술하지 않았으므로 pass 키워드를 사용하고, 나중에 필요할 경우 추가할 수 있도록 한다.

```
def register(self, index, cls_code, cls_year, cls_semester, cls_lecture, cls_credit,
             cls_tot, cls_subscription):
    _cls[index].append(cls_code) #0
    _cls[index].append(cls_year) #1
    _cls[index].append(cls_semester) #2
    _cls[index].append(cls_lecture) #3
    _cls[index].append(cls_credit) #4
    _cls[index].append(cls_tot) #5
    _cls[index].append(cls_subscription) #6
```

Cls 클래스의 멤버함수인 register는 개설과목을 등록하는 작업을 수행한다. 이때 매개변수로 index = 인덱스, cls_code = 과목 코드, cls_year = 년도, cls_semester = 학기, cls_lecture = 개설과목, cls_credit = 학점, cls_tot = 수강생수, cls_subscription = 신청 학생 수를 가진다. _cls[index].append( ) 함수를 사용하여 개설과목 정보를 가지는 전역변수인 _cls에 매개변수로 온 인덱스 값을 기준으로 해당 정보들을 추가한다. 예를 들어, index = 3에 과목 코드 = A57431, 년도 = 2024, 학기 = 1, 개설과목 = 사물 인터넷, 학점 = 3, 수강생 수 = 40, 신청 학생 수 = 39의 개설과목 정보를 등록한다면 register(3, 'A57431', 2024, 1, '사물 인터넷', 3, 40, 39)가 호출되며 추가되는 정보는 아래 그림과 같다.

_cls[3].append(2024)　_cls[3].append('사물 인터넷')　_cls[3].append(40)

번호	과목코드 cls_code	년도 cls_year	학기 cls_semester	개설과목 cls_lecture	학점 cls_credit	수강생 수 cls_tot	신청 학생 수 cls_subscription
0	A12345	2024	1	기초 파이썬	3	140	139
1	B12121	2023	2	인공지능	3	75	72
2	B02453	2024	1	딥러닝	3	40	40
3	A57431	2024	1	사물 인터넷	3	40	39

_cls[3].append('A57431')　_cls[3].append(1)　_cls[3].append(3)　_cls[3].append(39)

그림 11 개설과목 정보 등록과 변수

```
class Manage( ):
    def __init__(self):
        pass
```

Manage( ) 클래스의 생성자를 설정한다. 현재는 별도의 처리를 구성하지 않았으므로 pass 키워드를 사용하여 빈 생성자를 만들어 놓았다.

```
    def add_subscription(self, cls_code):
        self.f_index = self.search_index(cls_code)
        if _cls[self.f_index][5] <= _cls[self.f_index][6]:
            print('수강인원이 모두 찼습니다.')
            return False
        else:
            print('수강신청이 되었습니다')
            _cls[self.f_index][6] += 1
            return True
```

add_subscription(self, cls_code) 함수는 과목 코드인 cls_code를 매개변수로 받아 해당 과목을 조회하여 수강 인원이 모두 차서 수강신청 추가가 더 안 되는지 확인하거나 잔여석이 있어서 수강신청이 가능하다면 수강신청을 하고 과목 정보를 업데이트하는 작업을 수행한다.

```
self.f_index = self.search_index(cls_code)
```

에서 self.는 현재의 클래스 내부에 있는 함수나 변수를 지칭하는 것이며, self.search_index(cls_code)는 현재 클래스 안에 있는 search_index(cls_code) 함수를 매개변수 cls_code를 가지고 호출하는 명령이다. 함수 실행 결과의 반환 값은 self.f_index, 즉 현재 클래스 안의 멤버변수인 f_index에 저장한다. search_index(cls_code)함수는 바로 아래에 있으며 과목 코드 값에 맞는 인덱스 값을 반환한다.

```
if _cls[self.f_index][5] <= _cls[self.f_index][6]:
```

_cls[self.f_index][5]는 개설과목 정보에서 해당 과목 코드에 맞는 인덱스 값(f_index)을 기준으로 6번째의 값([self.f_index][5]), 즉 수강생 수와 7번째의 값(_cls[self.f_ index][6]), 즉 신청 학생 수를 비교하여 과목에 대한 수강생 수보다 신청 학생 수가 더 크거나 같다면 해당 과목은 수강생이 모두 찬 것을 의미하므로 '수강인원이 모두 찼습니다.'를 출력하고 False값을 반환한다.

그렇지 않으면 아직 잔여석이 있다는 것을 의미하므로 '수강신청이 되었습니다'를 출력하고 _cls[self.f_index][6] += 1을 통해 개설과목 정보의 신청 학생 수를 1명 추가한다. 전역변수이므로 1을 직접 추가하면 정보가 업데이트된다.

```
def search_index(self, cls_code):
    self.i = -1
    for chk in range(len(_cls)):
        if cls_code in _cls[chk]:
            self.i = chk
    return self.i
```

search_index(self, cls_code)는 과목 코드에 해당되는 인덱스를 찾는 함수이다. i = −1을 설정하여 초기값을 −1로 하였는데, 이는 인덱스 값이 0부터 시작되기 때문에 초기 설정은 인덱스 범위 밖의 값을 설정한 것이다. for chk in range(len(_cls)): 에서 range(len(_cls))은 개설과목 정보 리스트인 _cls 전체 범위를 지정한 것으로 변수 chk를 하나씩 증가하면서 반복문을 수행한다. 반복문 안의 명령으로 if cls_code in _cls[chk]: 에서 개설 정보 리스트 _cls[chk] 안에 과목 코드 cls_code가 있는지를 확인하며, 만일 해당 코드가 있다면 self.i = chk를 통해 그 위치의 인덱스 값을 search_index 함수의 내부 변수 i, 즉 self.i에 저장되고 반복문이 종료된 후에 그 값을 반환한다. 만일 해당 과목 코드가 개설 정보 리스트에 없다면 초기값으로 설정된 −1이 반환된다.

```
def search_code(self, cls_code):
    self.mark = False
    for chk in range(len(_cls)):
        if cls_code in _cls[chk][0]:
            self.mark = True
            break
    return self.mark
```

search_code(self, cls_code)는 과목 코드인 cls_code을 매개변수로 받아 개설과목 정보 리스트인 _cls에 해당 과목이 있는지 확인하는 함수이다. self.mark = False는 내부 변수 mark를 False로 초기값을 설정하고 만일 해당 과목이 _cls에 있는 경우 True로 변경하여 반환한다.

for chk in range(len(_cls)):의 명령에서 _cls 리스트 전체에 대해 chk 변수를 하나씩 증가하면서 반복하는 명령으로 반복문 안의 명령인 if cls_code in _cls[chk][0]:을 확인한다. _cls[chk][0]은 _cls 리스트의 각 인덱스의 첫 번째 값, 즉 과목 코드를 가리키므로 if cls_code in _cls[chk][0]: 명령에서 과목 코드인 cls_code가 _cls[chk][0]에 존재한다면 mark = True로 변경한 후 반환한다. 만일 _cls[chk][0]에 존재하지 않는다면 mark는 초기값 False를 그대로 반환한다.

```
def get_lecture(self, cls_code):
    self.f_index = self.search_index(cls_code)
    return _cls[self.f_index][3]
```

get_lecture(self, cls_code)는 과목 코드인 cls_code를 매개변수로 받아 본 클래스 안에 있는 search_index(cls_code)를 호출하여 과목 코드에 맞는 _cls 리스트의 인덱스 값을 받아 f_index에 저장한다. 이는 _cls[self.f_index][3]에서 _cls의 네 번째 값, 즉 과목명을 반환한다.

```
def get_tot(self, cls_code):
    self.f_index = self.search_index(cls_code)
    return _cls[self.f_index][5]
```

get_tot(self, cls_code)는 과목 코드인 cls_code에 맞는 _cls[self.f_index][5]에서 _cls의 여섯 번째 값, 즉 개설과목의 수강생 수를 반환한다.

```
def get_subscription(self, cls_code):
    self.f_index = self.search_index(cls_code)
    return _cls[self.f_index][6]
```

get_subscription(self, cls_code)는 과목 코드인 cls_code에 맞는 _cls[self.f_index][6]

에서 _cls의 일곱 번째 값, 즉 개설과목의 신청 학생 수를 반환한다.

Class_list 패키지의 전체 프로그램은 아래와 같다.

```
Class_list.py - D:₩교재 작업₩자유아카데미₩Source₩14₩Class_list.py (3.11.4)
File Edit Format Run Options Window Help
_cls = []

class Cls():

    def __init__(self):
        pass

    def register(self, index, cls_code, cls_year, cls_semester, cls_lecture, cls_credit, cls_tot, cls_subscription):
        _cls[index].append(cls_code) #0
        _cls[index].append(cls_year) #1
        _cls[index].append(cls_semester) #2
        _cls[index].append(cls_lecture) #3
        _cls[index].append(cls_credit) #4
        _cls[index].append(cls_tot) #5
        _cls[index].append(cls_subscription) #6

class Manage():

    def __init__(self):
        pass

    def add_subscription(self, cls_code):
        self.f_index = self.search_index(cls_code)
        if _cls[self.f_index][5] <= _cls[self.f_index][6]:
            print('수강인원이 모두 찼습니다.')
            return False
        else:
            print('수강 신청이 되었습니다')
            _cls[self.f_index][6] += 1
            return True

    def search_index(self, cls_code):
        self.i = -1
        for chk in range(len(_cls)):
            if cls_code in _cls[chk]:
                self.i = chk
        return self.i

    def search_code(self, cls_code):
        self.mark = False
        for chk in range(len(_cls)):
            if cls_code in _cls[chk][0]:
                self.mark = True
                break
        return self.mark

    def get_lecture(self, cls_code):
        self.f_index = self.search_index(cls_code)
        return _cls[self.f_index][3]

    def get_tot(self, cls_code):
        self.f_index = self.search_index(cls_code)
        return _cls[self.f_index][5]

    def get_subscription(self, cls_code):
        self.f_index = self.search_index(cls_code)
        return _cls[self.f_index][6]
Ln: 31 Col: 0
```

그림 12 수강신청 시스템의 클래스 리스트 패키지 코드

7.2 학생 리스트 패키지(Student_list)

학생 리스트 패키지는 아래와 같이 구성된다.

```
_st = [ ]
```

학생 정보를 저장하는 전역변수로서 빈 리스트로 만든다. 이 정보에는 학생의 로그인 ID, 비밀번호를 포함하여 수강신청과 관련된 정보를 저장하며, 추후 학생이 추가될 수 있기에 리스트의 크기를 지정하지 않았다. 또한 표 3과 같이 2차원 리스트로 작성한다.

```
class Student():
    def __init__(self):
        pass
```

Student 클래스의 생성자 함수이다. 현재는 따로 생성자 함수의 내용을 기술하지 않았으므로 pass 키워드를 사용하고, 나중에 필요할 경우 추가할 수 있도록 한다.

```
    def register(self, index, st_id, st_pass, st_num, st_name, st_dept, st_year, st_code):
        _st[index].append(st_id) #0
        _st[index].append(st_pass) #1
        _st[index].append(st_num) #2
        _st[index].append(st_name) #3
        _st[index].append(st_dept) #4
        _st[index].append(st_year) #5
        _st[index].append(st_code) #6
```

Student 클래스의 멤버함수인 register는 학생 정보를 저장하는 작업을 수행한다. 이때 매개변수로 index = 인덱스, st_id = ID, st_pass = 비밀번호, st_num = 학번, st_name = 이름, st_dept = 학과, st_year = 학년, st_code = 수강신청 과목 코드를 가진다. 개설과목 정보를 나타내는 _cls 리스트와 같은 방식으로 _st 리스트도 매개변수로 온 인덱스 값을 기준으로 학생 정보를 추가한다. 예를 들어, register(4, 'ddddd', 'EDCVF', '240123', '김영석', '무용학과', 1, ('B02453', 'A57431'))이라면 [그림 13]과 같이 학생 리스트의 5번째 항목에 ID = 'ddddd', 비밀번호 = 'EDCVF', 학번 = '240123', 이름 = '김영석', 학과 = '무용학과', 학년 = 1, 수강신청 과목 코드 = ('B02453', 'A57431')을 저장한다.

번호	ID st_id	비밀번호 st_pass	학번 st_num	이름 st_name	학과 st_dept	학년 st_year	수강신청한 과목코드 st_code
0	abcde	1A2B3C	240532	홍길동	관광경영학과	1	A12345, B02453, A57431
1	aaaaa	QWERT	230315	김길동	국어국문학과	1	B12121, B02453
2	bbbbb	ZXCVB	240121	박동수	경영학과	2	B02453, A57431
3	ccccc	QAZXS	240111	이순찬	일어일문학과	1	A31245
4	ddddd	EDCVF	240123	김영석	무용학과	1	B02453, A57431

```
_st[4].append('ddddd')
_st[4].append('EDCVF')
_st[4].append('240123')
_st[4].append('김영석')
_st[4].append('무용학과')
_st[4].append(1)
_st[4].append(('B02453', 'A57431'))
```

그림 13 학생 정보 리스트 저장

```
class Sugang():
    def __init__(self):
        pass
```

Sugang( ) 클래스의 생성자 또한 현재는 사용하지 않으나 나중을 위하여 pass 키워드를 사용해서 빈 생성자를 만들어 놓았다.

```
    def add_sugang_list(self, st_id, code):
        self.f_index = self.search_index(st_id)
        _st[self.f_index][6] = code
```

add_sugang_list(self, st_id, code) 함수는 매개변수 학생 ID인 st_id와 과목 코드인 code를 받으며,

```
self.f_index = self.search_index(st_id)
```

에서 Sugang( ) 클래스의 내부 함수인 search_index(st_id)를 매개변수값 st_id를 통

해 학생 정보 리스트인 _st 안에 있는 id를 조회하여 해당 인덱스 값을 반환받아 함수의 내부 변수인 f_index에 저장한다.

```
_st[self.f_index][6] = code
```

은 _st 리스트에서 해당 인덱스의 7번째 항목 즉, 수강신청 과목 코드에 매개변수로 받은 과목 코드를 추가함으로써 해당 학생의 수강신청 완료 과목을 학생 정보에 업데이트한다.

```
def search_index(self, st_id):
    self.i = -1
    for chk in range(len(_st)):
        if st_id in _st[chk]:
            self.i = chk
    return self.i
```

search_index(self, st_id)는 학생 ID인 st_id를 매개변수로 받아 학생 정보 리스트인 _st 안에 st_id와 맞는 학생의 인덱스를 반환하는 함수이다. 인덱스는 0부터 시작하므로 내부 변수 i = −1로 초기화하고 for chk in range(len(_st))를 통해 _st 리스트 내용을 모두 조회한다. 이때 if st_id in _st[chk]에서 매개변수로 받은 st_id가 _st 리스트 안에 있으면 해당 인덱스를 i = chk 내부 변수 i에 저장하고, _st 리스트에 없을 경우 초기값인 −1이 여전히 변수 i에 저장되게 된다. 결국 st_id가 _st에 있다면 해당 인덱스를, 없다면 값 −1을 반환한다.

```
def search_id(self, st_id):
    self.mark = False
    for chk in range(len(_st)):
        if st_id in _st[chk][0]:
            self.mark = True
            break
    return self.mark
```

search_id(self, st_id)는 _st 리스트 안에 st_id가 있다면 True, 없다면 False를 반환하는 함수이다. 즉, _st 안에 해당 학생이 있는지 조회할 수 있다. mark = False로 초기값을 설정하고, for chk in range(len(_st))을 통해 _st 리스트의 내용을 모두 찾는다. 반복문 안의 if st_id in _st[chk][0]은 _st 리스트의 ID 항목에 매개변수로 받은 st_id가 있는지 확인하여 있다면 mark = True을 설정하고 반복문을 종료한다. 만일 st_id가 없다면 if st_id in _st[chk][0] 안에 있는 self.mark = True가 수행되지 않으므로 초기값으로 설정된 self.mark = False가 변경되지 않은 채 return문에 의해 값이 반환된다.

```
def search_pass(self, st_id):
    self.f_index = self.search_index(st_id)
    return _st[self.f_index][1]
```

search_pass(self, st_id)는 _st 리스트에서 st_id에 맞는 비밀번호를 가져와 반환하는 함수이다. self.f_index = self.search_index(st_id)를 통해 _st 안의 st_id가 일치하는 인덱스를 가져와 f_index 변수에 저장한다. return _st[self.f_index][1]은 _st 리스트의 두 번째 항목인 비밀번호를 가져와 반환하는 명령이다.

```
def get_code(self, st_id):
    self.f_index = self.search_index(st_id)
    return _st[self.f_index][6]
```

search_pass(self, st_id)는 _st 리스트에서 st_id에 맞는 과목 코드를 가져와 반환하는 함수이다. self.f_index = self.search_index(st_id)를 통해 인덱스를 가져오고, return _st[self.f_index][6]은 _st 리스트의 일곱 번째 항목인 과목 코드를 가져와 반환하는 명령이다. 학생 정보를 가지는 _st 리스트에서 과목 코드는 학생이 수강신청을 완료한 과목들의 코드를 튜플로 저장된 것을 의미한다. 학생 리스트 패키지의 전체 코드는 [그림 14]와 같다.

Student_list.py - D:₩교재 작업₩자유아카데미₩Source₩14₩Student_list.py (...

File Edit Format Run Options Window Help

```
_st = []

class Student():

    def __init__(self):
        pass

    def register(self, index, st_id, st_pass, st_num, st_name, st_dept, st_year,
        _st[index].append(st_id) #0
        _st[index].append(st_pass) #1
        _st[index].append(st_num) #2
        _st[index].append(st_name) #3
        _st[index].append(st_dept) #4
        _st[index].append(st_year) #5
        _st[index].append(st_code) #6

class Sugang():

    def __init__(self):
        pass

    def add_sugang_list(self, st_id, code):
        self.f_index = self.search_index(st_id)
        _st[self.f_index][6] = code

    def search_index(self, st_id):
        self.i = -1
        for chk in range(len(_st)):
            if st_id in _st[chk]:
                self.i = chk
        return self.i

    def search_id(self, st_id):
        self.mark = False
        for chk in range(len(_st)):
            if st_id in _st[chk][0]:
                self.mark = True
                break
        return self.mark

    def search_pass(self, st_id):
        self.f_index = self.search_index(st_id)
        return _st[self.f_index][1]

    def get_code(self, st_id):
        self.f_index = self.search_index(st_id)
        return _st[self.f_index][6]
```

Ln: 49 Col: 0

그림 14 학생 리스트 패키지의 코드

7.3 메인 프로그램(Main)

메인 프로그램은 두 개의 함수를 가지며, 시스템 관리자와 학생 로그인 이후의 처리과정을 모두 작성한다.

```
import Student_list
import Class_list
```

외부 패키지로 구성한 Student_list.py와 Class_list.py를 포함함으로써 해당 패키지를 사용할 수 있게 한다.

```
import sys
```

시스템 종료 명령을 사용하기 위하여 sys 패키지를 포함한다.

```
# 등록
Class_list._cls.append([ ])
Student_list._st.append([ ])
```

Class_list에 있는 전역변수 리스트 _cls에 append([ ])를 함으로써 이차원 리스트로 구성한다. 즉 _cls[ ]과 같이 리스트를 사용하는 것이 아니라 _cls[ ][ ]과 같이 이차원 리스트로 구성한 것이다. Student_list의 _st[ ]도 같은 방식으로 이차원 리스트로 구성한다.

```
Classes = Class_list.Cls( )
Mag = Class_list.Manage( )
```

Class_list 패키지에 있는 Cls( ) 클래스의 객체 Classes를 설정하고, Manage 클래스의 객체 Mag를 설정한다.

```
Std = Student_list.Student( )
Su = Student_list.Sugang( )
```

같은 방식으로 Student_list 패키지에 있는 Student( ) 클래스의 객체 Std를 설정하고, Sugang 클래스의 객체 Su를 설정한다.

```
Manager = ['hohoho', 'zxcvb111']
```

Manager 리스트는 시스템 관리자의 ID = 'hohoho'와 비밀번호 = 'zxcvb111'를 임의로 설정한 것이다.

```
class_index = 0
```

class_index는 전역변수로서 0으로 초기화하였으며, 개설과목 정보를 추가할 때 추가되는 과목 수를 카운트하는 용도로 사용한다.

```
Classes.register(class_index, 'A12345', 2024, 1, '기초 파이썬', 3, 140, 139)
```

Classes 객체를 사용하여 register 함수를 통해 개설과목 정보를 미리 등록해 놓는다. 과목 코드 = 'A12345', 년도 = 2024, 학기 = 1, 과목 이름 = '기초 파이썬', 학점 = 3, 수강생 수 = 140, 신청 학생 수 = 139를 저장한다.

```
Class_list._cls.append([ ])
```

2차원 리스트이므로 _cls.append([ ])를 통해 다음 열을 만든다.

```
class_index += 1
```

개설과목을 하나 증가시킨다.

```
Classes.register(class_index, 'B12121', 2023, 2, '인공지능', 3, 75, 75)
```

_cls 리스트의 다음 열에 인공지능 관련 개설과목 정보를 추가한다.

```
Class_list._cls.append([ ])
class_index += 1
Classes.register(class_index, 'B02453', 2024, 1, '딥러닝', 3, 40, 40)
Class_list._cls.append([ ])
class_index += 1
Classes.register(class_index, 'A57431', 2024, 1, '사물 인터넷', 3, 40, 39)
Class_list._cls.append([ ])
class_index += 1
Classes.register(class_index, 'A31245', 2023, 2, '그린 에너지 기술', 3, 40, 38)
```

위와 같은 방법으로 '기초 파이썬', '인공지능', '딥러닝', '사물 인터넷', '그린 에너지 기술' 5개 과목을 샘플로 미리 등록해 놓았다. 이후에는 시스템 관리자가 추가로 등록할 수 있도록 하였다.

```
Std.register(0, 'abcde', '1A2B3C', '240532', '홍길동', '관광경영학과', 1, ('A12345',
'B02453', 'A57431'))
```

학생 정보도 개설과목 정보와 같은 방법으로 미리 등록하여 아래의 수강신청 처리를 진행할 수 있도록 준비해 놓는다. 본래는 학생이 입력한 정보를 받아서 등록 과정을 처리해야 하나 몇몇 학생 정보가 있다는 가정하에 위와 같이 데이터를 준비해 놓은 것이다. 이 명령은 인덱스 = 0, 학생 ID = 'abcde', 비밀번호 = '1A2B3C', 학번 = '240532', 이름 = '홍길동', 학과 = '관광경영학과', 학년 = 1, 수강신청한 과목 코드 = ('A12345', 'B02453', 'A57431')의 데이터를 저장한다.

```
Student_list._st.append([ ])
```

_st도 2차원 리스트이므로 _st.append([ ])를 통해 다음 열을 만들어 다음 학생 정보를 등록할 수 있게 한다.

```
Std.register(1, 'aaaaa', 'QWERT', '230315', '김길동', '국어국문학과', 1, ('B12121',
            'B02453'))
Student_list._st.append([ ])
Std.register(2, 'bbbbb', 'ZXCVB', '240121', '박동신', '경영학과', 1, ('B02453',
            'A57431'))
Student_list._st.append([ ])
Std.register(3, 'ccccc', 'QAZXS', '240111', '이순찬', '일어일문학과', 1, ('A31245'))
Student_list._st.append([ ])
Std.register(4, 'ddddd', 'EDCVF', '240123', '김영선', '무용학과', 1, ('B02453',
            'A57431'))
```

이와 같은 방법으로 5명의 학생을 미리 저장해 놓았다.

```
#로그인
def St_login( ):
    while True:
        input_id = input('ID를 입력하세요. : ')
        input_pass = input('비밀번호도 입력하세요. : ')

        if Su.search_id(input_id):
            if Su.search_pass(input_id) == input_pass:
```

```
                print('수강신청으로 들어갑니다.\n')
                break
            else:
                print('비밀번호가 다릅니다.\n')
        else:
            print('등록된 ID가 아닙니다.\n')
    return input_id
```

St_login( )은 로그인을 수행하는 함수이다. while True는 무조건 반복을 수행하며, 반복문 안의 코드에서 학생 ID와 비밀번호를 확인한다.

```
        input_id = input('ID를 입력하세요. : ')
        input_pass = input('비밀번호도 입력하세요. : ')
```

학생으로부터 ID와 비밀번호를 입력받는다.

```
        if Su.search_id(input_id):
            if Su.search_pass(input_id) == input_pass:
```

Su 객체를 통해 search_id(input_id)를 호출하여 _st 리스트에 있는 학생 ID를 찾는다. 만일 반환값이 True이면 학생 정보에 해당 ID가 있는 것이므로 비밀번호를 확인하면 되지만 False라면 Id가 없다는 것이므로 '등록된 ID가 아닙니다.\n'를 출력하고 다시 ID를 입력받는다. Su.search_pass(input_id)를 호출하여 _st에 있는 학생 비밀번호를 가져오고 입력받은 input_pass와 비교하여 일치하면 인증이 완료되었으므로 '수강신청으로 들어갑니다.\n'를 출력하고 break를 통해 반복문을 빠져나온다. 그러나 일치하지 않으면 비밀번호가 잘못된 것이므로 반복문에 의하여 입력값을 다시 받는다.

```
# 수강신청
def Sugang_mode(input_id):
```

Sugang_mode(input_id)는 매개변수 학생 ID를 통해 수강신청 처리를 진행하는 함수이다.

```
add_sugang = [ ]
```

학생은 로그인 이후에 여러 과목을 수강신청할 수 있으므로 새로이 수강신청하는 과목들을 리스트로 만든다. 즉, add_sugang 리스트는 새로이 추가되는 과목들의 리스트이다.

```
while True:
    code_list = list(Su.get_code(input_id))
    print('수강신청 완료 과목: ', code_list) #수강한 과목 코드를 나타냄
```

반복문 안에서 Su.get_code(input_id)는 Su 객체를 이용하여 get_code(input_id) 함수를 호출하는데, input_id에 맞는 학생 정보 리스트인 _st에 저장된 과목 코드, 즉 해당 학생이 이미 수강신청을 완료하여 저장된 과목들의 코드를 가져온다. 이때 주의할 사항은 _st 리스트에 저장된 과목 코드는 튜플로 저장되어있으며 수정할 수 없다. 따라서 학생 ID를 조회하여 가져오는 과목 코드들을 list(Su.get_code(input_id))를 통해 리스트로 변경하여 code_list에 저장한 다음 '수강신청 완료 과목: OOO'과 같이 나타낸다. code_list는 튜플이 아니라 수정 가능한 리스트가 된다. 학생은 이 정보를 통해 자신이 어떤 과목을 수강신청해 놓았는지 알 수 있다.

```
    input_code = input('수강하려는 과목 코드를 입력하세요. \n')
    if input_code in code_list:
        print('이미 수강신청한 과목입니다.\n')
        continue
```

수강신청하려는 과목 코드를 입력받아 input_code에 저장한다. 이때 과목 이름을 입력받는 것이 아니라 개설과목 정보에서 기본키로 설정된 과목 코드를 입력받는다. if input_code in code_list를 통해 이미 수강신청을 한 과목의 과목 코드를 입력했다면 '이미 수강신청한 과목입니다.\n'를 출력하고 다시 입력받는다. continue는 continue 아래의 명령을 무시하고 반복문의 처음인 과목 코드 입력 명령으로 되돌린다. 만일 break를 사용하면 반복문이 종료되니 주의한다.

```
    if Mag.search_code(input_code):
```

```
if Mag.add_subscription(input_code):
```

학생이 새로이 요청한 과목 코드가 수강할 수 있는지를 확인해야 한다. 이를 위해 Mag.search_code(input_code)는 Mag 객체를 통해 과목 코드인 input_code가 있는지 확인하여, 있다면 True, 없다면 False를 반환받는다. 만일 True인 경우 개설과목에 있는 과목을 추가 수강신청한 것이므로 if Mag.add_subscription(input_code)을 확인한다. 즉, 개설과목 정보에서 해당 과목에 대한 신청 학생 수를 확인하여, 잔여석이 있다면 개설과목 정보를 업데이트하고 True를 반환받고, 그렇지 않다면 False를 반환받는다. True인 경우는 아래의 코드가 실행된다.

```
add_sugang.append(input_code)
```

만일 기존에 수강한 과목이 아닌 새로운 과목의 수강신청을 요청한 것이라면 add_sugang.append(input_code)가 실행된다. add_sugang은 새로이 추가되는 과목 코드만을 리스트에 삽입하는 변수이므로 Sugang_mode 함수의 맨 처음 부분에서 빈 리스트로 만들었는데, 이곳에 학생으로부터 입력받는 과목 코드를 추가한다.

```
add_list = code_list + add_sugang
print(add_sugang)
```

개설과목 정보에서는 Mag.add_subscription(input_code)에 의해 이미 수강신청한 학생 수가 더해졌으니 학생 정보에도 데이터를 업데이트해야 한다. 학생이 이미 수강신청을 한 과목들의 리스트인 code_list와 새로이 추가하는 add_sugang 리스트를 합하여 add_list를 만든다. print(add_sugang)은 학생이 새로이 신청한 과목 코드를 학생에게 확인해 준다.

```
add_list = tuple(add_list)
```

수강 과목을 업데이트하기 위하여 add_list를 튜플로 변경해서 add_list에 저장한다.

```
            Su.add_sugang_list(input_id, add_list)
```

Su 객체의 add_sugang_list(input_id, add_list)를 통해 학생 정보에 수강 과목 코드를 갱신한다.

```
            go = input('수강신청을 계속 하시겠습니까? Y/N : ')
            if go == 'Y':
                continue
```

새로운 과목의 수강신청이 완료되었지만 계속해서 수강신청을 추가로 할 것인지 입력받는다. 만일 'Y'라면 continue를 통해 반복문의 처음으로 되돌아가서 수강신청을 추가한다.

```
            else:
                code_list = list(Su.get_code(input_id))
                print('수강신청 완료 과목 코드 :', code_list)
                print('수강신청을 종료합니다.')
                break
```

만일 'N'이라면 수강신청을 종료하겠다는 의미이므로 Su.get_code(input_id)를 통해 학생 정보에 저장된 수강 과목 코드를 가져와서 list(Su.get_code(input_id))에 의해 리스트로 변경하여 code_list에 지정한다. print('수강신청 완료 과목 코드 :', code_list)은 수강 완료된 과목 코드들을 나타내고 '수강신청을 종료합니다.'를 출력한 후 반복문을 종료한다.

```
        else:
            print('수강신청에 실패하였습니다.\n')
```

위 코드는 위에 있는 if Mag.add_subscription(input_code):에서 False가 반환된 것으로, 잔여석이 없어서 수강이 안 된 경우이다.

```
    else:
        print('해당 과목 코드가 없습니다. 다시 입력하세요.\n')
```

위 코드는 위에 있는 if Mag.search_code(input_code):에서 False가 반환된 것으로, 학생이 수강신청한 과목 코드가 개설과목 정보에 없는 경우를 나타낸다.

다음은 시스템 관리자의 경우를 나타낸다.

```
# 관리자 로그인
def Mag_login( ):
```

Mag_login( )은 시스템 관리자의 로그인 처리를 수행하는 함수이다.

```
    while True:
        man_id = input('ID를 입력하세요. : ')
        man_pass = input('비밀번호도 입력하세요. : ')
```

반복문 안에서 시스템 관리자의 ID와 비밀번호를 입력받아 man_id와 man_pass에 저장한다.

```
        if man_id == Manager[0]:
            if man_pass == Manager[1]:
                print('로그인 성공입니다.\n')
                break
            else:
                print('비밀번호가 다릅니다.\n')
        else:
            print('등록된 ID가 아닙니다.\n')
```

if man_id == Manager[0]에서 메인 프로그램의 전역변수 Manager[0]은 시스템 관리자의 ID, if man_pass == Manager[1]에서 Manager[1]은 시스템 관리자의 비밀번호를 나타내므로 입력받은 man_id와 man_pass가 각각 일치하면 로그인 성공이며 break를 통해 반복문을 빠져나온다. 그러나 man_id와 man_pass 둘 중 하나라도 일치하지 않으면 반복문을 빠져나올 수 없다.

```
# 과목추가
def Class_Add( ):
```

Class_Add( )는 시스템 관리자가 개설과목 정보를 추가하는 함수이다.

```
while True:
    flag = input('과목을 추가할까요? Y/N : ')
    if flag == 'Y':
        global class_index
```

class_index는 개설과목 수를 나타내는 메인 프로그램의 전역변수이다. 이때 전역변수임을 나타내는 global 키워드를 사용해주어야 전역변수 class_index값을 사용할 수 있음에 유의하자.

```
        Class_list._cls.append([ ])
        class_index += 1
```

개설과목을 추가하는 것이므로 Class_list._cls.append([ ])을 통해 _cls 리스트에 다음 열을 추가하고, class_index += 1로 과목 수도 하나 증가시킨다.

```
        code = input('과목 코드: ')
        year = int(input('년도: '))
        sem = int(input('학기: '))
        cls = input('개설과목: ')
        cre = int(input('학점: '))
        tot = int(input('수강생수: '))
        sub = int(input('신청 학생수: '))
        Classes.register(class_index, code, year, sem, cls, cre, tot, sub)
```

각각의 변수에 개설과목 정보들을 입력받아 Classes.register(class_index, code, year, sem, cls, cre, tot, sub)를 통해 등록한다.

```
    else:
        for i in range(class_index+1):
            print(i, Class_list._cls[i])
        print('과목추가를 종료합니다.\n')
        break
```

위 명령은 '과목을 추가할까요? Y/N : '에서 'N'을 입력한 경우이므로, for 반복문을 통해 시스템 관리자가 추가 등록한 과목들을 포함하여 모든 개설과목 정보들을 나타내고, '과목추가를 종료합니다.\n'를 출력한 후 break를 통해 반복문을 종료한다. 이때 for 반복문 안의 range(class_index+1)에서 class_index+1의 이유는 class_index는 과목 수를 나타내지만 인덱스는 0부터 시작되기 때문이다.

이제 메인 프로그램의 함수 구성도 모두 마쳤다. 아래의 명령은 위에서 만든 함수들을 사용하여 수강신청 프로그램의 처리를 구성한다.

```
# 로그인 관리자 모드/학생 모드
mode = input('시스템 관리자는 1, 학생은 2번, 종료는 3번을 선택해주세요: ')
```

수강신청 시스템의 처음은 메뉴를 만든다. 시스템 관리자는 1, 학생은 2번, 종료는 3번을 선택하게 하여 각각의 모드로 나뉘게 한다.

```
if mode == '1':
    Mag_login( )
    Class_Add( )
```

입력값 1은 시스템 관리자이므로 로그인 Mag_login( )을 먼저 수행한 다음 과목추가인 Class_Add( )를 수행하게 한다.

```
elif mode == '2':
    st_parameter = St_login( )
    Sugang_mode(st_parameter)
```

입력값 2는 학생이므로 로그인 St_login( )을 수행한 다음 수강신청인 Sugang_mode(st_parameter)을 수행하게 한다.

```
else:
    sys.exit()
```

입력값 3은 수강신청에 들어왔지만 바로 종료하고자 하는 경우 시스템을 나가는 명령이다. 아래의 그림은 이제까지 작성한 메인 프로그램을 나타낸다.

```
Main.py - D:₩교재 작업₩자유아카데미₩Source₩14₩Main.py (3.11.4)
File  Edit  Format  Run  Options  Window  Help

import Student_list
import Class_list
import sys

# 등록

Class_list._cls.append([])

Student_list._st.append([])

Classes = Class_list.Cls()
Mag = Class_list.Manage()
Std = Student_list.Student()
Su = Student_list.Sugang()

Manager = ['hohoho', 'zxcvb111'] #시스템 관리자 ID, 비밀번호

class_index = 0

Classes.register(class_index, 'A12345', 2024, 1, '기초 파이썬', 3, 140, 139)
Class_list._cls.append([])
class_index += 1
Classes.register(class_index, 'B12121', 2023, 2, '인공지능', 3, 75, 75)
Class_list._cls.append([])
class_index += 1
Classes.register(class_index, 'B02453', 2024, 1, '딥러닝', 3, 40, 40)
Class_list._cls.append([])
class_index += 1
Classes.register(class_index, 'A57431', 2024, 1, '사물 인터넷', 3, 40, 39)
Class_list._cls.append([])
class_index += 1
Classes.register(class_index, 'A31245', 2023, 2, '그린 에너지 기술', 3, 40, 38)

Std.register(0, 'abcde', '1A2B3C', '240532', '홍길동', '관광경영학과', 1, ('A12345', 'B02453', 'A57431'))
Student_list._st.append([])
Std.register(1, 'aaaaa', 'QWERT', '230315', '김길동', '국어국문학과', 1, ('B12121', 'B02453'))
Student_list._st.append([])
Std.register(2, 'bbbbb', 'ZXCVB', '240121', '박동신', '경영학과', 1, ('B02453', 'A57431'))
Student_list._st.append([])
Std.register(3, 'ccccc', 'QAZXS', '240111', '이순찬', '일어일문학과', 1, ('A31245'))
Student_list._st.append([])
Std.register(4, 'ddddd', 'EDCVF', '240123', '김영선', '무용학과', 1, ('B02453', 'A57431'))

Ln: 44  Col: 0
```

그림 15 메인 프로그램의 객체 및 초기화 부분

```
Main.py - D:₩교재 작업₩자유아카데미₩Source₩14₩Main.py (3.11.4)
File  Edit  Format  Run  Options  Window  Help

#로그인
def St_login():
    while True:
        input_id = input('ID를 입력하세요. : ')
        input_pass = input('비밀번호도 입력하세요. : ')

        if Su.search_id(input_id):
            if Su.search_pass(input_id) == input_pass:
                print('수강신청으로 들어갑니다.₩n')
                break
            else:
                print('비밀번호가 다릅니다.₩n')
        else:
            print('등록된 ID가 아닙니다.₩n')
    return input_id

#수강신청
def Sugang_mode(input_id):
    add_sugang = []
    while True:
        code_list = list(Su.get_code(input_id))
        print('수강신청 완료 과목: ', code_list) #수강한 과목 코드를 나타냄
        input_code = input('수강하려는 과목코드를 입력하세요. ₩n')

        if input_code in code_list:
            print('이미 수강신청한 과목입니다.₩n')
            continue

        if Mag.search_code(input_code):
            if Mag.add_subscription(input_code):
                add_sugang.append(input_code)
                add_list = code_list + add_sugang
                print(add_sugang, '과목을 추가합니다.')
                add_list = tuple(add_list)
                Su.add_sugang_list(input_id, add_list)
                go = input('수강신청을 계속 하시겠습니까? Y/N : ')
                if go == 'Y':
                    continue
                else:
                    code_list = list(Su.get_code(input_id))
                    print('수강신청 완료 과목 코드 :', code_list)
                    print('수강신청을 종료합니다.')
                    break
            else:
                print('수강신청에 실패하였습니다.₩n')
        else:
            print('해당 과목 코드가 없습니다. 다시 입력하세요.₩n')

Ln: 39  Col: 27
```

그림 16 메인 프로그램의 St_login( )과 Sugang_mode( ) 함수 부분

Main.py - D:₩교재 작업₩자유아카데미₩Source₩14₩Main.py (3.11.4)

File Edit Format Run Options Window Help

```
#관리자 로그인
def Mag_login():
    while True:
        man_id = input('ID를 입력하세요. : ')
        man_pass = input('비밀번호도 입력하세요. : ')

        if man_id == Manager[0]:
            if man_pass == Manager[1]:
                print('로그인 성공입니다.₩n')
                break
            else:
                print('비밀번호가 다릅니다.₩n')
        else:
            print('등록된 ID가 아닙니다.₩n')

#과목추가
def Class_Add():
    while True:
        flag = input('과목을 추가할까요? Y/N : ')
        if flag == 'Y':
            global class_index
            Class_list._cls.append([])
            class_index += 1
            code = input('과목 코드: ')
            year = int(input('년도: '))
            sem = int(input('학기: '))
            cls = input('개설과목: ')
            cre = int(input('학점: '))
            tot = int(input('수강생수: '))
            sub = int(input('신청 학생수: '))

            Classes.register(class_index, code, year, sem, cls, cre, tot, sub)
        else:
            for i in range(class_index+1):
                print(i+1, Class_list._cls[i])
            print('과목 추가를 종료합니다.₩n')
            break

#로그인 관리자 모드/학생 모드
mode = input('시스템 관리자는 1, 학생은 2번, 종료는 3번을 선택해주세요: ')
if mode == '1':
    Mag_login()
    Class_Add()
elif mode == '2':
    st_parameter = St_login()
    Sugang_mode(st_parameter)
else:
    sys.exit()
```

Ln: 111 Col: 0

그림 17 메인 프로그램의 Mag_login( ), Class_Add( ) 함수 및 로그인 모드

8. 수강신청 시스템의 실행

이제까지 작성한 수강신청 시스템을 실행해 보자. [그림 18]과 같이 각 프로그램은 모두 동일한 위치에 저장한 후 Main.py를 실행한다.

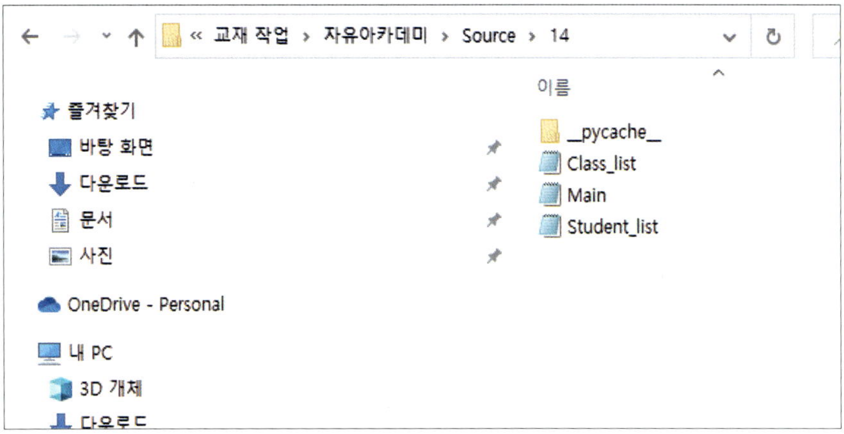

그림 18 수강신청 시스템 파일의 위치

아래의 화면은 시스템 관리자가 로그인 후 자바 과목을 추가한 내용이다. 과목추가를 종료하면 시스템 관리자가 추가한 과목을 포함하여 전체 개설과목 정보를 나타낸다.

```
>>>
================== RESTART: D:₩교재 작업₩자유아카데미₩Source₩14₩Main.py ========
==========
시스템 관리자는 1, 학생은 2번, 종료는 3번을 선택해주세요: 1
ID를 입력하세요. : hohoho
비밀번호도 입력하세요. :
비밀번호가 다릅니다.

ID를 입력하세요. : hohoho
비밀번호도 입력하세요. : zxcvb111
로그인 성공입니다.

과목을 추가할까요? Y/N : Y
과목 코드: B12345
년도: 2024
학기: 1
개설과목: 자바
학점: 3
수강생수: 20
신청 학생수: 20
과목을 추가할까요? Y/N : N
0 ['A12345', 2024, 1, '기초 파이썬', 3, 140, 139]
1 ['B12121', 2023, 2, '인공지능', 3, 75, 75]
2 ['B02453', 2024, 1, '딥러닝', 3, 40, 40]
3 ['A57431', 2024, 1, '사물 인터넷', 3, 40, 39]
4 ['A31245', 2023, 2, '그린 에너지 기술', 3, 40, 38]
5 ['B12345', 2024, 1, '자바', 3, 20, 20]
과목 추가를 종료합니다.
>>>
                                                        Ln: 55   Col: 0
```

그림 19 시스템 관리자 모드

아래의 화면은 학생 모드에서 수강신청의 과정을 나타낸다. 이미 등록된 학생 중에서 ID = 'abcde', 비밀번호 = '1A2B3C', 학번 = '240532', 이름 = '홍길동', 학과 = '관광경영학과', 학년 = 1, 수강신청한 과목 = ('A12345', 'B02453', 'A57431')의 정보로 로그인 후의 과정을 가정하여 진행하였다. ①의 과정은 ID는 맞으나 비밀번호가 틀리게 하였고, ②의 과정은 ID를 학생 리스트에 없는 값으로 입력하여 ID 오류를 만들었다. ③의 과정은 ID와 비밀번호가 모두 일치하여 수강신청을 시작하도록 하였다. ④의 과정은 수강신청에서 개설과목 정보 중에서 'B12121'의 코드 '인공지능' 과목은 75 정원에 75명이 수강신청을 한 것으로 등록되어 있었는데, 수강신청 과목 코드를 'B12121'로 하였을 때 수강 인원이 마감되어서 신청할 수 없는 경우를 나타내었다. ⑤의 과정은 'A31245'을 입력하였는데, 과목 코드 'A31245'는 과목 이름 '그린 에너지 기술', 정원 40에 수강신청 학생 수는 38명으로 수강신청이 가능한 경우이므로 정상적으로 수강신청이 이루어진 것을 나타냈다.

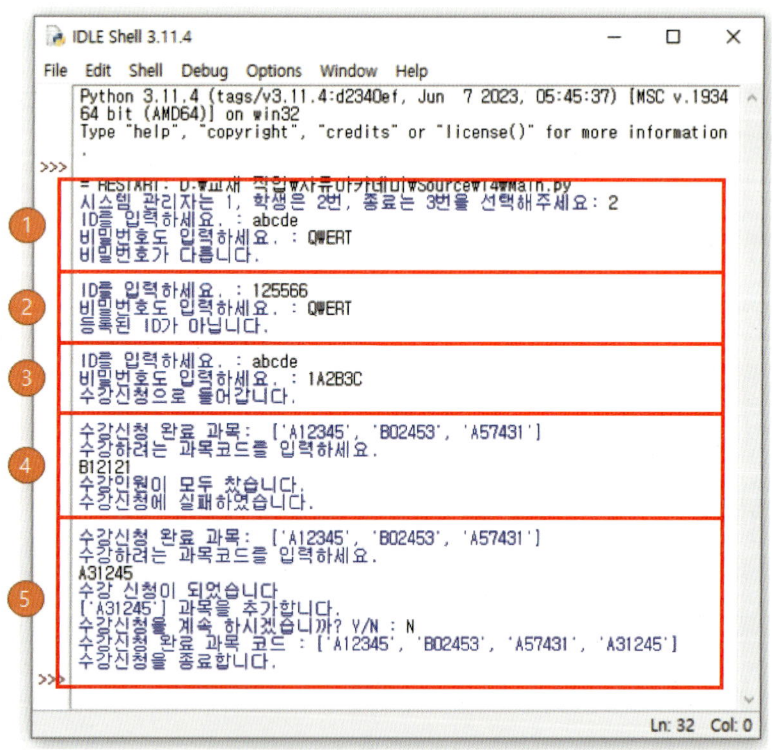

그림 20 학생 모드의 수강신청

아래 그림은 수강신청 종료를 나타낸다.

```
==========
시스템 관리자는 1, 학생은 2번, 종료는 3번을 선택해주세요: 3
>>>
```

그림 21 수강신청 종료 모드

누구나 쉽게
할 수 있는
소프트웨어 설계와
파이썬

저　　자　정화영
발 행 인　김지영
발 행 처　자유아카데미
주　　소　경기도 파주시 회동길 37-42
　　　　　　파주출판도시
전　　화　031-955-1321
팩　　스　031-955-1322
홈페이지　www.freeaca.com
전자우편　main@freeaca.com(대표)
　　　　　　editor@freeaca.com(편집)
　　　　　　crm@freeaca.com(영업)
등　　록　제406-2003-017호, 1980. 7. 12
제1판1쇄　2023년 11월 5일 발행

ISBN 979-11-5808-548-3　93000